Erica Jong

Der Teufel in Person
Henry Miller und ich

Aus dem Amerikanischen von
Angelika Bardeleben

Hoffmann und Campe

Die Originalausgabe erschien 1993 unter dem Titel
The Devil at Large. Erica Jong on Henry Miller
bei Turtle Bay Books, Random House, New York,
und bei Chatto & Windus, London

Die Deutsche Bibliothek – CIP-Einheitsaufnahme
Jong, Erica:
Der Teufel in Person : Henry Miller und ich / Erica Jong.
Aus dem Amerikan. von Angelika Bardeleben.
– 1. Aufl. – Hamburg : Hoffmann und Campe, 1999
Einheitssacht.: The devil at large ‹dt.›
ISBN 3-455-11048-7

INHALT

Für Georges Belmont
und zur Erinnerung an
Hortense Chabrier

Henrys Geschenke:
treue Freunde

*Denn wenn du dem eigentlichen, ursprünglichen
Henry Miller begegnest, dann wirst du, glaube
ich, nicht feststellen, daß du es mit einem Sexbesessenen und einem Abenteurer zu tun hast,
sondern vielmehr mit einem Metaphysiker, einem
Jongleur ... nicht einem Jongleur, sondern einem
Zauberer, glaube ich ... Ich mag alles, was sehr
ernst ist ... Ich suche immer nach dem Geheimnis
des Lebens ...*

HENRY MILLER
AN ERICA JONG, 1974

*An die Stelle von Romanen werden schließlich
Tagebücher oder Autobiographien treten –
faszinierende Bücher, wenn ein Mann es nur
versteht, aus dem, was er für seine Erfahrungen
hält, das auszuwählen, was wirklich seine
Erfahrung ist, und die Wahrheit wahrheitsgemäß
aufzuzeichnen.*

RALPH WALDO EMERSON

Einleitung: WARUM HENRY MILLER?

Warum sollten wir uns heute mit Henry Miller befassen, und warum sollte noch ein weiteres Buch über ihn erscheinen? Weil wir heute noch immer nicht freier sind als 1934, als er *Wendekreis des Krebses* veröffentlichte, in vielerlei Hinsicht sind wir sogar noch versklavter. Weil seine Botschaft *noch immer* nicht gehört wurde und wir, wenn er heute noch lebte, das, was er uns zu sagen versucht, noch immer ignorieren würden. (Vielleicht würden wir uns sogar noch stärker dagegen sperren, da wir der irrigen Ansicht sind, wir hätten uns mit unseren sexuellen Ängsten und Phobien auseinandergesetzt.)

Miller ist nach wie vor einer der am wenigsten verstandenen Schriftsteller. Man hält ihn entweder für einen Pornographen oder einen Guru, einen sexuellen Versklaver oder einen sexuellen Befreier, einen Propheten oder einen Perversen. Alle Fragen, die sein Leben und sein Werk aufwerfen, sind heute genauso aktuell, wie sie es früher waren: etwa die Fragen nach der Rolle des Schriftstellers in der Gesellschaft, nach dem Einfluß von Büchern auf die Geschlechterrollen oder dem Einfluß des Geschlechterkampfes auf Bücher. Auch die Diskussion um die Bedeutung der Zensur für die freie Meinungsäußerung und das geschriebene Wort hat nichts von ihrer Aktualität verloren.

Welche Aufgabe hat die Kunst in einer Gesellschaft, die nur für seichteste Unterhaltung oder unterschwellige Propaganda empfänglich ist? Wie kann literarische Bildung zur Freiheit einer Gesellschaft beitragen? In welcher Beziehung steht unsere Sexualität zu unserer intellektuellen Ehrlichkeit, der Politik, der Kunst? Diese Fragen werden in Millers

Werk thematisiert. Es sind Fragen, auf die wir heute dringender denn je eine Antwort brauchen.

Wir merken nicht, daß auch in unserer Gesellschaft die freie Meinungsäußerung von allen Seiten eingeengt wird, da die eigentliche Form des Ausdrucks sich verändert hat und dadurch auch die Zensur. Kommunikation findet bei uns im wesentlichen auf visuellem, nicht auf verbalem Weg statt, und wir haben selten den Wunsch, zu analysieren, in welcher Weise die Informationen, die vor unseren Augen als »Nachrichten«, »Unterhaltung«, »Politik« und »öffentliche Angelegenheiten« auftauchen, unsere Welt und unser Denken über diese Welt formen.

Unser Zugang zu Informationen und Unterhaltung (das englische Wort *infotainment*, also »Info-Unterhaltung«, spricht für sich) wird so geschickt manipuliert, daß wir diese Manipulation überhaupt nicht mehr als solche erkennen. Wir schmeicheln uns, die freie Wahl zu haben. Wir tun so, als wären wir frei. In Wirklichkeit befinden wir uns jedoch mitten in einer Art *Schöne neue Welt*, in der wir von unseren Zerstreuungen und von denen, die sie für uns auswählen, betäubt werden.

Die Feststellung, daß wir dieser Manipulation gegenüber genauso blind sind wie jene, die die Fäden in der Hand halten, wird bei einigen von uns Ärger und bei anderen empörtes Leugnen hervorrufen. Die geschickteste Form der Manipulation macht die entsprechende Zielgruppe glauben, sie habe eine freie Entscheidung getroffen. Tatsache jedoch ist, daß wir lediglich zwischen A und B wählen können. Sollte, wie Marshall McLuhan sagte, das Medium die Botschaft sein, dann hat unsere Abhängigkeit von Bildern unserer Versklavung bereits den Weg geebnet. Irgendeinem noch nicht geborenen Hitler bleibt jetzt nur die Aufgabe, unsere Vergnügungssucht zu nutzen, um uns gänzlich zu beherrschen. Bisher haben wir unsere Medien lediglich dazu benutzt, Dinge – einschließlich Politiker natürlich –

zu verkaufen. Was wird geschehen, wenn jemand auftaucht, der die Kunst beherrscht, Seelen zu verkaufen?

Henry Miller sah die Gefahr einer Welt der beschränkten Möglichkeiten und der weitverbreiteten Mittelmäßigkeit voraus und empörte sich darüber, noch bevor sie sich überhaupt manifestiert hatte. Er wußte: Wir würden den Sex eher zu einer Ware degradieren – und ihn abwechselnd verwerfen und gierig konsumieren –, anstatt zu versuchen, die tief verwurzelte und beherrschende Kraft, die er für unser Leben bedeutet, zu verstehen. Henry wurde, wie so viele andere Propheten – von Jesus bis Savonarola –, zum Opfer seiner eigenen Prophezeiungen. Er wetterte gegen die sexuelle Schizophrenie Amerikas, und man rächte sich an ihm, indem man ihn verbannte, verbrannte, unerlaubt nachdruckte und sowohl seines Lebensunterhalts als auch seiner Fähigkeit, seine potentiellen Zuhörer zu erreichen, beraubte. Er wetterte gegen die Gleichgültigkeit und Boshaftigkeit, mit der der Nicht-Konformist, der Poet, der Künstler in Amerika behandelt wurden – und er fiel selbst dieser Behandlung zum Opfer. Ironischerweise wurde er zunächst von intoleranten Puritanern und dann von toleranten Feministinnen, die sexuelle Aufrichtigkeit und die Gleichberechtigung der Geschlechter forderten, zum Schweigen verdammt. Henry Miller fiel die Aufgabe zu, uns die Rolle des kreativen Künstlers in einer Welt vorzuleben, die immer weniger für abweichende Meinungen, für Kunst (es sei denn, sie hat ihren Marktwert), Aufrichtigkeit oder jegliche Art von Unterhaltung oder Information übrig hat, es sei denn, sie würde uns einlullen oder ein Produkt vermarkten – vom Präsidenten über einen Krieg bis hin zu einem Paar Jeans.

Das schlimmste daran ist, daß das Einlullen und die Vermarktung oft nicht wahrnehmbar sind. Der klimatisierte Alptraum ist für uns zu einer Realität geworden, und wir bewegen uns in einer schlafwandlerischen Trance im flakkernden Schein unseres Fernsehapparats und unserer Computermonitoren.

Henry Miller hat all dies vorausgesagt. Henry Miller hörte nie auf, gegen unsere Schläfrigkeit anzukämpfen. Henry Miller ist auch heute von Bedeutung, weil er noch immer die Macht hat, uns wachzurütteln.

Heutzutage geht im literarischen Amerika das Gerücht um, daß Sex nicht mehr sexy sei. Wir haben alles ausprobiert, und jetzt, in Anbetracht der tragischen Aids-Epidemie und einer Rezession, die wir nicht in den Griff bekommen, ist unser Hormonspiegel drastisch gesunken.

Ich entdecke dieses Wunschdenken bei jenen, die glaubten, daß Sex all ihre Probleme lösen würde, und die, als das nicht der Fall war, sich wieder der Religion ihrer Vorfahren zuwandten: dem Puritanismus.

Die sexuelle Revolution war überaus oberflächlich. Sie konnte weder Schuldgefühle noch Lustfeindlichkeit beseitigen. Gestärkt durch die Existenz jener tragischen Epidemie, behaupteten eingefleischte, als Heiden verkleidete Puritaner, Sex sei langweilig und Autoren wie Henry Miller seien deshalb irrelevant. Diese »Trimmer« – ein aus dem 18. Jahrhundert stammendes, wundervolles englisches Wort für Menschen, die ihr Gewissen je nach Bedarf zurechtstutzen – haben niemals den Eros verstanden. Eros ist eine Lebenskraft, und wenn man ihn für langweilig erklärt, erklärt man sich damit gleichzeitig für tot. Vielleicht glauben wir nicht, daß sexuelle Freiheit das Universum vom Krieg zum Frieden bekehren wird – aber es waren *ohnehin* immer nur die ganz Jungen, die daran geglaubt haben. Als wir älter wurden, stellten wir fest, daß das Leben viel komplexer ist. Sex ist in der menschlichen Seele nicht ausgestorben, er sucht nur nach neuen Ausdrucksformen. Die zerstörerischen Wirkungen des Aids-Virus gaben den Eiferern und den Moralaposteln eine Rechtfertigung dafür, die Wiedereinführung der Zensur zu fordern. Aber ihre Motive sind politischer, nicht sexueller Natur. Die neue Versklavung zeigt sich in vielerlei Form: Political correctness bei Feministinnen, die sich für Zensur und gegen das First Amendment[1] stark machen, das Hochhalten angeblicher »Familienwerte« bei Eiferern der politischen Rechten. Die Botschaft ist bei allen dieselbe: Sie wollen uns vorschreiben, was wir zu tun und zu fühlen haben.

Wenn Eros Lebenskraft ist, dann ist die Zensur von Eros der Tod. Weil er das verstanden hatte, ist Henry Miller so bedeutsam: Er verlangte vor allem, daß das Leben reicher, erfüllter sei. Er setzte den Eros nicht mit Promiskuität gleich – nicht einmal in seinen Büchern. Und er verlangte nicht, daß *wir* das tun. Was er tatsächlich verlangte, war, daß wir den Zusammenhang zwischen Eros und Leben verstehen sollten. Aber wir haben ihn immer noch nicht verstanden. Deshalb habe ich dieses Buch geschrieben.

Ich wußte, daß es ein unkonventionelles Buch werden würde – zum Teil Memoiren, zum Teil kritische Studie, zum Teil Biographie, zum Teil eine Analyse der Geschlechterrollen in unserer Zeit. Aber ich hatte nicht geahnt, wie schwierig diese Aufgabe werden würde und wie viel ich von mir selbst als Schriftstellerin offenlegen mußte, bevor ich etwas über Henry zutage fördern konnte.

Henry sagte einmal zu mir: »Wenn du über mich schreibst, dann erfinde einfach alles!« Anschließend verbrachte er viele Stunden damit, seine Erinnerungen auf Band zu sprechen; er verwöhnte mich mit Anekdoten und überschwemmte mich mit einer Flut von Briefen über das Schreiben, die Mystik, die Kunst, sein Leben und seine Zeit.

---

1 Das First Amendment ist der erste Zusatzartikel der Bill of Rights. Sein Text lautet wie folgt: Der Kongreß darf kein Gesetz erlassen, das die Einführung einer Staatsreligion zum Gegenstand hat, die freie Religionsausübung verbietet, die Rede- oder Pressefreiheit oder das Recht des Volkes einschränkt, sich friedlich zu versammeln und die Regierung durch Petition zum Abstellen von Mißständen zu ersuchen (Anm. d. Übers.).

Dies war das Paradoxe: Miller, der Schriftsteller, dessen Werk wahrscheinlich in größerem Maße auf Autobiographischem basiert als das jedes anderen Schriftstellers, blieb auf quälende Weise ungreifbar, und man konnte sich ihm nur nähern, indem man etwas erfand und erdichtete. Und auch ich, der so oft vorgeworfen wurde, immer nur Autobiographisches zu Papier zu bringen, fand es fast unmöglich, mich immer nur an die historische Wahrheit zu halten. Was Miller über D. H. Lawrence sagte, als er so mühsam mit seinem Buch *Die Welt des D. H. Lawrence* rang, schien auch auf meine Probleme mit Miller zuzutreffen:

> Die einzige Möglichkeit, einem Mann wie (Lawrence) gerecht zu werden, der so viel gab, ist, etwas Neues zu schaffen. Nicht ihn zu erklären, sondern durch das Schreiben über ihn zu beweisen, daß die Flamme, die er weiterzugeben versuchte, gezündet hat.[2]

Je mehr ich über all das nachdachte, was ich über Henry, Henrys Werk, Henrys Leben wußte, desto schwieriger wurde es, die Stimme zu finden, in der ich die Geschichte hätte nacherzählen können. Ich fühlte mich so, wie ich mich oft fühle, wenn ich einen meiner eigenen Romane beginne: verloren im Nebel, nach einer Stimme suchend ... und nach einer Spur aus Brotkrumen.

Wenn Henrys Bücher so offensichtlich autobiographisch waren, warum war es dann so schwer, die Essenz dieses Mannes zu erfassen? Und wenn Henrys Leben und seine Bücher identisch waren, warum hatte ich dann dieses ungute Gefühl, die Wahrheit zu verfälschen, als ich versuchte, den Mann zu beschreiben, den ich kannte?

Ich glaube, es liegt daran, daß Henry Millers Genialität nicht im Inhalt seiner Bücher liegt und auch nicht in seiner

---

2 Miller, Henry, aus einem frühen Entwurf zu *The World of Lawrence*, jedoch aus der endgültigen Fassung gestrichen. Das Manuskript befindet sich in der University of California, Los Angeles, Special Collections.

vielzitierten Deutlichkeit bei der Beschreibung des Körpers, sondern vielmehr darin, daß er eine neue Art von fiktiver Stimme erfunden hat.

»Ich habe kein Geld, keine Zuflucht, keine Hoffnungen. Ich bin der glücklichste Mensch der Welt«, frohlockt er auf der ersten Seite von *Wendekreis des Krebses*. Es sind sein Überschwang, seine Freiheit, sein Engagement, die uns anstecken, nicht seine detaillierten Beschreibungen des Koitus. Jenes sinnliche Terrain, das Henry Miller »das Land des Vögelns« nannte, ist verführerisch wegen seiner radikalen Unschuld, nicht wegen seiner wiederholten Beschreibungen des Sich-aneinander-Reibens. Reiben ist schließlich nichts weiter als Reiben. Aber Ekstase ist ein Stück Freiheit, etwas Göttliches. Henry Miller benutzte den Körper, um den Körper zu transzendieren, und in seiner schelmischen, listigen Stimme schwang der Anspruch mit, daß er diese Freiheit uns, seinen Lesern, weitergeben könnte. Das war es, womit er uns ursprünglich verführte: Freiheit, nicht Unzucht.

Kunst stellt immer einen Energieaustausch dar. Das Buch, einmal geöffnet, wirkt mit dem Geist des Lesers zusammen, und es kommt zu einer alchimistischen Reaktion. Immer und immer wieder haben mir Leute auf verschiedene Weise gesagt: »Ich war dabei, in meinem inneren Gefängnis zu sterben, und Henry Miller befreite mich, hauchte mir neues Leben ein.« Henry Miller war ein Lebensspender, ein spiritueller Lehrer ebenso wie ein Schriftsteller, und die Menschen wandten sich ihm und seinen Büchern zu, um sich im Gefängnis ihres Alltags (wie Auden es ausdrückte) zu erinnern, wie man ein freier Mensch ist und wie man das Leben preist.

Seine Freiheit macht uns immer noch angst. Darum wird er von den Kritikern nicht gewürdigt, an den meisten Universitäten nicht gelehrt, auf den Ramschtisch verbannt. Er ist ein Seher, und was er sieht, ist nicht angenehm. Und doch brauchen wir seine Vision dringender denn je. Während wir uns eine flackernde Light-Show ansehen, werden uns unsere Freiheiten genommen. Mehr als je zuvor brauchen wir Erleuchtung. Unser Überleben hängt davon ab.

Vielleicht ist Erleuchtung die traditionelle Aufgabe des Poeten/Propheten/Sehers. »Der göttliche Literatus« war Whitmans Beschreibung für ein solches Geschöpf. Mit ihm fühlte sich Henry Miller zutiefst verbunden, ebenso wie mit Hesse und Thoreau. Er wollte mehr sein als nur Schriftsteller, er wollte für seine Leser ein Prophet sein, und er wurde tatsächlich einer – ob er nun Gutes oder Schlimmes vorhersagte. Wenn wir seine Prophezeiungen in den Wind schlagen, so geschieht das auf eigene Gefahr.

Als einer seiner weiblichen »Jünger« – ich verwende diesen Ausdruck ironisch – erzähle ich die Geschichte unserer Beziehung. Ich habe Henry die Worte diktieren lassen, von dort aus, wo er sich zur Zeit gerade herumtreibt.

Kapitel 1 HUNGRIG GEBOREN: HENRY UND ICH

Wenn in der Kunst etwas Obszönes zum Vorschein kommt, und besonders in der Literatur, dann dient es gewöhnlich als ein technisches Hilfsmittel ... sein Zweck ist, aufzuwecken, ein Gefühl für die Realität hereinzubitten. In gewissem Sinne kann der Gebrauch des Obszönen durch den Künstler verglichen werden mit dem Gebrauch des Wunderbaren bei den Meistern ... die eigentliche Natur des Obszönen liegt in der Lust am Bekehren.

HENRY MILLER, *Land der Erinnerung*

Henry und ich lernten uns auf die für Miller typische Weise kennen: durch Briefe. 1974, einige Tage nach Ostern, fand ich dieses Schreiben in einem Stoß Briefe an meiner Haustür:

Ostern – 14. April 1974

Liebe Erica Jong,
ich habe gerade Ihren Verlegern geschrieben und sie zur Veröffentlichung Ihres Buches Angst vorm Fliegen *beglückwünscht.*
Ich weiß nicht, wann ich zum letztenmal ein von einer Frau geschriebenes Buch gelesen habe, das mich so tief beeindruckt hat. Ich hatte es nur widerwillig zu lesen begonnen und stellte dann fest, daß ich es nicht mehr aus der Hand legen konnte, bis ich etwa die ersten hundert Seiten gelesen hatte.
Obwohl ich die fröhliche, witzige und ganz und gar hemmungslose Art, in der das Buch geschrieben ist, sehr genoß, war ich doch auch von seiner ernsthaften Seite beeindruckt. So viel Leiden! Jüdisches Leiden. Es erinnerte mich an einige

Stellen aus den Werken Célines, in denen die traurigsten Begebenheiten dennoch zum Lachen reizen. Männer, aber auch Frauen müssen von Ihrem Buch noch so viel lernen. Es ist ebensosehr ein Lehrbuch wie ein Roman oder eine Autobiographie.

Ich konnte nicht anders, als mich zu Adrian hingezogen zu fühlen, diesem heuchlerischen Schuft, der, obwohl er ein so falsches Spiel trieb, doch von allen Liebhabern das meiste für Zelda getan hat. Er brachte sie dazu, der Realität und sich selbst ins Gesicht zu sehen.

Ich hoffe, Sie werden uns noch mehr Bücher schenken!

Mit freundlichen Grüßen
Henry Miller

Diesem Schreiben lag ein weiterer überschwenglicher Brief bei, den Henry mit der für ihn charakteristischen Weitherzigkeit bereits an meinen Verleger geschickt hatte.

14. April 1974

An die Herren Verleger
Holt, Rinehart & Winston
Sehr geehrte Herren,

bitte erlauben Sie mir, Ihnen zur Herausgabe des phantastischen Buches **Angst vorm Fliegen** von Erica Jong zu gratulieren! Wie ich sehe, bezeichnen Sie es als Roman, aber ist es das wirklich? Ist es nicht eher ein autobiographisches Werk? Wie dem auch sei, man stößt heutzutage selten auf ein Buch, von einer Frau geschrieben, das so erfrischend, so frech und traurig zugleich ist und noch dazu so voller Weisheit über das ewige Mann-Frau-Problem. Man kann zu diesem Thema aus diesem »Roman« mehr lernen als aus all diesen dicken, langweiligen Wälzern, die von Analytikern, Psychologen, medizinischen Autoritäten und dergleichen geschrieben wurden. Der Leser spürt intuitiv die Wahrheit und Aufrichtigkeit des Werkes. Trotz des witzigen und humorvollen Stils der Autorin erkennt

man doch, daß es ihr sehr ernst ist. Offensichtlich ist ihr be-
wußt, daß sie einen wichtigen Beitrag leistet.
Könnten Sie mir bitte mitteilen, ob Sie oder andere Verleger in
Betracht ziehen, noch ein weiteres ihrer Bücher zu veröffent-
lichen? Außerdem würde mich interessieren, wer ihre beiden
Gedichtbände veröffentlicht hat. Es steht Ihnen frei, jeden be-
liebigen Teil dieses Briefes zu zitieren, falls es Ihnen dienlich
ist.

Mit freundlichen Grüßen
Henry Miller

Was wußte ich über Henry Miller, als ich diese beiden
Briefe, mit schwarzem Filzstift auf das gelbe Geschäfts-
papier eines Anwaltsbüros geschrieben, in meinem Briefkasten fand?
Nicht viel. Meine Vorstellung von ihm war wahrscheinlich
fast genauso verzerrt wie das banale Image des schmutzigen
alten Schriftstellers, das die Boulevardblätter ihm anhäng-
ten. Obwohl ich einiges aus *Wendekreis des Krebses, Land*
der Erinnerung, Ein Henry Miller Lesebuch und *Henry Miller*
on Writing gelesen hatte, konnte ich mir von Henry Miller
weder als Schriftsteller noch als Person ein klares Bild machen. Ich erinnerte mich vage an Bilder des alten Henry
Miller mit seiner jungen japanischen Frau in einer Illustrierten. Und ich erinnerte mich, über einen berüchtigten
Fall gelesen zu haben, bei dem es um Obszönität ging und in
den Miller verwickelt war. Aber ich hatte keine Ahnung,
daß die furchteinflößende große Wandlung, die sich im Verlagswesen der sechziger Jahre vollzog, fast unmittelbar auf
Henry Miller zurückzuführen war.
Ich selbst hatte diese Metamorphose im Verlagsgeschäft in
meinen verletzlichsten Jahren miterlebt. Ich war High-
School-Schülerin am Music and Art in New York, als bedeutende New Yorker Verlage plötzlich *Lady Chatterley,*
Fanny Hill und *Lolita* veröffentlichten und jedes dieser Bü-

cher für eine Sensation sorgte. Ich war damals im Juniorjahr und rannte sofort los, um *Lady Chatterley* als Paperback zu kaufen. Ich las es mit einer so heftigen Erregung, wie sie nur aus einer Verbindung von Eros und Rebellion (den Hauptthemen des Erwachsenwerdens) entstehen kann. Ebenfalls in meinem Juniorjahr erschien in den Vereinigten Staaten *Wendekreis des Krebses*. Heute weiß ich, daß ich nicht einmal einen Bruchteil der Werke Millers kannte, als er mir zum erstenmal schrieb. Das letzte, woran ich mich im Zusammenhang mit Miller erinnerte, war der feministische Aufruhr, den Kate Millet mit ihrem Buch *Sexus und Herrschaft* im Jahr 1970 verursachte.

Millets These war, daß Millers gesamtes Verständnis des Sex frauenfeindlich sei. Darin hatte sie nicht unrecht, aber ihr Angriff hatte zur Folge, daß ein Schriftsteller, dessen Werk für fast vier Jahrzehnte in seinem eigenen Land kaum erhältlich waren, von neuem geächtet wurde.

Die Tatsache, daß Miller zunächst wegen offizieller puritanischer und später wegen inoffizieller feministischer Zensur nicht gelesen wurde, entbehrt nicht einer gewissen Ironie. Und ebenso komisch finde ich, daß gewisse amerikanische Feministinnen der jüngeren Zeit (die Entstehungszeit unserer Bewegung mit so unabhängigen Denkerinnen wie Emma Goldman, Margaret Sanger und Victoria Woodhull sei hier außer acht gelassen) sich anscheinend der Anti-Sex-Liga angeschlossen haben. Auf jeden Fall hat *Sexus und Herrschaft* die Rezeption Henry Millers während seines letzten Lebensabschnitts bestimmt. War er nun ein »sexistisches Schwein« oder nicht? Wer sich mit Henry Miller befaßt, muß sich heute mit dieser Frage auseinandersetzen, obwohl das Thema für die Bücher, durch die er am liebsten bekannt werden wollte, *Der Koloß von Maroussi* und *Das Lächeln am Fuße der Leiter*, absolut keine Rolle spielt.

Miller war ein wenig anrüchig – so viel wußte ich immerhin. Er wurde in Verbindung gebracht mit dem Paris der dreißiger Jahre, Big Sur in den Fünfzigern, verbotenen Büchern, jungen Asiatinnen, Sex. Aber ich erinnerte mich auch daran, *Wendekreis des Krebses* zur Hand genommen zu haben, als ich mich um die innere Freiheit bemühte, die das Schreiben von *Angst vorm Fliegen* mir abverlangte, und der Reichtum der Prosa löste etwas in mir aus. Ich erinnerte mich, eines von Millers Essays gelesen zu haben, dessen Wahrheit mich tief berührt hatte. »Der moderne Schriftsteller benutzt das Obszöne, so wie der antike Schriftsteller das Heilige benutzte«, behauptet Miller in *Obszönität und das Gesetz der Reflexion*. Indem er das Obszöne benutzt, versucht der moderne Schriftsteller, die Scheu, den Schock und das Erstaunen, das die Menschen der Antike in Delphi oder Eleusis spürten, wieder aufleben zu lassen. Diese Aussage traf ins Schwarze, das spürte ich.

Interessanterweise sagt Tennessee Williams (von Gore Vidal in *Two Sisters* zitiert) etwas ganz Ähnliches über die Darstellung von Sex in der Literatur. Er benutze Sex, teilt Tennessee Williams Vidal mit, um »die Temperatur der Zuhörer anzuheizen. Du bringst sie in Stimmung. Dann kannst du ihnen alles sagen.«

Miller tauchte weder in meinem Kurs über moderne amerikanische Literatur am Barnard College noch im Lehrplan für die Promotion in Columbia auf. Er wurde nicht gelehrt. Obwohl ich ein Bücherwurm und eine passionierte Schreiberin war, war Miller meiner Aufmerksamkeit weitgehend entgangen. Zum Teil lag das daran, daß seine berühmtesten Bücher verboten waren und die anderen schlecht vermarktet oder nicht mehr gedruckt wurden.

Wäre es leicht gewesen, an Millers Bücher heranzukommen, hätte ich sie verschlungen. Freunde, die fünf oder zehn Jahre älter waren als ich, erzählten mir von der belebenden Wirkung einiger heimlich von Paris herübergeschmuggelten Exemplare von *Wendekreis des Krebses* auf ihr eigenes literarisches Schaffen.

Daß ich die Literatur zu einer Zeit entdeckte, als im Verlagswesen umwälzende Veränderungen stattfanden, schenkte
mir eine ungeahnte Freiheit in der Wahl meiner Lektüre.
Ich erinnere mich daran, daß ich *Fanny Hill* im Giftschrank
der Butler-Bibliothek entdeckte, aber diese Erinnerung muß
aus meiner High-School-Zeit stammen, da diese Bücher, als
ich die Graduate School besuchte, fast überall als Paperback
erhältlich waren.

In den sechziger Jahren, nachdem *Wendekreis des Krebses*
endlich zur Veröffentlichung freigegeben worden war, begannen junge amerikanische Schriftsteller mit Büchern, die
zuvor nicht hätten geschrieben, geschweige denn veröffentlicht werden können, auf diese neue Freiheit zu reagieren.
Nach dem Erscheinen von John Updikes *Paare* 1968 und
Philip Roths *Portnoys Beschwerden* ein Jahr später wagte es
die amerikanische Literatur, die Schlafzimmertür aufzusto-
ßen. Ich glaube, wir vergessen allzu gern, daß all dies erst in
der jüngsten Vergangenheit geschah. Und Miller spielte bei
diesem Klimawechsel eine entscheidende Rolle, obwohl
das offiziell niemals anerkannt wurde.

Angst vorm Fliegen war für mich eine Herausforderung,
mit ebensoviel Verve (und Nervenstärke) vom weiblichen
Standpunkt aus zu schreiben, wie Roth und Updike es vom
männlichen Standpunkt aus getan hatten. *Angst vorm Fliegen* mußte einen weniger steinigen Weg als *Wendekreis des
Krebses* zurücklegen. Steinig war er aber dennoch. Der erste
Drucker weigerte sich, das Buch zu setzen. Das Fernsehen
weigerte sich, Werbung für das Buch auszustrahlen. Ich erinnere mich an meine eigene Verwunderung über die unge-
zügelte Brutalität einiger kritischen Reaktionen auf das
Buch. Weil ich von meinem Lehrplan an der Columbia University ausging, war ich davon überzeugt, daß jedermann
sich dessen bewußt war, daß Chaucer, Rabelais, Lawrence
und Joyce von Sex nur so strotzten. Warum also die ganze
Aufregung? Ich war auf diese Sexophobie der Kritiker nicht

gefaßt gewesen – weder auf die feministische noch die männlich-chauvinistische Variante. Die taten ja gerade so, als würde ich mich für das Grillen von Kleinkindern einsetzen!

Niemand glaubte daran, daß das Buch sich in dem angespannten politischen Klima des Jahres 1973 durchsetzen würde. Separatistische Feministinnen griffen es als »zu schmeichelhaft für die Männer« an (weil meine Heldin heterosexuell war; eine Tatsache, die von einigen »politisch korrekten« Feministinnen dieser Zeit als konterrevolutionär betrachtet wurde), und gewisse männliche Chauvinisten aus der Welt der Literatur taten die Stimme einer befreiten Frau als dummes Geschwätz ab. Hätte John Updike das Buch nicht im *New Yorker* gerettet, dann wäre es wahrscheinlich nicht einmal so lange lieferbar geblieben, bis Henry Miller es hätte lesen können. So also kam Millers erster Brief als eine *planche de salut*[1], ein Rettungsring für eine junge Autorin, die durch die Erfahrung, ein Buch zu veröffentlichen, in einen politischen Strudel hineingeraten war. Kein Geringerer als Paul Theroux hatte mich in *The New Statesman* als »Mammutvulva« tituliert – also hatte ich allen Grund, Miller und Updike dankbar zu sein.

Ich erinnere mich daran, daß ich Miller auf der Stelle meine beiden Gedichtbände (*Fruits & Vegetables* und *Half-Lives*) schickte. Das, was ein »richtiger Brief« werden sollte, ging mir jedoch nicht so leicht von der Hand. Während ich also noch darüber grübelte und brütete, wie ich denn nun einer lebenden Legende antworten sollte (und während ich weitere Werke Millers las, um mich seiner würdig zu erweisen), traf ein weiterer Brief von ihm ein.

---

[1] Erica Jong spielt hier auf den französischen Titel ihres Romans *Rette sich wer kann* (*Planche de salut*) an (Anm. d. Übers.).

30. April 1974

Liebe Erica Jong,

ich bin kein großer Kenner von Gedichten, und deshalb erwartete ich nicht, Ihre Gedichte zu mögen. (Ich mag aber einige Dichter!) Aber ich war überrascht – ich mag Ihre Gedichte sehr. Sie sind wie Feuerwerkskörper; ständig sprühend und sogar dann noch interessant, wenn sie nur zischen. Sie, liebe Erica, sind so gescheit, so intelligent, so feinfühlig. Sie waren wohl während Ihrer ganzen Schulzeit eine Einserkandidatin, was? Es war sehr freundlich von Ihnen, mir Ihre beiden Gedichtbände mit den reizenden Widmungen zu schicken. Ich habe gerade den ersten zu Ende gelesen. If a woman wants to be a poet mochte ich ganz besonders. Sie erwähnen mehrmals Sylvia Plath. Ich muß mal etwas von ihr lesen – ich kenne ihr Werk nicht. All die guten Schriftsteller, die Sie zitieren oder empfehlen – hervorragender Geschmack! Der französische Dichter »Ponge« war eine Überraschung für mich. Sie werden mir also einen Brief schreiben. Ich warte schon sehr gespannt darauf.

Jong ist chinesisch, nicht wahr? Zuerst dachte ich, es sei eine Variation des schweizerischen »Jung«. Irgendwie habe ich immer gedacht, daß Hermann Hesse ein Schriftsteller sei, der zu Ihrer Generation paßte – und den man ansonsten nicht allzu ernst nehmen sollte. Wahrscheinlich liege ich da falsch. Aber ich hoffe (warum, das weiß ich nicht), daß Sie ihn für einen erstklassigen Schriftsteller halten. Für mich ist er in mancherlei Hinsicht ein Meister. Ich wünschte, ich könnte ein Buch wie Siddharta *oder* Narziß und Goldmund *schreiben. Genug! Ich warte darauf, von Ihnen zu hören.*

Herzliche Grüße!
Henry Miller

Dieser Brief war auf Henry Millers persönlichem weißem Briefpapier mit schwarzem Aufdruck geschrieben worden. Oben seine Adresse: 444 Ocampo Drive, Pacific Palisades,

26

Kalifornien. Am Ende der Seite war in kleiner Schrift das portugiesische Motto *cuando merda tiver valor pobre nasce sem cu* (»Wenn Scheiße wertvoll wird, werden die Armen ohne Arschloch geboren«) gedruckt. Als Anlage schickte er mir ein zerrissenes Zettelchen aus einem Glückskuchen, auf dem stand: »Dein Name wird in Zukunft berühmt werden.«

Stellen Sie sich eine junge Autorin vor, die an einem Tag einen so wunderbaren Brief erhält und am nächsten von der Kritik zerrissen wird. Es war schwindelerregend und verwirrend. Schließlich raffte ich allen Mut zusammen, um zurückzuschreiben. Dabei tat ich so, als hätte ich mehr von seinen Werken gelesen, als es tatsächlich der Fall war:

4. Mai 1974

Lieber Henry Miller!
Vielen Dank für Ihre wundervollen und großzügigen Briefe an mich und meinen Verleger. Ich war von ihnen absolut hingerissen. Ich liebe Ihre Werke – ich liebe die wundervolle Energie und die Lebendigkeit, die davon ausgeht, und ich habe dazu immer eine tiefe Seelenverwandtschaft gefühlt. Außerdem haben mir Ihre Beobachtungen über das Schreiben, die Sexualität, über Obszönität und die Literatur über viele dunkle Stunden hinweggeholfen und mir Mut gemacht. Alle Ihre Bücher beweisen, daß ein Schriftsteller zum Schreiben Mut ebenso braucht wie ein großes Talent, und Ihre Bücher machen auch dem Leser Mut. Ich danke Ihnen sowohl für Ihre Briefe als auch für Ihre phantastischen Bücher.
Ich hatte daran gedacht, **Angst vorm Fliegen** *ein von Ihnen verfaßtes Motto voranzustellen – über die Unmöglichkeit, die Wahrheit über sein eigenes Leben zu schreiben, die Unmöglichkeit, eine wahrheitsgetreue Autobiographie zu verfassen –, aber am Ende konnte ich mich doch nicht dazu entschließen. Das Buch ist im spirituellen, wenn nicht sogar im wörtlichen Sinne eine Autobiographie. Charaktere und Ereignisse sind*

27

manchmal erfunden, manchmal nicht. Jeder hält es für wahrheitsgetreue Memoiren, und in gewisser Weise empfinde ich
das als ein Kompliment. Das Buch wird im November in den
USA als Paperback herauskommen, und es erscheint erst jetzt
in England, wo einige der Kritiken sich so anhören, als wären
sie von Mrs. Grundy[2] persönlich verfaßt worden. Der New
Statesman behauptet von mir, ich sei eine »Mammutvulva«
und mein Buch sei angeblich »wertloser Schund«, »hassens-
wert«, »schrecklich« und »peinlich«. Glücklicherweise kamen
zusammen mit den britischen Kritiken auch Ihre beiden
Briefe an – dadurch wurde die Wirkung beträchtlich gemil-
dert. All diese wohlerzogenen Boys, die denken, daß Sex
»schrecklich und beschämend« sei! Es ist erstaunlich, daß die
Welt noch immer so voll von ihnen ist.
Ich habe die beiden Gedichtbände an Sie in einen Briefkasten
geworfen, der häufig von der Straßenecke verschwindet, deshalb war ich hocherfreut zu hören, daß Sie sie erhalten und so
großzügig darauf reagiert haben. Einige Typen in dieser Gegend haben sich nämlich eine schlaue Gaunerei ausgedacht:
Sie montieren den Briefkasten ab, schleppen ihn in irgendeinen nahegelegenen Keller, brechen ihn auf und fischen sämtliche Schecks aus der Post. Ich weiß nie, ob ich, wenn ich
meine Post einwerfen will, den Briefkasten noch an der Straßenecke finde (oder ob mich nur noch die vier vielsagenden
Löcher anstarren, in denen die Schrauben steckten). Irgendwie
fand ich es aufregender, die Bücher gerade in diesen Briefkasten zu werfen!
Ich war von Ihrem letzten Brief und dem darin enthaltenen
Glücksspruch entzückt. Ja, mein Name ist chinesischen Ur-
sprungs, genau wie mein Ehemann – der heute nicht mehr
halb so undurchschaubar ist, wie er es noch vor einigen Jahren

2 *Grundyis* = Prüderie, Engstirnigkeit, strenges Beachten konventioneller
Verhaltensnormen. *Mrs. Grundy*, eine Person, die in Thomas Mortons
Schauspiel *Speed the Plough* (1798) vorkommt (Anm. d. Übers.).

28

war, als ich ihn als Vorlage für Bennett Wing benutzte. Das Buch hat ihn sehr zu seinem Vorteil verändert. Das Leben paßt sich der Literatur an, nicht wahr? Ist Ihnen nicht auch oft aufgefallen, daß Menschen, über die Sie geschrieben haben, durch diese Erfahrung sehr viel reifer, sozusagen humanisiert wurden? Es würde mich wirklich interessieren!

Ich habe Hermann Hesse nicht mehr gelesen, seitdem ich 15 war und über Siddharta träumte. Ich muß ihn noch einmal lesen, da ich jetzt ein wenig mehr vom Schreiben und von den Menschen weiß. Er wird mir wahrscheinlich wie ein völlig anderer Autor vorkommen.

Ich weiß nicht recht, ob Ihnen Sylvia Plaths Gedichte gefallen würden. Sie ist eine phantastische Dichterin (als Romanschriftstellerin sehr viel weniger gut), aber ihre Arbeit ist so lebensverneinend und besessen von dem Gedanken an Selbstmord, daß Sie wahrscheinlich ziemlich abgeschreckt wären. Sie hat viel von Theodore Roethke gelernt und benutzt die gleichen verdichteten, kargen und intensiven Bilder, aber ihre ganze Brillanz steht im Dienst ihrer Todessehnsucht – tatsächlich hat sie sich im Alter von 31 Jahren das Leben genommen. Eine schreckliche Verschwendung, wirklich. Ich kenne viele Details ihres Lebens, und ich weiß, daß sie immer eine ziemlich verstörte Frau war. Aber ich halte an meiner Überzeugung fest, daß ihr Selbstmord dadurch beschleunigt wurde, daß sie in England unter all diesen verdammten Engländern leben mußte. Ihr Mann, Ted Hughes, ist ein grobschlächtiger Kerl aus Yorkshire, der mir immer wie ein Hexenmeister vorkam. Außerdem scheinen die literarischen Gentlemen in London für Frauen sowieso keine Verwendung zu haben. Sie mögen sich vor allem untereinander, und sie leben von internen Streitereien über die Literatur. Gesunde Sexualität ist ihnen so unbekannt, daß sie, sobald sie darauf stoßen, vor Entsetzen laut aufschreien. Meine Romanfigur Adrian war selbst ein heimlicher Perverser. Sein Ding war allerdings nicht Sex, sondern Gedankenmanipulation. Wie dem auch sei – Tatsache ist,

daß die Intensität dieser Erfahrung Isadora den Kopf zurecht-
rückte ...

Ich wünschte, ich könnte Ihnen vermitteln, wieviel Freude
und Mut mir Ihre Bücher in der Vergangenheit gemacht haben.
Erst vergangene Woche las ich wieder und wieder Ihre Bemerkungen über Obszönität und Literatur in Land der Erinnerung. Mir erscheinen sie einfach brillant. Ich glaube, Sie haben recht mit der Annahme, daß der moderne Autor die
Obszönität in der gleichen Weise einsetzt wie der Autor der
Antike das Übernatürliche – um dem Leser einen Schock zu
versetzen und ihm die Augen zu öffnen. Ich könnte jetzt immer noch mehr über Ihr Werk und die Dinge, die es in den verschiedensten Abschnitten meines Lebens für mich bewirkt
hat, sagen, aber ich mache hier Schluß, um diesen Brief auf
den Weg nach Kalifornien zu bringen (über meinen wandern-
den Briefkasten).

Alles Liebe und vielen Dank!

Erica Jong

Henry antwortete fast postwendend:

Im Bett, 6. Mai 1974

(Ich kann nicht immer ganz klar sehen, da ich bei einer Operation vor kurzem ein Auge verloren habe.)
Liebe Erica Jong – ich hoffe, Sie halten mich nicht für einen
Verrückten! Ich bin lediglich Ihr ergebener Fan, und mehr
denn je »nur ein Junge aus Brooklyn«. Ich schreibe Ihnen mit
einem Lächeln auf den Lippen, da jeder von Ihnen spricht. Sie
sind die Sensation des Jahres! Ich werde Exemplare Ihrer Bücher bestellen und sie an diejenigen verschenken, die es sich
nicht leisten können, sie zu kaufen. Es scheint, daß meine besten Leser es sich – anfänglich – nicht leisten konnten, meine
Bücher zu kaufen. Was für ein Kampf war es, Wendekreis des
Krebses unter die Leute zu bringen. Hätte ich nicht Hunderte
von Briefen geschrieben (in denen ich das Buch über den grü-

nen Klee lobte), und wäre da nicht eine arme lesbische Jüdin gewesen, die voller Enthusiasmus und Hingabe mit meinem Buch von Café zu Café hausieren ging, wäre das Buch vielleicht nie bekannt geworden. Ihr triumphaler Erfolg scheint so leicht – und so natürlich. Sie werden von jedermann bewundert. Sogar dieses schmutzige Blatt Screw veröffentlichte vor einigen Wochen ein Loblied auf Ihr Buch.

(Nebenbei würde mich interessieren, was Germaine Greer und Anaïs Nin davon halten! Oder Kate Millet.)

Ich habe das Buch meiner Tochter Val geliehen, und sie war begeistert. Sie meinte in gewisser Hinsicht eine Ähnlichkeit zwischen Ihnen und sich selbst zu erkennen (die ich nicht sehen kann). Sie wird Ihnen vielleicht ebenfalls schreiben.

Ich werde Exemplare Ihres Buches an Lawrence Durell und Alfred Perlès, meinen alten Kumpel aus Pariser Tagen, der jetzt auf Zypern lebt, schicken. (Ich weiß ganz genau, daß seine gottverdammte schottische Frau es hassen wird.)

Ich bin immer entzückt, wenn ich auf Namen von Dichtern oder anderen Autoren stoße, die Sie in Ihren Büchern erwähnen. Was für ein exzellenter Geschmack – ich habe das schon früher bemerkt. Sie haben etwas von einem Allesfresser, wenn ich das sagen darf, oder, wie die Franzosen sagen, Sie sind »boulimique« (was für ein Wort!). (Wie ist es mit unserem englischen Wort aboulia[3]?) Ein Dichter, dessen Namen ich vergeblich zu finden erwartete, ist St. John Perse. Wen haben Sie noch nicht gelesen? (Sie erwähnen auch Céline oder Blaise Cendrars nicht, aber ich vermute, daß Sie sie gelesen haben.) Sie sind meine Lieblingsschriftsteller, wie Sie wahrscheinlich wissen.

Meine Schwiegertochter, Diane Miller, die versucht, Gedichte zu schreiben, sagt, es falle ihr manchmal schwer, Sie zu verstehen. (Ihre Gedichte.) Ich versuchte ihr zu erklären, daß wir gar nicht alles verstehen müssen. Sind wir aufgewühlt, erregt,

---

3   Dt.: Aboulie = Willenslähmung, Entschlußunfähigkeit (Anm. d. Übers.).

begeistert, wütend? Das reicht doch, oder? Ich verstehe auch
nicht alles. Ich will es nicht einmal. (Obwohl das auch nicht
ganz stimmt. Aber ich muß ausdrücklich sagen: Ich liebe die
letzten Worte, die Thomas von Aquin auf seinem Totenbett
sprach: »Alles, was ich geschrieben habe, erscheint mir jetzt
gänzlich wertlos.« Verglichen mit seiner Erleuchtung.)
Ich kann es nicht abwarten, Ihren zweiten Roman in den Hän-
den zu halten und zu lesen. Das zweite Buch unterscheidet
sich meistens sehr stark vom ersten – wie ein »Aufstand in der
Wüste«. Ich kann mir vorstellen, daß Sie nach Ihrem ersten
Buch von sich selbst die Nase voll hatten, wenn ich das so sa-
gen darf. Alles, was Sie über das Schreiben sagen (daß es eine
Zuflucht, eine Stütze sei), ist so scharfsinnig. Seltsamerweise
bringen Sie mich, genau wie Céline, zum Lachen, wenn Sie
von Ihrem Leiden erzählen. Und Sie können zum Glück, zum
allergrößten Glück, über sich selbst lachen. Hurra! Es gibt so
verdammt wenige Frauen, die das können. Ich kann mir nichts
Frustrierenderes und Deprimierenderes vorstellen als eine
Frau, die ewig ein langes Gesicht macht!
Genug davon! Viel Glück und bis bald!

Henry Miller

Zu diesem Zeitpunkt bekam mein erster Roman Aufwind.
Briefe trafen haufenweise ein, und einige von ihnen waren
die empfindsamsten, die ich jemals erhalten habe. Die Menschen, die mir schrieben, suchten nach Erlösung und er-
nannten mich zu ihrer Guru-Frau. Dies war die erste Kostprobe, die ich vom öffentlichen Leben in Amerika bekam,
und ich war erstaunt. Ich schrieb einen Artikel für die Zeitschrift *New York* mit dem Titel »The Writer as Sexual Guru«.
Darin drückte ich meine Verwunderung darüber aus, daß
Schriftsteller zu Gurus ernannt werden, wenn alles, was sie
der Öffentlichkeit von sich zeigen, ihre eigene Verwirrung
ist. Darauf schrieb mir mein neuer Brieffreund einen begeisterten Brief:

21. 06. 74

Liebe Erica,

Bradley [Bradley Smith, Verleger und Autor] gab mir Ihren Artikel aus New York *über den Schriftsteller als Sex-Guru. Ich wollte schon oft etwas über die Menschen veröffentlichen, die mir schreiben. Sie haben dazu alles gesagt, ausgenommen vielleicht über eine Gruppe, die ich persönlich am interessantesten finde – die Bekloppten. Die richtig Verrückten. Sie schreiben die phantastischsten Briefe und können, wie Sie vielleicht wissen, höchst interessant zeichnen und malen. Als ich meine dritte Frau heiratete, bat ich sie, mir beim Lesen und Sortieren meiner Leserbriefe zu helfen. Zu meinem Entsetzen vernichtete sie, ohne zu fragen, all die verrückten Briefe! Ich war außer mir. Sie dachte, man müsse die Briefe von Professoren und den ernsten Intellektuellen aufbewahren. Ich erklärte ihr, genau das Gegenteil sei der Fall.*

Ich lege diesem Brief eine mit roter Tinte geschriebene Notiz eines neuen weiblichen Fans bei. Sie schickte sie mir, nachdem sie kürzlich meine lobenden Worte über Asiatinnen im Time Magazine *gelesen hatte. (Sie wußte, daß ich mit einer Japanerin verheiratet gewesen war und daß ich jetzt eine Chinesin liebe.) Finden Sie nicht auch, daß sie ziemlich neben der Spur läuft? Und woher kommen all diese Statistiken? Bisher habe ich die »Vaginalpassage« keiner einzigen Frau als zu kurz empfunden. Und diese ganze Geschichte vom dicken Schwanz ist doch nur ein Märchen, oder was meinen Sie?*

Letzte Nacht brachte ich Irene Tsu, die chinesische Schauspielerin (in sie *bin ich nicht verliebt), dazu, mir zu versprechen, Ihr Buch zu lesen. Jeden Tag bekehre ich ein paar mehr Menschen zu Ihrem Werk. Sie scheinen eine neue Religion begründet zu haben.*

Wie geht es mit Ihrem zweiten Buch voran? Ich nehme an, es ist schwieriger zu schreiben als das erste. Lassen Sie sich aber davon nicht beirren.

Übrigens, bezahlt das New York Magazine *für Artikel?*

33

Ich freue mich schon darauf, Sie hier zu sehen. Alles Gute.
Und herzliche Grüße und Küsse.

Henry

Der Briefwechsel mit Miller setzte sich im Sommer des Jahres 1974 fort. Manchmal schrieb Henry zwei bis drei Briefe am Tag, und ich hatte Mühe, mit ihm Schritt zu halten. Währenddessen machte ich in der Öffentlichkeit eine Metamorphose durch – von der jungen Akademikerin und »jungen Dichterin« zu jemandem, deren Name und sogar deren Gesicht gelegentlich ein wissendes Nicken hervorrief. Von den widersprüchlichen Rezensionen meines ersten Romans noch ziemlich mitgenommen, freute ich mich auf den Seelenbalsam in Henrys Briefen. Mein Buch hatte einen Nerv getroffen, und die Menschen liebten oder verabscheuten es. Es wurde zu einem Ereignis in ihrem Leben, und sie neigten dazu, die Autorin für die Konsequenzen verantwortlich zu machen. Henry Miller verstand besser vielleicht als irgend jemand sonst, was ich gerade durchmachte. Sein Verständnis half mir weiterzumachen.

Henry wußte, daß die plötzliche öffentliche Anerkennung, so sehr man sie auch genießen mag, doch gleichzeitig einen Umbruch bedeutet. Als *Angst vorm Fliegen* veröffentlicht wurde, erwartete ich eigentlich noch immer, weiterhin zur Columbia University zu gehen und meinen Doktor zu machen, Gedichte und Kritiken zu veröffentlichen und an einer Universität zu unterrichten. Ernste Schriftsteller, so glaubte ich, können kein breites Publikum erreichen. (Ich hatte all die akademischen Vorurteile und genau den Snobismus, der für meine Zeit an der Columbia University typisch war.) Die Akademikerin in mir – ein Aspekt, mit dem Henry mich immer aufzog – war ziemlich entsetzt über die Vorstellung, populär zu sein und Erfolg zu haben, wie sehr die Narzißtin in mir dies auch begrüßt haben mag.

Es war nicht vorhersehbar, daß *Angst vorm Fliegen* ein Bestseller werden würde. Im ersten Jahr glaubten die Verleger nie so recht an seine Verkäuflichkeit. Es wurden nie genug Exemplare gedruckt, und als der Roman auf die Bestsellerliste kam, war er prompt vergriffen. Ausländische Verleger waren anfangs ebenfalls vorsichtig.

»Französinnen brauchen keine Psychoanalyse«, erklärte mir eine französische Lektorin. »Ich werde es veröffentlichen, wenn sie alle antideutschen Stellen streichen«, wurde mir von einer deutschen Lektorin gesagt. Männliche Lektoren, die sich von der weiblichen Stärke des Buches bedroht fühlten, fanden alle möglichen anderen Vorwände, um das Buch abzulehnen. Henry, der sich immer für die Underdogs eingesetzt hatte, nahm sich des Romans an und verschickte Exemplare an Verleger und Lektoren in aller Welt, denen er vertraute. Viele der Freunde, die ich damals durch ihn gewonnen habe, sind mir bis heute treu geblieben.

Irritiert von der Dummheit und dem männlichen Chauvinismus der Reaktionen auf *Angst vorm Fliegen*, schrieb Henry einen Beitrag für die Leserseite der *New York Times*. Darin zeigte er gegenüber dem schriftstellerischen Werk einer Frau mehr Wohlwollen als manche feministische Fanatikerin, die jedes Buch mit dem imaginären Maßstab »politischer Korrektheit« mißt und sich um Ironie und Phantasie einen Teufel schert. Henry war weder ein Fanatiker noch ein Ideologe, und er zeigte mehr Verständnis für von Frauen geschriebene Literatur als manche Frau. Er nannte *Angst vorm Fliegen* das Gegenstück zu seinem Buch *Wendekreis des Krebses* – was mich entzückte. In seiner Rezension des Buches findet man, im Gegensatz zu den üblichen Buchbesprechungen, nicht die geringste Spur von Gehässigkeit oder Konkurrenz. Ich hatte also allen Grund, Henry Miller dankbar zu sein, als ich endlich, seine private Telefonnummer in der Tasche, im Oktober nach Los Angeles fuhr.

Ich rollte mit meinem gemieteten Buick den Sunset Boulevard, die einzige Straße, die ich kannte, zu den Palisades

hinunter. Mit einigen Schwierigkeiten fand ich endlich Henrys ziemlich unscheinbares, weißes, im ländlichen Stil erbautes Haus am 444 Ocampo Drive, das mir als Haus eines alten Bohemiens schrecklich bürgerlich vorkam.
An der nicht abgeschlossenen Tür war ein Zitat Meng-tses angebracht, eines alten Weisen, den Hermann Hesse sich als Pseudonym ausgedacht hatte:

> Wenn ein Mann alt geworden ist und seine Aufgabe erfüllt hat, dann hat er das Recht, sich mit dem Gedanken des Todes in Frieden auseinanderzusetzen. Er braucht auch keine anderen Menschen; er kennt sie und hat genug von ihnen gesehen. Es ist ungehörig, einen solchen Mann zu stören, ihn mit Geschwätz zu plagen, ihn mit Banalitäten zu belästigen.

Diese Warnung sollte offenbar dazu dienen, unerwünschte Literatur-Groupies abzuschrecken. Aber Henry war, was Groupies anging, auf charmante Weise ambivalent. Er war einer der geselligsten Menschen auf Erden und brachte es fertig, sich bei der konzentriertesten Arbeit zu unterbrechen, um genau jene Besucher, die eigentlich von dem Schild an der Tür abgehalten werden sollten, zu sich hereinzubitten.
Ich öffnete die unverschlossene Tür. Ein wunderschöner Rotschopf, Twinka Thiebaud, die in jenen Tagen Henrys Köchin und Haushälterin war, kam herbei, um mich zu begrüßen. Sie führte mich durch eine Eingangshalle mit Treppenhaus in einen Raum, der von einer Tischtennisplatte, einem Klavier und Millers Aquarellen beherrscht wurde. In einem kleinen Innenhof glitzerte die goldene Oktobersonne auf dem Wasser des Pools. Zufrieden, das Haus ohne Zwischenfälle gefunden zu haben, war ich ganz kribbelig vor Freude darauf, meinen literarischen Wohltäter zu treffen. Von der angrenzenden Diele her war ein dumpfes Klopfen von Gummi auf Stein zu hören. Henry erschien, über eine Gehhilfe aus Aluminium gebückt, die er wie einen Schild vor sich her schob.

»Hallo!« sagte er mit seiner rauhen Stimme in starkem Brooklyn-Akzent. Er trug einen Schlafanzug und Pantoffeln, einen alten Bademantel und ein Hörgerät. Er war ein alter Mann, aber seine Augen waren jung.

Wir setzten uns an den Eßtisch und waren sofort mitten im Gespräch. Twinka servierte Tee und warf ab und zu eine Bemerkung ein. Ich habe keine Ahnung mehr, worüber wir gesprochen haben, wir führten sozusagen unseren Briefwechsel weiter. Henry war herzlich und unbefangen. Da er im Gespräch so vital wirkte, erschien er mir wie ein Mann meines Jahrgangs. Auf den Fotos, die in dieser Zeit aufgenommen wurden, ist er ganz eindeutig ein alter Mann. Aber ich spürte deutlich, daß Henry innerlich jünger war als ich. Seine Ausgelassenheit war wie eine Spritze reiner Lebenskraft.

In seinem Essay *Gegen Sainte-Beuve* sagt Proust, daß »ein Buch die Hervorbringung eines anderen *Ichs* ist als jenes, das wir in unseren Gewohnheiten, in der Gesellschaft, in unseren Lastern zutage treten lassen«. Das stimmt. Der Kern des Selbst eines Schriftstellers, der Teil, welcher dazu bestimmt ist, das Fleisch zu überleben, ist nicht immer im täglichen Leben sichtbar. Hat aber ein Schriftsteller seine wahre Stimme erst einmal gefunden, dann *ist* diese mit seiner Seele kongruent. Diese Stimme ist es, wonach alle Schriftsteller suchen – und die nur sehr wenige finden –, um einen Schrei auszustoßen, der ihrer Seele angemessenen Ausdruck verleiht.

Das ist das Paradoxon des Schreibens. Man kann sich nicht hinter Worten verstecken. Was und wer man ist, blitzt auf jeder Seite auf, ob man nun vorgibt, objektiv zu sein oder nicht. Man enblößt sein innerstes Selbst. Das ist der Grund, warum es so schmerzlich ist, wenn die eigenen Werke mißverstanden werden: Es bedeutet, daß der Wesenskern verkannt wird.

Worum Henry von anderen so sehr beneidet wurde, war seine Ganzheit. Auch wenn sein tägliches Leben und sein schriftstellerisches Leben nicht unbedingt ein und dasselbe waren, so war doch sein Überschwang, die Freude, die er in seinen Werken ausdrückt, sichtbar, auch als er alt und krank war. Die Stimme, die er gefunden hatte, drückte seinen inneren Reichtum aus. Es war nicht der Sex, den die Puritaner haßten und fürchteten. Es war die Fülle. Es waren nicht die schmutzigen Wörter, sondern seine wunderbar lebendige Seele.

Wir redeten und redeten den ganzen Nachmittag lang und setzten unsere Gespräche, mit Unterbrechungen, fort, bis er starb. Besonders intensiv waren sie in den Jahren, in denen ich in Malibu lebte (1974–1976). Manchmal war Twinka zugegen, manchmal Val und Tony Miller, Henrys Kinder, manchmal Jonathan Fast, mein Liebhaber und späterer Ehemann, manchmal Tom Schiller, ein junger Komödienschreiber, manchmal Mike Wallace, der Journalist, der unsere Gespräche 1974 für die Sendung *60 Minutes* aufzeichnete.

Unsere Diskussionen drehten sich um Dutzende von Themen: das Paris der dreißiger Jahre, Mystik, Essen, Leben. Henrys rauher Redefluß, immer wieder durchsetzt mit dem für Brooklyn typischen *doncha know?*, seine Angewohnheit, immer *hmmm, hmmm* vor sich hin zu summen wie ein meditatives Mantra, klingt mir, während ich dies schreibe, in den Ohren. Ich wünschte, jeder Leser könnte Henry sowohl *hören* als auch lesen. Henry war ein Multimedia-Mensch, und das gedruckte Wort allein wird ihm nicht gerecht.

Ich versprach Henry immer wieder, ein Buch über ihn zu schreiben, aber jahrelang spürte ich einen inneren Widerstand gegen dieses Vorhaben. Ich fand es zu schwierig, als Erica Jong zu schreiben. Wenn ich mich hinter der Maske eines von mir selbst erfundenen Charakters verstecken kann, bin ich frei. Aber die historisch korrekte Aufzeichnung ist eine Totenmaske. Über tatsächliche Begebenhei-

38

ten zu schreiben ist erschreckend, da man sich bewußt ist, daß Objektivität in Wirklichkeit nicht existiert und daß »die Tatsachen« doch nur eine weitere Erfindung sind.

»Erfindet einfach alles«, hat Henry seinen Möchtegern-Biographen, mich eingeschlossen, oft gesagt. »Das ist die einzige Möglichkeit, es richtig hinzukriegen, erfindet einfach alles!« Aber die ehemalige Akademikerin in mir konnte das nicht zulassen, obwohl die Romanschriftstellerin eine tolle Geschichte zusammenspinnen wollte, ohne sich um die »Fakten«, was auch immer das sein mochte, zu scheren. Und so ist dies die Geschichte meiner Suche nach Henry nach dessen Tod, die Geschichte einer jungen Schriftstellerin, die versucht, einen alten Schriftsteller zu rekonstruieren, einer Frau aus einer Generation, die versucht, einen Menschen aus einer anderen Generation zu verstehen, der alt genug war, ihr Großvater zu sein – mit den gleichen Umgangsformen, den gleichen Sitten und Vorurteilen wie die Generation ihres Großvaters.

Henrys Geschichte und meine eigene haben vor allem eines gemeinsam: das Ringen um den Mut, ein Schriftsteller zu sein. Wer den Mut hat, ein Schriftsteller zu sein, beweist damit zugleich auch seinen Mut zur Individualität, ohne Rücksicht auf die Konsequenzen. Doris Lessing weist in ihrer Einleitung zur Neuauflage von *Das goldene Notizbuch* darauf hin, daß der »Künstler-als-Vorbild« im Roman ein relativ neues Phänomen ist und vor hundert Jahren durchaus nicht üblich war, als die Helden – damals gab es nur wenige Heldinnen – viel häufiger Entdecker, Kirchenmänner, Soldaten und Staatsgründer waren. Der Grund dafür mag sein, daß der Künstler als das einzig authentische Individuum in einer immer unfreieren Gesellschaft betrachtet wird. Sowohl Henrys fiktive Figur »Henry Miller« als auch der real existierende Henry sprachen diesen Wunsch nach Freiheit an. Henry befreite sich selbst – und gab dann dieses Geschenk an uns weiter.

Jetzt wissen Sie es also: Ich stehe in seiner Schuld. Schulden sind unbequem. Vielleicht ist das die Erklärung dafür, daß zwischen der ersten Seite des ersten Kapitels und der letzten Seite auf geheimnisvolle Weise ein ganzes Jahr verflossen ist. Ich, der normalerweise alles leicht aus der Feder fließt, konnte nicht schreiben. Ich war wütend auf Henry. Ich wollte die Schuld nicht bezahlen. Ich recherchierte, las Henrys Bücher und Bücher über Henry. Ich interviewte sogar einige ältliche Miller-Jünger, bevor sie starben. Aber in meinem Kopf und in meinem Herzen bekämpfte ich dieses Buch. Ich konnte es nicht loslassen. Es wollte, wie Robert Frost es ausdrückt, nicht auf seinem eigenen Schmelz gleiten. »Schreibprobleme sind immer psychologische Probleme«, pflegte ich meinen Studenten zu erzählen. »Es sind innere Sperren, die Sie bisher noch nicht erkannt oder benannt haben. Wenn Sie das Hindernis erst einmal gefunden haben, werden Sie feststellen, daß das Problem verschwindet.« Aber ich konnte meinem eigenen Rat nicht folgen. Ich war wütend auf Henry und wollte nicht über ihn schreiben. Als ich das erkannt hatte, hatte ich es schon fast geschafft.

Eine Freundin fragte mich: »Was gibt es bei Henry für ein Geheimnis, das du niemandem preisgeben willst?«

»Ich weiß es nicht«, antwortete ich darauf.

»Was ist das erste, das dir in den Sinn kommt?« fragte sie.

»Daß ich Henry Miller eigentlich nicht *mag*«, platzte ich heraus.

»Warum?«

»Wegen seines Sexismus, seines Narzißmus, seiner abfälligen Bemerkungen über Juden. Und weil er so frei ist«, antwortete ich. »Ich arbeite so hart an meinen Formulierungen, und ihm fließt alles einfach aus der Feder. Er ist ein schrecklicher Schaumschläger, und ich bemühe mich so sehr, ehrlich zu sein. Für ihn ist alles ein Kinderspiel. Er behandelt Frauen einfach furchtbar, und es scheint ihm egal zu sein. Er wendet sich gegen die Menschen, die ihm helfen. Selbst sein Leiden scheint ihm Spaß zu bringen.«

Damit hatte ich ganz unabsichtlich die Quelle der Miller-Feindlichkeit entdeckt, und zwar in mir selbst (wo man, wie Freud wußte, ohnehin immer alles entdeckt). *Miller hat zuviel Spaß.* Er scheint sich seiner Fehler nicht zu schämen, sondern er zeigt sie offen. Und darum beneide ich und darum hasse ich ihn. Deshalb möchte ich ihn angreifen, obwohl ich in seiner Schuld stehe. Vergiftet mein Neid auf seine Freiheit meine Zuneigung zu ihm? Zeigt meine Reaktion, warum der Glückliche, dieses seltene Exemplar, nicht geliebt wird von der Masse der unglücklichen Menschheit?

Diese Wahrnehmung hätte die Schleusen öffnen müssen, tat es aber nicht. Eine Eisschicht legte sich um mein Herz. Ich las, machte Interviews, nahm einen neuen Roman in Angriff, bearbeitete einen Band meiner Gedichte, schrieb einen Roman als Vorlage für ein Musical um. Kurz gesagt: Ich lief davon. Der Ablieferungstermin für das Buch kam und verging. Ich sagte meinem Agenten, ich würde den Vorschuß zurückzahlen. Dann änderte ich meine Meinung. Und dann änderte ich sie noch einmal. »Ich *hasse* Miller«, erklärte ich einer Freundin. »Ich will nicht seine Gralshüterin sein. Ich will dem Patriarchen nicht dienen. Ich habe eigene Bücher zu schreiben. Scheiß doch auf die Erinnerung an Henry Miller! Was ist denn dabei, wenn er falsch verstanden wird? Wir werden schließlich *alle* falsch verstanden.«

»Warum schreibst du dann nicht erst einmal auf, warum du Henry Miller haßt?« fragte meine Freundin. »Vielleicht wirst du auf diese Art etwas entdecken.«

Literarische Großväter. Damit hat es etwas zu tun. Henry Miller und mein Großvater waren fast Zeitgenossen. Beide waren Viktorianer, die versuchten, sich selbst zu befreien.

Miller schrieb die Dinge nieder, die er am meisten fürchtete, und wurde bekannt wie ein bunter Hund. Mein Großvater malte anständige Porträts und versteckte seine dunklen Phantasien in geheimen Skizzenbüchern, die er mir später vermachte. Er wurde nie berühmt, obwohl er ein besserer Künstler war als manche, die es wurden, und in gewisser Weise wurde meine Gier nach Ruhm dadurch bedingt, daß ihm diese Berühmtheit versagt geblieben war.

Ich hatte das Gefühl, daß ich *für* ihn berühmt wurde. An seiner Stelle. Und Henry, der so sehr versuchte, meinen Ruhm zu fördern, war gleichzeitig Großvater und literarisches Alter ego. Einerseits träumte ich davon, mein Leben der Aufgabe zu widmen, das Werk meines Großvaters vor dem Vergessen zu bewahren, und andererseits war ich wild entschlossen, meine eigene Karriere voranzutreiben. Da ich wußte, daß der Weg der Gralshüterin für Frauen stets leichter war als der Weg der eigenen Kreativität, war ich hin- und hergerissen.

Ein Teil von mir sehnte sich nach der allgemein anerkannten Rolle des braven Mädchens als Gralshüterin. Aber ich wollte auch die verabscheuungswürdige und gefährliche Rolle des bösen Mädchens, das seine eigenen Bücher schreibt. Das Buch über Miller paßte wie das Glied einer Kette zu dem Konflikt in meinem Kopf: mein eigenes Leben oder Großvaters Leben? Welches sollte es sein? Die Tigerin oder die Dame? Jener alte Kampf zwischen dem Selbst und den Anforderungen anderer flammte wieder auf, und diesmal trug er Henrys Gesicht.

Also haßte ich Henry dafür, daß er mich in meinen alten Konflikt stürzte. Ich haßte ihn auch dafür, daß er nicht wirklich mein Großvater war. Und ich haßte ihn, weil er berühmt war und mein eigener Großvater nicht. Und ich haßte ihn dafür, daß er die Loyalität einer Tochter von mir verlangte, die ich im Andenken an meinen Großvater nie aufgebracht hatte. Und ich haßte ihn dafür, daß er es ge-

schafft hatte, sich öffentlich zu befreien, und mein Großvater nicht.

Komplizierte Geschichte. Schreibprobleme sind immer
psychologische Probleme. Und die Wahl der Themen ist immer überdeterminiert. Simone de Beauvoir schreibt *Das
andere Geschlecht* und »bereut« mit *Müssen wir Sade verbrennen?*. Ich rechtfertige in sechs Romanen und sieben Ge-
dichtbänden die Phantasien der Frauen und »tue dann
Buße« mit einem Buch über Miller.

Liebe ich den Faschisten, den Rohling, den Stiefel im Gesicht? Kate Millet würde das wahrscheinlich behaupten. Sie
beschuldigt Miller, an der »Höhlendoktrin« festzuhalten,
nach der Frauen, die sexuell nicht willig sind, dafür kräftig
verprügelt gehören (und nach der Frauen, die willig *sind*,
ebenfalls verprügelt gehören). Frauen scheinen, wie Millet
weiß, immer im Unrecht zu sein. Ja, es *gibt* offenkundigen
Sexismus in Millers Darstellungen sexueller Verführung. Er
hält *tatsächlich* dem Patriarchat den Spiegel vor. Er zeigt
tatsächlich die Gewalt beim Geschlechtsakt, wie es auch
Andrea Dworkin tut. Er beschreibt sie vom männlichen
Standpunkt aus, so wie sie sie vom weiblichen aus beschreibt. Die Frage dabei ist: *Befürwortet* er diese Gewalt?
Oder zeigt er sie, weil es sie tatsächlich *gibt*?

Das ist eine der grundsätzlichsten Fragen bei Miller und bei
aller Literatur. Sie wurde in der jüngsten Vergangenheit
wiederholt aufgeworfen, weil wir, so glaube ich, den Sinn
dafür verloren haben, was Literatur eigentlich ist. Befür-
wortete Bret Easton Ellis in seinem Roman *American Psycho* den Mord, oder spiegelte er darin nur die Gewalt in
unserer Kultur wider? Lästert Salman Rushdie in seinen
Satanischen Versen Mohammed tatsächlich, oder schuf er
eine Antimythologie für unser antimythologisches Zeitalter?

Wir scheinen immer weniger in der Lage zu sein, den Unterschied zwischen Mythos und Realität, zwischen Weisheit

und Faktoiden[4] zu sehen. In unserer Fernsehkultur scheinen wir die soziale Funktion der Literatur nicht mehr zu kennen. Also lynchen wir genau jene Weisen, die über die notwendige Fähigkeit verfügen, hinter die Oberfläche der Erscheinungen zu sehen, und wenden uns lieber den Dummköpfen und Schmeichlern zu, den Sprüchemachern und Politikern, die uns erzählen, was wir in diesem Augenblick hören wollen.

Henry ist in den Abgrund des Geschlechterkampfs hineingefallen. Er wird für eine Simplizität der Sichtweise angegriffen, die er in Wahrheit niemals hatte, geschweige denn akzeptiert hätte. Er war weder durch und durch ein Schwein (wer ist das schon?), noch war er durch und durch Humanist. Er war kompliziert und voller Widersprüche wie alle Menschen, wie alle großen Schriftsteller.

Die Natur *hat* blutige Klauen und Zähne, und Mann und Frau brauchen einander so sehr, daß sie sich auch dann hassen, wenn es beim Sex am heißesten hergeht. Nur die Frau, die ihrem Verlangen nach dem Penis völlig entsagt, nur die, die der Penetrierung ausweicht und sich nur mit ihrem eigenen Geschlecht einläßt, kann der Meinung sein, die Gewalt sei ein rein phallisches Attribut. Grausamkeit gehört zum Tanz des Lebens, zum Verlangen des einen Geschlechts nach dem anderen, zur Furcht vor Zurückweisung, zum Haß auf den Liebhaber, der vielleicht geht, der vielleicht den elementaren Betrug begeht: die Partnerin zu verlassen. Frauen, die sich selbst gegenüber ganz ehrlich sind, erkennen in der Liebe auch ihr eigenes Potential an Grausamkeit. Denn wir sind ebenfalls fähig, andere als Objekte zu benutzen, und wir spüren ebenfalls die Vermischung von Haß und Liebe.

---

4 Engl. *factoids*, ein von Norman Mailer geprägter Begriff: Erfindungen, die dazu gedacht sind, die Gefühle einer nicht sichtbaren Zuhörerschaft oder Leserschaft zu manipulieren (Anm. d. Übers.).

Können wir diese grundlegende psychologische Tatsache zugeben und gleichzeitig zur Solidarität gegen Vergewaltigung, sexuelle und intellektuelle Belästigung und gegen das Verprügeln von Frauen aufrufen? Ich hoffe es. Es wäre tragisch, wenn die feministische Dialektik genauso rigide und unversöhnlich würde, wie der männliche Chauvinist es häufig gewesen ist.

Verletzlichkeit in der Liebe ist die Wurzel der Furcht und des Hasses, die jedes Geschlecht gegenüber dem anderen empfindet. Nackte Bedürftigkeit ist an der Wurzel all unserer Wut. Damit will ich nicht sagen, daß Miller *kein* Chauvinist ist. Er ist einer. Er war einer. Mein Großvater war einer. Die meisten Männer jener Generation (und der nächsten und der darauffolgenden) waren Chauvinisten. Aber durch seinen Chauvinismus wird nicht automatisch alles, was er zu sagen hat, zu wertlosem Geschwätz. Dadurch wird die Perfektion von *Maroussi* nicht einfach beiseite gefegt oder die Energie, die Miller mit seinen besten Werken in die amerikanische Literatur hat einströmen lassen.

Aber ich war doch so sehr damit beschäftigt, Miller zu hassen, habe ich das schon vergessen? Ihn dafür zu hassen, daß er nach Paris ging, daß er ein Mann war, daß er so viele Frauen verschlissen hat: June, Anaïs, Lepska, Eve und unzählige andere. Das Leben, das ihm offenstand, war mir stets verschlossen. Der fröhliche Vagabund auf der Walz, der Clochard, der unter den Brücken von Paris schläft, der Psychopat der Liebe, der die Ehefrauen seiner Gastgeber bumst, der Ficker ohne Schuldgefühle, der Schnorrer, der Künstler, dem alles leichtfällt, der überall ein kostenloses Essen mitnimmt, der Mann, der zum Abendessen kommt und die Gastgeberin vernascht.

Wer bin ich, mich mit diesem Schurken, Prahlhans und Angeber zu identifizieren? Ich, die Einserkandidatin, die Ph. D.-Anwärterin, die Sonnettschreiberin, die dann gegen die akademische Bildung rebellierte und kratzbürstige Romane schrieb. Ich hätte mich mit Virginia Woolf oder Emily Dickinson oder Simone de Beauvoir identifizieren sollen. Und natürlich tat ich das auch. Aber da ist etwas im Leben von Schriftsteller*innen* (außer bei Colette und George Sand), das nach harter Arbeit und Entbehrungen riecht. Unsere Heldinnen mußten sich immer zwischen dem Leben und der Arbeit entscheiden, und diejenigen, die die Arbeit wählten, waren als Frauen seltsam. Und diejenigen, die das Frausein wählten, waren manchmal gezwungen, die Arbeit beiseite zu schieben. Oder sie starben im Kindbett.

Also haßte ich Henry dafür, daß er sich nicht entscheiden mußte. Ich haßte ihn dafür, daß er einen Schwanz hatte (und für die Freiheit, die damit verbunden ist), dafür, daß er, im Gegensatz zu den Frauen, als Vagabund leben konnte, daß er die Freiheit hatte, ein Narr zu sein, und seine Torheiten auch noch genießen konnte, und dafür, daß er erst im hohen Alter starb, umgeben von jungen Frauen.

Hier sind also die Gründe, für die ich ihn bisher hasse: meine Schuld ihm gegenüber, sein Glück, sein Schwanz, daß er mein Großvater ist, daß er *nicht* mein Großvater ist, seine Freiheit zu schreiben, seine Ehrlichkeit, was Sex und Wut anbetrifft, die Tatsache, daß er ein männlicher Chauvinist ist, daß er insoweit auch Feminist war, als er mich unterstützte.

Kurz gesagt: Ich hasse ihn, weil ich ihn liebe. Kurz gesagt: Ich hasse ihn, weil er genug Größe besitzt, um die Widersprüche des Lebens in sich zu vereinen.

Welchen großen Schriftsteller hassen wir *nicht*? Es ist die eigentliche Natur der Größe, daß sie irritiert. Sie irritiert dadurch, daß sie neu ist, daß sie ehrlich ist, daß sie Rückgrat hat.

»Ich feiere mich selbst und ich singe mich selbst«, prahlt Whitman, »und was ich mir anmaße, sollst du dir anmaßen.« Und die Sonnettschreiberin (ich selbst mit neunzehn

Jahren) haßt ihn dafür, daß er frei ist. Mit dreißig liebt ihn diese junge Schriftstellerin, die inzwischen alt genug ist, um ihn wirklich wertschätzen zu können. Sie liebt ihn um derselben überströmenden Lebensfreude willen, die sie einst haßte.

»Ein großer Schriftsteller verändert alles«, sagt Anthony Burgess in *Re:Joyce*. Und es ist nur natürlich, daß wir jene großen Schriftsteller zunächst dafür hassen, daß sie alles und auch unsere ach so kostbaren Ansichten umstoßen. T. S. Eliot, Ezra Pound, Gertrude Stein, Virginia Woolf, James Joyce, Henry Miller und D. H. Lawrence sind große Schriftsteller, allein unter dem Aspekt ihrer Fähigkeit, zu irritieren und aufzuwühlen. Wir wissen, daß Emily Dickinson eine große Schriftstellerin ist, weil sie uns beim ersten Lesen so schrecklich irritiert: weil sie uns als Leser erst einmal formen muß, weil sie die Bedingungen der Dichtung, ja der Sprache selbst ändert. Sie schmilzt die Sprache wie in einem Schmelztiegel und macht sie zu etwas vollkommen Neuem. Sie verändert alles.

Es ist also nichts Ungewöhnliches, große Schriftsteller erst einmal zu hassen, bevor wir sie lieben lernen. Da sie etwas geschaffen haben, was es vorher noch nicht gab, müssen sie auch ihre Leser neu erschaffen. Manchmal sind die Leser noch nicht bereit dafür. Manchmal müssen sie erst noch geboren werden.

All dies schreibe ich am Ende einer Epoche, kurz vor der Jahrtausendwende. Ich glaube, ich gehöre zur letzten literarischen Generation, womit ich meine: zu denen, für die Bücher noch eine Religion sind. Bücher brauchen Leser, und Leser sind mehr und mehr passé. Für Bücher braucht man Abgeschiedenheit, und die moderne Welt der Cyber-Space-Kabinen und Datensichtgeräte schreckt vor Abgeschiedenheit entsetzt zurück.

Multimedia ist die Kunst der Zukunft. Riesige Musikboxen, in die entweder Scanner, Modems oder Faxgeräte eingebaut sind, werden von jeder Wand auf uns einplärren, und wir werden interaktive »Kunst« mit Lichtgriffeln oder Sprachmodulen koppeln, um jedes Alleinsein auszuschließen. CD-ROMs werden die Stimme der Zukunft sein. Comic-Romane werden ihre Augen sein. Bereits heute sind die Romane von Trollope, George Sand, ganz zu schweigen von Fielding oder Smollett, für die meisten Menschen nicht mehr lesbar. Jene Fossilien (wie ich selbst eines bin), die die Geister des Petronius und Rabelais ehren, werden langsam alt. Und um ehrlich zu sein: Auch wir neigen eher dazu, sie zu verehren, als sie zu lesen.

Die Generation, die uns nachfolgt, wird ganz verhext sein von den elektronischen Bildern, die eine Collage sämtlicher Werke der Vergangenheit sein werden – ohne ihre Quelle zu kennen oder zu würdigen. Vielleicht wird das Urheberrecht verschwinden, auf jeden Fall aber das Alleinsein. Und wenn diese Dinge verschwinden, dann wird auch unweigerlich die amerikanische Bill of Rights und das Recht auf freie Meinungsäußerung, das sie uns verspricht, verschwinden. Die meditative Ruhe des Lesers, der mit einem Buch in der Hand dasitzt, wird zur Ketzerei, ganz so, wie es Aldous Huxley in *Schöne neue Welt* vorausgesagt hat.

Wir werden dem Totalitarismus eher auf den Leim gehen, wenn er uns mit dem Lustprinzip, als wenn er uns mit dem Todestrieb lockt – wie Huxley ebenfalls wußte. Und die Welt der Zukunft wird gewiß eine sein, in der die Menschen mittels eines allgegenwärtigen visuellen und akustischen Inputs kontrolliert werden. All die Kämpfe, die wir um und über Bücher ausfechten, werden schließlich kurios und unerklärlich erscheinen. Die Frage, ob Henry Miller nun ein Pornograph, ein männlicher Chauvinist oder ein Zen-Mönch war, wird dann, wenn das neue Multimedia-Zeitalter angebrochen ist, völlig überholt sein, da richtige Leser ausgestorben sind und weder Millers Bücher noch die irgendeines anderen Schriftstellers gelesen werden. Falls man sich an ihn erinnert, wird es wegen seiner skurrilen Persönlichkeit sein: der Mann, der sich eine Liste darüber anlegte, bei wem er sich selbst zum Abendessen einladen konnte, und der dann die Woche über seine Runde machte – das letzte Exemplar des Mannes, der zum Dinner kam.

Aber wir leben noch nicht ganz in der postliterarischen Welt. Und ich schreibe noch immer für die wenigen langsam aussterbenden Büchernarren, wie ich selbst einer bin. Die Heftigkeit meiner Haßliebe zu Miller beweist, daß er tatsächlich die Macht besaß, die Gehirnmoleküle in Bewegung zu setzen. Und das ist auch alles, was diese Cyber-Space-Maschinen und diese Comic-Romane sich erhoffen können: jene Moleküle umzugestalten, die elektrische Ladung von Gedanken um nur einen Nanometer zu verändern. Der Rest ist Schweigen. Und radioaktiver Staub.

Ich gehöre einer Generation an, für die Lesen und Schreiben noch Sakramente sind. Vielleicht erklärt das meine Bindung an Henry Miller und seinen jüngeren Zeitgenossen Lawrence Durrell.

Ich besuchte Lawrence Durrell in Sommières, in der Provence, kurz bevor er starb. Ich mußte mit ihm über Henry Miller sprechen, mußte von ihm aus erster Hand etwas über den Charakter ihrer Freundschaft erfahren. Durrell hatte so viel über Miller geschrieben, daß ich all das auch aus seinen Büchern hätte erfahren können, aber nun, da Larry von uns gegangen ist (er starb im November 1990 in Sommières im Alter von 78 Jahren), bin ich froh, daß ich hingefahren bin. Obgleich Durrell sich bereits ausführlich über unseren gemeinsamen Freund Henry geäußert hatte, war es doch ein wunderbares Erlebnis, sich mit ihm zu unterhalten, und sei es nur, um den spitzbübischen Humor hinter der glatten Prosa zu genießen.

Der englische Herausgeber des Briefwechsels zwischen

Durrell und Miller wollte zuerst das Foto auf dem Einband (ein Nacktfoto von Henry Miller und Lawrence Durrell an einem griechischen Strand, ungefähr aus dem Jahr 1940) zensieren, indem er »Henrys Schwanz abschnitt«, wie Larry erzählte.

»Wer hätte je gedacht, daß ich am Ende meines Lebens den Schniedel eines Genies verteidigen müßte!«

Er machte diese Bemerkung in bester Laune und ging dann dazu über, mir zu erklären, daß für ihn Henry immer der *maître* und er selbst nur der Gehilfe gewesen sei.

»Um als Schriftsteller die eigene Stimme zu finden«, stellte er kategorisch fest, »muß man einen Nervenzusammenbruch erleiden. Henry Miller und T. S. Eliot verhalfen mir zu mir selbst ... Und doch habe ich mich eigentlich immer als einen talentierten Mitläufer betrachtet.« Er wisse, so sagte er mir, daß ein richtiges Buch »ein vorsichtiger Griff in das Unendliche hinein« sei. Miller schrieb richtige Bücher; er selbst, Durrell, schreibe nur literarische Bücher. Er selbst, so glaubte er, habe jenen Griff in das Unendliche nicht getan.

Gerade Durrells Bescheidenheit war so gewinnend. Er würde nicht Millers Fehler begehen, »den Nobelpreis anzunehmen, bevor er mir überhaupt angeboten wurde«. Er war gerührt, als ich einige seiner Gedichtbände mitbrachte und ihn bat, sie zu signieren. Als ich jedoch auch eine Erstausgabe seines Romans *Tunc* hervorholte, lehnte er ab: »Oh, bitte, verzeihen Sie mir.«

Wichtigtuerei ist in literarischen Kreisen weit verbreitet. Larry war wunderbar bescheiden. Seine Haltung schien auszudrücken: Wir sind alle nur fehlbare Menschen, die versuchen, ihr Bestes zu geben.

Durrell hielt sich selbst für einen »zweitklassigen Dichter«, der zufällig Romane schrieb. Und, so wage ich zu behaupten, auch die »literarische Welt« (was immer das auch sein mag) hielt ihn dafür. *Das Alexandria-Quartett* (ein Leseerlebnis, das mein Mann als »durch Halvah waten« beschreibt) hat meiner Meinung nach ein besseres Urteil verdient. Ich selbst halte ziemlich große Stücke auf Durrells Gedichte und sein wundervolles letztes Buch über die Provence. Aber ich mochte ihn vor allem dafür, daß er Henrys Mut verstand. Er hatte verstanden, daß der Unterschied zwischen einem kleinen und einem großen Schriftsteller nur in jener seltenen Stärke liegt, den Mut zum Schaffen zu haben.

Nachdem er mir an jenem grauen Januartag in der Provence seine Erinnerungen mitgeteilt hatte, sprach Durrell über T. S. Eliot. Was er über Eliot sagte, schien die eigentliche Definition der Kühnheit zu sein, die einen großen Schriftsteller ausmacht. »Er übernahm die volle Verantwortung dafür, ein Künstler in einem reißenden Strom zu sein«, sagte Larry. »In einer Welt der Masefields mußte Eliot sogar noch mehr schockieren als heute.« Er wurde für *Das wüste Land* angegriffen, aber die Kritik perlte von ihm ab wie Wasser an einer Ente. Er wußte, so behauptete Durrell, daß man das nicht verwirklichte Schicksal des Menschengeschlechts nur durch »eine chirurgische Operation am Selbst« verwirklichen kann.

Wer kann schon sagen, ob Durrell ein *maître* oder ein Anhängsel war? Das wird erst die Zeit entscheiden. Er und seine Generation von Schriftstellern hatten jedoch eine Form von Mut, die heute anscheinend fehlt. Ob die Schuld daran nun bei den riesigen Verlagskonzernen zu suchen ist, die von Buchhaltern kontrolliert werden, oder ob es den Schriftstellern an Selbstbestimmung fehlt – die Autoren meiner Generation scheinen eher darauf bedacht zu sein, die Menge zu befriedigen und Erfolg zu haben. Das beeinträchtigt ihre Freiheit, die Wahrheit zu sagen. Genau wie ihre Verleger und Agenten scheinen meine Zeitgenossen eher an Gewinnen und Verkaufszahlen interessiert zu sein. Und häufig ist der Wirbel, der um ein Buch gemacht wird, sehr viel eindrucksvoller als das Buch selbst. Eine Art literarisches Grisham-Gesetz scheint mit der Massenvermarktung von gebundenen Büchern in Kraft getreten zu sein. Die Bestseller unserer Zeit sind Aufgüsse von *Vom Winde verweht*, Klatschstorys über »First« Ladys, Prinzessinnen, Filmstars und von Ghost-writern verfaßte »Lebensbeichten« von Eintags-Berühmtheiten. Solche Bücher schrieb Miller nicht und Durrell ebenfalls nicht. Niemand kann richtige Bücher schreiben, wenn er sich ständig über die Schulter nach den Kritikern und den auflagengeilen Verlegern umschauen muß.

»Wie es ist, alt zu sein?« fragte Larry. »Nun, deine Hoden fallen dir ab – du weißt nicht, wo du hinschauen sollst. Sie schneiden dir die Augen raus und stecken sie nicht notwendigerweise im richtigen Winkel wieder zurück. Aber Gott sei Dank kann ich noch immer trinken.«

»Auf Henry«, schlug ich vor.

»Ja, auf Henry«, erwiderte er und leerte sein Glas. Und auf Larry. Und auf eine Generation, die wußte, was die Berufung eines Autors bedeutete. Autorität. Eine Instanz zu sein, der es nicht primär ums Geldverdienen geht.

Während wir uns den letzten Jahren dieses Jahrhunderts nähern, verschwindet Tag für Tag die ältere Generation von Schriftstellern. Jede Woche bringt einen neuen Todesfall: Alberto Moravia, Lawrence Durrell, Roald Dahl, Graham Greene, Isaac Bashevis Singer, Jerzy Kozinski. (Die Schriftstellerinnen sterben nicht so schnell weg, aber ihr Ruf ist von den Kritikern bereits vorher vernichtet worden.) Die Vorstellung, daß ein Schriftsteller ein Generalist ist und kein Spezialist, scheint mit dieser Generation auszusterben. Die Idee, daß ein Gedichteschreiber Prosa verfassen kann und ein Romanschreiber Gedichte, daß Erwachsene für Kinder schreiben und daß Schriftsteller die radikale Unschuld (wenn nicht sogar die Kindlichkeit) von Kindern behalten können, scheint mit ihnen zu sterben. Ich möchte, daß meine Generation von Schriftstellern ein wenig von der

Herzensgröße der älteren Generation von Schriftstellern mitbekommt, ein wenig von ihrer Bereitschaft, Literaturgattungen aufzubrechen und einen Griff in das Unendliche hinein zu tun.

Durch die Zentralisierung der Verlagslandschaft ist Büchern eine öde Zensur und Selbstzensur auferlegt worden. Aber was nützt es, ein Schriftsteller zu sein, wenn man nichts riskiert? Bei meinem »Haß« auf Henry ging es schließlich darum, daß ich mich davor fürchtete, mich selbst zu entblößen. Aber man kann die Wahrheit nicht sagen, ohne etwas zu riskieren, und was nützt es, ein Schriftsteller zu sein, wenn man die Wahrheit nicht sagt?

Kapitel 2 HENRY DER HELD

Rimbaud schenkte die Literatur dem Leben. Ich habe mich bemüht, das Leben der Literatur zurückzuschenken.

HENRY MILLER, *Vom großen Aufstand*

Für mich ist das Buch der Mensch, der ich bin, der verstörte, verwirrte. nachlässige, unbesonnene, wollüstige, obszöne, lärmende, nachdenkliche, gewissenhafte, lügnerische, teuflisch aufrichtige Mensch, der ich bin.

HENRY MILLER, *Schwarzer Frühling*

Die meisten Menschen sind nicht frei. Tatsache ist, daß die Freiheit ihnen angst macht. Sie folgen Mustern, die ihre Eltern für sie festgelegt haben und deren Durchsetzung die Gesellschaft erzwingt. Sie lassen sich von »Man sollte« und »Was werden die anderen darüber denken?« leiten, und in ihrem Kopf läuft ein ständiger Dialog ab, in dem die Pflicht und die Sehnsucht miteinander kämpfen. Und am Ende siegt immer die Pflicht.

Thoreau nannte eine solche Existenz »ein Leben in stiller Verzweiflung«, obwohl die heutige Version eher eine lärmende Verzweiflung ist. Gelegentlich kommt ein Visionär daher, der seine inneren Ängste besiegt zu haben scheint und sein Leben mit Tapferkeit und Mut gestaltet. Ein solches Geschöpf flößt den Mitmenschen sofort panische Angst – und Bewunderung – ein. Zudem sind sie neidisch.

54

Jemand, der die menschlichen Ängste besiegt hat, wird als Held oder Heldin anerkannt. Aber ein solches Wesen verursacht auch gemischte Gefühle. Sein Beispiel fordert uns heraus, und gleichzeitig neigen wir dazu, uns selbst vorzuwerfen, daß wir zu ängstlich gelebt haben. Daher wird der Held oder die Heldin häufig angegriffen, manchmal gar getötet, weil die normalen Sterblichen auf ihn oder sie neidisch sind. Wären wir jedoch in der Lage, den Held als Verkörperung unserer eigenen Sehnsüchte zu sehen, müßten wir ihn nicht zerstören, sondern könnten vielmehr versuchen, es ihm gleichzutun und von ihm zu lernen.

Henry Miller war ein solcher Held. Er war nicht von Anfang an frei von Angst, aber er lernte, seine Ängste zu überwinden. Außerdem schrieb er ein Buch, *Wendekreis des Krebses*, das frischen Wind in die amerikanische und auch in die Weltliteratur hineinblies. Dieser frische Wind war der Hauch der Freiheit. Er war reiner Sauerstoff für jene, die bereit waren, ihn einzuatmen. Die anderen, die Ängstlichen, die sich zu atmen weigerten, mußten Miller als Perversen und Sexbesessenen in Verruf bringen, weil seine Botschaft für sie zu erschreckend war. Das Leben sei dazu da, daß man es lebe, sagte er. Und jene, die sich weigerten, in vollen Zügen zu leben, fühlten sich gedrängt, ihm für ihr eigenes Versagen die Schuld zu geben.

Wie Byron, Puschkin, George Sand und Colette, so war auch Miller mehr als ein bloßer Schriftsteller. Er wurde zu einem Helden und einem Propheten – zum Propheten eines neuen Bewußtseins. Sein Werk und sein Leben vermischten sich zu einem größeren Mythos, einem Mythos, der das menschliche Streben nach Freiheit verkörpert. Millers Werke sind voller Unvollkommenheiten, Schwulst und Humbug. Die Schlampigkeit, mit der sie geschrieben sind, macht es manchmal schwer, sie zu verteidigen. Aber das, was er uns vorlebt, seine Geradlinigkeit, seine Warmherzigkeit, seine Offenheit, machen ihn unter den amerikanischen

Schriftstellern zu einer einzigartigen Persönlichkeit. Er wird gewiß noch weitere jüngere Generationen von Lesern anziehen. Zur Zeit ist Millers Ruf noch immer eher fragwürdig, und selbst diejenigen, die über ihn geschrieben haben, scheinen ihn abzulehnen.

Miller wirkt in vielerlei Hinsicht wie eine Welt für sich. Man sucht umsonst nach einem Zeitgenossen, der mit ihm vergleichbar wäre. *Wendekreis des Krebses* platzte im selben Jahr, 1934, in die Welt hinein, in dem auch F. Scott Fitzgeralds *Zärtlich ist die Nacht*, Isaak Dinesens (Tania Blixens) *Sieben phantastische Geschichten*, Robert Graves *Ich, Claudius, Kaiser und Gott*, Edna St. Vincent Millays *Wine from These Grapes* und Langston Hughes *The Ways of White Folks* erschienen.

Millers charakteristischer Stil ist kaum mit dem eines dieser Zeitgenossen vergleichbar, und in seinem Geist und seinem Denken ist er eher mit Whitman oder Rabelais verwandt. Im Zeitalter des Zynismus bleibt Miller der Romantiker, der sich in einer heruntergekommenen Welt seinen Optimismus bewahrt, der uns auch in einer Welt, die dem schnöden Mammon dient, die Möglichkeit eines Lebens in glücklicher Armut vorlebt, und zwar mit der Fröhlichkeit, die Yeats meinte, als er in *Lapis Lazuli* von den chinesischen Weisen schrieb: »Ihre Augen, / Ihre alten, glitzernden Augen sind fröhlich.«

Ich kannte Henry Miller nur in seinem letzten Lebensjahrzehnt. In vielerlei Hinsicht ist er zu meinem Mentor geworden.

Ich war eine sehr junge Schriftstellerin, sehr unerfahren und plötzlich berühmt; er war ein sehr alter Schriftsteller, der sowohl Ruhm als auch Ablehnung erfahren hatte. Ich bin froh, ihm begegnet zu sein, aber in gewisser Weise habe ich ihn erst nach seinem Tod wirklich gut verstanden.

Miller war ein höchst widersprüchlicher Mensch: ein Schriftsteller, der für seine erotischen Romane bekannt war, ein

Romantiker, der vorgab, ein Wüstling zu sein, ein altmodischer viktorianischer Sexist, der trotzdem Frauen gegenüber ungeheuer hilfreich und liebevoll sein konnte, ein Mann, der des Antisemitismus bezichtigt wurde und der die Juden liebte und bewunderte und für Vorurteile und politische Dogmen ganz und gar nichts übrig hatte. Vor allem jedoch schrieb er jene Art von Literatur, die der Dichter Karl Shapiro als »Weisheits-Literatur« bezeichnete. Wenn es uns schwerfällt, Millers »Romane« einzuordnen, und wir sie dabei zwangsläufig unterbewerten, kommt das daher, daß wir versuchen, sie nach irgendeinem unklaren Konzept des »kunstvoll gestalteten Romans« zu beurteilen. Millers Romane scheinen überhaupt nicht kunstvoll, überhaupt nicht bewußt gestaltet zu sein. Tatsächlich ist er ein Schwadroneur, undiszipliniert und wild. Aber seine Romane sind voller Weisheit, und sie haben jene »ewige und ununterdrückbare Frische«, die Ezra Pound als das Kennzeichen echter Klassik bezeichnete.

Angesichts der tiefen Erschütterungen und Umwälzungen des 20. Jahrhunderts, von den Schützengräben des Ersten Weltkriegs über Auschwitz bis zu den Löchern in der Ozonschicht, haben wir im Westen eine große Menge an »Weisheits-Literatur« hervorgebracht, ganz so, als ob wir soviel Weisheit wie möglich sammeln müßten, um das, was vielleicht das letzte Jahrhundert der Menschheit auf Erden sein könnte, durchzustehen. Solschenizyn, Primo Levi, Günter Grass, Pablo Neruda, Idries Shah, Krishnamurti, Jean-Paul Sartre und Simone de Beauvoir – sie alle haben vorwiegend Weisheits-Literatur geschrieben. Selbst bei einigen unserer interessantesten Romanschriftsteller – Saul Bellow, Natalia Ginzberg, Nadine Gordimer, Doris Lessing, Iris Murdoch, Isaac Bashevis Singer, Christina Stead, Gore Vidal, Kurt Vonnegut und Marguerite Yourcenar – dient die dichterische Form lediglich als Gefäß für philosophische Weisheiten über die menschliche Rasse und deren zukünftige Entwicklung. Die Popularität von Schriftstellern wie Margaret Mead, Joseph Campbell, M. Scott Peck und Robert Bly in unserer Zeit ist ein weiterer Beweis für den großen Hunger nach Weisheit. Wir alle »tanzen«, wie Ursula LeGuin sagt, »am Abgrund der Welt«, und es bedarf einer Menge Stärkung durch die Philosophie, um das durchzustehen.

Henry Miller ist und bleibt der beunruhigendste und am meisten mißverstandene Prophet, denn selbst der Schreibstil, den er entdeckte, wurde inzwischen zu etwas Konventionellem. Heutzutage ist es schwer nachvollziehbar, wie elektrisierend seine Stimme 1934 gewesen ist. Die feministische Kritik der sechziger Jahre rückte an, um Henry unter einem Haufen Rhetorik zu begraben – einer Rhetorik, die auf ihre Weise genauso stark vereinfachend war wie die Rhetorik der männlichen Überlegenheit. Die feministische Kritik, so fundiert sie auch ist, ignoriert die zentrale Frage, die Henry Miller stellt, nämlich: Wie findet ein Schriftsteller seine ganz persönliche Sichtweise, seine individuelle Form des Ausdrucks? Wie findet er seine authentische Stimme? Wie kann ein Schriftsteller das Chaos des Lebens in Kunst verwandeln? Die authentische Stimme des Dichters ist der rote Faden durch das Chaos. Die authentische Stimme ist die Essenz der Freiheit. Sie ist der Punkt, an dem jeder Schriftsteller, jeder Mensch beginnen muß.

Kann eine Schriftstellerin irgend etwas von Henry Millers individueller dichterischer Stimme lernen? Wird sein Werk nicht durch seinen Sexismus entwertet? Sollten wir ihn nicht wegen seines Sexismus boykottieren?

Ich glaube nicht. Genau wie Shakespeares Monarchismus nicht die Schönheit seiner Reime ungültig machte, so löscht auch Millers Sexismus nicht seinen Beitrag zur Literatur. Im übrigen bliebe uns, wenn wir alle Bücher ächteten, mit deren sexueller Grundhaltung wir nicht einverstanden sind, nichts zum Lesen übrig – nicht einmal die Bibel, Ho-

58

mer oder die Romane von Jane Austen (deren Heldinnen am Ende oft hocherfreut eine konventionelle Ehe eingehen).

Tatsache ist, daß die Freiheit, die Henry Miller durch das Finden seiner Stimme entdeckte, Frauen ebenso wie Männer inspirieren kann. Es ist die Stimme des Außenseiters, des Abtrünnigen, des Untergrundpropheten – und diese sind Rollen, die auch heute noch im wesentlichen von Frauen übernommen werden.

Die eigene Stimme zu finden ist für jeden Schriftsteller ein entscheidender Prozeß. Er mag für Schriftstellerinnen noch dadurch erschwert sein, daß es keine Übereinkunft darüber gibt, was die wahre Stimme einer Frau ist – es sei denn, die weibliche Stimme wäre das Schweigen –, aber im Grunde geht es bei Frauen wie auch bei Männern um den Prozeß der Selbstfindung. In einer Welt, die die bloße Idee der Individualität ablehnt, ist die Selbstfindung nach wie vor für jede Schriftstellerin eine schwierige Herausforderung. Auch für Henry Miller war sie eine Herausforderung, jedoch aus anderen Gründen. Indem wir die Spuren seiner Selbstbefreiung zurückverfolgen, können wir analog den Weg zu unserer eigenen Befreiung entdecken.

Ich habe nicht vor, die Unterschiede, die zwischen der Odyssee des Schriftstellers und der der Schriftstellerin bestehen, herunterzuspielen. Der Stift ist in unserer Kultur stets, wie viele feministische Kritikerinnen bewiesen haben, als Entsprechung des Penis behandelt worden. Das erklärt die Probleme, die viele Feministinnen, ich selbst eingeschlossen, mit Henry Miller haben. Henry befreit sich selbst, wird zum Vagabunden, Clown, Poeten, doch der Weg, den er wählte, blieb den Frauen fast immer verschlossen. Henrys pikareske sexuelle Odyssee war jahrhundertelang ein männliches Privileg. Dennoch ist es für Schriftsteller beider Geschlechter sinnvoll, die Spuren seiner Selbstbefreiung zu verfolgen. Die Freiheit, die in Paris herrschte, plus des Draufgängertums seines Ich-Erzählers machen die Stimme aus, die wir als Henry Miller kennengelernt haben.

Hören Sie zu:

> Ich habe kein Geld, keine Zuflucht, keine Hoffnungen. Ich bin der glücklichste Mensch der Welt. Vor einem Jahr, vor sechs Monaten dachte ich noch, ich sei ein Künstler. Jetzt denke ich nicht mehr darüber nach, ich *bin* einer. Alles, was Literatur war, ist von mir abgefallen. Es gibt keine Bücher mehr, die geschrieben werden müßten, Gott sei Dank.
> Und dies hier? Dies ist kein Buch. Dies ist Schmähung, Verleumdung, Diffamierung eines Charakters. Dies ist kein Buch im gewöhnlichen Sinn des Wortes. Nein, dies ist eine fortwährende Beleidigung, ein Maulvoll Spucke ins Gesicht der Kunst, ein Fußtritt für Gott, Menschheit, Zeit, Schicksal, Liebe, Schönheit ... was man will. Ich werde für euch singen, vielleicht ein bißchen falsch, aber ich will singen ...[1]

Henry verfolgt hier seine Entwicklung als Künstler zurück, indem er uns genau schildert, was seit seinen ersten erfolglosen Schreibversuchen bis hin zu *Wendekreis des Krebses* geschah: Er schlug die Literatur in den Wind. Das erinnert mich an Colettes Rat an den jungen Georges Simenon: »Und jetzt nimm die Poesie heraus.«

Ein guter Ratschlag. Ein Schriftsteller wird in dem Moment geboren, in dem seine schöpferische Stimme weißglühend mit dem Thema, über das zu schreiben er bestimmt ist, verschmilzt. Die Literatur fällt davon ab, und was übrigbleibt, ist Leben, reines, pulsierendes Leben: »... ein Maulvoll Spucke ins Gesicht der Kunst.«

Denn Tatsache ist, daß jede Generation, jeder Schriftsteller das Ursprüngliche, Natürliche wieder neu entdecken muß. Literarische Konventionen neigen mit der Zeit dazu, zu verknöchern, und was einst neu war, wird alt. Es braucht eine tapfere neue Stimme, um das wahre Leben wiederzuentdek-

---

1 Henry Miller, *Wendekreis des Krebses*, S. 14.

ken, das unter einer jahrzehntealten Schicht aus literarischem Staub begraben war. Indem Henry sich selbst aus diesem Grab herausschaufelte, befreite er gleichzeitig die Literatur des 20. Jahrhunderts.

Was war das Besondere am Paris der dreißiger Jahre, das Henry Miller ermöglichte, seine Stimme zu finden? Und was hatte New York, das dies verhinderte?
Die Stadt, die Henry im März 1930 verließ, um sich in Paris niederzulassen, war bei weitem nicht so überfüllt wie das heutige New York, aber einige Ähnlichkeiten gab es doch. In New York war es eine Schande, ein unbekannter Schriftsteller zu sein; in Paris konnte man in seinen Paß *écrivain* als Berufsbezeichnung eintragen lassen und dabei den Kopf hochtragen. In Paris ging man davon aus (und tut es auch heute noch), daß ein Schriftsteller Zeit, Muße, Gespräche, Alleinsein und Stimulation brauchte. In New York dagegen waren und sind alle überzeugt, man wäre, wenn man nicht von einem Termin zum nächsten hetzt, ein fauler Hund. Ein noch wichtigerer Punkt (und für Henry von ausschlaggebender Bedeutung) war die Einstellung der Amerikaner zum Künstler als Vagabund – eine Einstellung, die sich unglücklicherweise bis zum heutigen Tag nicht geändert hat. Ein Freund Henry Millers, der Fotograf Brassaï, schrieb in seinem Buch über ihn: »In Europa ist Armut einfach nur Pech, ein bißchen Unglück; in den Vereinigten Staaten bedeutet sie eine moralische Verfehlung, eine Schande, die die Gesellschaft nicht verzeihen kann.«
Ein armer Künstler zu sein ist daher in Amerika doppelt unverzeihlich. Künstler in Amerika zu sein ist gleichbedeutend damit, ein Krimineller zu sein (und das Verbrecherische dieser Existenz wird nur dann entschuldbar, wenn man Bestseller schreibt oder seine Kunstwerke zu horrenden Preisen an reiche Sammler verkauft und auf diese Weise die veraltete Kriegsmaschinerie mit Steuer-

geldern füttert). Aber arm *und* ein Künstler zu sein – das
ist unamerikanisch.

Wer von uns hat diese Kritik noch nie gespürt, diese amerikanische Ablehnung des Träumers? »Dichter müssen träumen«, sagt Saul Bellow, »aber in Amerika zu träumen ist
kein Kinderspiel.«

In den vergangenen Jahren wurde uns diese Denkweise in
den Debatten über die Zensur und den Sinn der staatlichen
Kulturförderung auf dramatische Weise wieder vor Augen
geführt. Unser grundsätzliches Mißtrauen gegen Träumer
führt dazu, daß wir sie durch Einschränkungen jeder Art be-
hindern. Wir scheinen nicht zu begreifen, daß die eigentlichen Reichtümer unseres Landes, nämlich Wohlstand und
emotionale Gesundheit, unserem Mut zur Kreativität entspringen. Obwohl japanische Multis unsere Filmstudios auf-
kaufen und obwohl Statistiken belegen, daß unsere Musik,
unsere Filme, Fernsehshows und Erfindungen auch im Hinblick auf harte Dollars unsere wichtigsten Exportartikel
sind, ehren wir die Geldzähler und Geldwechsler noch immer mehr als die Erfinder und Träumer, die es überhaupt ermöglichen, daß die anderen etwas zum Zählen und Wechseln haben.

Diese Obsession ist in Amerika tief verwurzelt, und wir
müssen ihre Entstehungsgeschichte erkunden, wenn wir
Henrys Entwicklung zurückverfolgen wollen. Sie entspringt
natürlich der puritanischen Annahme, daß Träume und die
Imagination suspekt seien. Und sie resultiert aus einer Haßliebe zur Sexualität, einem brutalen Wechsel zwischen Faszination und Abscheu, den ich als Sexomanie/Sexophobie
bezeichne. Wir müssen uns klarmachen, wie Henry durch
diese starken Kräfte hin- und hergerissen wurde und wie
er vor ihnen nach Europa floh, um dort wiedergeboren zu
werden.

»Am Ende war es die Geringschätzung, die Miller nicht ertragen konnte«, sagt Brassaï. »Es war die Geringschätzung,

vor der er fliehen wollte. Er stand am Rand von Wahnsinn und Selbstmord.«

»Nirgendwo sonst habe ich mich so erniedrigt und gedemütigt gefühlt wie in Amerika«, schreibt Miller in *Wendekreis des Steinbocks*.

Millers Leben als Protagonist, als ein mythischer Held – oder Anti-Held –, ist eng verbunden mit diesem Kampf zwischen dem Puritanismus und dem Leben eines Träumers. Henry machte aus der Kunst eine Religion (so wie seine Schüler es taten). Damit trat er in die Fußspuren Whitmans, seinem Vorbild unter den amerikanischen Schriftstellern.

Es gibt mindestens zwei Millers in den Büchern und Artikeln, die über ihn geschrieben wurden. Einer ist der Mensch Henry Miller, wie er wirklich war, 1891 in New York geboren und 1980 in Los Angeles gestorben, ein Mensch voller Widersprüche. Der andere Henry Miller ist der mythische Held oder Anti-Held, dessen Flucht repräsentativ ist für die Flucht des amerikanischen Künstlers. Eingeengt durch den Puritanismus, provoziert von einer Gesellschaft, in der zu träumen kein Kinderspiel ist, ebnet Miller, der Anti-Held, einem Amerikaner – oder sonst irgend jemandem – den Weg zur Kreativität und gibt uns damit allen eine Chance. Das Wechselspiel der Kräfte zwischen diesen beiden Millers ist immer wieder verblüffend. Mein Hauptinteresse konzentriert sich jedoch auf Miller als Wegbereiter des Kreativen, der aus einer Kultur kommt, in der Kreativität an sich als suspekt angesehen wird. Da ich vor langer Zeit eine akademische Karriere für das Leben einer professionellen Schriftstellerin aufgegeben habe, nähere ich mich Miller eher vom Standpunkt der Schriftstellerin als dem der akademisch Gebildeten. Wie viele Geschichtenerzähler hat Henry sich in geradezu unverschämter Weise selbst mystifiziert, und seine Kritiker haben immer wieder auf die mangelnde Kongruenz der »Wahrheit« seines Lebens mit der Grandiosität seiner Romane hingewiesen. Er würde die Geschichte bei jeder Gelegenheit anders erzählen, so beklagen sie sich.

Ich sehe die Sache natürlich ganz anders. Wenn ich die Entwicklung eines anderen Schriftstellers zurückverfolge, kann ich den kreativen Prozeß selbst nachvollziehen und habe Verständnis für die Schwierigkeiten, die damit verbunden sind. Ich erwarte, daß ein Schriftsteller »lügt«, um auf diese Weise zu einer tieferen Wahrheit vorzudringen. Für mich ist es selbstverständlich, daß beim imaginativen Schreiben übertrieben wird oder daß die »Fakten« im Namen der Dichtung anders geordnet werden. Ich weiß auch, wie schwer es ist, den eigenen Ruhm zu überleben.

Henrys Werk wird oft gerade deshalb mißverstanden, weil es sich parallel zu seinem Leben entwickelt und doch immer wieder davon abweicht. Da er für seinen fiktiven Protagonisten den Namen »Henry Miller« verwendet, wird der Leser noch mehr in die Irre geführt. Das ist ein Schicksal, das ich sehr gut kenne, da ich es am eigenen Leib erfahren habe. Obwohl ich meinen Heldinnen unterschiedliche Namen gegeben habe, haben die Parallelen zwischen meinem realen Leben und den mythischen Leben, die ich in meinen Romanen durchlebe, oft dazu geführt, daß meine selbsternannten Richter mich persönlich attackierten. Henry war einer der ersten, der diese Parallele zwischen seinem und meinem Schicksal sah, und aus diesem Grund war er so enorm freundlich zu mir. Seltsamerweise war es zum Teil Henrys Verdienst, daß mein erster Roman davor bewahrt wurde, in der Versenkung zu verschwinden, was anderenfalls vielleicht sein Schicksal gewesen wäre. Und da ich an das Gesetz des Universums glaube, das besagt, daß alle Kreise sich schließen, finde ich es in keiner Weise seltsam, daß es nun zu einem Teil mir zufällt, die vielen Widersprüche in seinem Leben posthum zu entwirren.

Die Schwierigkeiten, die viele Literaturkritiker mit Miller haben, resultieren im wesentlichen aus der Tatsache, daß er das Chaos als grundlegenden Aspekt des Lebens betrachtet und das leidenschaftliche Bedürfnis hat, dieses Chaos in seinen Büchern widerzuspiegeln. Henry Miller ist der Dichter dessen, was Umberto Eco als den »Chaosmos« bezeichnet. Wenn er schreibt, ist er in direktem Kontakt mit der reinen Sehnsucht – der Sehnsucht, eins zu sein mit dem Urstrom der Schöpfung, der Sehnsucht, genauso kreativ zu sein wie Gott.

> Ich mag die Sehnsucht. Wenn ich etwas ersehne, dann wird niemand dabei verletzt, aus der Bahn geworfen oder ausgebeutet. Schöpfung ist reine Sehnsucht. Man besitzt nichts, man schafft, man läßt das Geschaffene wieder los. Der Mensch steht dabei höher als das, was er tut. Er ist nicht länger ein Sklave. Das ist eine Angelegenheit zwischen dem Schaffenden selbst und Gott. Wenn man wirklich einmal von allem entblößt ist, dann ergibt sich alles ohne Anstrengung. Es gibt keine Belohnung – das Bemühen, die Tat selbst genügt. Tat ist Sehnsucht und Sehnsucht Tat. Ein vollständiger Kreis.[2]

Wie schreibt man ein in sich schlüssiges Buch über eine solche Urgewalt? Es ist nicht einfach, wie alle Miller-Biographen bestätigen. Ganz offensichtlich wollte Henry Miller nicht, daß man eine Biographie über ihn schrieb, und er stiftete Verwirrung sogar dann, wenn er Hinweise streute. Er wußte, daß er viele Geschichten erzählt hatte, die nicht stimmten, und er fürchtete sich davor, daß ihn jemand bei seinen Lügen ertappen könnte. Ein gutes Beispiel für Henrys ambivalentes Verhältnis zur Wahrheit ist, daß er das relativ wahrheitsgetreue Porträt seiner selbst in dem Buch *Henry Miller in Paris* seines Freundes Brassaï so sehr haßte. Dieses Buch ist bis heute noch nicht ins Englische übersetzt worden, vielleicht, weil Henry es so verabscheute. Er war der Meinung, daß er sein Leben in seinen Büchern ausreichend beschrieben habe, und wann immer seine Fiktionen

---

2 Henry Miller, *Order and Chaos chez Hans Reichel*, S. 25.

nicht mit den »Tatsachen« (an die er ohnehin nicht glaubte) übereinstimmten, stellte er nur allzu bereitwillig seinen hingerissenen Zuhörern Zeittafeln, Interviews und Aufzeichnungen von Gesprächen zur Verfügung, die die Wahrheit, seine Wahrheit erhellten. (Einige dieser Dokumente enthalten ebenfalls ein gehöriges Maß an Fiktion.) Er war als Schriftsteller vergleichbar mit einem tiefen Brunnen, so überquellend von Geschichten und Ideen, daß er damit die Kräfte seiner Bibliographen und Biographen bis zum heutigen Tag überfordert. Wann immer man glaubt, man habe alles Wichtige über Miller gelesen, taucht plötzlich ein weiteres Pamphlet, eine Broschüre, ein weiterer Schatz an Briefen auf, werden weitere Aquarelle und Drucke mit mehr Henry, immer noch mehr Henry entdeckt. Er verkörperte sowohl in seinen Werken als auch in seinem Leben das Muster des Schriftstellers als Beschenker, des Reisenden, der in die Unterwelt hinabsteigt und zurückkehrt, um der Menschheit Segen zu bringen.

Man kennt Miller am besten gerade aus seinen schlechtesten Arbeiten, den prahlerisch anschaulichen Sexszenen in den *Wendekreisen*, in *Stille Tage in Clichy* und *Sexus*. Diese interessieren mich am Ende weniger als der Transzendentalismus in *Der Koloß von Maroussi*, seinem spirituellen Reisebuch über Griechenland. Für mich ist *Maroussi* sein zentrales Werk, und es steht in vollkommenem Einklang mit der transzendentalen Tradition Amerikas. Es hat eine Art von Perfektion und Reinheit, wie sie in Büchern wie *Walden* zu finden sind. Paradoxerweise wäre Miller jedoch ohne den Skandal, den seine »sexuellen« Werke verursachten, vielleicht überhaupt nicht bekannt geworden. Miller war sich der Tatsache, daß er ein Transzendentalist in der für Amerika spezifischen Tradition von Thoreau, Emerson, Dickinson und Whitman war, offenbar bewußt. Er bezog sich auf Whitman als Vorfahren und formende Kraft. (Er hielt *Maroussi* ebenfalls für sein bestes Buch.) Er war ein

66

Mystiker der Art, wie es auch Thomas Merton und Lao-tzu gewesen waren, und entdeckte im ganz gewöhnlichen Leben den Weg, der ins Außergewöhnliche führt. Wie viele Befreier, die zunächst versuchen, sich selbst zu befreien, sah er im Sex eine Möglichkeit der Selbstbefreiung – Befreiung aus dem Körper durch den Körper. Darin unterscheidet er sich nur wenig von Whitman oder Colette.

Er suchte stets nach einem »erfüllteren Leben«, wie er am Ende von *Der Koloß von Maroussi* schreibt. Sex war ein Weg zur Erfüllung. Reisen war ein anderer. Gespräche, Briefe, Schreiben und Malen waren auch solche Wege. Er sah die Welt unter dem Aspekt der Fülle und nicht unter dem des Mangels, und oft scheint es, als ob gerade diese Unterscheidung bei Schriftstellern die wesentliche ist. Schriftsteller tendieren beim Schreiben entweder zum übersprudelnd Weitschweifigen oder zum schmerzhaft Lapidaren. Henry Miller war das eine Extrem, Samuel Bekkett das andere.

Henry Miller war ein ebenso großartiger Gesprächspartner, wie er ein großartiger Schriftsteller war. Er war der Ur-Erzähler in der Ur-Höhle, der seinem Stamm Geschichten erzählte, um ihn wach und am Leben zu erhalten, verborgen vor den draußen lauernden Säbelzahntigern. Wie alle Schamanen arbeitete er mit einer Vielzahl von Medien: Stimme, Wasserfarben, Fotografien, für die er posierte, fingierte Dokumente. In gewisser Weise ist er ein Vorläufer von Cindy Sherman, Art Spiegelman und anderen postmodernen Künstlern, die für ihre fotografischen oder gemalten Werke selbst Modell stehen. In anderer Hinsicht ist er wie Picasso, der sich immer wieder mit Hilfe unterschiedlicher Medien neu erfindet, ebenso wie die Frauen und Musen, die er in den verschiedenen Figuren seiner Bücher neu erschafft. Jede von ihnen ist Die Frau oder Die Muse, genau wie Henry selbst, der autobiographische Protagonist, der seinen Namen trägt, »Jedermann« ist. Ihn mit dem realen

Henry Miller gleichzusetzen ist ein Fehler, denn hätte Henry sein Leben in seinem Werk nicht von der reinen Autobiographie auf eine andere Ebene transponiert und ihm eine allgemeingültige Bedeutung verliehen, wäre wohl niemand daran interessiert, außer ihm selbst und vielleicht noch einigen Feinden, Freunden und Verwandten.

Daß Henry Miller zu seinem eigenen Protagonisten wurde, macht die Einschätzung seines Werkes noch verwirrender. Denn immer, wenn ein Schriftsteller sein Leben auf diese Weise zum Gegenstand seiner Kunst macht, werden einige ihn sofort als Schurken abstempeln und andere, als Reaktion darauf, ihn als Helden feiern. Wir haben in den vergangenen Jahren beide Reaktionen auf Miller erlebt, und es ist zweifelhaft, ob die eine oder die andere wirklich adäquat ist.

Diese Transformation ist es, wonach alle Künstler streben: einem mythischen Helden gleich zu werden – Prometheus, Achilles, Odysseus, Alkeste, Athena –, damit wir Sterblichen in ihren Reisen unser Schicksal gespiegelt sehen, so wie wir uns in den in alten Mythen beschriebenen Reisen erkennen.

Aber Henry ist ganz und gar kein Held. Viele betrachten ihn vielmehr als einen Schurken. Sein Schicksal unterscheidet sich nicht allzusehr von dem de Sades: Entweder wurde er von fanatischen Anhängern heilig gesprochen oder von Puritanern auf dem Scheiterhaufen verbrannt, entweder wurde er von Hippies, die eine moderne Vaterfigur suchten, gepriesen oder von literarischen Anglophilen, die es lieber sähen, wenn die amerikanische Literatur nur aus Henry James bestünde, rigoros abgelehnt.

So einfach ist es aber nicht. Unsere Angst vor Henry Miller wie die vor de Sade spiegelt unsere ganze Angst vor der Sexualität, sie spiegelt unser persönliches Konzept des Geschlechterkampfs ebenso wie unsere Ansichten darüber, was Literatur ausmacht.

68

Das ist der Grund, warum Henry Miller eine so wichtige Schlüsselfigur ist.

»Leben ist das, was fließt ...«, sagte einmal einer von Millers Zimmergenossen in Paris, Michael Fraenkel, in einem Essay über die Komposition von *Wendekreis des Krebses*. Das Paradoxon für jeden Künstler ist, daß das Leben fließt, die Kunst dagegen stillstehen muß. Aber sie muß schwebend stillstehen, so wie ein Kolibri, würde Miller sagen. Sie muß sich bewegen und zugleich eine Form haben, denn ohne Form ist sie nicht greifbar, ohne Form ist sie keine Kunst.

Millers Kunst überschreitet immer die uns bekannten Grenzen der Form. Sie droht den Rahmen des Bildes zu sprengen. Das ist zum Teil ihr Thema und erklärt die Schwierigkeit, die ein an formalen Kriterien orientierter Rezensent mit ihr hat.

Die Postmodernen haben Miller bereits als den Künstler der Zukunft entdeckt. Der Künstler, der seiner Zeit voraus ist, hat es jedoch immer schwer, sich *in* seiner Zeit seinen Lebensunterhalt zu verdienen. Nehmen wir Vincent van Gogh. Oder Emily Dickinson. Und Walt Whitman. Miller ist ein Künstler mit ähnlich vielgestaltigen und prophetischen Begabungen. Bis heute ist er auf literarischem Gebiet kaum ernsthaft berücksichtigt worden – hauptsächlich, weil man ihn nicht entsprechend einer bestimmten Form kategorisieren kann. Aber anstatt dies als einen Mangel anzusehen, was viele seiner Kritiker tun, sehe ich es vielmehr als sein eigentliches Thema. Henrys Botschaft ist die aller Zen-Meister und Mystiker: Es gibt keine Stabilität, nur ein ständiges Fließen. »Der Engel ist mein Wasserzeichen«, schreibt Miller in *Schwarzer Frühling*.

Henry Millers moderne Biographen versuchen krampfhaft, ihn in bereits vorhandene Muster hineinzuzwängen, und wenn ihnen das nicht gelingt, machen sie *ihn* dafür verantwortlich. Aber Henrys Botschaft ist ja gerade, daß das Leben keine Form hat und daß die Kreativität Teil des göttlichen Chaos ist. In jedem seiner Bücher ringt er mit diesem Paradoxon.

Wir leben in einem Zeitalter, in dem literarische Biographien häufiger gelesen werden als Literatur selbst. Das Leben der Schriftsteller scheint kommerziell erfolgreicher zu sein als ihre Bücher. In seinen kreativsten Jahren wäre Henry niemals von einem der führenden New Yorker Verleger veröffentlicht worden, zu seinem hundertsten Geburtstag rissen sich einige Verleger darum, Bücher *über* ihn zu veröffentlichen. Würde *Wendekreis des Krebses* uns heute vorgesetzt, dann wäre es vermutlich noch immer schwierig, einen Verleger dafür zu finden, trotz unserer vielgerühmten (und doch im wesentlichen vorgetäuschten) »sexuellen Revolution«. Und doch inspiriert der Protagonist Henry Miller weiterhin Bücher und Filme.

Was gibt es im Leben der Schriftsteller – besonders im Leben unkonventioneller Schriftsteller –, das uns fasziniert und uns lockt, uns damit zu identifizieren? Die Geschichte eines Menschen, der sich selbst erfindet? Die Geschichte eines Menschen, der persönlichen Frieden in einer Zeit kollektiver und totalitärer Konformität findet? Ist der Mythos des unkonventionellen Schriftstellers, der auf die Walz geht, ein Ersatz für das Mannbarkeitsritual geworden, das laut Robert Bly und anderen unserer Gesellschaft fehlt? Warum sonst bringen so viele Romane und Filme über Schriftsteller eine Saite in Lesern und Zuschauern zum Klingen, die selbst keine Schriftsteller sind?

Gewiß gibt es keinen Beruf, der so mühsam und selbstquälerisch wäre wie der des Autors. Eingewachsene Zehennägel – so nannte Henry uns. Und Voltaire meinte: »Die einzige Belohnung, die man dafür erwarten darf, daß man einen Beitrag zur Literatur leistet, ist Verachtung, wenn das Werk mißlingt, und Haß, wenn man Erfolg hat.« Der durchschnittliche Nicht-Schriftsteller scheint jedoch die Schriftstellerei als eine entspannte, hedonistische Tätigkeit anzusehen, die einem genügend Zeit läßt für Reisen, Entspannung und Ausschweifungen; ein aristokratischer Zeitvertreib, der an landschaftlich traumhaften Orten ausgeübt wird, mit hübschen Repräsentanten des anderen Geschlechts als Personal. Der durchschnittliche Nicht-Schriftsteller sieht im Schriftsteller jemanden, der das Alltagsleben zu etwas Heroischem gemacht hat.

Im Gegensatz zum populären Mythos führen Schriftsteller, gefangen hinter einem Schreibtisch, »eine Art Leben« (die Formulierung stammt von Graham Greene). Schmerzhafte Einsamkeit ist nötig, um Literatur entstehen zu lassen, und selbst ein schlechtes Buch verlangt, daß man sich von anderen menschlichen Lebewesen isoliert, um es schreiben zu können. Die rauschhaftesten Stunden erlebt ein Schriftsteller, während er allein vor dem Papier leidet, doch der Mythos eines hedonistischen Lebens bleibt weiterhin hartnäckig bestehen. (Tatsache ist, daß die meisten Schriftsteller sich gerade dadurch ruinieren, daß sie versuchen, diesem Mythos gerecht zu werden.) Aber vielleicht ist gerade diese Einsamkeit das besondere Privileg, das er genießt: In einer Welt, in der Geschäftigkeit und Geschäfte jede spirituelle Suche unmöglich machen, ist das Alleinsein das Vergnügen, um das man ihn am meisten beneidet. Es mag stimmen, daß es nur »eine Art Leben« ist, aber dieses Leben ist dennoch bei weitem der leeren Geschäftigkeit vorzuziehen, die das Leben der meisten Menschen ausmacht.

Miller war ein glücklicher Mann (dafür wurde und wird er gehaßt). Er war großzügig und frei von Neid. Und obwohl er in seinen Büchern manchmal mit seiner Untätigkeit (und Lüsternheit) herumprahlte, war er in Wirklichkeit niemals untätig. Er war so schreibbesessen, daß er mit Lawrence Durrell Briefe tauschte, selbst als er mit ihm im selben Haus wohnte. Während des größten Teils seines Lebens schrieb Henry täglich Dutzende von Briefen an Leute, mit denen er auch leicht hätte Gespräche führen können – was er daneben auch noch tat. Es war im wesentlichen der Prozeß des Schreibens, der für ihn so bedeutungsvoll war. Wie für alle wirklichen Schriftsteller war das Schreiben für ihn das Leben und die Luft zum Atmen. Er produzierte Worte wie ein Baum Blätter.

Kommen wir also zum Paradoxon der Biographie, insbesondere der eines Schriftstellers, der sein eigenes Leben reichlich in vielerlei Form aufgezeichnet hat. (»Die Biographie ist einer der neuen Schrecken des Todes«, sagte Dr. John Arbuthnot, ein Freund des Dichters Alexander Pope. Und 1891 schrieb Oscar Wilde in seinem *The Critic as Artist*: »Jeder große Mann hat heutzutage seine Jünger, und es ist immer Judas, der die Autobiographie schreibt.«) Wer kann schon die Ereignisse im Leben eines Menschen genau und ohne sie zu verzerren aneinanderreihen? Niemand. Nicht einmal die betreffende Person selbst. Aus diesem Grund müssen Biographien für jedes Zeitalter und für jede neue Falte im Gesicht des Zeitgeists überarbeitet werden. Deshalb ist das Schreiben einer Biographie eine Gemeinschaftskunst; der jüngste Biograph arbeitet mit all denen zusammen, die sich vor ihm mit diesem Thema befaßt haben. Bei Schriftstellern, die ihr eigenes Leben schon in Briefen, Romanen, Bildern und Filmen festgehalten haben, wird das Biographie-Problem noch ärgerlicher. Selbst der anscheinend sorgfältigste Autor einer Biographie verändert, verschönt und ordnet die »Fakten« neu, um seine eigene Geschichte zu schreiben. Es wäre naiv, diese Geschichte in allen Einzelheiten für bare Münze zu nehmen, aber es ist genauso unbefriedigend, sie so zu lesen, als hätte sie nicht das geringste mit dem Leben des Verfassers zu tun.

Ich hoffe, daß ich mit all diesen Paradoxien meinen Frieden machen kann, indem ich über Henry in demselben Geist

schreibe, in dem er 1974 zum erstenmal an mich schrieb –
mit vollkommener Offenheit und ohne ein verstecktes Anliegen. Es wird nicht das letzte Wort über Henry Miller sein.
Aber die einzigen Menschen, über die es sich zu schreiben
lohnt, sind ohnehin die, über die es ein letztes Wort überhaupt nicht gibt.

Kapitel 3

NUR EIN JUNGE
AUS BROOKLYN

> *Ich sollte eigentlich der Mensch werden, der ... am*
> *25. Dezember geboren wurde ... ebenso wie Jesus*
> *Christus ... aber aufgrund der Tatsache, daß meine*
> *Mutter eine klammernde Gebärmutter hatte, daß sie*
> *mich im Griff hielt wie ein Tintenfisch, kam ich*
> *unter einer anderen Figuration heraus... Sogar meine*
> *Mutter, mit ihrer ätzenden Zunge, schien es in gewisser*
> *Weise zu verstehen.* »*Immer hinterherschleifend, wie*
> *der Schwanz einer Kuh*« – *so charakterisierte sie mich.*
> *Aber ist es mein Fehler, daß sie mich in sich festhielt,*
> *bis die Stunde vorbei war?*
>
> HENRY MILLER,
> *Wendekreis des Steinbocks*

Da ich annehme, daß Sie ebenso wenig über
Henry Miller wissen wie ich damals, als ich 1974 zum erstenmal von ihm hörte, beginne ich mit einem Intensivkurs
über Miller, wie ich mir damals selbst einen gewünscht
hätte. Dies wird keine »richtige« Biographie, denn in den vergangenen Jahren sind mehrere umfangreiche Biographien
über Miller veröffentlicht worden (und außerdem treten
durch die Veröffentlichungen von Anaïs Nins unzensierten
Tagebüchern immer neue Informationen zutage). Dies ist
vielmehr der Versuch einer Schriftstellerin über einen
Schriftstellerkollegen, gerade ausführlich genug, um es Ihnen
zu ermöglichen, Miller besser zu verstehen, wenn Sie seine
Bücher zum ersten oder auch wiederholten Male lesen.
Vielleicht geht es Ihnen genauso wie mir, als ich zum
erstenmal von Henry Miller hörte: Sie haben nur *Wende-*
kreis des Krebses gelesen und vielleicht nicht einmal das
ganze Buch. Es ist möglich, daß Sie es nur auf der Suche

nach den »spannenden Stellen« durchgeblättert haben. Bei Henry kann das jedoch zu vollkommen falschen Schlüssen führen. Ich möchte Ihnen einen Überblick über sein Leben geben, damit Sie seine Bücher mit größerem Vergnügen lesen und die Themen, die er darin aufgreift, besser erfassen können.

Ungeachtet seiner Beteuerungen, er wolle weder eine Biographie noch einen Biographen, scheint Henry sein Leben stets dokumentiert zu haben, indem er in seine Briefe detaillierte Beschreibungen seiner persönlichen Lebensgeschichte einfließen ließ. Diese ameisengleiche Detailgenauigkeit straft seine vorgetäuschte Nonchalance Lügen. Selbst dann, wenn Henry protestierend: »Keine Biographien bitte!« ausruft, hinterläßt er sorgfältige (und irreführende) Berichte aus seinem Leben. In der Tat scheint es, als würde er stets aus der Zukunft zurückschauen und seinen Biographen über sich selbst Erklärungen abgeben.

Was gab Henry den Mut, ein Schriftsteller zu sein? Eine wesentliche Motivation war die Bitterkeit, die er mit der Muttermilch eingesogen hatte. Henry wurde am 26. Dezember 1891 um 24.17 Uhr im Manhattener Stadtteil Yorkville als Sohn von Louise Nieting Miller und Heinrich Miller, beide Deutschamerikaner erster Generation, geboren. Sein Geburtstag fiel auf den Tag nach Weihnachten, eine Tatsache, die Henry stets bedauerte, da er sich gern dadurch ausgezeichnet hätte, am gleichen Tag wie Christus geboren worden zu sein. Zufälle dieser Art bedeuteten ihm viel, genauso wie die Astrologie, und so ist es wichtig hinzuzufügen, daß er Steinbock war und daß Pluto und Neptun seine Geburt beeinflußten.

Steinböcke, so sagt man, seien eigenwillig; Henry erzählt von sich: »Schon bei meiner Geburt zeichnete ich mich durch eine gewisse Widerspenstigkeit aus.« Und entsprechend: »Sie hatten es verdammt schwer, mich aus der Gebärmutter rauszuholen.« An anderer Stelle gibt er der

75

»klammernden Gebärmutter« seiner Mutter die Schuld dafür, daß er den Geburtstag des Messias um einen Tag verfehlte. Aber offensichtlich fühlte er sich dort, wo er war, sehr wohl. Das Glück im Mutterleib ist ein Zustand, auf den er sich oft bezieht, von seinen frühesten Werken bis hin zu seinen letzten. Man hat das Gefühl, daß er sich fast an den Mutterleib *erinnert*, so liebevoll beschreibt er ihn:

> Das neunte Jahr meines Lebens naht und mit ihm das Ende meines ersten Paradieses auf Erden. Nein, des zweiten Paradieses. Mein erstes war im Leib meiner Mutter, wo ich mit aller Kraft auf ewig zu bleiben suchte, aber schließlich siegte die Zange. Es war eine wunderbare Zeit im Mutterleib, und ich werde sie nie vergessen. Ich hatte *fast* alles, was man verlangen konnte – *außer Freunden*. Und ein Leben ohne Freunde ist kein Leben, wie behaglich und gesichert es auch sein mag.[1]

Wunderbare Zeit oder nicht, Henry greift seine Mutter an anderer Stelle auch an, weil sie ihn »im Griff hielt wie ein Tintenfisch«. Das ist typisch für Henry Miller, als Schriftsteller ebenso wie als Mann: Er erzählt dieselbe Geschichte immer aus mindestens zwei entgegengesetzten Blickwinkeln heraus.

In Henrys erstem Lebensjahr zog die Familie von Yorkville nach Brooklyn, und später bezeichnete er sich immer als »nur ein Junge aus Brooklyn«. Die Familie wohnte in der Driggs Avenue Nr. 662 in Williamsburg. Brooklyn gehörte damals noch nicht zu New York, wie es auch zu Whitmans Zeiten der Fall gewesen war.

Die Familie sprach zu Hause Deutsch, und Henry war als Baby der Liebling seiner Eltern und seines Großvaters mütterlicherseits, Valentin Nieting, der bei ihnen wohnte. Valentin Nieting war Schneider, der zu Hause arbeitete und Henrys Vater oft half. Er hatte in der Savile Row gelernt und sprach ein klangvolles Englisch, das Henry bewunderte.

---

1 Henry Miller, *Jugendfreunde*, S. 28 f.

Der Enkel sah außerdem zum Großvater auf, weil er Sozialist und ein Mitglied der Gewerkschaft war, während sein eigener Vater, Heinrich senior, ein »Boß-Schneider«, ein Mann für die High-Society, war. Dies waren wesentliche Aspekte, die Henrys Kindheit prägten. Henrys Großmutter mütterlicherseits war in ein Heim für Geisteskranke eingewiesen worden, als seine Mutter noch ein Kind war. In der Familie wurde dazu nur gesagt, sie sei »weggebracht worden«. Der strenge Ordnungssinn und die eiserne Hand, mit der Louise ihre Männer regierte, mag eine Reaktion auf das Chaos ihrer Kindheitsjahre gewesen sein.

Henrys einzige Schwester, Lauretta Anna, wurde am 11. Juli 1895 geboren. Henry war also vier Jahre lang ein verwöhntes Einzelkind gewesen, und wenn auch jetzt eine Rivalin in sein Leben trat, so war der Neuankömmling doch nur ein Mädchen – und geistig behindert. Henrys Mutter muß am Boden zerstört gewesen sein.

Aus sämtlichen Berichten Henrys geht hervor, daß Louise, seine Mutter, ein wahrer Drachen und sein Vater ein verträumter Alkoholiker gewesen sein muß. Mit dem heutigen Psycho-Kauderwelsch würden wir Henrys Familie als »disfunktional« bezeichnen. Seine Mutter brachte ihm Respekt vor der Leistung bei, und sein Vater, ein wundervoller Geschichtenerzähler, machte ihm vor, wie man aus Worten einen erzählerischen Teppich webt, etwas, was Henry sein ganzes Leben lang nachahmen sollte.

Und doch war es seine Mutter, die sowohl den Schriftsteller als auch den Rebellen in ihm zum Leben erweckte.

»Meine Mutter war ein erstklassiges Miststück«, sagte Henry zu Twinka Thiebaud.

Sie versuchte, mich mit Schelte und Beschimpfungen zum Respekt zu bewegen ... Was sie nicht erkannte, war, daß sie einen sehr ruhelosen, zornigen Menschen aus mir machte. Als ich schließlich den Mut hatte, über das zu schreiben, was ich jahrelang in mir aufgestaut hatte, kam es in einer langen, unaufhaltsamen Tirade hinausgeflossen. Wenn ich mit den frühesten Erinnerungen an meine Mutter begann, hatte ich genug Haß, genug Zorn, um hundert Bücher zu füllen.[2]

Henrys Erinnerungen an seine Mutter, Louise Nieting Miller, haben fast immer mit der preußischen Strenge zu tun, mit der sie ihn, seinen Vater und seine jüngere Schwester herumkommandierte. Laut Henry schlug seine Mutter Lauretta für das »Verbrechen«, geistig behindert zu sein. Sie schrie seinen Vater an, weil er betrunken war, sie versteckte Henrys Schreibmaschine in einem Wandschrank, weil sie sich schämte, daß ihr Sohn keine besseren Pläne hatte, als Schriftsteller zu werden. Sie war eine Frau, die unvorhersehbare Wutanfälle bekam und die wegen der Schwierigkeiten in ihrer Ehe zutiefst frustriert gewesen sein muß. Es ist nicht schwierig, mit Louise Mitgefühl zu haben und zugleich die haßerfüllten Beschreibungen ihres Sohnes – mit vielen Abstrichen – zu akzeptieren. Aber dem kleinen Henry muß sie schrecklich erschienen sein, überlebensgroß. Wie viele Schriftsteller flüchten sich in die Welt der Worte, um einer chaotischen Kindheit zu entkommen? Das Muster ist so verbreitet, daß es als allgemeine Regel gelten kann.
Millers Tendenz, Frauen als Liebesobjekte zu idealisieren, und sein gleichzeitiges Bedürfnis, sie in seinen Romanen auf brutalste Weise bloßzustellen, wird im allgemeinen auf das gestörte Verhältnis zu seiner Mutter zurückgeführt. Schauen wir uns die Dynamik der Mutter-Sohn-Beziehung etwas genauer an, so sehen wir, daß Henry ein sehr braver kleiner Junge gewesen sein muß, der seine überaus starke und dominierende Mutter anbetete und zwischen den widersprüchlichen Polen ihrer Persönlichkeit hin- und hergerissen war.

---

2 Twinka Thiebaud, *Reflections*, S. 20.

Er selbst muß sich dieser inneren Zerrissenheit bewußt gewesen sein, da in seinem Buch über Rimbaud, *Vom großen Aufstand*, diese erstaunliche Passage auftaucht:

> ... (Man) ist noch immer an die Mutter gebunden. Die ganze Rebellion war nichts anderes als Staub im Auge, das verzweifelte Bemühen, diese Knechtschaft zu verstecken. Männer dieser Prägung sind immer gegen ihr Vaterland – unmöglich, daß es anders sein könnte.
> Versklavung ist das große Schreckgespenst, sei dies nun gegenüber ihrem Land, der Kirche oder der Gesellschaft. Solche Männer verbringen ihr Leben damit, Fesseln zu sprengen, aber die geheime Knechtschaft nagt an ihren Eingeweiden und läßt ihnen keine Ruhe. Sie müssen mit der Mutter klarkommen, bevor sie sich von den lähmenden Fesseln befreien können. »Draußen! Für alle Zeiten draußen! Auf der Schwelle des Mutterschoßes zu sitzen.«
> ... Es ist ein immerwährender Tanz am Rande des Kraters. Man mag als ein großer Rebell Beifall ernten, aber man wird nie geliebt werden ...[3]

Henrys Verlangen nach der süßen Geborgenheit des Mutterleibs verfolgte ihn sein ganzes Leben lang. Genau wie ihn die Wut darüber verfolgte, daß er daraus verstoßen wurde. In einem Brief an den Kritiker und Professor Wallace Fowlie schreibt er in den vierziger Jahren, daß Rimbaud überaus wichtig für ihn gewesen sei, da er ihm dabei geholfen habe, seine Mutterfixierung zu erkennen. Auf diese Weise erfahren wir, daß er schließlich die Wahrheit über sich selbst akzeptiert hat. Und doch konnte er sein Hin- und Herschwanken zwischen Abhängigkeit und Wut nicht überwinden.
Henry brauchte immer die Figur der Muse-Mutter-Geliebten, um schreiben zu können. Zunächst war dies seine zweite Frau June, dann Anaïs Nin, der er, wie er häufig sagte, die fruchtbarsten Perioden seiner Kreativität ver-

---

3 Henry Miller, *Vom großen Aufstand*, S. 49.

dankte. Nins zuletzt erschienenes Buch, *Inzest* (1992), zeigt uns, wie ungewöhnlich eng ihre Bindung war und wie jeder von beiden zum Doppelgänger, zur Muse und zum Geliebten des anderen wurde. Die Brutalität, mit der Henry Frauen darstellt und die von Kate Millet mit einer solchen Akribie analysiert wird, ist zugleich ein untrügliches Zeichen, daß Frauen eine ungeheure Macht über ihn hatten. Sein Essay »The Enormous Womb« hätte der Titel des Buches über sein Leben sein können. Henry sah in Rimbaud, was er in sich selbst sah:

> Und was ist die Natur dieses Geheimnisses? Ich kann nur sagen, daß es mit den Müttern zu tun hat. Ich spüre, daß es bei Lawrence und bei Rimbaud dasselbe war.[4]

Männer mit dominanten Müttern (Miller, Mailer, Lawrence) werden mit großer Wahrscheinlichkeit Gefangene des Sex und versuchen dann, ihre Ketten mit brutalen Worten zu brechen. Hinter diesen brutalen Worten versteckt sich aber häufig ein Hang zur Romantik. »Was Frauen anbetrifft, so hat er die deutsche Sentimentalität und Romantik«, sagt Anaïs Nin in ihrem Buch *Henry, June und ich.* »Sex ist für ihn glcichbcdcutend mit Liebe.« Wie können wir diese Beobachtung mit dem populären Bild des herumvögelnden Frauenfeinds vereinbaren? Die feministische Kritik an Miller interpretiert seine Wut auf Frauen als Mißachtung. Ich dagegen glaube, daß Henry die Macht und Stärke der Frauen stark überhöhte, daß er sie als bedrohlich empfand und die Frauen deshalb bloßstellen und zerstören mußte. Millers Darstellung gieriger Mösen ähnelt den Darstellungen der Beute der gehörnten Jäger in den Höhlen von Lascaux: Der Maler-Schamane hielt das Bild der furchteinflößenden Kreatur als Höhlenmalerei fest und gewann dadurch die magische Kraft, deren Geheimnis und deren Macht für immer zu bannen.

4 Ebda., S. 48.

Millers Beispiel zeigt uns das schwarze Herz des Sexismus: Ein Mann, der versucht, eine Macht zu zerstören, von der er weiß, daß sie größer ist als seine eigene – die Macht, Leben zu schenken, die Macht des sich scheinbar selbst genügenden Mutterleibs.

Henry war von Frauen so fasziniert, daß er versuchte, ihre geheimnisvollen Seiten durch die brutale verbale Magie seiner Bücher zu entmystifizieren. Die Brutalität wird aus einem Gefühl der Selbstablehnung und Demütigung dem weiblichen Geschlecht gegenüber gespeist. Henry ist, wie die Freudianer sich ausdrücken würden, kontraphobisch. Da er panische Angst vor Frauen hat, reduziert er sie zu reinen Sexobjekten, Mösen, wenn man so will, die er mit Hilfe seines Penis und seines Stiftes unterjocht.

Er mußte seine Mutter töten, um Schriftsteller zu werden. Er mußte sie auf seinen Stift aufspießen, genau wie der »Henry Miller« in den *Wendekreisen*, in *Clichy* und *Sexus*, *Nexus* und *Plexus* Mösen auf seinem Schwanz aufspießt. Die schwärmerische Liebe, die der alte Henry Miller Asiatinnen entgegenbrachte, seiner fünften Frau, der Japanerin Hoki, seiner letzten großen Liebe, der chinesischen Schauspielerin Lisa Liu, Henrys Bewunderung der exotischen Anaïs und der Femme fatale June – all das zeugt von seinem unbewußten Verlangen nach einer anderen Mutter: der süßen, fürsorglichen Madonna seiner frühen Kindertage, an die er die meiste Zeit seines Lebens überhaupt keine Erinnerung hat. Am Ende seines Lebens erzählte er Twinka Thiebaud von einem Traum, der ihn dazu inspirierte, das Bild seiner Mutter in das einer Madonna umzuwandeln:

> Plötzlich erscheint meine Mutter, und sie ist völlig anders als die Erinnerungen, die ich an sie habe. Sie ist wunderbar, strahlend, sensibel, sogar intelligent! Nachdem ich das geschrieben hatte (»Mother, China and the World Beyond« in *Sextet*), wurden meine Gefühle für sie weicher. Ich hatte mir selbst eine Mutter geschaffen, eine, zu der ich einen Kontakt herstellen, die ich

sogar lieben konnte. Ich hatte plötzlich den Eindruck, ich wäre vielleicht am Ende kein Schriftsteller geworden, wenn meine Mutter wie die gewesen wäre, von der ich geträumt hatte. Vielleicht wäre ich dann Schneider geworden wie mein Vater. Ich wäre vielleicht eine stützende Säule der Gesellschaft geworden, wie sie es sich von mir wünschte.[5]

Der Mut zur Kreativität wird also von Wut gespeist. (*Courage* [Mut] kann man sich als Kompositum aus *heart* [Herz] und *rage* [Wut] vorstellen.) Vielleicht liegt hier die Erklärung für das Problem, das Kritiker mit schöpferischen Frauen haben: Frauen dürfen nicht wütend sein. Aber nur auf dem Weg der Wut können wir uns von unseren Eltern lösen und eigenständige Schöpferinnen werden. Jeder Künstler muß diesen Schritt der Ablösung wagen. Frauen jedoch ist er verboten.

Schauen Sie nur, wie schwer Henry die Ablösung fiel – sogar als Mann! Er mußte sich von seinen Eltern lossagen, mußte heimatlos werden und eine neue Mutter-Muse in Anaïs Nin finden (seine zweite Frau, June, war für ihn die spöttische, quälende Mutter gewesen, die ihm zwar viel Kummer machte, aber zugleich die erste war, die an ihn als Schriftsteller glaubte). Wir werden die »wahre« Madonna-Mutter aus Henrys Kindheit nicht rekonstruieren können. Sie hinterließ keine sichtbare Spur. Aber wir können aus Henrys psychischer Geschichte schließen, daß es sie gegeben haben muß.

Mit einer cholerischen Mutter, einem betrunkenen Vater und einer geistig behinderten Schwester kann Henrys Kindheit nicht leicht gewesen sein. Und doch war sie in seiner Erinnerung »herrlich«. Die Straßen von Brooklyn waren, laut Henry, seine Vorbereitung auf sein Leben als Schriftsteller.

5 Twinka Thiebaud, *Reflections*, S. 20.

Sommerabende in New York oder, wie in unserem Fall, in Brooklyn können wunderbar sein, wenn man ein Kind ist und sich
nach Herzenslust auf den Straßen herumtreiben kann,[6]

schrieb Henry Miller in seinen Achtzigern. Als er nach acht
Jahrzehnten von Pacific Palisades nach Brooklyn zurück-
schaute, kam ihm diese Zeit wie das zweite Eden seines
Lebens vor.

Wenn Henry von seiner Jugend in Brooklyn erzählte, dann
hob er unweigerlich nur das Gute hervor: »Mit einem goldenen Löffel im Mund geboren. Bekam alles, was ich mir
wünschte, außer einem richtigen Pony.«[7]

Er scheint das Gefühl gehabt zu haben, daß er ein Recht auf
das Gute im Leben habe, daß man immer für ihn sorgen
würde. Als die Kinder seiner Kindergartengruppe Weih-
nachtsgeschenke bekamen, weigerte er sich, diese anzunehmen. »Ich weiß, daß mir das Christkind bessere Sachen
bringen wird«, erklärte er seiner Mutter. Diese reagierte
darauf mit einer schallenden Ohrfeige, zerrte ihn am Ohr
zurück in den Kindergarten und befahl ihm, sich bei seiner
Lehrerin zu entschuldigen.

»Ich konnte nicht verstehen, was ich falsch gemacht
hatte«, schrieb Henry Jahre später. »Es ... hinterließ in meinem kindlichen Gemüt die Vorstellung, daß meine Mutter
dumm und grausam sei.«

Seine Freunde waren ebenfalls Immigrantenkinder pol-
nischer, italienischer und irischer Abstammung. In seinen
vielen autobiographischen Schriften erwähnt er Stanley
Borowski, Lester Reardon, Johnny Paul, Eddie Carney und
Johnny Dunne. Der gesamte Mikrokosmos des Schmelztie-
gels USA war in Henrys Brooklyn zu finden. Erst 1930, als er
nach Paris ging, fand er eine Welt, die kongenial und ähnlich abwechslungsreich war. »Dort in Paris, in seinen schä-

6 Henry Miller, *Jugendfreunde*, S. 15.
7 Henry Miller, *From Your Capricorn Friend*, S. 7.

bigen, schmutzigen, von Leben strotzenden Straßen, erlebte ich die schillernden Szenen meiner Kindheit wieder.«[8]

Was für eine Ehe führten Henrys Eltern? Der Zwischenfall, den Henry in seinem Buch *Jugendfreunde* erzählt, beschwört ein Bild, gesehen durch Henrys Kinderaugen, herauf:

> Nach dem Abendessen trocknete mein Vater immer das Geschirr ab, das meine Mutter im Becken spülte. Eines Abends muß er etwas Kränkendes zu ihr gesagt haben, denn plötzlich gab sie ihm mit ihren nassen Händen eine schallende Ohrfeige. Dann erinnere ich mich ganz deutlich, wie er zu ihr sagte: »Wenn du das je wieder tust, verlasse ich dich.« Ich war beeindruckt von der ruhigen, festen Art, in der er das sagte. Sein Sohn, muß ich gestehen, hatte niemals den Mut, so mit einer Frau zu sprechen.[9]

Sensibel und kreativ, geneigt, seinen Kummer in Alkohol zu ertränken, zwang Henrys Vater Louise in die Rolle der tyrannischen Zuchtmeisterin. Dieser Zwischenfall jedoch, auf den Henry sich mit so viel Anerkennung bezieht, zeigt, auf welche Weise Henrys Vater dennoch das männliche Idealbild seines Sohnes geprägt hat. Henry war ebenso sensibel und verträumt wie sein Vater. In seinen bekanntesten Romanen erfindet er jedoch den schnell vögelnden, schnell sprechenden, hyper-männlichen Anti-Helden, den Typus, dem es gelingen würde, Louise zu zähmen.

Henry war als Kind eine große Leseratte, und er las gern laut. Er liebte die Geschichten des Alten Testaments, und er las schon Bücher, bevor er zur Grundschule kam. In der Schule wurde er von seiner Mutter, die die Enttäuschung über die geistig behinderte Lauretta nicht verwinden konnte, zu ständig höheren Leistungen getrieben, aber er rebellierte zugleich gegen ihre Tyrannei, indem er sich ungehorsam und aufsässig verhielt.

Die ersten Erfahrungen mit der Sexualität machte er mit

---

8 Henry Miller, *Jugendfreunde*, S. 30.
9 Ebda., S. 31.

Joey und Tony Imhof, seinen Freunden »vom Lande«, die in Glendale auf Long Island lebten. Ihr Vater, John Imhof, war »der erste Künstler, der in mein Leben trat«.[10] (Imhof war ein Freund von Henrys Vater, ein Aquarellmaler, der auch bunte Kirchenfenster entwarf.) Henrys Vater verehrte Imhof, weil er ein Künstler war, und Henry verehrte ihn natürlich auch. Seine Hochachtung vor Künstlern läßt sich direkt auf diesen Mentor aus Kindertagen zurückverfolgen. Henry und die Imhof-Jungen trieben im Alter von sechs bis zwölf Jahren sexuelle Spielchen miteinander, eine Tatsache, auf die einer von Henrys Biographen mit Abscheu hinweist, ganz so, als wären homosexuelle Experimente in der Kindheit die Ausnahme und nicht die Regel.

Henry scheint vom Sex zugleich fasziniert und abgestoßen gewesen zu sein. In seinem Buch *Jugendfreunde* berichtet er davon, daß er von einem Mädchen namens Weesie, einer Freundin seines Cousins aus Yorkville, Henry Bauman, dazu aufgefordert worden sei, mit ihr zu schlafen. Henry fürchtete sich und zögerte so lange, bis er die Chance verpaßt hatte. Er zögerte auch drei Jahre lang bei seiner großen High-School-Liebe, Cora Seward, einem blonden Engel, den er zu sehr idealisierte, um ihn bumsen zu können. In *Jugendfreunde* schreibt Henry über sie: »Seltsam, daß ich nie daran dachte, sie zu ficken.« Aber Cora bedeutete Liebe für ihn, nicht Sex. Und zu dieser Zeit seines Lebens trennte er diese beiden Dinge ganz klar. »Und ich brachte beides nie durcheinander, Liebe und Sex – woran man sieht, was für ein Schwachkopf ich gewesen sein muß.«

> Wie wundervoll, neben ihr zu sitzen in der offenen Straßenbahn, unterwegs nach Rockaway oder Sheepshead Bay, und aus voller Lunge zu singen: »*Shine on, Harvest Moon, for Me and My Gal.*« Oder: »*I don't want to set the world on fire …*«[11]

10 Ebda., S. 41.
11 Ebda., S. 109.

Cora war das Mädchen, mit dem er sich in seiner Phantasie geradezu zwanghaft beschäftigte, selbst dann noch, als er bereits seine erste richtige sexuelle Beziehung hatte. Nachdem er in einem Bordell roh in den Sex eingeführt worden war, mußte Henry warten, bis er Pauline Chouteau, seiner »ersten Geliebten«, begegnete, um seine Sexualität erkunden zu können. Nachdem er seine Affäre mit Pauline begonnen hatte, schien er ständig über seine Unfähigkeit, die liebliche Cora zu vögeln, nachgegrübelt zu haben. Er sah dies als einen Mangel an Mut, den er anscheinend sein ganzes Leben lang bedauerte. Der Mann, dessen Schicksal es war, die amerikanische Literatur zu befreien, mußte zunächst einmal sich selbst befreien.

Henry verließ die Eastern District High School in Brooklyn als Zweitbester. Er hatte trotz des Protests seiner Eltern unbedingt diese Schule besuchen wollen, weil sie in seiner nächsten Umgebung lag, dort, wo er seine Kindheit verbracht hatte. Er liebte diese vertraute Umgebung, aber das Viertel hatte sich seit seiner Kindheit stark verändert. Es wurde jetzt von frisch eingewanderten osteuropäischen Juden dominiert, und Henry war einer der wenigen Nichtjuden.

Gegen Ende seines Lebens bezeichnete er sich selbst als »einen Goi«, ganz so, als sei er tatsächlich ein Jude, der sich selbst als Außenseiter betrachtet. Das ist bemerkenswert, da Henry immer ein sehr zwiespältiges Verhältnis zu den Juden hatte. Er beneidete sie um ihre Kultur und ihre Belesenheit, verliebte sich wiederholt in jüdische Frauen, war mit vielen Juden gut befreundet und benutzte schließlich sogar den Davidstern als eine Art Talisman in seinen Aquarellen. Laut Anaïs Nins Erinnerungen behauptete Henry bei ihrem ersten Treffen sogar, er sei Jude. Wenn das stimmt und es sich nicht nur um ein Mißverständnis Anaïs Nins handelt, dann zeigt es, wie tief seine Ambivalenz verwurzelt war.

In der High-School, die Henry besuchte, begegnete man den Juden mit Ressentiment und Neid, und Henry konnte sich von seinen komplizierten Gefühlen ihnen gegenüber nie befreien. Er betrachtete sie als Ausgestoßene, wie er selbst einer war, als ewige Wanderer – aber sie gehörten wenigstens einer Gemeinschaft an. Er beneidete sie. Er wollte auch einer von ihnen sein. »… ihr zuliebe würde ich selbst Jude werden«, schreibt er in *Wendekreis des Krebses*. »Warum nicht? Ich spreche schon wie ein Jude. Und ich bin so häßlich wie ein Jude. Außerdem, wer haßt den Juden mehr als der Jude?«[12]

Passagen wie diese führten dazu, daß ihm wiederholt Antisemitismus vorgeworfen wurde. Ich persönlich kann diesen Vorwurf verstehen, halte ihn aber grundsätzlich für zu vereinfachend. Der Henry, den ich kannte, war kein Antisemit und auch kein Menschenfeind, obwohl er in seinen sämtlichen Büchern und Briefen gegen die Häßlichkeit und die Kleinlichkeit der menschlichen Rasse wetterte. Henry hat sein Leben lang kein Blatt vor den Mund genommen. Das läßt ihn manchmal, wenn man seine Worte und Sätze aus dem Zusammenhang reißt, intolerant erscheinen. Man findet genausoviel Kritik an den Deutschen (Idioten nennt er sie), den Schweden (Langweiler in Henrys Augen), den Wienern (hinterhältig), den Italienern (doppelgesichtig) und an jeder beliebigen anderen ethnischen Gruppe, die einem einfallen mag. Henry ist nicht so sehr selbstgerecht als vielmehr ein beißender Satiriker aller menschlichen Heuchelei. Hören Sie nur, was er über seine eigenen Leute berichtet:

> Meine Leute waren alle nordischer Abkunft, mit anderen Worten: *Idioten*. Allen Blödsinn, der je verkündet wurde, machten sie sich zu eigen. Darunter die Lehre von der Sauberkeit, von der Rechtschaffenheit ganz zu schweigen. Sie waren peinlich sauber. Aber innen stanken sie. Kein einziges Mal hatten sie die Tür

12 Henry Miller, *Wendekreis des Krebses*, S. 16.

zur Seele aufgetan. Kein einziges Mal fiel es ihnen ein, einen Sprung ins Dunkle zu tun. Nach Tisch wurden die Teller prompt abgespült und in den Geschirrschrank gestellt; war die Zeitung gelesen, wurde sie sauber gefaltet und auf ein Regal gelegt; war die Wäsche gewaschen, wurde sie gebügelt, gefaltet und in die Schubladen verstaut. Immer dachte man an morgen, aber das Morgen kam nie.[13]

Und doch bleibt er trotz seines ätzenden Hohns ein verrückter Optimist, der in jedem Schlechten noch etwas Gutes sieht, immer fröhlich ist und gut gelaunt, der glücklichste Mann auf Erden. Diese erstaunliche Widersprüchlichkeit seines Charakters macht ihn für seine Biographen ebenso rätselhaft, wie er es oft für seine Freunde und Geliebten war.
Henry begann mit achtzehn sein Studium am City College, aber nach zwei Monaten brach er es bereits wieder ab. Er behauptete, er habe die absurde Literaturliste, die man für die Studenten zusammengestellt hatte, nicht gemocht. Der Stein des Anstoßes war anscheinend Spensers Buch *Die Feenkönigin*, über das er sagte: »Wenn ich so ein Zeug lesen muß, sagte ich mir, gebe ich's auf.«[14] Er nahm dann nacheinander eine Reihe von Jobs an, für die er sich als gänzlich ungeeignet erwies. Schließlich zog er aus dem Haus seiner Eltern aus, nur um bei Pauline Chouteau einzuziehen, einer Frau, die er als »alt genug, um meine Mutter sein zu können«, beschreibt. Tatsächlich war sie zweiunddreißig, er selbst achtzehn, und Henry hatte sie kennengelernt, als er der kleinen Tochter einer ihrer Freundinnen Klavierunterricht gab.
Pauline Chouteau, die Henry »die Witwe« nannte, war Mutter eines schwindsüchtigen Sohnes, George, der nur wenig jünger war als Henry. Indem Henry sich bei Pauline einquartierte, hatte er erneut eine sonderbare und disfunktionale Familie geschaffen, die seiner eigenen in mancher

13 Henry Miller, *Wendekreis des Steinbocks*, S. 11.
14 Henry Miller, *Mein Leben und meine Welt*, S. 165.

Hinsicht ähnelte. Pauline war jedoch freundlich, während Henrys Mutter abweisend war, und dadurch fühlte sich Henry ihr gegenüber noch mehr verpflichtet. Er brauchte sie sexuell, hatte jedoch das Gefühl, daß sie aufgrund ihres Alters für ihn als Partnerin nicht in Frage käme. Schließlich versuchte er Paulines Einfluß abzuschütteln, indem er 1913 für sechs Monate in den Westen floh. Wie viele andere seiner Generation, so träumte auch er davon, als Cowboy oder auf den Goldfeldern Alaskas mit einem Schlag reich zu werden. Er behauptete stets, er habe auf jener Reise ein Erlebnis gehabt, das sein Leben von Grund auf veränderte: Er habe in San Diego Emma Goldman sprechen gehört. Die historischen Tatsachen strafen jedoch seine Erinnerungen Lügen. Es scheint nämlich, als sei Emma Goldman an den jeweiligen Terminen von Leibwächtern am Halten ihrer Vorträge gehindert worden. Es ist möglich, daß Henrys Emma-Goldman-Geschichte ein weiteres Beispiel dafür ist, wie Henry dauernd Mythen schuf.

Er erzählte diese Geschichte so oft, daß er am Ende selbst daran glaubte. Und es ist richtig, daß Emma Goldman eines seiner Vorbilder war. In ihrer Autobiographie *Living my Life* (1931) erwähnt sie ein einziges Mal einen »Henry Miller«, und das im Zusammenhang mit einem kleinen Theater auf der Third Street, wo das Orleneff-Ensemble für die »gesamte radikale East Side«, wie Goldman die Zuschauer charakterisierte, eine Aufführung gab. Es ist sehr unwahrscheinlich, daß Goldman sich auf unseren Henry Miller bezieht, da dieser 1905 gerade sechzehn Jahre alt und noch ein »Junge aus Brooklyn« war. Und doch gibt uns Goldmans Beschreibung des radikalen New York einen Einblick in jene Zeit und in die Einflüsse, die Miller formten: Anarchismus lag in der Luft, die Russische Revolution kündigte sich an, und die Welt veränderte sich grundlegend. Als junger Intellektueller aus Brooklyn und jemand, der Menschen wie Emma Goldman verehrte, mußte Henry sich bewußt gewesen sein, daß er (wie es in dem chinesischen Fluch heißt) in einer »interessanten Zeit« lebte. Er wurde von den Einflüssen einer Emma Goldman und einer Theosophin wie Madame Elena Blavatsky geistig geformt, und so nimmt es nicht wunder, daß ihn die Anarchie und die transzendentale Weisheit sein ganzes Leben lang faszinierten.

Henrys Träume vom Cowboyleben und Goldrausch wurden nicht wahr. Am Ende arbeitete er als Obstpflücker in Chula Vista. Nach einiger Zeit kehrte er nach New York zurück und eröffnete seiner Mutter, daß er Pauline heiraten würde. Sie bekam prompt einen wilden Wutanfall und bedrohte ihn mit einem Messer. Henry versuchte sie zu besänftigen, indem er versprach, im Familienunternehmen auszuhelfen – obwohl er am Schneiderhandwerk keinerlei Interesse hatte. Im Laden seines Vaters lernte er denn auch nicht zu nähen, sondern zu schreiben.

> Ich schrieb lange und humorvolle Briefe an meine Freunde, die eigentlich verkleidete Essays über alle möglichen Themen waren. Ich schrieb aus Langeweile, weil ich am Geschäft meines Vaters nicht interessiert war. Das erste, was ich, wie ich mich erinnere, als abgeschlossene Arbeit zu Papier brachte, war ein langer Essay über Nietzsches »Anti-Christ.«[15]

Briefe blieben auch weiterhin das hauptsächliche literarische Produkt in Henrys Leben. Die Briefform schien seinem Geist am ehesten zu entsprechen; in Briefen konnte er all das, was ihm wichtig war, nacheinander darstellen, ohne sich dabei über seine Nemesis, die Form, den Kopf zerbrechen zu müssen; nur der Inhalt zählte. Hätte Henry in einer anderen Zeit gelebt, hätte er sich vielleicht nie bemüht, einen Roman zu schreiben.

Während Henry in der Schneiderwerkstatt seine Lehrzeit als Schriftsteller absolvierte, bereitete sich Amerika auf den

---

15 Aus einem unveröffentlichten Brief an Huntington Cairns, 1939.

Krieg vor. Die Vereinigten Staaten behielten ihre isolationistische Politik noch weitere drei Jahre lang bei, aber während die Europäer »drüben« kämpften, veränderte die Welt sich dramatisch. Die Frauen sollten das Wahlrecht zwar erst 1920 erhalten, sie drangen jedoch bereits jetzt auf mehr Rechte. Über Feminismus wurde in Henrys Jugend viel diskutiert, doch ein wirklicher Durchbruch ließ noch weitere fünfzig Jahre auf sich warten, als die Frauen sich schließlich organisierten, um sich direkten Einfluß auf die Politik zu verschaffen.

Für den jungen Henry Miller war der Mangel an zuverlässigen Verhütungsmitteln ein ständiger Grund zur Sorge. Seine leidenschaftliche Beziehung mit Pauline war bereits am Auseinanderbrechen, als sie von ihm schwanger wurde und das Kind abtrieb. Als er nach Hause kam, fand er einen blutigen, fünf Monate alten Fötus in einer Schublade; Pauline lag ohnmächtig auf dem Bett. Hin- und hergerissen zwischen seiner moralischen Verpflichtung und seinem Wunsch zu fliehen, wählte er die Flucht – so wie er es später noch häufig tun würde. Und wieder einmal war sein Ausweg der, sich zu verlieben. Er begegnete einer hübschen jungen Brünetten, mit der er die Leidenschaft für das Klavierspielen teilte.

Es war diese Klavierspielerin, Beatrice Sylvas Wickens, ein Mädchen aus Brooklyn, das Henry im Jahr 1917 zu seiner ersten (legalen) Frau machte.

Seitdem ich ungefähr zehn Jahre alt war, hatte ich Klavier gespielt. Bald nachdem ich in den väterlichen Laden eingetreten war, verliebte ich mich in eine Frau, die meine Klavierlehrerin war. Ich hatte selbst, seitdem ich etwa 17 Jahre alt war, Klavierstunden gegeben, um mir ein wenig Taschengeld zu verdienen. Jetzt betrieb ich das Spiel sehr ernsthaft und dachte, ich würde möglicherweise Konzertpianist werden. Ich heiratete die Frau, und das war der Anfang vom Ende. Von dem Tag an, an dem wir heirateten, begannen wir zu kämpfen. Nach einem oder zwei

Jahren hörte ich ein für allemal mit dem Klavierspielen auf, was ich seither immer bereut habe.[16]

Henry genoß die Zeit der Werbung um Beatrice. Sie war ein braves junges Mädchen, das auch seiner Mutter gefiel. Den letzten Anstoß, den Schritt in die Ehe zu wagen, gab der Krieg. Henry war aus der Schneiderwerkstatt und aus Paulines Haus nach Washington geflohen, um dort zu arbeiten, und sollte nun zum Kriegsdienst eingezogen werden. Sein Einberufungsbefehl festigte seinen Entschluß, Beatrice zur Frau zu nehmen.

Einmal verheiratet, bemerkte er zu seinem Verdruß, daß er erneut mit seiner Mutter zusammenlebte: Beatrice, kritisch und herablassend, machte sich über seinen schriftstellerischen Ehrgeiz genauso lustig, wie es auch Louise getan hatte, und versuchte, genau wie sie, ihn in die »wahre Welt« der Arbeit einzuführen.

Aber Henry schien nicht fähig zu sein, einen Arbeitsplatz zu behalten. Nachdem er Beatrice geheiratet hatte, probierte er eine erstaunliche Menge von Jobs aus: vom Straßenbahnschaffner über Indexverfasser bis hin zum Zusammensteller von Versandhauskatalogen. Nichts davon konnte sein Interesse fesseln; für einen Angestelltenjob war er eindeutig nicht geschaffen. Er wurde unweigerlich gefeuert, weil er während der Arbeitszeit irgend etwas in ein Heftchen kritzelte oder philosophische Werke las. Zunehmend enttäuscht über seine Mißerfolge und die Fesseln der Ehe, schrieb Henry in einem Essay (im *Black Cat Magazine* für einen Penny pro Wort):

> Die Ehe, und das ist die Wahrheit, bedeutet eine Desillusionierung ... Es braucht nur drei Tage Ehe, um die Augen eines Mannes zu öffnen ...[17]

---

16 Ebda.
17 *The Black Cat Magazine*, zitiert in Jay Martin, *Always Merry and Bright*, S. 53.

Dieser Essay war eine seiner ersten Arbeiten, die veröffentlicht wurden.

Wenn Henry heiratete, so stand dahinter immer das Bedürfnis, sich wie ein Fixer in eine Art Rauschzustand zu versetzen, und entsprechend war er auch immer sehr bald desillusioniert. In seiner Ehe mit Beatrice ging es sexuell, gefühlsmäßig, musikalisch und finanziell rasch bergab. Weder die Belastung durch die Geburt des ersten Kindes (seine Tochter Barbara kam im Jahr 1919 zur Welt) noch sein Techtelmechtel mit seiner Schwiegermutter im Jahr zuvor waren seiner Ehe besonders zuträglich.

Während der verspäteten und höchst ungewöhnlichen Flitterwochen, die Henry und Beatrice ein Jahr nach ihrer Heirat im Haus von Beatrices Mutter in Delaware verbrachten, soll Henry angeblich von seiner Schwiegermutter in der Badewanne verführt worden sein. Schwiegermutter und Schwiegersohn hatten den ganzen Sommer hindurch eine Affäre, praktisch unter den Augen ihrer Ehepartner. Erst nach Barbaras Geburt konfrontierte Beatrice Henry mit seiner inzestuösen Untreue. Offensichtlich hatte sie die ganze Zeit davon gewußt. Der Ehekrieg eskalierte. Beatrice hatte es sich in den Kopf gesetzt, Henry in einen Ehemann zu verwandeln, der brav den Lebensunterhalt für die Familie verdiente, und Henry war fest entschlossen, diesen Plan zu boykottieren.

Das Techtelmechtel mit Beatrices Mutter ist ein weiteres Beispiel für Henrys Neigung, sich mit Mythen zu umgeben. In *Sexus* und *Die Welt des Sexus* erzählt er so anschaulich von dieser Affäre, als hätte es sie tatsächlich gegeben. Wenn aber diese Beziehung nur eine Wunschvorstellung war, Henrys lebhafter Phantasie entsprungen? Oder hatte er sie vielleicht erfunden, um seine wachsende Entfremdung von Beatrice zu »erklären«?

Tatsächlich neigen die Menschen dazu, sich und andere zu belügen, um überhaupt leben zu können, und Schriftsteller haben die Tendenz, die Fehler, die sie in ihrem Leben gemacht

93

haben, in ihren Büchern zu »erklären«. Beatrices Mutter reizte Henry wahrscheinlich. Also wurde eine Liebesaffäre geboren. Aber genau wie seine Begegnung mit Emma Goldman fand diese Affäre vielleicht nur in seiner Phantasie statt.

1920 ging der Schneiderladen der Familie Miller endgültig bankrott, und obwohl Henry nicht mehr dort arbeitete, war dieses Ereignis für ihn wie eine Befreiung. Gedrängt von Beatrice und seinen Vaterpflichten, nahm Henry den Job bei der Western Union Telegraph Company an, der sich als schicksalhaft für seine literarische Karriere erweisen sollte. Schicksalhaft war schon die Art und Weise, wie er den Posten bekam. Zunächst schaffte er es nämlich nicht einmal, als Telegrafist eingestellt zu werden.

Die Geschichte seiner Anstellung bei der »Cosmodemonic Telegraphic Company«, wie Henry sie in *Wendekreis des Steinbocks* erzählt, ist das literarische Pendant zu Fritz Langs *Metropolis* und Charlie Chaplins *Moderne Zeiten*. Hier sieht man den modernen Menschen bei der Akkordarbeit am Fließband des Lebens: verzweifelt, halb wahnsinnig, wie ein Wiesel hin und her flitzend.

Henrys Bericht über die Arbeitswelt in New York um 1920 (er nahm seine Arbeit bei der Western Union 1920 auf und verließ das Unternehmen 1924) ist wahrhaft schreckenerregend:

> Das ganze System war so faul, so unmenschlich, so gemein, so hoffnungslos verderbt und kompliziert, daß es eines Genies bedurft hätte, Sinn oder Ordnung hineinzubringen, ganz zu schweigen von menschlicher Güte oder Rücksichtnahme. Ich rannte gegen das ganze amerikanische Arbeitssystem an, das von A bis Z faul ist ... Von meiner kleinen Hühnerstange am Sunset Place aus sah ich die ganze amerikanische Gesellschaft aus der Vogelschau. Es war wie eine Seite aus dem Telefonbuch. Alphabetisch, numerisch, statistisch ergab sie einen Sinn. Wenn man sie aber aus der Nähe betrachtete, wenn man die Seiten oder die Teile für sich betrachtete, wenn man das einzelne Individuum ansah und was es ausmachte, die Luft, die es atmete, das

Leben, das es führte, das Risiko, das es einging, dann sah man etwas so Widerwärtiges und Entwürdigendes, so Niedriges, so Elendes, etwas so völlig Hoffnungsloses und Sinnloses, das schlimmer war, als in einen Vulkan zu blicken. Man sah das ganze amerikanische Leben – wirtschaftlich, politisch, moralisch, künstlerisch, statistisch, pathologisch. Es sah aus wie ein großer Schanker auf einem ausgeleierten Piephahn ...[18]

Dies waren die Fakten: Henry hatte sich für den Job eines Telegrafisten beworben und war abgelehnt worden. Das verletzte ihn in seinem Stolz. Er wollte nicht Sklave der Lohntüte sein, aber daß er für einen Job abgelehnt wurde, den jeder dahergelaufene Kerl bekommen hätte, kränkte ihn maßlos. Voller Wut und entschlossen, mit seinen rhetorischen Fähigkeiten zu glänzen, marschierte er in die Hauptgeschäftsstelle der Firma, die später als die »Cosmodemonic« bekannt werden würde. Dies war ein historischer Augenblick, vergleichbar mit Byrons Ankunft in Venedig oder dem Entschluß Colettes, Willy nach Paris zu folgen: Aus diesem Zusammentreffen von Person und Ort sollte ein literarisches Werk geboren werden.

> ... es wurmte mich, daß sie *mich*, Henry V. Miller, ein fähiges, überlegenes Individuum, das sich um den niedrigsten Posten der Welt bewarb, abgelehnt hatten. Das fraß mich auf. Darüber kam ich nicht hinweg.[19]

Also zog er sich am Morgen seine besten Kleider an und »flitzte zur Hauptgeschäftsstelle der Telegrafengesellschaft« hinauf, in den Vogelhorst des Managementimperiums hoch über Manhattan.

> Natürlich war der Präsident entweder in der Stadt oder zu beschäftigt, mich zu empfangen – aber vielleicht wollte ich den Vizepräsidenten oder besser einen Sekretär sehen? Ich wurde

---

18 Henry Miller, *Wendekreis des Steinbocks*, S. 19f.
19 Ebda., S. 17.

vom Sekretär des Vizepräsidenten, einem klugen, verständnis-
vollen Burschen, empfangen und lag ihm in den Ohren.[20]

Henry war in Scheiße getreten, und das bringt Glück, wie das
Sprichwort sagt. Die »Cosmodemonic« Company war gerade
wegen ihrer Einstellungspolitik in Schwierigkeiten. Man sah
darin eine Schwachstelle im System – und Henrys Redekunst
überzeugte die Verantwortlichen davon, daß er genau der
richtige Mann sei, um den Karren aus dem Dreck zu ziehen.
Als Telegrafist abgelehnt, wurde er nun zu einem Viel-
fachen des Gehalts als einer der Personalchefs und als eine
Art Firmenspion eingestellt. Dies war seine erste Kostprobe
echter Macht und der Freuden, Robin Hood spielen zu können – ein Spiel, das er sein ganzes Leben lang spielen sollte.
Henry hatte nämlich eine an Robin Hood erinnernde Beziehung zum Geld. Er war so großzügig wie ein Gast beim Pot-
lach-Fest der Indianer – und wirkte auf die durchschnittliche Krämerseele ebenso verwirrend.

> Anfangs war ich begeistert, trotz der Dämpfer von oben und der
> Drängelei von unten. Es fehlte mir nicht an Einfällen, und ich
> verwirklichte sie, ob es nun dem Vizepräsidenten gefiel oder
> nicht. Etwa alle zehn Tage wurde ich vorgeladen und getadelt,
> weil ich »zu gutherzig« sei. Ich hatte nie selbst Geld in der Ta-
> sche, verfügte aber freigebig über das anderer. Solange ich der
> Boß war, hatte ich Kredit. Ich gab das Geld mit vollen Händen
> aus; ich verschenkte meine Kleider und meine Wäsche, meine
> Bücher, alles, was überflüssig war. Hätte es in meiner Macht
> gestanden, dann hätte ich den armen Hunden, die mir in den
> Ohren lagen, die Gesellschaft geschenkt.[21]

In der folgenden Passage aus *Wendekreis des Steinbocks*
hört sich Henry wie ein früher Christ oder ein Utopist des
19. Jahrhunderts an:

20 Ebda.
21 Ebda., S. 26.

Nie in meinem Leben sah ich eine solche Anhäufung von Elend, und ich hoffe, sie nie wieder sehen zu müssen. Es gibt überall Arme, es gab immer welche und wird immer welche geben. Und unter dieser schrecklichen Armut brennt eine Flamme, doch gewöhnlich so niedrig, daß sie fast unsichtbar ist. Sie ist da, und wenn man den Mut hat, sie anzufachen, kann eine Feuersbrunst daraus entstehen. Unaufhörlich wurde ich gedrängt, nicht zu nachsichtig, nicht zu gefühlvoll, nicht zu mitfühlend zu sein. Bleiben Sie fest! Bleiben Sie hart! ermahnte man mich. Scheiß drauf! ... Wenn ich wirkliche Macht besessen hätte, statt das fünfte Rad am Wagen zu sein, hätte ich vielleicht Gott weiß was zustande gebracht. Ich hätte die Kosmodämonische Telegrafen-Gesellschaft von Nordamerika dazu benutzt, die Menschheit Gott zuzuführen.[22]

Millers Duktus klingt übertrieben pathetisch, aber was er sagt, ist die absolute Wahrheit. Seine Wahrheit. Und er wollte tatsächlich eine Möglichkeit finden, mittels der »Cosmodemonic« die gesamte Menschheit Gott näher zu bringen, auch wenn er sie zu diesem Zeitpunkt noch nicht sah. Aber er war auf dem Weg.

In seinem Gehirn brodelte es, und mit seiner Ehe ging es bergab. Bei der Telegrafengesellschaft hatte er eine Aufgabe, für die er sich einsetzte, wenn er auch nicht rundherum glücklich war. Ein solches inneres Engagement ist das, was für uns Sterbliche dem Glück am nächsten kommt. Unsere Energien zu nutzen, das ist der Anfang der Glückseligkeit.

Henry sagte, er habe in den Jahren bei der »Cosmodemonic« nie geschlafen. Und er habe nie aufgehört, wie ein Derwisch durch die Gegend zu wirbeln. In der Tat, wenn man seinen Bericht in *Wendekreis des Steinbocks* liest, bekommt man das Gefühl, man habe es hier mit der irrsinnigen Hektik der Keystone Cops[23] zu tun, und man spürt die Energie

22 Ebda., S. 26f.
23 Die Keystone Cops: Aus der Stummfilmzeit – Gruppe von Polizisten, die hektisch prügelnd und schießend, aber ohne wirklich etwas zu erreichen, durch die Gegend rennen (Anm. d. Übers.).

des Jazz-Zeitalters. Was für ein Tumult! Was für ein Wahnsinn! Henry saugte neue Erfahrungen in sich auf wie ein Schwamm. Er war »durchtränkt von Menschlichkeit«. Er »wartete auf eine Atempause«, in der er die neuen Eindrücke zu Papier bringen konnte.

Bis dahin war er ein Schriftsteller ohne Thema gewesen. Er wußte, er hatte viel zu sagen, aber wie sollte er es in den Rahmen menschlicher Erfahrung einbetten? Er fühlte den Drang zu schreiben, aber er hatte keine Geschichten zu erzählen. Sein Leben mußte seine Ambitionen erst einmal einholen. Es war die »Cosmodemonic«, wo Henry mit seinem ersten richtigen Thema konfrontiert wurde: den Telegrafisten.

Jeder Romanschriftsteller muß mit Einfühlungsvermögen und einem großen Interesse an Menschen beginnen. In vielerlei Hinsicht sind diese Fähigkeiten sogar noch wichtiger als die Sprache selbst – so wichtig die Sprache auch sein mag.

Menschen übten auf Henry eine große Faszination aus: die Verrückten, die Clowns, die obdachlose Ausschußware des Lebens. In der »Cosmodemonic« sah er sie alle, die Elenden der Menschheit.

> Ich sah das Heer von Männern, Frauen und Kindern, das durch meine Hände gegangen war, sah sie weinen, bitten, flehen, beschwören, fluchen, spucken, fauchen, drohen.[24]

Was Henry dazu brachte, seinen ersten wirklichen Versuch mit einem Buch, nämlich *Clipped Wings* im Jahr 1922, zu wagen, war eine Bemerkung, die einer der Vizepräsidenten der »Cosmodemonic« fallenließ. Er sagte, jemand müsse »eine Art Horatio-Alger[25]-Buch über die Telegrafisten« schreiben.

---

24 Ebda., S. 29.
25 Horatio Alger (1834–99) war mit seinen 130 Büchern für den amerikanischen Jungen und dem Bestsellerrekord von 20 Millionen Gesamtauflage der literarische Propagandist des Selfmademan-Ideals (Anm. d. Übers.).

»Du kriegst ein Horatio-Alger-Buch von mir«, dachte Henry, »warte nur ab!«

Ich trat der Western Union 1920 als Personalchef bei und verließ das Unternehmen Ende 1924. Ungefähr 1922 schrieb ich, glaube ich, während eines dreiwöchigen Urlaubs mein erstes Buch. Ich vergaß, welchen Titel ich ihm gab, aber es handelte von 12 Telegrafisten, die ich mir sehr genau angesehen hatte. Das Manuskript war über 75 000 Wörter lang, und ich schrieb alles in den drei Wochen nieder und brachte mich dabei fast um. (Wahrscheinlich hat meine zweite Frau das Manuskript, aber ich weiß nicht, wo sie ist, und sie würde es wahrscheinlich auch nicht hergeben, oder sie hat es zerstört, zusammen mit einer Menge anderer Manuskripte, die ich schrieb, während ich mit ihr zusammen war – und all den Aquarellen, die ich damals malte –, und meiner Bibliothek von über 1000 Büchern und meinem wunderbaren, ungekürzten Lexikon, das ich mehr als alles andere vermisse – mehr als meine Frau.)[26]

Die Inspiration zu *Clipped Wings* floß aus vielen Quellen, und die Horatio-Alger-Bemerkung war nur eine davon. 1921 war Henry dreißig Jahre alt geworden, ein Alter, in dem viele ambitionierte, aber bisher unproduktive Schriftsteller den Druck der Zeit im Nacken spüren. Er hatte Knut Hamsuns *Hunger* gelesen, ein Buch, das ihm Mut machte, seine eigene autobiographische Odyssee in eine Erzählung umzusetzen. Und er war in dieser verzweifelten Jetzt-oder-nie-Stimmung, die den potentiellen in einen wirklichen Schriftsteller verwandelt.
Im März 1922 begann Henry systematisch an diesem Buch zu schreiben. Es sollte ein für allemal beweisen, daß er ein Schriftsteller war.

Ich schrieb in einem Zug fünf-, sieben-, ja manchmal achttausend Worte am Tag. Ich meinte, daß ein Mann, um Schriftsteller zu sein, mindestens fünftausend Worte am Tag schreiben müsse.

26 Aus einem unveröffentlichten Brief an Huntington Cairns, 1939.

Ich meinte, er müsse alles auf einmal sagen – in einem einzigen Buch – und dann zusammenbrechen. Ich hatte keine Ahnung, was Schreiben heißt. Ich hatte die Hosen gestrichen voll.[27]

Die Aufrichtigkeit, mit der Henry mehr als ein Jahrzehnt später über seine ersten literarischen Bemühungen berichtet, ist rührend. Jeder, der einmal selbst zu schreiben versucht hat, wird die Stimme der Wahrheit darin entdecken.

> Und vielleicht tut man es, gerade weil niemand an einen glaubt, vielleicht besteht das wirkliche Geheimnis darin, die Leute zu zwingen, an einen zu glauben. Daß das Buch unzulänglich, mangelhaft, schlecht, *schauerlich* war, wie sie sagten, war nur natürlich. Ich versuchte gleich am Anfang, was ein Mensch von Genie erst am Schluß unternommen hätte. Ich wollte das letzte Wort am Anfang sagen. Das war albern und rührend. Es war eine vernichtende Niederlage, aber durch sie bekam ich Eisen ins Rückgrat und Schwefel ins Blut.[28]

Viele Menschen haben an Millers Werken genau diese Aufrichtigkeit geschätzt. Er wußte, was es heißt, Fehlschläge zu erleiden, verzweifelt zu sein, an einen Tiefpunkt zu gelangen. »Hätte ich Erfolg gehabt, wäre ich wahrscheinlich ein Monster geworden«, sagte Henry. »Du mußt erst einmal als menschliches Wesen weggewischt werden, um dann als Individuum neu geboren werden zu können.«
Die Art und Weise, wie Henry an seinem ersten Buch arbeitete, zeigt deutlich, wie sehr er sich zum Schreiben getrieben fühlte. Mehr Transpiration als Inspiration, mehr Kopie als Poesie, aber als das Manuskript fertig war, wußte er ein für allemal, daß er die Kraft hatte, sich hinzusetzen und ein Buch zu Ende zu bringen.
Wendekreis des Steinbocks ist, obwohl in den dreißiger Jahren geschrieben, leichter zu verstehen, wenn man es vor

---

27 Henry Miller, *Wendekreis des Steinbocks*, S. 32 f.
28 Ebda., S. 33.

dem Hintergrund des New York der zwanziger Jahre betrachtet. Dies war die Zeit des Jazz, die Zeit des Bubikopfs und der ausgestellten Röcke, der ausrangierten Korsetts und der Einführung von Kondomen. Freie Liebe lag in der Luft. Margret Sanger marschierte. In Flüsterkneipen wurden während der Prohibition Drinks mit Namen wie »Zwischen den Bettüchern« ausgeschenkt, und die modernen Frauen lernten das Trinken, das Rauchen und das Lieben. Bevor die Hölle losbrach, hatte Henry Beatrice geheiratet, und nun wurde er unruhig.

Nach sieben Jahren mit Pauline und sieben Jahren mit Beatrice war Henry jetzt wieder bereit, eine Haut abzuwerfen. Es war stets eine Frau, die ihn zur nächsten Stufe seines Lebens führte, und diese Frau war auch stets eine Muse.

> Meine Karriere begann, als ich meine zweite Ehefrau heiratete. Während ich mit ihr zusammen war, schrieb ich zwei Romane und Gott weiß wie viele Kurzgeschichten und Artikel und Essays und verrückte, undefinierbare Dinge, die meiner eigenen, privaten Dada-Periode angehören. Den ersten Roman nannte ich *Moloch*, den zweiten *Crazy Cock*. Der erste war etwa 100000 Wörter lang, der zweite noch länger, aber völlig überarbeitet, als ich nach Paris kam, und schließlich auf weniger als 300 Seiten zusammengestrichen – und ruiniert.[29]

Henrys beständigste Muse, June Edith Smith, war eine dunkle, schöne jüdische Femme fatale – in einigen Liebesbriefen nannte er sie Rebecca –, die eine große Begabung für den dramatischen Auftritt und eine Affinität zum Chaos hatte. Als Henry sie im Jahr 1923 kennenlernte, arbeitete June als Taxigirl – ein Fünf-Cents-pro-Tanz-Girl – in einem Tanzpalast am Broadway. Es war einer der Orte, wo das »dirty dancing« offiziell nicht gestattet war und wo man zugleich indirekt dazu aufforderte. Henry mißachtete prompt die Spielregeln und verliebte sich bis über beide Ohren. Er ver-

---

29 Aus einem unveröffentlichten Brief an Huntington Cairns, 1939.

liebte sich ebenso in Junes Stimme wie in ihren Gang, in ihren Geist wie in ihren Körper: Er war vollkommen verhext und wie in einem Rauschzustand.

Seine Ehe mit Beatrice war schal geworden, und jetzt hatte er seine erste große Heldin gefunden. June machte Henry Mut, seinen Job an den Nagel zu hängen und sich ernsthaft dem Schreiben zu widmen. 1924 ließ er sich von Beatrice scheiden und heiratete June. Wieder einmal war Henry vor der Verantwortung davongelaufen, und die Schuldgefühle, Frau und Kind verlassen zu haben, quälten ihn noch jahrelang.

Henrys Ehe mit June war ein Chaos aus Leidenschaft, Wahnsinn und Untreue, und das mag der Grund dafür gewesen sein, warum sie sein ganzes Leben lang seine Dichtung inspirierte. Die meiste Zeit hatte June ganz offen leidenschaftliche Affären mit Frauen, und sie ließ es zu, daß eine ganze Reihe von reichen, verheirateten Gentlemen sie (und somit auch Henry) finanziell unterstützten. Henry seinerseits begann eine Affäre mit Anaïs Nin, die eine Zeitlang ebenfalls leidenschaftlich in June verliebt war. Wie dem auch sei – in dieser Ehe fand Henry etwas, was er bei keiner anderen Ehefrau je wiederfinden würde: eine tiefe Seelenverwandtschaft. June hatte genau wie Henry die Fähigkeit, Mythen zu schaffen. Keiner von beiden konnte zwischen Dichtung und Wahrheit unterscheiden. Daß er in ihr seinen psychologischen Zwilling gefunden hatte, schlug ihn in ihren Bann.

Während seiner Zeit mit June schrieb Henry seine ersten Romane, *Crazy Cock* und *Moloch* (die erst 1991 und 1992 veröffentlicht wurden), führte eine Flüsterkneipe in Greenwich Village, malte Aquarelle und stellte sie aus und bereiste 1928 zum erstenmal Europa. Diese Reise machte ihm Lust auf ein Leben im Ausland, wo er das nächste Jahrzehnt verbringen sollte.

War Henrys Beziehung zu seiner Mutter das befruchtende

Moment für seine literarische Existenz, so bedeutete die Ehe mit June die Entwicklung von der befruchteten Zelle bis zur voll ausgebildeten Gestalt seines Schriftstellerdaseins. Henry konnte sich nicht in den Anti-Helden verwandeln, ohne dabei gleichzeitig June zu seiner Anti-Heldin zu machen. Als Henry und June sich schließlich 1933 trennten, war *Wendekreis des Krebses*, das in Paris geschrieben worden war, fertiggestellt und konnte in die Welt entlassen werden.

Was geschah mit Henry, als er June kennenlernte? Er verliebte sich so heftig, wie er es noch nie zuvor getan hatte und es auch nie wieder tun würde. »Das ganze Wesen war in ihrem Gesicht konzentriert«, schreibt er über June in *Wendekreis des Steinbocks*. »Ich hätte es neben mich auf ein Kissen legen und die ganze Nacht hindurch lieben können.«

Und June konnte reden. Sie war verrückt, melodramatisch und eine leidenschaftliche Leserin, sie konnte von Personen in einem Buch sprechen, als existierten sie tatsächlich. So wie Henry identifizierte sie sich mit ihnen. Sie redete über Strindbergs Heldinnen und verwob zugleich Dichtung und Wahrheit ihres eigenen Lebens zu einem faszinierenden, schillernden Stoff. Sie war mehr als nur eine Femme fatale. Sie war ein Mythos, eine Venus, eine Lilith, eine Erdgöttin.

Henrys Lieblingswort »Mutterleib« kommt im rauschhaften letzten Teil von *Wendekreis des Steinbocks* immer wieder vor. Dort erzählt er, wie er Mara (einer seiner ersten Namen für June) kennenlernte.

»Sie ist Amerika, das auf Füßen steht, Flügel und ein Geschlecht hat«, schreibt er und setzt dabei Mara/June mit dem Kontinent gleich, den er erobern muß, um er selbst und ein amerikanischer Schriftsteller zu werden. »Amurrica, mit Fell oder ohne, mit Schuhen oder ohne. Amurrica C.O.D.[30].« Henry schwärmt; er ist zutiefst aufgewühlt.

---

30 C.O.D. = Cash on Delivery; das Amerika, in dem nur der harte Dollar zählt (Anm. d. Übers.).

»Man kann ein ganzes Leben lang auf einen Moment wie diesen warten«, sagt er.

Verblüffend an der Darstellung dieser Muse in *Wendekreis des Steinbocks* ist Henrys Vorstellung, daß er durch June zu sich selbst finden wird, daß nur durch eine derart transformierende Liebe die Seele eines Mannes, eines Schriftstellers geboren werden kann. Und was auch immer Henrys feministische Kritikerinnen behaupten mögen – June ist für ihn nicht nur das eine isolierte Körperteil. June ist eine Schöpferin von Phantasien und eine Künstlerseele wie er selbst. Und sie glaubt an ihn als Künstler. Das ist es, was ihn vor allem zu ihr hin zieht.

Das – und ihre Verrücktheit.

Hat schon jemals jemand über den Hang des Schriftstellers geschrieben, sich in verrückte Leute zu verlieben? Meine eigene erste Liebe war ein brillanter Schizophrener. F. Scott Fitzgerald verknüpfte sein Leben mit Zelda – er fand sie unwiderstehlicher als andere, ruhigere Frauen. Henry heiratete June in dem Wissen, daß sie genausowenig wie er zwischen Realität und Fiktion unterscheiden konnte. Heute würden wir sagen, sie hatte »keine Grenzen«. Und da sie keine Grenzen hatte, war es ihr möglich, sein künstlerisches Talent freizusetzen.

Der tranceähnliche Zustand, den ein Schriftsteller braucht, um das Unterbewußtsein anzapfen zu können, ist für Borderline-Persönlichkeiten oder psychotische Menschen leicht herstellbar. Solche Menschen ähneln Künstlern, da sie in der Lage sind, Phantasiewelten zu erfinden, aber sie können, im Gegensatz zu Künstlern, dann zwischen der realen Welt und der Welt der Phantasie nicht unterscheiden. Wir verfangen uns im Netz ihrer Hirngespinste – und die Katastrophe folgt auf dem Fuß.

So ging es Henry mit June. Daß sie so schwärmerisch an ihn glaubte, half ihm, ein Schriftsteller zu werden, aber ihre Unfähigkeit, in der realen Welt zu leben, brachte ihn fast um den Verstand. »Sie ließ ihn die Qualen der Hölle durchleben, aber er war Masochist genug, um es zu genießen«, schreibt Alfred Perlès in *Mein Freund Henry Miller*.

Henry und June begannen ein Leben voller Aufregungen und Chaos, das ihn von Brooklyn nach Paris führte. In dieser Zeit entwickelte er sich von einem potentiellen Schriftsteller zu einem Autor, dessen Werke veröffentlicht wurden. In seinem Rausch der Verliebtheit in die bezaubernde June hatte Henry damals das Gefühl, daß ihm alle Möglichkeiten offenstanden: eine Flüsterkneipe zu eröffnen und reich zu werden oder den großen amerikanischen Roman zu schreiben und berühmt zu werden. Lebte Henry, um über sein Leben zu schreiben, oder schrieb er, um zu überleben? Kein Schriftsteller kann diese Frage jemals für sich endgültig beantworten.

June und Henry bereisten Europa zum erstenmal im Jahr 1928 (das Jahr, in dem Amelia Earhart den Atlantik überflog), also noch bevor der Wall-Street-Krach die Welt veränderte. Ihre Beziehung war immer turbulent gewesen, und June hatte Henry immer wieder mit anderen Geliebten, vorwiegend Frauen, gequält. Im Greenwich Village der zwanziger Jahre galt es plötzlich als chic, homosexuell zu sein, und June war vor allem anderen eine Mondäne, die es liebte zu experimentieren.

1930 schiffte sich Henry allein nach Paris ein (June blieb in New York, um durch ihre diversen Liaisons für sich und ihn den Lebensunterhalt zu verdienen). Damit begann für ihn die Phase, die die schöpferischste und glücklichste seines Lebens werden sollte. Die ersten Monate waren geprägt von Verzweiflung und der Angst vor dem Verhungern, aber nach ungefähr einem Jahr, in dem er sich nur gerade eben über Wasser gehalten hatte, war er, dank seiner Gabe, Freunde zu gewinnen, in ein soziales Netz von »Saufkumpanen«, Freunden und Geliebten eingebettet. 1931 fühlte sich Henry endlich frei (oder vielmehr:

hatte er sich selbst so weit befreit), um *Wendekreis des Krebses* zu schreiben, das Werk, das die amerikanische Literatur für alle Zeiten verändern sollte. In Paris wurde der Junge aus Brooklyn neu geboren.

Kapitel 4   VERRÜCKTER SCHWANZ
            IM LAND DES VÖGELNS

Nur eines interessiert mich nun wesentlich,
nämlich all das aufzuzeichnen, was in Büchern
weggelassen wird.

HENRY MILLER,
Wendekreis des Krebses

Im März 1930 ging Henry Miller nach Paris, in
der Hoffnung, endlich innerlich frei zu werden, um schreiben zu können.
In New York, seiner Vaterstadt, in der seine Verwandten lebten, hatte er sich immer eingeengt gefühlt. Ihn bedrückte
seine gescheiterte Ehe, der Verzicht auf sein Kind und die
Tatsache, daß jeder, der in New York kein Geld machte, als
Taugenichts galt. In New York (der »männlichsten« Stadt
der Welt) wurde jeder und alles an seiner Fähigkeit gemes-
sen, Geld anzuhäufen. Der Künstler aber braucht Muße, Zeit,
um zu träumen. Zwar ist Muße in New York möglich, aber
Muße ohne gleichzeitige Schuldgefühle nicht. Geschäftigkeit und Geschäft, das sind die Götter von New York, doch
die Kunst braucht andere Götter: Leichtigkeit, Phantasie und
die Fähigkeit, das Leben so zu nehmen, wie es ist.
Die ersten in New York geschriebenen Romane Henry Millers, *Moloch* und *Crazy Cock*, zeigen einen Mann im Krieg
mit seiner Umgebung, bemüht, den starren, unnachgiebi-
gen Asphalt zum Blühen zu bringen. In Paris befreit er sein
Unterbewußtsein und läßt es träumen, er befreit seine
Stimme und läßt sie singen. Und er befreit auch seinen Körper, der ihn dahin führt, all die Dinge zu entdecken und auf-
zuschreiben, die bisher in Büchern weggelassen wurden.

Die Stimme, die Henry Miller in Paris findet, ist voll der überschwenglichen Freude über die geglückte Flucht.

Es ist kein Zufall, daß es Menschen wie uns nach Paris treibt. Paris ist einfach eine künstliche Bühne, eine Drehbühne, die dem Zuschauer erlaubt, alle Phasen des Konflikts zu verfolgen. Aus sich allein bewirkt Paris keine Dramen. Sie haben anderswo begonnen. Paris ist einfach das Entbindungsinstrument, das den lebenden Embryo aus dem Mutterleib hervorholt und ihn in den Brutofen steckt. Paris ist die Wiege künstlicher Geburten. Hier in der Wiege schaukelnd, versetzt sich jeder in sein Ursprungsland zurück; man träumt sich zurück nach Berlin, New York, Chicago, Wien, Minsk. Wien ist nie mehr Wien als in Paris. Alles wird zu eine Apotheose verklärt. Die Wiege gibt ihre Kinder frei, und neue nehmen ihren Platz ein. Man kann hier an den Mauern lesen, wo Zola und Balzac, Dante und Strindberg und jeder, der jemals etwas war, gewohnt hat. Jeder hat hier irgendwann einmal gelebt. Niemand *stirbt* hier.[1]

Warum kommt es dem amerikanischen Künstler so vor, als würden die Menschen in Europa nicht sterben, obwohl dem doch offensichtlich so ist? Weil der Künstler, der Amerika den Rücken zugewandt hat, in Europa eine geistige Wiedergeburt erlebt: Das alte Selbst stirbt, das neue Selbst entsteht und fühlt sich unsterblich.

Dies war eine Erfahrung, die ich selbst machte, als ich in Italien, *meiner* Wahlheimat, einen Roman schrieb, und ich habe mich deshalb gründlich damit auseinandergesetzt, so, wie Henry Miller es tat. Europa bedeutet für den amerikanischen Schriftsteller die unmittelbare Nähe zur Kultur, immerwährende Wanderjahre, ein Ort, wo die Familiengeister nicht in ihren Schränken hausen (aber natürlich hausen hier die Geister der europäischen Familien!). Selbst im modernen Europa muß ein Schriftsteller oder Künstler sein Schriftsteller- oder Künstlerdasein nicht durch einen Best-

---

1 Henry Miller, *Wendekreis des Krebses*, S. 44 f.

seller oder eine mondäne Galerie beweisen. Der Weg, das Bemühen, das Ringen um den künstlerischen Ausdruck wird respektiert – und Sex, nicht Geld, liegt in der Luft.

Viele in einer puritanischen Kultur aufgewachsene Schriftsteller brauchen das Exil, um schreiben zu können. Joyce ist dafür ein weiteres Beispiel. In Dublin hätte er seinen *Ulysses* nicht schreiben können. Er mußte Irland verlassen, um die nötige Distanz und Klarheit zu gewinnen. Er mußte sich den Röntgenaugen der Familie entziehen, um die eigenen Talente zu entdecken und zu nutzen. Der amerikanische Schriftsteller braucht zudem Distanz zu den bourgeoisen Werten, zu den Leuten, für die das »Geldmachen« gleichbedeutend ist mit einer sinnvollen Lebensgestaltung. Henry Miller mußte nach Paris gehen, um dem Geist seines Vaters, der Schneiderwerkstatt und der Scheinwelt der »Cosmodemonic« Telegraph Company zu entkommen. Er floh, um zu sich selbst zu finden.

Warum Paris? Für Henry Millers Generation und die Generation vor ihm war Paris die Geburtshelferin der Kunst. Paris war Henry Millers Traum. Es war der Traum jedes Künstlers, der es noch nicht zu etwas gebracht hatte.

Wie sah Paris zur Zeit seiner Ankunft aus? Wären Sie Schriftsteller und sollten das Paris von 1930 beschreiben, welche Details würden Sie auswählen, um es von dem heutigen Paris abzuheben? Wie jeder weiß, der versucht hat, eine vergangene Ära wieder aufleben zu lassen, liegt das Leben einer Stadt in ihren sanitären Einrichtungen und ihren Transportsystemen, ihren Speisen und Getränken, ihren Cafés und Theatern und in ihrem besonderen Lebensrhythmus.

Ich denke an dieses Paris immer als an das Paris der *petits bleus* oder *pneumatiques* – dieser Rohrpostbriefe, die Faxe der damaligen Zeit –, die die Stadt in Vakuumröhren durchkreuzten. Es war eine Stadt der Fahrräder, der Busse, der Nachtcafés, der Flüchtlinge aus allen Ländern der Welt. Es war eine Stadt, in der einzelne Stadtteile, Montparnasse beispielsweise, einem immerwährenden Karneval glichen. Leute, die in jenen Jahren in Paris lebten, erinnern sich an die außergewöhnliche Rabelaissche Fröhlichkeit, die in der Luft lag. Sehr viel stärker als New York war Paris eine Stadt, die niemals schlief, und ein nächtlicher Bummel über die Boulevards war immer ein Abenteuer.

Besonders für den mittellosen Künstler war das Paris von 1930 ein freundliches Pflaster.

Georges Belmont (einer der Übersetzer Henry Millers und später mein eigener) sagte über den Montparnasse von 1930:

> Vor allem im Montparnasse gab es viele Leute wie Henry, die absolut kein Geld hatten, und man konnte an einem Tisch in einem Café sitzen und einen Café crème trinken und dort den ganzen Abend verbringen. Niemand warf einen hinaus. Selbst um fünf Uhr morgens wurde man nicht vertrieben, die Leute gingen einfach, weil sie erschöpft waren. Im *La Coupole* z. B. war oben Tanz mit Jazzmusik, und unten gab es verschiedene Ecken. Es gab die Schachecke, die Schriftsteller- und Malerecke. Man konnte Chagall sehen und Foujita mit seiner berühmten Geliebten, Kiki de Montparnasse – eine erstaunliche Frau. Ich traf sie später, als sie die Geliebte von Robert Desnos war. Sie war sehr schön, zierlich und hatte ein wunderbares Gesicht, rund mit großen Augen, ein lustiges Gesicht. Hin und wieder sah ich Picasso im *La Coupole* und viele andere ... Die Leute trafen sich dort und verbrachten Zeit miteinander, indem sie ihre Ideen diskutierten.[2]

Es ist leicht verständlich, daß dieses Paris Henry Miller sehr viel mehr entsprach als das New York, aus dem er gerade geflohen war – ein vom Börsenkrach des Jahres 1929 niedergedrücktes New York, das zudem vom vorangegangenen Jahrzehnt des blinden Wirtschaftsoptimismus geprägt war. Henrys Unfähigkeit, einen Job zu behalten, hatte ihm immer Schuldgefühle gemacht. Hier zeigte sich, daß darin sein

---

2 Gespräch der Autorin mit Georges Belmont.

Weg als Künstler sich angedeutet hatte. Henry hatte sich, als braver Sohn seiner Mutter, immer wieder die Frage gestellt, ob er ein Genie oder ein Taugenichts sei. In Paris wurde diese Frage endlich beantwortet.

Selbst Georges Belmont (in jenen Tagen unter dem Namen Pelorson bekannt), ein braver junger Mann, der die École Normale Superieure absolviert hatte, kehrte der Sorbonne und dem intellektuellen Leben den Rücken und ging statt dessen zum Montparnasse.

> Besonders abends wurde Montparnasse interessant. Nach elf Uhr begann das *wirkliche* Leben. Es gab genug Leute, denen es gleichgültig war, ob sie um zwölf Uhr aufstanden, und die auch absolut keinen Grund hatten, um sechs oder sieben Uhr aufzustehen und zur Arbeit zu gehen. Es ist sehr schwer, diese Stimmung einzufangen – dort war *Leben*, dort war *Bewegung*, rund um die Uhr.[3]

Trotz des wirtschaftlichen Zusammenbruchs gab es viele Amerikaner in Paris. »Und die Amerikaner waren noch immer vergnügt«, berichtete Georges. Sie taten weiterhin so, als wären sie in den Ferien. »Sie waren wichtig, da sie immer noch Geld hatten und es liebten, dieses Geld auszugeben.«

Paris war auch das Sündenbabel. Dem *La Coupole* gegenüber lag das *Select*, ein Treffpunkt für Homosexuelle beiderlei Geschlechts. Dort herrschte eine Toleranz, wie sie in New York noch immer unbekannt war. Heterosexualität wirkte dort geradezu peinlich. Georges beschrieb das so:

> Es war eine Art Zoo. Viele Leute *wagten* nicht, ihn zu betreten, da sie sich dort nicht wohl fühlten. Ich hatte einen sehr guten homosexuellen Freund aus der Schulzeit und war also akzeptiert. Mein Freund lebte mit einer der Königinnen der Lesbierinnen von Paris zusammen – und sie liebten sich. Sie *schliefen* nie miteinander, aber sie liebten sich und waren beide fürchterlich eifersüchtig.

3 Ebda.

111

Einmal sah ich dort eine Hochzeit. Zwei Männer heirateten. Einer trug ein langes weißes Kleid, eine Krone aus Orangenblüten, einen Schleier, wie es sich gehört. Sie wechselten die Ringe, erhielten einen religiösen Segen von einem Pseudopriester. Das war die Atmosphäre vom Montparnasse in jenen Tagen.[4]

»Montparnasse in jenen Tagen.« Ein anderes Zeitgefühl. Darin liegt der Unterschied zwischen dem New York von *Crazy Cock* und *Moloch* und dem Paris von *Wendekreis des Krebses*. Und genau dieses andere Zeitgefühl schafft Freiheit. Paris schenkt Henry Miller Freiheit, und Henry reagiert, indem er diese Freiheit in seine Prosa einfließen läßt.

Ich denke, wir sind uns heute kaum bewußt, was wir durch den Verlust der Muße entbehren. Die meisten von uns sind Gefangene ihrer Terminkalender. Unsere Tage sind zersplittert in Halbstundenfragmente, entsprechend den Linien unserer Filofaxe. Es scheint, nicht wir sind Herren über unsere Notizbücher, sondern sie regieren uns. Cafés, Gespräche, Spaziergänge, Muße – das ganze *dolce far niente* erscheint uns als maßloser Luxus, ebenso wie das Lesen, Träumen und Schlafen. Es gibt »Erfolgreiche« in unserer Welt, die sich damit brüsten, wie wenig sie schlafen, die stolz darauf sind, andauernd furchtbar viel zu tun zu haben. Die Wahrheit jedoch ist, daß jede Kreativität Muße braucht; wenn wir diese verlieren, verlieren wir die Fähigkeit, die Probleme zu lösen, die wir dringend lösen müssen, um das Überleben der menschlichen Rasse zu sichern.

Auch Paris hatte sich nach dem Ersten Weltkrieg völlig verändert. Der Krieg hatte Europa in ein Chaos gestürzt und eine beispiellose Verzweiflung bei Schriftstellern und Intellektuellen hinterlassen, die in die französische Hauptstadt strömten. Das innere und das äußere Klima hatten sich gründlich verändert, ebenso wie die Mode. Zelluloidkragen,

---

4 Ebda.

steife schwarze Melonen, Gaslampen und Pferde waren verschwunden. Die Frauen waren endlich von den Fischbeinmiedern erlöst und trugen nun bequeme Kleidung, den späteren Unisex-Look. Das Zeitalter des Jazz hatte Körper und Geist befreit.

Zwischen 1928 und 1930 verflog die Aufschwungatmosphäre der zwanziger Jahre, und mit ihr verschwanden die zahllosen Parasiten (Designer, Kunsthändler, Kurtisanen), die von dem gelebt hatten, was jener Aufschwung abwarf. Plötzlich brachen harte Zeiten herein. Doch wie die Metamorphose von den fetten achtziger zu den mageren neunziger Jahren in unserer Zeit uns gezeigt hat, kann ein solcher Umschwung atemberaubend schnell eintreten.

Das Paris von 1930 war eine Stadt am Rande des Abgrunds. Bald sollte es weltweit 30 Millionen Arbeitslose geben (allein vier Millionen in Deutschland), und 1933 sollte der Planet mit Adolf Hitler einen neuen, selbsternannten Führer bekommen. Aber für Henry, der in Amerika arm und verachtet gelebt hatte, war die ehrenvolle Pariser Armut wie eine Erlösung. Die Prosa von *Wendekreis des Krebses* atmet Freiheit; der Roman ist die Geschichte eines Mannes, der das Atmen lernt. Oder wie Henry selbst es in einem seiner bemerkenswerten Briefe an seinen Freund Emil Schnellock beschreibt: »Morgen fange ich mit dem Buch über Paris an: erste Person, unzensiert, formlos – Scheiß auf alles.«

Henry fand seine übersprudelnde Stimme, die Stimme von *Wendekreis des Krebses*, vor allem in seinen Briefen an Emil Schnellock, seinen Malerfreund aus der alten Brooklyner Nachbarschaft. Schnellock hatte Henry, als dieser sich 1930 nach Europa einschiffte, die zehn Dollar geliehen, die er noch in der Tasche hatte. Henrys *Briefe an einen Freund* zeigen eindrucksvoll, wie ein Schriftsteller seinen Duktus und sein Sujet findet. Der Wandel von der gequälten Prosa seiner beiden ersten Werke zu der geballten Einfachheit von *Wendekreis des Krebses* ist deutlich erkennbar.

Wir hören förmlich die Explosion. Wir sehen den Kondensstreifen am Himmel.

Henry Millers Schreibodyssee ist ein Anschauungsunterricht für alle, die Schriftsteller werden wollen. Wie überwindet man die Befangenheit und gelangt zur inneren Freiheit? Wie schafft man es, auf dem Papier genauso natürlich zu klingen wie im Gespräch? *Crazy Cock* und *Moloch* zeigen die ersten Etappen der langen Reise. *Wendekreis des Krebses* ist das Ziel. Dazwischen liegen die *Briefe an einen Freund*. Diese Briefe sind vielsagend, denn Henry schrieb sie an einen Freund, von dem er sich akzeptiert fühlte und mit dem er wirklich er selbst sein konnte. In ihnen erprobt er die Stimme, die mit *Wendekreis des Krebses* die Welt revolutionieren wird. Es ist die Stimme des New Yorker Schriftstellers, der gegen seine Vaterstadt aufbegehrt. Und es ist die Stimme des erschöpften *pícaro* – eines Mannes, der des ewigen Umherziehens müde ist.

> Zwei Jahre Vagabundentum haben mich um vieles ärmer gemacht. Mich auch um vieles bereichert, aber ich habe jetzt ein wenig Frieden nötig, ein bißchen Sicherheit, damit ich arbeiten kann. Tatsächlich sollte ich einmal für lange Zeit aufhören zu leben und nur noch arbeiten. Ich habe es satt, Erfahrungen zu sammeln.
>
> Wenn ich nach New York zurückkomme, wird es viel zu erzählen geben. Genug für manche Winternacht. Aber sobald ich an N.Y. denke, bekomme ich Angst. Ich hasse den Gedanken an diese finstere Skyline, diese Menschenmassen, die traurigen Gesichter der Juden, die Automaten, die schwer erreichbaren Dollars, die Nobelkarossen, die schönen Kleider, die tüchtigen Geschäftsleute, die Puppengesichter, die billigen Filme, das Durcheinander, den täglichen Trott, den Lärm, den Schmutz, die Geistlosigkeit und Sterilität, den Tod jeder Empfindung.[5]

Emil befreite Henry, weil er ihn so vorbehaltlos akzeptierte.

---

5 Henry Miller, *Frühling in Paris, Briefe an einen Freund*, S. 143f.

Weißt Du, Emil, dieses Buch (das ich vorläufig »Das letzte Buch« nenne) hat Ähnlichkeit mit Deinem schönen großen Koffer aus kräftigem Leder, der sich erweitern und zusammenlegen läßt, in den Du alles durcheinander hineinwirfst, ohne Rücksicht, ob die Sachen gestärkt oder gebügelt oder fleckig oder nicht fleckig sind ... Literatur zu schreiben habe ich vollständig hinter mir gelassen, falls Du verstehst, was ich damit sagen will ... Praktisch seit dem Tag meiner Ankunft spüre ich etwas Neues in der Luft, in meiner Luft ... Wenn ich früher mal nach New York zurückkam, glaubte ich immer zu versinken ... Paris lächelt. Diese Stadt heißt einen willkommen, ohne Unterschied der Rasse, der Religion oder der Hautfarbe. Das Gemüse sieht hier freundlicher aus, die Frauen fröhlicher, die Arbeiter fleißiger, die Polypen intelligenter. Die Stadt ist alt, aber nicht gramgebeugt. Und diese wundervollen Dächer – all diese verfluchten schwarzen Schornsteine, die schrägen Atelierfenster, die Mauern mit ihren Spuren von Zimmern, die es nicht mehr gibt, die Brücken, jede einzelne ein Gedicht ... Das ist jetzt praktisch meine Heimat, auch wenn ich noch immer Ausländer bin und es auch immer sein werde. Aber wann immer ich eine Reise mache, wird es Paris sein, wohin ich wieder zurückkehren will – nicht New York. New York gehört zu einer abgeschlossenen Vergangenheit, einer Vergangenheit, die einem bösen Traum gleicht.[6]

Auch Brassaï berichtet über die Verwandlung, die Miller in Paris durchmacht: »In Frankreich trug er seinen Kopf wieder oben, wurde fröhlich, glücklich. Ein unwiderstehlicher Optimismus ergriff sein ganzes Wesen.«[7]
Es war unter anderem dieser Optimismus, der den einzigartigen Duktus von *Wendekreis des Krebses* schaffte.

Um zu singen, mußt du zuerst den Mund auftun. Du mußt zwei Lungen haben und ein bißchen was von Musik verstehen. Ein Akkordeon oder eine Gitarre sind dazu nicht nötig. Hauptsache ist, daß man singen *will*. Dies ist also ein Gesang. Ich singe.[8]

6 Ebda., S. 151 ff.
7 Georges Brassaï, *Henry Miller in Paris*, S. 11.
8 Henry Miller, *Wendekreis des Krebses*, S. 14.

Man vergleiche nur diese offene, direkte Ansprache des Lesers mit der Muffigkeit von *Crazy Cock*. In *Crazy Cock* schreibt er in der dritten Person, gestelzt und verstaubt. Miller erscheint wie ein Bauchredner, der ambitiöse »Literatur« von sich gibt.

Der Schriftsteller, der das Schreiben in der ersten Person Präsens in die Literatur des 20. Jahrhunderts einführte, schreibt in der dritten Person! Und es paßt nicht zu ihm. Er verwendet Worte wie »wundersam«, »taumelnd«, »stammelnd« und »beschämt«. Hier hören wir Henry, den Viktorianer, den Leser von Marie Corelli, und seine Sprache ist eine Mischung aus viktorianischer Romantik und Dreiserschem Realismus.

Aber *Crazy Cock* ist interessant im Hinblick auf Henrys literarische Wurzeln. Henry Miller wurde als Erbe des Viktorianischen Zeitalters geboren – noch in den Siebzigern, als ich ihn kennenlernte, schwärmte er von Marie Corelli –, und *Crazy Cock* zeigt, was er hinter sich gelassen hatte, bevor er seinen eigenen literarischen Stil fand.

> Wundersamer als je zuvor war ihre Schönheit jetzt. Wie eine Maske, die lange verborgen geblieben war. Maske oder Maske einer Maske? Maske oder Prisma? Beschützend oder ablenkend? Bruchstücke von Fragen, die durch seinen Kopf wirbelten, während er die Disharmonie ihres Wesens harmonisch ordnete …
>
> Plötzlich bemerkte er, daß sie ihn ansah, von hinter der Maske zu ihm herüberlugte. Und all die Rätsel, die ihn verwirrt und gequält hatten, fielen von ihm ab. Eine Beziehung wie die, die die Lebenden zu den Sterbenden herstellen. Wie eine Königin, die auf den Thron zuschreitet, näherte sie sich ihm. Er erhob sich taumelnd, mit zitternden Gliedmaßen. In seinem Herzen tobte ein Sturm. Eine Welle der Dankbarkeit und der Demut umspülte ihn. Der Wunsch, sich auf die Knie zu werfen, ihr stammelnd dafür zu danken, daß sie ihn bemerkte, bemächtigte sich seiner.[9]

---

9 Aus dem Originalmanuskript von *Crazy Cock*, aus der UCLA Special Collections.

Stammelnd – in der Tat.

Mit jener stammelnden Stimme kam Henry nach Paris. Was er nach Hause zurückbrachte, war seine ursprüngliche und wiederentdeckte natürliche Stimme.

Wie kam es zu dieser Entwicklung? Können wir die Schritte zurückverfolgen?

Als Henry im Februar 1930 mit der *American Banker* in Europa ankam, ging er in London von Bord. Dort verlebte er düstere, öde Wochen, übernachtete in den billigsten Absteigen, wanderte ziellos durch die Straßen und erkundete das British Museum. Als endlich durch American Express Geld von June eintraf, nahm er den Zug nach Paris.

Wie er Emil gegenüber erwähnte, war er zu dieser Zeit »achtunddreißig, arm und unbekannt«. Er trug die Durchschläge von *Moloch* und *Crazy Cock* bei sich; offensichtlich hatte er die Hoffnung auf diese beiden Bücher noch immer nicht aufgegeben. Seine Kleider waren besser als das, was er jemals im Paris der Bohemiens brauchen würde – sie waren von seinem Vater, dem verkrachten Maßschneider, gefertigt worden –, und bald blieb ihm keine andere Wahl, als sie zu verkaufen.

Er wohnte in billigen Hotels am linken Seine-Ufer, studierte Stadtpläne und durchwanderte auf der Suche nach einer verwandten Seele die Straßen von Paris. Sein Endziel war noch immer das Büro von American Express in der Rue Scribe 11, denn er hoffte ständig verzweifelt auf Nachrichten und Geld von June. Paris nährte Henrys Herz, aber nicht seinen Magen. Als der März zu Ende ging, hatte er noch immer kein Geld von June erhalten – nur Versprechungen. Er litt bittere Not, als Alfred Perlès auftauchte, ein österreichischer Schriftsteller, der bei der *Chicago Tribune* arbeitete (Henry war ihm 1928 zusammen mit June und der »hübschen Lesbierin« Jean Kronski in Paris begegnet). Perlès lehrte Henry den exzessiven Lebensgenuß. Er bot Henry sofort an, sein bescheidenes Zimmer mit ihm zu teilen, und

half ihm, sich seinen Lebensunterhalt zu verdienen. Perlès –
oder Fred oder Alf oder Joey, wie Henry ihn nannte – sollte
für Henry sein ganzes Leben lang ein enger Freund bleiben,
aber in jener ersten Zeit in Paris war er für ihn geradezu lebenswichtig.

»Du mußt nur verzweifelt genug werden, dann wird sich
alles zum besten wenden«, lautete Henrys Pariser Mantra.
Er lebte mit Perlès in verschiedenen billigen Hotels; manchmal schliefen sie sogar in Kinos. Er begegnete einem indischen Telegrafisten der »Cosmodemonic«, der ihm einen
Job als Hausgehilfe vermittelte – was später in *Wendekreis
des Krebses* zu einer amüsanten Episode verarbeitet wurde.
Er verpfändete seine tadellos geschneiderten Anzüge, die
letzten Spuren des väterlichen Einflusses, und schnorrte
Geld und Drinks von anderen Auswanderern. Als June endlich im September 1930 mit der *Majestic* ankam, war Henry
so erschöpft, daß er die Ankunft des Zuges verpaßte. Die
beiden mieteten ein Zimmer im *Hotel de Paris* (wo sie auch
1928 gewohnt hatten) und waren für kurze Zeit glücklich
wiedervereint. Wie üblich versprach June alles, doch bald
wurde offensichtlich, daß sie eigentlich gekommen war,
um sich einen Job beim Film an Land zu ziehen. Henry
hatte ihr von seiner Bekanntschaft mit einer Regisseurin,
Germaine Dulac, geschrieben, die sie möglicherweise ein-
stellen würde, und June, die ewige Träumerin, hatte Henrys
Versprechungen wörtlich genommen. Als ihre Träume sich
nicht verwirklichen ließen, brachen zwischen Henry und
ihr wieder erbitterte Streitereien aus. Nach etwa einem Monat schiffte sie sich mit geliehenem Geld wieder nach New
York ein. Fast hätte Henry sie begleitet, doch nachdem jener erste Impuls verflogen war, empfand er bei ihrer Abreise
eher ein Gefühl der Befreiung.

Er begann an seinem Französisch zu arbeiten, das er bis
zuletzt mit einem starken Brooklyn-Akzent sprach. Als
im November das Wetter in Paris feucht und kalt wurde,

spielte er erneut mit dem Gedanken, nach Hause zu fahren, aber er konnte das nötige Geld nicht aufbringen. Also war er gezwungen zu bleiben, sich um seine Freundschaften, seine Tagebücher, seine Briefe zu kümmern – und langsam begann sich sein Glück zu wenden.

Ein Schlüsselereignis war Ende 1930 seine Begegnung mit Richard Osborn, durch den er schließlich Anaïs Nin kennenlernen sollte. Osborn war ein WASP, Yale-Absolvent aus den höheren Kreisen von Connecticut, der Schriftsteller werden wollte. Er war großzügig, verrückt und entschlossen, sich zu amüsieren, und arbeitete als Anwalt im Pariser Büro der National City Bank, wo auch Hugh Guiler, der Ehemann von Anaïs Nin, beschäftigt war, der seiner Frau ein elegantes Boheme-Leben in Louviciennes ermöglichte. Dick Osborn, der Bohemiens liebte und selbst gern einer sein wollte, lud Henry spontan ein, bei ihm in der Rue Auguste Bartholdi 2 zu leben, einer kleinen, hübschen Straße mit Appartements und kleinen Geschäften, nicht weit vom Eiffelturm und den Champs de Mars. An der Ecke der Rue Auguste Bartholdi befindet sich noch immer eine stilechte Jahrhundertwende-Bar, die heute noch genauso aussieht, wie sie in den Dreißigern ausgesehen haben muß. Hier sollte Henry in Paris zum erstenmal wirklich glücklich sein – in einer Straße, die nach dem Schöpfer der Freiheitsstatue benannt war!

Da er nun eine kostenlose Bleibe hatte, die schöner und phantasievoller war als alles, was Perlès ihm hatte bieten können, konnte Henry ungestört arbeiten. Aber oft durchwanderte er auch die Straßen auf der Suche nach Inspiration. Zunächst begann er zwanghaft, die bereits überarbeitete Fassung von *Crazy Cock* nochmals zu überarbeiten, doch schrieb er auch die ersten Werke in seiner neu gefundenen Stimme. Die Geschichte »Mademoiselle Claude« stammt aus dieser Zeit, und sie signalisiert die Geburt des neuen Henry Miller. »Wenn Mademoiselle Claude eine Hure ist, wie soll ich dann die anderen Frauen bezeichnen, die ich kenne?« fragt er. Das erzählerische Ich in der ersten Person beginnt sich durchzusetzen.

Nach einem Jahr in Paris war Henry umgeben von Freunden wie Dick Osborn, Alfred Perlès und Wambly Bald (der eine Kolumne »La Vie Bohème« für die *Chicago Tribune* schrieb und Henry durch seine Zeitung zum erstenmal zu einer gewissen Bekanntheit verhalf). Perlès brachte Henry dazu, Artikel für die *Tribune* zu schreiben, durch die er ein wenig des dringend benötigten Selbstvertrauens gewann. Er begann, die Wände über seinem Schreibtisch mit riesigen Karten und Diagrammen der Buchprojekte zu füllen, mit denen er sich herumtrug. Auf jeden Fall hatte er den Kopf voller Ideen.

An Silvester des Jahres 1930 entrann Henry nur knapp dem Tod; dieses Ereignis muß ihn davon überzeugt haben, unter göttlichem Schutz zu stehen. Sein Taxi überschlug sich, aber er selbst blieb völlig unverletzt. Auch im folgenden Jahr stand er offenbar unter dem Schutz der Götter. 1931 sollte für Henry das werden, was 1819 für Keats gewesen war: das *anno mirabilis*.

1931 begann Miller, intellektuell Gleichgesinnte zu finden: Walter Lowenfels, Dichter und Satiriker, ein ebenso bitterer Kritiker Amerikas wie Henry selbst, und Michael Fraenkel, Verleger, Philosoph und Schriftsteller. Fraenkel, der ihn zu der Figur des Boris in *Wendekreis des Krebses* inspirierte, glaubte, daß alle zeitgenössische Zivilisation nichts anderes sei als eine Feier der Macht des Todes. Um diese Todesmacht zu bekämpfen, müsse die Arbeit des Schriftstellers anonym bleiben, er müsse um der Kreativität und nicht um der Berühmtheit willen schreiben. Michael Fraenkel hatte zusammen mit Walter Lowenfels einen kritischen Aufsatz geschrieben: »Anonymous: The Need for Anonymity«, in dem diese Theorie erläutert wird, und eine Zeitlang war Henry sehr stark von ihr beeinflußt.

Für mich war es faszinierend zu erfahren, daß Henry *Wendekreis des Krebses* mit der Vorstellung zu schreiben begann, das Buch anonym herauszugeben. Anonymität hat eine sehr befreiende Wirkung – selbst dann, wenn der Autor sich später zu dem Buch bekennt. Oft habe ich mich selbst dazu überlistet, wirklich aus dem Herzen heraus zu schreiben, indem ich mir vornahm, das Geschriebene entweder gar nicht oder unter einem anderen Namen zu veröffentlichen. Frei von Bescheidenheit, frei von Selbstverurteilung, ist es möglich, mit einem Maximum an Leidenschaft zu schreiben. »Der Krebsschaden der Zeit frißt uns auf«, behauptet Henry zu Beginn von *Wendekreis des Krebses*.

> Unsere Helden haben sich umgebracht oder bringen sich um. Der Held ist also nicht die Zeit, sondern die Zeitlosigkeit. Wir müssen im Schritt, im Stechschritt dem Gefängnis des Todes entgegenmarschieren. Es gibt kein Entrinnen. Das Wetter ändert sich nicht.[10]

Zweifellos wird die leidenschaftliche Kraft von *Wendekreis des Krebses* teilweise durch Henrys Wunsch erzeugt, dem Gefängnis des Todes zu entkommen. Und Anonymität war eine Zeitlang der Schlüssel, der es ihm ermöglichte, die Zellentür zu öffnen.

Während dieser kritischen Phase in Henrys Schriftstellerlaufbahn war June die meiste Zeit in New York. Das war wahrscheinlich ein Glück, denn Henry war immer noch bis zum Wahnsinn in sie verliebt, und sie war eine eher problematische Muse. In den Anfangsstadien von *Moloch* und *Crazy Cock* hatte sie von Henry zahllose Änderungen im Manuskript verlangt, um selbst in einem besseren Licht dazustehen. Aber es gibt keinen Schriftsteller, der unter solchen Bedingungen arbeiten könnte. Als June fort war, war Henry endgültig frei, zu schreiben.

---

10 Henry Miller, *Wendekreis des Krebses*, S. 13.

Anaïs Nin bot Henry die Akzeptanz, die er brauchte. Sie wurde für ihn zu einer liebevollen Ersatzmutter, und sie war vielleicht seine größte Liebe. Nins leidenschaftlicher Glaube an Henry (ganz zu schweigen von ihrer finanziellen Unterstützung) ermöglichte ihm eine Phase intensiver Kreativität. Ihre Tagebücher, insbesondere die unzensierte Version ihrer Liaison, *Henry, June und ich* und *Inzest*, beschreiben lebhaft diese Zeit, und sie zeichnen ein genaueres Bild von Henry, als er selbst es tut. In Henrys Büchern über diese Pariser Jahre, *Wendekreis des Krebses*, *Schwarzer Frühling* und *Stille Tage in Clichy*, wird seine Romanze mit der verheirateten Anaïs Nin (und auch Nins Verliebtheit in June) mit Absicht nicht erwähnt, und also erfahren wir kaum etwas über das, was wohl als die außergewöhnlichste Dreiecksbeziehung in der Geschichte der Literatur bezeichnet werden kann.

Henry hielt sein Nin gegebenes Versprechen: Er würde ihre Ehe nicht durch seine Bücher gefährden. Für einen Schriftsteller, der seine Odyssee zum Thema seines gesamten Schaffens machte, war das ein ungeheurer Verzicht. Er zeigt, wieviel Anaïs Nin ihm bedeutete. Selbst Jahre später, als die Beziehung der beiden sich in Feindseligkeit verwandelt hatte, hielt er sich an sein Versprechen. So hören wir von dieser Romanze nur durch Anaïs Nin.

> Ich habe Henry Miller kennengelernt.
> Er kam zum Lunch mit Richard Osborn, einem Anwalt, mit dem ich über den Vertrag für mein Buch über D. H. Lawrence sprechen mußte.
> Als er aus dem Wagen stieg und auf die Tür zukam, vor der ich wartete, sah ich einen Mann, der mir gefiel. Sein Schreibstil ist vehement, männlich, animalisch, prachtvoll. Er ist ein Mann, der sich am Leben berauscht, dachte ich. Er ist wie ich.[11]

---

11 Anaïs Nin, *Henry, June und ich*, S. 14.

Anaïs Nin erfaßte sofort Henrys Wesenskern, die über-
schäumende Lebenskraft verbunden mit der träumerischen
Nachdenklichkeit.

> Als Richard sich während des Mittagessens, bei dem wir sehr
> ernsthaft über Bücher sprachen, in eine lange Tirade stürzte,
> brach Henry in Lachen aus. »Ich lache dich nicht aus, Richard«,
> beteuerte er, »aber ich kann einfach nicht anders. Es ist mir völ-
> lig egal, völlig egal, wer recht hat. Ich bin viel zu glücklich. Ich
> bin einfach überglücklich in diesem Moment, mit all den Far-
> ben ringsum und dem Wein. Dieser ganze Augenblick ist ja so
> schön, so wunderschön!« Fast lachte er Tränen. Er war betrun-
> ken. Ich war ebenfalls ziemlich betrunken. Ich fühlte mich
> warm, schwindlig und glücklich.[12]

Henry ist fasziniert und fühlt sich sofort zu Anaïs Nin hingezogen. Er fragt sich, ob sie vielleicht »die Art Frau ist, die
einen Mann nicht verletzt« – ein Hinweis darauf, wie ver-
wundet June ihn zurückgelassen hat. Anaïs Nin schreibt in
Henry, June und ich, daß ihr seine »Wildheit« gefalle, daß sie
aber sein Verlangen, das wie ein Schwert auf sie gerichtet
sei, zurückweise, denn, so erklärt sie, »für mich kann es das
nicht ohne Liebe geben«.
Einige Tage später entdeckt sie, »daß er die Technik des
Küssens besser beherrscht als jeder andere, den ich kenne«,
und ihre »Neugier auf Sinnlichkeit ist geweckt«. Doch als
er sich wünscht, daß sie seinen Penis in den Mund nimmt,
ist sie schockiert: »Ich springe auf, wie von einer Peitsche
getroffen.« Sie behauptet, in dieser Hinsicht unerfahren zu
sein, was er sofort bezweifelt. Intuitiv weiß er, daß er die
Rolle des Mellor spielen soll, während sie die Rolle der Lady
Chatterley übernehmen wird. Denn schließlich sind sie
beide begeisterte Lawrence-Leser und kennen die ihnen
vom Schicksal zugedachten Rollen nur allzu gut.
Hugo, ihr Ehemann, hat schon nach wenigen Tagen ein un-

12 Ebda.

gutes Gefühl: »Du verliebst dich in den Geist der Menschen. Ich werde dich an Henry verlieren.«

Anaïs fühlt sich von Henrys »animalischem Lebensgefühl« stark angezogen, aber zugleich ist ihr klar, daß Hugo »netter als jeder andere Mann, den ich kenne«, ist. Sie bringt Henry kleine Geschenke – Bücher, Geld, Eisenbahnfahrkarten. Sie möchte ihm eine Bleibe und ein Einkommen verschaffen, so daß er schreiben kann.

Gelangweilt von Hugos lauer Sexualität, ist die Faszination, die von dem animalischen Henry ausgeht, um so stärker. Sie hat das Gefühl, von Henry in die Geheimnisse der Lebenskraft eingeweiht zu werden. Eines Tages taucht plötzlich June Mansfield Miller auf. Sie wird sofort Anaïs' Rivalin, Geliebte und Muse.

Anaïs vermochte June lebendiger zu beschreiben, als Henry es jemals tat, denn Henrys Werk handelt, selbst dort, wo er am großartigsten ist, ausschließlich von Henry. Henry, der Solipsist, kann nur über sich selbst schreiben. Für Anaïs Nin ist June »die schönste Frau der Welt«. Sie hat ein »erschreckend weißes Gesicht, brennende Augen ... Ihre Schönheit überwältigte mich. Als ich ihr gegenübersaß, hatte ich das Gefühl, alles, auch das Verrückteste, für sie tun zu können, alles, worum sie mich bat. Henry verblaßte.«

Anaïs Nin verliebt sich in June »wie ein Mann«. Sie spürt, daß Henry keine andere Wahl hatte, als von ihr bezaubert zu sein. Jetzt ist sie selbst bezaubert. *Henry, June und ich* ist auch durch die Schilderungen der Gefühle einer Frau, die in eine leidenschaftliche Dreiecksbeziehung verwickelt ist, ein außergewöhnliches Dokument.

> June. In der Nacht träumte ich von ihr, als wäre sie sehr klein, sehr zart, und ich liebte sie. Ich liebte eine Kleinheit, die ich in ihren Worten entdeckt hatte: den übertriebenen Stolz, einen verletzten Stolz. Ihr fehlt der Kern der Sicherheit, sie giert unersättlich nach Bewunderung. Sie lebt von den Spiegelbildern in den

Augen anderer. Sie wagt nicht, sie selbst zu sein. Es gibt keine June Mansfield. Das weiß sie. Je mehr sie geliebt wird, desto sicherer weiß sie es ...
Ein erschreckend weißes Gesicht, das ins Dunkel des Gartens zurückweicht. Als sie fortgeht, posiert sie für mich. Ich möchte hinauslaufen und ihre phantastische Schönheit küssen, sie küssen und sagen: »Du nimmst ein Spiegelbild von mir mit, einen Teil von mir. Ich habe dich erträumt, ich habe deine Existenz herbeigewünscht. Du wirst ewig Teil meines Lebens sein. Wenn ich dich liebe, dann muß das so sein, weil wir einmal dieselben Phantasien, denselben Wahnsinn, dieselbe Bühne geteilt haben.«[13]

Anaïs, June und Henry beginnen einen merkwürdigen Dreiecksflirt, der zugleich auch ein Flirt mit der Literatur ist. Die Beziehung wird zu einer *ménage à trois* dreier verheirateter Liebender, die ihr Verhältnis mit Lügen würzen. Jeder Betrug, jede Lüge ist verzeihlich, wenn sie die Kunst fördert, und es ist eindeutig Anaïs, die am kunstvollsten zu lügen vermag. Selbst in ihren Tagebüchern posiert sie, setzt sich für die Nachwelt in Szene. Aber zugleich erzählt sie die Geschichte der Sexualität einer Frau ehrlicher, als jeder andere Autor vor ihr es getan hat.
Anaïs lebte eine sexuelle Freiheit, die die Freiheit der heutigen Zeit armselig erscheinen läßt. Mit dem Bekenntnis zur Bisexualität, verheiratet und zugleich voller Lust auf Abenteuer, präsentiert sich Anaïs als eine wahre *pícara* des Sex, trotz oder vielleicht wegen ihrer Bindung an ihren Ehemann Hugh Guiler. Sie gibt zu, Donna Giovanna zu sein, zwanghaft bestrebt, Männer zu verführen und zu verlassen, um sich so an ihrem Vater zu rächen, von dem sie selbst verlassen worden ist. Henry dagegen war – wie auch immer sein Ruf sein mochte – eher monogam oder doch zumindest gewöhnt an die phasenweise Monogamie nach amerikanischer Art.

13 Ebda., S. 23.

Henry schien von Anaïs sehr viel abhängiger gewesen zu sein als sie von ihm. Zwar prahlte er mit seinen sexuellen Leistungen, aber seine Kontakte zu anderen Frauen waren anscheinend sehr flüchtig. Während er seine Partnerinnen gelegentlich bezahlte, pflegte Anaïs tiefe, gefühlvolle Beziehungen mit verschiedenen Männern; dazu gehörten auch ihr Ehemann und ihre zwei Psychiater, Rene Allendy und Otto Rank. Eine Zeitlang hatte sie auch eine inzestuöse Beziehung mit ihrem Vater, die sie sehr eindrucksvoll in *Inzest* beschreibt. Soweit ich weiß, gab es vor ihr noch keine Frau, die so freimütig über das Brechen des letzten ödipalen Tabus berichtete.

Bevor ich *Inzest* gelesen hatte, glaubte ich, daß Anaïs den Sex aus einer Art europäisch-aristokratischen Sichtweise heraus beschrieb; inzwischen sehe ich ihre sexuellen Abenteuer in einem völlig anderen Licht. Sie agierte die Verführung und das Verlassenwerden durch einen mächtigen, erotisch starken Vater aus. Und sie lebte etwas, was die meisten Frauen sich nicht einmal zu träumen eingestehen würden. Trotz der stark narzißtischen Komponente sind ihre unzensierten Tagebücher ein Meilenstein in der Literatur des 20. Jahrhunderts. Sowohl unter dem literaturgeschichtlichen Aspekt als auch unter dem Aspekt der Geschichte der weiblichen Sexualität erfüllen diese Tagebücher Henrys Prophezeiung, daß man sie einmal zu den großen Werken unserer Zeit zählen würde. Eines, was in ihnen zweifellos deutlich wird, ist, wieviel freier die Sexualität einer Frau sein kann als die eines Mannes. Während Henry und Hugo sich nach Anaïs verzehrten und sie zu besitzen wünschten, war Anaïs fähig, mit einem Minimum an Schuldgefühlen Liebesbeziehungen zu mehreren Männern gleichzeitig zu unterhalten.

In *Henry, June und ich* beschreibt sie die außerordentliche Macht, die June über Henry besaß. Sie verstand seinen Masochismus und erkannte, wie dieser seine Kunst förderte.

Und was tut sie Henry an? Sie demütigt ihn, sie läßt ihn hungern, sie zerstört seine Gesundheit, sie quält ihn – und er gedeiht; er schreibt sein Buch.[14]

Sein Buch. Es gibt mehr zu sagen über dieses Buch. Warum war es so explosiv? Warum veränderte es die Welt?
Zu Beginn von *Wendekreis des Krebses* gibt Henry uns den Schlüssel, lüftet das Geheimnis seiner revolutionären Kraft.

Nur eines interessiert mich nun wesentlich, nämlich alles das aufzuzeichnen, was in Büchern weggelassen wird. Niemand macht, soweit ich sehen kann, Gebrauch von den in der Luft liegenden Elementen, die unserem Leben Richtung und Antrieb verleihen. Nur die Totschläger scheinen aus dem Leben in einigermaßen befriedigender Weise herauszuziehen, was sie hineinsteckten. Das Zeitalter verlangt Gewalttätigkeit, aber wir bringen es nur zu Fehlzündungen. Revolutionen werden im Keim erstickt oder gelingen zu rasch. Leidenschaft ist schnell verausgabt. Die Menschen nehmen ihre Zuflucht zu Ideen, *comme d'habitude*. Nichts wird vorgeschlagen, was länger als vierundzwanzig Stunden bestehen kann. Wir führen eine Million Leben im Zeitraum einer Generation.[15]

Man erinnere sich, wie die Welt 1931 und 1932 aussah, als Henry dieses »letzte Buch« schrieb. In Amerika und Europa breitete sich die große Depression aus. Der Erste Weltkrieg hatte eine Generation von Leichen und Krüppeln zurückgelassen. Die nicht körperlich Verstümmelten waren seelisch oder wirtschaftlich angeschlagen. Zwischen 1929 und 1931 war das Volkseinkommen in Amerika um 33 Prozent gefallen. »Bruder, hast du ein Zehncentstück übrig?« ertönte es aus dem Radio, und die Selbstmordrate stieg, während die Beschäftigungsrate sank. Für Henry, der in Paris ziemlich ärmlich, aber nicht isoliert lebte, ging die Welt jetzt durch

14 Ebda., S. 46.
15 Henry Miller, *Wendekreis des Krebses*, S. 24f.

eine Phase hindurch, die ihm in seinem eigenen Leben bereits vertraut war. Die Kunst würde nicht genügen, um sie zu retten. Gebraucht wurde etwas Stärkeres: eine Revolution des Bewußtseins, die ewige Wahrheit, die in den Büchern ausgelassen wird.

Wie sieht diese Wahrheit aus? Und warum mußte Henry über seine pikareske Reise durch die Pariser Unterwelt berichten, um uns diese Wahrheit nahezubringen? Weil er in die tiefsten Tiefen hinabsteigen mußte, um uns am Ende mit der Wahrheit, die er dort fand, konfrontieren zu können: daß alle Freiheit nur durch eine totale Selbsthingabe möglich wird. In Paris entdeckt Henry, daß der Mensch in der Welt gestorben sein muß, um im Geist lebendig zu werden. Wenn er mit dem Rücken zur Wand steht, dann befreit er sich endlich mit Macht von allen Zwängen, wenn er ganz unten ist, dann kann der Aufstieg beginnen.

Henrys größte philosophische Einsicht folgt auf die amüsante Episode in *Wendekreis des Krebses*, in der er einen jungen Hindu (einen Gandhi-Jünger) in ein Pariser Bordell führt. Der Hindu begeht eine furchtbare Taktlosigkeit. Er benutzt ein Bidet als Toilette und macht sich vor der Puffmutter und all ihren Mädchen lächerlich. Die Demütigung des Hindus wird Henrys Epiphanie. Er erinnert sich:

> Wochen und Monate, Jahre hindurch, tatsächlich mein ganzes Leben hatte ich darauf gewartet, daß etwas, ein von außen kommendes Geschehnis eintreten würde, das mein Leben änderte, und jetzt fühlte ich mich plötzlich unter der Eingebung der vollkommenen Hoffnungslosigkeit von allem erleichtert, ich hatte das Gefühl, als sei eine große Last von meinen Schultern genommen.[16]

Von welcher Last ist die Rede? Von der Last der Hoffnung.

> Irgendwie hatte die Erkenntnis, daß es nichts zu erhoffen gab, eine heilsame Wirkung auf mich ... Mit dem Morgengrauen

---

16 Ebda., S. 121.

trennte ich mich von dem jungen Hindu, nachdem ich ihn um ein paar Francs, genug für ein Zimmer, erleichtert hatte. Während ich zum Montparnasse ging, beschloß ich, mich von der Strömung treiben zu lassen, dem Schicksal nicht den geringsten Widerstand entgegenzusetzen, ganz gleich, in welcher Form es an mich heranträte.[17]

Nachdem Henry die Hoffnung aufgegeben hat, nachdem er sich von der Erwartung befreit hat, kann er die Wahrheit erkennen.

Nichts, was mir bis jetzt widerfahren war, hatte ausgereicht, mich zu zerstören; nichts war zerstört worden, außer meinen Illusionen. Ich selbst war intakt. Die Welt war intakt. Morgen konnte eine Revolution ausbrechen, eine Seuche, ein Erdbeben, morgen konnte nicht ein einziger Mensch übrig sein, an den man sich um Mitgefühl, um Hilfe, um Treue wenden konnte. Es schien mir, als habe das große Unglück sich schon offenbart, als könnte ich nicht wahrhaftiger allein sein als in eben diesem Augenblick. Ich beschloß, mich an nichts zu klammern, nichts zu erwarten, von nun an zu leben wie ein Tier, ein Freibeuter, ein Räuber. Sogar wenn Krieg erklärt würde und es mein Los wäre, mitzugehen, würde ich das Bajonett aufpflanzen und zustoßen, es hineinrammen bis zum Heft. Und wenn der Tagesbefehl Vergewaltigung lautete, dann würde ich vergewaltigen, und zwar tüchtig. War nicht eben in diesem Augenblick, im ruhigen Heraufdämmern des Tages, die Erde benommen von Verbrechen und Elend? War ein einziges Element der Natur durch den unaufhörlichen Gang der Geschichte geändert, wesentlich, grundlegend geändert worden? Durch das, was er den besseren Teil seiner Natur nennt, wurde der Mensch verraten, das ist alles. An den äußersten Grenzen seines geistigen Seins findet der Mensch sich wieder, nackt wie ein Wilder. Wenn er Gott findet, so ist er gleichsam kahlgefressen: Er ist ein Skelett. Man muß sich wieder ins Leben wühlen, um Fleisch anzusetzen. Das Wort muß Fleisch werden; die Seele dürstet. Auf welchen Brosamen mein Auge auch fällt, ich will mich darauf stürzen und

17 Ebda.

ihn verschlingen. Wenn es die wichtigste Sache ist, zu leben, dann will ich leben, auch wenn ich Menschenfresser werden muß. Bisher versuchte ich, meine kostbare Haut zu retten, versuchte, ein paar Stücke Fleisch, die meine Knochen umkleiden, durchzubringen. Damit bin ich fertig. Die Grenzen meiner Geduld sind erreicht. Ich stehe mit dem Rücken zur Wand; ich kann nicht weiter zurückweichen. Geschichtlich gesehen bin ich tot. Wenn es etwas jenseits gibt, muß ich zurückspringen. Ich habe Gott gefunden, aber er ist unzulänglich. Ich bin nur geistig tot. Körperlich bin ich lebendig. Moralisch bin ich frei. Die Welt, die ich verlassen habe, ist ein Zwinger. Die Dämmerung bricht an über einer neuen Welt, einer Dschungelwelt, in der die mageren Geister mit scharfen Klauen umherstreifen. Wenn ich eine Hyäne bin, so eine magere und hungrige: Ich ziehe aus, um mich zu mästen ...[18]

In *Wendekreis des Krebses* schreibt Henry über das Leben, das folgt, nachdem man für tot erklärt wurde, über die Erleuchtung, die in der Dunkelheit des Abgrunds stattfindet, über den Überfluß, der in der tiefsten Entbehrung hereinbricht. Ein Mann muß »zugrunde« gehen und ein Clochard werden, um die Wahrheit über Leben und Tod herauszufinden. Henrys Botschaft unterscheidet sich nicht so sehr von der Dantes oder von der jeder anderen schamanischen Suche nach Erleuchtung. Das Leben am Rande des Verhungerns in Paris entspricht vierzig Tagen in der Wüste; das kostenlose Essen ist sein Manna; die Vagina seine Erleuchtung; Gott ist tot; Miller lebt.

Wenn *Wendekreis des Krebses* Millers *Inferno* ist, dann ist *Wendekreis des Steinbocks* sein *Purgatorio* und *Der Koloß von Maroussi* sein *Paradiso*. In einem Zeitalter, in dem der Durchschnittsmensch wegen seines idiotischen Glaubens an den Fortschritt zu einem Bettelvagabunden herabgewürdigt wird, zeigt Miller diesem Menschen die Möglichkeit, sein Leben zu ertragen, sogar über dieses Leben zu triumphieren.

18 Ebda., S. 122.

130

Dorthin hat der Lauf der Geschichte geführt: in eine Hungersnot und zum kollektiven Mit-dem-Rücken-an-der Wand-Stehen. Und was entdeckt Henry? Wenn es vor allem anderen darum geht, zu leben, dann wird er leben, notfalls sogar als Kannibale. Und der Kannibale findet Gott, indem er sich von den anderen Männern ernährt – und von Frauen.

Eine rauhe Botschaft für rauhe Zeiten, »das, was in Büchern weggelassen wird«. Mit dem Rücken zur Wand wirst du entweder leben oder sterben. Vielleicht liebte Henry die Pariser Episoden in *Angst vorm Fliegen* deshalb, weil Isadora in dieser Stadt dasselbe fand, was er dort gefunden hatte: Total gedemütigt, kam sie zu sich selbst. Sie ging zugrunde und wurde frei.

Warum ist es notwendig, am Boden zu sein? Fragen Sie jeden Alkoholiker, der auf dem Weg der Genesung ist. Nur wenn du ganz unten bist, kannst du Erleuchtung finden. Nur dann kannst du entscheiden, ob du leben oder sterben willst. Die ersten vierzig Jahre seines Lebens war Miller nur zur Hälfte lebendig gewesen. Jetzt entschloß er sich, aufs Ganze zu gehen. Er entschloß sich zu leben.

Es war kein Zufall, daß er in jenem erstaunlichen Jahr, in dem er *Wendekreis des Krebses* schrieb, vierzig wurde. Erst mit vierzig setzt sich der *homo adolescens* – der spät gereifte Mensch der modernen Welt – schließlich mit dem Imperativ des »Leb oder stirb« auseinander, den unsere Sterblichkeit uns allen aufzwingt. Millers ewige Jungenhaftigkeit – er war in Paris eine Art sexueller Peter Pan – irritierte viele, die in Wirklichkeit genauso jungenhaft waren wie er. Leser tendieren dazu, sich entweder leidenschaftlich zu identifizieren oder heftig zu verurteilen. Entweder fühlen sie sich durch seine neu gewonnene Demut und die damit einhergehende Freiheit inspiriert, oder sie fühlen sich gezwungen, sie zu verurteilen.

Es gibt eine kuriose Parallele zwischen Henry Millers Pariser »Hedschra« (und der Demut, die er am Ende erwirbt) und dem männlichen Initiationsritual, das Robert Bly in

Eisenhans beschreibt. Um ein Mann zu werden, muß Blys Junge auf den Schultern des wilden Mannes fortgetragen werden, der ein in Tierleder gekleideter Schamane, ein Robin Hood oder Pan oder ein Priester ist und ihn in männliche Mysterien einweiht. Der Junge muß die Geheimnisse des wilden Waldes kennenlernen, wo Männer ihn in das Mannsein einweihen. Dort löst er sich von seiner Mutter, so daß er sie am Ende wieder lieben kann – aber anders, als erwachsener Mann und nicht als Kind. Dort gewinnt der Junge durch die Ablösung von der Mutter das nötige Selbstvertrauen für den Weg der Reifung.

Henrys Paris war ein solcher Abstieg in den Wald des wilden Mannes. Paris war seine Initiation, es bedeutete seinen Bruch mit Louise und June, seine Bindung an wilde Männer (Perlès, Fraenkel, Bald), die ihm helfen sollten, das Band zu seiner mächtigen Mutter zu durchtrennen und die Schwäche seines alkoholabhängigen Vaters in sich selbst zu überwinden.

In Paris wurde Henry schließlich erwachsen. Auf diese Weise fand er zur Stimme von *Wendekreis des Krebses*. Rauh, haarig, in der Sprache des wilden Mannes geschrieben, ist *Wendekreis des Krebses* selbst da beglückend, wo es abstößt. Es ist starker Tobak. Es ist, als würde man Sperma trinken.

Wenn ich nachts Boris' Spitzbart auf den Kissen liegen sehe, werde ich hysterisch. O Tania, wo ist jetzt deine warme Möse, diese dicken, schweren Strumpfbänder, diese weichen, üppigen Schenkel? In meinem Pint ist ein sechs Zoll langer Knochen. Ich will jede Falte in deiner Möse aushobeln, samenträchtige Tania. Ich will dich zu deinem Sylvester heimschicken mit einem Schmerz im Bauch, den Uterus nach außen gestülpt. Dein Sylvester! Ja, er versteht, ein Feuer zu machen, aber ich weiß, wie man eine Möse entflammt. Ich schieße heiße Bolzen in dich, Tania. Ich mache deine Ovarien weißglühen. Dein Sylvester ist jetzt ein bißchen eifersüchtig? Er merkt etwas, wie? Er merkt die Spuren meines großen Pints. Ich habe die Ufer ausgeweitet, die Falten ausgebügelt. Nach mir kannst du Hengste nehmen, Bullen, Widder, Drachen oder Bernhardinerhunde. Du kannst Kröten,

Fledermäuse, Eidechsen in deinen Mastdarm stopfen. Du kannst Arpeggios kacken, wenn du willst, oder eine Zither über deinen Nabel spannen. Ich ficke dich, Tania, daß du gefickt bleibst. Und wenn du Angst hast, öffentlich gefickt zu werden, dann ficke ich dich heimlich. Ich will ein paar Haare an deiner Möse ausreißen und sie an Boris' Kinn kleben. Ich will in deine Klitoris beißen und Zweifrancstücke spucken …[19]

Nach solch harten Passagen geht Henry zu einem surrealen Fluß von Bildern über.

Indigohimmel, reingefegt von flockigen Wolken, endlos gereihte, kahle Bäume, die ihre schwarzen Äste wie Schlafwandler bewegen. Dürre, geisterhafte Bäume, deren Stämme fahl sind wie Zigarrenasche. Eine erhabene und ganz europäische Stille. Fensterladen geschlossen, Geschäfte verriegelt. Ein rotes Glühen hier und dort, Zeichen für ein Stelldichein. Die Häuserfronten schroff, fast abweisend; makellos nur die von den Bäumen geworfenen Schattenflecken. Als ich an der Orangerie vorbeikomme, werde ich an ein anderes Paris erinnert, das Paris von Maugham, von Gauguin, von George Moore. Ich denke an jenen schrecklichen Spanier, der damals mit seinen akrobatischen Sprüngen von Stil zu Stil die Welt erregte. Ich denke an Spengler und seine furchtbaren Aufrufe und frage mich, ob es Stil, Stil im großen Sinne, nicht mehr gibt. Ich sage, daß ich von diesen Gedanken erfüllt bin, aber das stimmt nicht. Erst später, nachdem ich die Seine überschritten und den Karneval der Lichter hinter mir gelassen habe, erlaube ich meinem Verstand, mit diesen Ideen zu spielen. Im Augenblick kann ich nichts denken, außer daß ich ein empfindendes Wesen bin, dem das Wunder dieses Wassers, das eine vergessene Welt widerspiegelt, einen Stich versetzt. Die ganzen Ufer entlang neigen sich die Bäume schwer über den trüben Spiegel; wenn der Wind sich erhebt und sie mit raschelndem Murmeln füllt, werden sie ein paar Tränen vergießen und schauern, während das Wasser vorüberwirbelt. Es erstickt mich. Niemand, dem ich einen Bruchteil meiner Empfindungen mitteilen kann …[20]

19 Ebda., S. 18.
20 Ebda.

Und dann – ohne die geringste Überleitung – wechselt Henry von der surrealen Prosa wieder zu »Mösen«.

Der Kummer mit Irène ist, daß sie einen Koffer hat statt einer Möse. Sie braucht dickes Kaliber, um es in ihrem Koffer zu verstauen. Riesig, *avec des choses inouïes*. Llona wiederum, die hatte vielleicht eine Möse! Ich weiß es, weil sie uns ein paar Haare von dort unten geschickt hat. Llona – eine Wildeselstute, wittert aus dem Wind ihr Vergnügen. Hinter jedem Busch und Hügel spielte sie die Hure – und manchmal in Telefonzellen und auf Toiletten. Sie kaufte ein Bett für König Carol und ein Rasierbecken mit seinen Initialen. Sie lag in Tottenham Court Road mit hochgezogenem Rock und befingerte sich selbst. Sie gebrauchte Kerzen, Feuerwerkskörper und Türgriffe. Kein Pint im ganzen Land war groß genug für sie – nicht einer. Männer drangen in sie ein und erschlafften. Sie wollte ausziehbare Schwengel, selbstzündende Raketen, siedendheißes Öl aus Wachs und Kreosot. Sie würde einem den Pint abschneiden und ihn für immer drinbehalten, wenn man es ihr erlaubte. Eine Möse unter Millionen, Llona! Eine Laboratoriumsmöse und kein Lackmuspapier, das ihre Farbe annehmen könnte. Sie war auch eine Lügnerin, diese Llona. Das Bett für ihren König Carol hat sie nie gekauft. Sie krönte ihn mit einer Whiskyflasche, und ihre Zunge war voll Unflat und Vertröstungen auf morgen. Armer Carol, er konnte nur in ihr zusammenfallen und sterben. Sie tat einen Atemzug, und er fiel heraus wie ein totes Muscheltier.[21]

Erst Fleisch, dann Vision, dann wieder Fleisch. Das ist das Leben des Menschen, wie Henry es sieht.

Es gibt ein weiteres wichtiges Element in *Wendekreis des Krebses*, das von seinen humorlosen Kritikern immer übersehen wird: seine wilde Komik. Die Leute starrten so gefesselt auf die schmutzigen Ausdrücke, daß sie das Komische übersahen. Übersehen haben sie auch die Quelle seines Humors: das Außenseitertum des Außenseiters, die laserstrahlscharfe Vision der Frau oder des Mannes, der die Welt

---

21 Ebda., S. 19 f.

gesehen hat und weiß, daß am Ende nichts bleibt als zwei Klumpen Scheiße in einem Bidet.

In *Crazy Cock* und *Moloch* glaubte Miller noch immer, einem Mythos, dem Imperativ bestimmter literarischer Kriterien gehorchen zu müssen. In *Wendekreis des Krebses* befreite er sich, um die Absurdität einer von allen Mythen und allen Illusionen entblößten Welt in aller Deutlichkeit sehen zu können. Diese total respektlose Perspektive erlaubte Henry damals, Dinge zu erkennen, die andere erst viele Jahrzehnte später erkannten.

So sieht er beispielsweise, daß Rußland zur Blütezeit des Kommunismus sich von dem Amerika zur Blütezeit des Kapitalismus kaum unterscheidet.

> Man will in Rußland keine traurigen Gesichter sehen; man will, daß man heiter, begeistert, frohen Herzens, optimistisch ist. Es klang mir sehr nach Amerika. Ich wurde nicht mit dieser Art von Begeisterung geboren.[22]

Indien, so glaubt er, wird nicht von England, sondern von Amerika bedroht.

> Indiens Feind ist nicht England, sondern Amerika. Indiens Feind ist der Zeitgeist, die unabwendbare Richtung. Nichts wird gegen diesen Ansteckungsbazillus etwas ausrichten, der die ganz Welt vergiftet. Amerika ist die wahrhaftige Inkarnation des Verhängnisses. Es wird die ganze Welt in den bodenlosen Abgrund reißen.[23]

Amerika fordert gedankenlose Begeisterung; das gleiche fordert Rußland; Indien, einem Land mit einer großen spirituellen Kultur, soll das falsche Ideal des Fortschritts aufgezwungen werden; was kann daraus entstehen als das Gemetzel eines Krieges, der allen Kriegen ein Ende setzt.

Henry verweigert den Glauben an den Fortschritt, den Glauben an den Krieg, den Glauben an die Verbesserung.

22 Ebda., S. 203.
23 Ebda., S. 117.

Er öffnet sich einem ursprünglicheren Enthusiasmus, der Freude, das Licht hereinzulassen, denn »nur die, die Licht in sich einzulassen vermögen, können sich übersetzen, was dort im Herzen ist«.[24]

Auf jeder Seite von *Wendekreis des Krebses* geht es darum, dem Tod Widerstand entgegenzusetzen. Die Künstler, die Miller bewundert – Matisse, Proust –, sind jene, bei denen er auch einen starken, kämpferischen, lebensbejahenden Geist erkennt.

> In jeder Komposition von Matisse ist die Geschichte eines Teilchens menschlichen Fleisches, das sich nicht von der tödlichen Vernichtung unterkriegen läßt. Jede Spanne Fleisch, vom Haar bis zu den Fingernägeln, drückt das Wunder des Atmens aus, als hätte das innere Auge in seinem Durst nach Wirklichkeit die Poren des Fleisches in hungrige, sehnende Münder verwandelt.[25]

Weil er »in das Sonnengeflecht des Lebens eingetaucht« ist, weil er das Leben mit der wilden Respektlosigkeit eines Menschen sieht, der die stille Verzweiflung des ordentlichen, sein Gehalt verdienenden Gattens ebenso abgelegt hat wie den nutzlosen Zorn des enttäuschten Fortschrittsgläubigen, kann Miller direkt in den Kern des Lebens hineinstoßen. Und was sieht er? Daß der Mensch nichts weiter ist als ein Sack voller Eingeweide, ausgehungert, ein syphilitischer Schwanz auf der Suche nach einer kranken Möse; daß alles menschliche Leben am Ende nichts weiter als Scheiße ist. Und aus der Scheiße entsteht Philosophie.

Wie geht er, jetzt von jeder Illusion befreit, mit dieser neuen Sichtweise der Menschheit um? Verzweifelt er wie Céline? Erfindet er Utopien und Dystophien wie Huxley? Nein, er lacht ein lautes, herzliches, Rabelaissches Lachen und findet in der faulenden Substanz im Herzen der Dinge eine spirituelle Erleuchtung!

24 Ebda., S. 194.
25 Ebda.

Und so denke ich, was für ein Wunder es wäre, wenn sich herausstellte, daß dieses Wunder, das der Mensch ewig erwartet, nicht mehr ist als zwei riesige Kottrümmer, die der gläubige Jünger ins Bidet fallen läßt. Wie wär's, wenn im letzten Augenblick, da die Festtafel gedeckt ist und die Zimbeln erschallen, plötzlich und ganz ohne Warnung eine silberne Platte erschiene, auf der, wie sogar der Blinde erkennen könnte, nicht mehr und nicht weniger liegt als zwei Klumpen Scheiße.[26]

Ich behaupte, es sind Passagen wie diese, die viele Leute widerwärtiger finden als die sexuellen Passagen. Miller wagt es, Scheiße mit Erleuchtung gleichzusetzen! Miller wagt es, nicht an den Fortschritt zu glauben! Er wagt es, die Plattheit der zwanziger Jahre: »Jeden Tag fühle ich mich in jeder Hinsicht besser und besser« in Frage zu stellen. Er wagt es, nicht an »positives Denken« zu glauben. Er ist unamerikanisch. Auch wenn er heute schreiben würde, würden diese Einstellungen ihn zum Paria machen.
Ja, auch von Sex ist in seinen Büchern reichlich die Rede, und er ist nicht durch Romantik beschönigt. Doch jedesmal geht es bei den Beschreibungen des Sex, wenn man sie im Zusammenhang liest (was die meisten Leser, auch die Intellektuellen, nicht tun), um den gleichen Demystifikationsprozeß. Miller entlarvt das Mysterium der Vagina, die ihn zuvor so versklavt hat.
Zwar stammt die folgende Passage aus dem Mund von van Norden, doch sein Bedürfnis, das weibliche Geschlechtsteil zu demystifizieren, ist auch Henrys Bedürfnis.

»Hast du jemals eine Frau gehabt, die ihre Pussi ausrasiert? Es ist abstoßend, was? Und auch komisch. Irgendwie verrückt. Es sieht nicht mehr wie eine Pussi aus: Es ist wie eine tote Muschel oder so was.« Er beschreibt mir, wie er mit erwachter Neugier aus dem Bett stieg und seine Taschenlampe holte. »Ich ließ sie sie aufhalten und richtete die Taschenlampe darauf. Du hättest

26 Ebda., S. 121.

mich sehen sollen ... es war komisch. Ich regte mich so darüber auf, daß ich sie ganz vergaß. Noch nie in meinem Leben habe ich mir eine Möse so genau angesehen. Man hätte glauben können, ich hätte noch nie vorher eine gesehen. Und je mehr ich sie anschaute, desto weniger interessant wurde sie. Es zeigt einem nur, daß gar nichts dahintersteckt, besonders wenn sie rasiert ist. Es ist das Haar, was sie so geheimnisvoll macht. Darum läßt einen eine Statue kalt. Nur einmal sah ich eine richtige Möse an einer Statue – sie war von Rodin. Du mußt sie dir mal anschauen ... sie hat die Beine weit gespreizt ... ich glaube, sie hatte keinen Kopf. Nur eben eine Möse, hätte man sagen mögen. Herrje, sah sie greulich aus! Die Sache ist die – sie sehen alle gleich aus. Wenn man sie mit ihren Kleidern am Leib betrachtet, stellt man sich alles mögliche vor: Man verleiht ihnen so etwas wie eine Individualität, die sie natürlich nicht haben. Es ist ganz einfach ein Spalt da zwischen den Beinen, und man gerät darüber ganz in Hitze – man schaut sie die halbe Zeit nicht einmal an. Man weiß, sie ist dort, und denkt nur an das eine, seinen Ladestock hineinzubringen; es ist, als ob der Penis das Denken für einen besorgte. Es ist eine Illusion! Man gerät in Feuer über nichts ... über einen Spalt mit Haaren drumherum oder ohne Haar. Sie ist so vollkommen bedeutungslos, daß ich nicht aufhören konnte, sie anzuschauen. Ich muß sie zehn Minuten oder länger studiert haben. Wenn man sie in dieser Weise, gleichsam losgelöst, betrachtet, kommen einem komische Gedanken. Dieses ganze Geheimnis um den Sexus, bis man schließlich entdeckt, daß es nichts ist – nur eben eine Leere. Wäre es nicht ulkig, wenn man eine Harmonika darin fände oder einen Kalender? Aber nichts ist da – einfach nichts. Es ist widerlich. Es macht mich fast verrückt ... Weißt du, was ich danach tat? Ich verpaßte ihr rasch einen und kehrte ihr dann den Rücken. Jawoll, ja, ich nahm ein Buch zur Hand und las. Man kann etwas von einem Buch haben, sogar von einem schlechten Buch, aber eine Möse ist einfach reiner Zeitverlust ...«[27]

Wenn »Möse« gleichbedeutend ist mit »reinem Zeitverlust«, was ist dann der sexuelle Akt? Betrachtet man Hen-

27 Ebda., S. 168.

rys Sexbeschreibungen genauer, dann sieht man, daß er Sex, Gemetzel und Krieg gleichsetzt. Seine Beschreibungen des sexuellen Schlachtfelds haben eine beachtliche Ähnlichkeit mit denen Andrea Dworkins in *Intercourse* oder *Mercy*.

Ganz recht! In uns regt sich nicht die geringste Leidenschaft, in keinem von beiden. Und was sie betrifft, so könnte man ebensogut erwarten, daß sie ein Diamantenhalsband zum Vorschein bringt als einen Funken Leidenschaft. Aber da sind die fünfzehn Franc, und etwas hat dafür zu geschehen. Es ist wie im Krieg: Sobald die Bedingungen festgelegt sind, denkt niemand mehr an was anderes als an Frieden und Schluß damit. Und doch hat keiner den Mut, die Waffen niederzulegen, zu sagen: »Ich habe die Nase voll ... ich bin fertig damit.« Nein, irgendwo sind die fünfzehn Franc, für die niemand mehr einen Pfifferling gibt und die am Schluß doch keiner kriegt, aber die fünfzehn Franc sind wie der Urgrund der Dinge, und lieber, als auf seine eigene Stimme zu hören, lieber, als vom Urgrund auszugehen, beugt man sich der Situation, mordet und mordet weiter, und je feiger einem zumute ist, desto heldenhafter gebärdet man sich, bis zu dem Tag, an dem man den Boden unter den Füßen verliert, die Kanonen schweigen, die Bahrenträger die verstümmelten und blutenden Helden auflesen und Orden an ihre Brust heften. Dann kann man für den Rest seines Lebens über die fünfzehn Franc nachdenken. Man hat keine Augen oder Arme oder Beine mehr, aber man hat den Trost, für den Rest seiner Tage von den fünfzehn Franc zu träumen, die jedermann vergessen hat.
Es ist genau wie im Krieg – ich kann es nicht aus dem Kopf bekommen. Die Art, wie sie sich an mir zu schaffen macht, um einen Funken Leidenschaft in mir zu entzünden, läßt mich denken, was für einen verdammt armseligen Soldaten ich abgeben würde, wenn ich je dumm genug wäre, so in die Falle zu gehen und mich an die Front schleppen zu lassen. Ich für mein Teil weiß, daß ich alles preisgeben würde, einschließlich der Ehre, um aus dem Schlamassel herauszukommen. Mir liegt das ganz einfach nicht, mehr gibt's dazu nicht zu sagen. Aber sie hat sich die fünfzehn Franc in den Kopf gesetzt, und wenn ich nicht darum kämpfen will, zwingt sie mich, darum zu kämpfen. Aber man kann einem Mann keine Kampflust einblasen, wenn er kei-

ne Kampflust hat. Manche von uns sind so feige, daß man nicht
einmal Helden aus uns machen kann, auch nicht, wenn man uns
zu Tode erschreckt. Wir wissen vielleicht zu viel. Manche von
uns leben nicht im Augenblick, sondern immer ein wenig voraus
oder ein wenig hinter der Zeit. Meine Gedanken sind stets beim
Friedensschluß. Ich kann nicht vergessen, daß es die fünfzehn
Franc waren, womit die ganze Geschichte anfing. Fünfzehn Franc!
Was bedeuten mir schon fünfzehn Franc, besonders, da es nicht
meine fünfzehn Franc sind?[28]

Ironischerweise erscheint Miller vielen Feministinnen anstößig, da seine Einsichten aus der männlichen Wahrnehmung
resultieren, obwohl die gleichen Einsichten über Sexualität
sich in der feministischen Literatur finden: Liebloser Sex ist
Krieg, brutal und blutig. In gewisser Weise steht seine unro-
mantische Betrachtung des Sex der der feministischen Literatur sehr nahe. Henry hatte dasselbe Bedürfnis, romantische
Illusionen zu zerstören und die Gewalt im Herzen der heterosexuellen »Liebe« wahrzunehmen. Er schrieb über die demy-
stifizierte Vagina und den demystifizierten Sex auf die gleiche
Weise, wie er über Rassismus schrieb – als ein Wahnsinn, den
man mit Humor ganz einfach vom Tisch fegen sollte.

Ein besonderes Merkmal des amerikanischen Schädels, las ich un-
längst, ist das Vorhandensein des Sonderknochens oder *os incae*
am Hinterkopf. Das Vorhandensein dieses Knochens, fuhr der
Wissenschaftler fort, ist einem Fortbestehen der Quernaht des
Hinterkopfs zuzuschreiben, die sich gewöhnlich beim Fötus
schließt. Daher ist er ein Anzeichen stehengebliebener Entwicklung und weist auf eine niedere Rasse hin. »Der durchschnittliche
Rauminhalt des amerikanischen Schädels«, fuhr er in seiner Feststellung fort, »bleibt unter dem der weißen Rasse zurück und
übersteigt den der schwarzen. Betrachtet man beide Geschlechter,
so haben die heutigen Pariser einen Schädelinhalt von 1,448 Kubikzentimetern; die Neger 1,334 Kubikzentimeter, die amerikanischen Indianer 1,376.« Aus alldem kann ich nichts ableiten, da

28 Ebda., S. 170ff.

140

ich ein Amerikaner und kein Indianer bin. Aber es ist schlau, die Dinge so durch einen Knochen, z. B. einen *os incae,* zu erklären. Es stört seine Theorie durchaus nicht, zuzugeben, daß einzelne Exemplare indianischer Schädel den ungewöhnlichen Rauminhalt von 1,920 Kubikzentimetern erreicht haben, einen von keiner anderen Rasse überbotenen Schädelinhalt. Ich stelle mit Befriedigung fest, daß die Pariser beiderlei Geschlechts einen normalen Schädelinhalt zu haben scheinen. Die Quernaht am Hinterkopf behauptet sich offenbar bei ihnen nicht so lang. Sie verstehen einen *apéritif* zu genießen, und sie machen sich nichts daraus, wenn die Häuser nicht geweißt sind. Es ist nichts Ungewöhnliches an ihren Schädeln, was Schädelmerkmale angeht. Es muß eine andere Erklärung geben für die Kunst zu leben, die sie bis zu einem solchen Grad der Vollendung entwickelt haben.[29]

Henry haßte jede Art von Rassismus, besonders den, der durch pseudowissenschaftliche Theorien aufgewertet wurde. Davon lag in den zwanziger und dreißiger Jahren eine Menge in der Luft; er war Wegbereiter für Hitlers Naziärzte und ihre »Experimente« mit Juden.

Wie kann Miller Juden als *Itzige* bezeichnen und gleichzeitig den institutionalisierten Rassismus hassen? Darin liegt kein Widerspruch. Er haßte alle überheblichen Rationalisierungen, und was könnte überheblicher sein, als Rassismus durch das Messen von Schädeln rational zu begründen? Wenn er sich über Rassisten lustig macht, über Juden, Deutsche, Franzosen, Frauen, über sich selbst, dann kennt er keine Gnade. Er entlarvt jede Überheblichkeit – einschließlich des jüdischen Anspruchs, das jüdische Leiden sei heiliger als jedes andere.

Wenn er den allgemein niedrigen Entwicklungsstand der Menschheit beschreibt, dann nimmt Miller auch sich selbst nicht aus. Wenn er hungrig ist, dann ist er ein personifizierter Magen-Darm-Trakt, und wenn er geil ist, ein personifizierter Schwanz. Er ist wie alle anderen Menschen auch ein

29 Ebda., S. 183 f.

Bündel von Instinkten, die es nicht verdienen, mit hohen Idealen bemäntelt zu werden.

Wohin haben hohe Ideale die Menschheit denn schließlich geführt? In die Schützengräben des Ersten Weltkriegs? Zu den Apfelverkäufern in den Straßen New Yorks? Zu den wahnsinnigen pseudowissenschaftlichen Rassentheorien der Nazis, die dem Völkermord Vorschub leisteten? Henry meinte, die Menschheit habe weniger zu verlieren, wenn sie in die Tiefen des Lebens hinabtauchte als wenn sie Anspruch auf die höchsten Höhen erhob. Ein Sack voller Eingeweide, eine Möse, ein Schwanz – das hat etwas Ursprüngliches, darin liegt die Wahrheit, genau das zu sein, was es ist. Romantizismus und hohe Ideale haben die Menschheit immer nur zu Gemetzel geführt.

Henry, der Viktorianer, der Romantiker, der Rousseau-Anhänger, der Jünger Walt Whitmans, revolutioniert sich in *Wendekreis des Krebses* selbst. Er entblößt seine wahre Natur. Er gibt zu, Staub, Gras, schwaches Fleisch zu sein – doch die nächste Stufe, nach der Zerstörung der Illusion, ist die Erleuchtung.

Aber ist der Mensch denn nicht mehr als das? fragt der verletzte Romantiker in uns allen. Natürlich. Wir sind Staub, der träumt. Und manchmal träumen wir, wir seien mehr als Staub. Doch 1931 war klar – und das ist es meiner Meinung nach auch heute noch –, daß wir Menschen eher in Gefahr sind, durch unseren fehlgeleiteten Idealismus zerstört zu werden als durch die Akzeptanz der Körperlichkeit, die unser aller Leben zugrunde liegt. Henrys Vision des Mannes als geiler Schwanz, als unersättlicher Schlund, ist erfrischend. Sie klingt nach all diesen Jahren noch immer echt. Seine Sicht der Frauen als ausgehungerte Mösen mag manche Feministin beleidigen – und all jene, die glauben, wir könnten uns über unsere körperliche Natur »erheben« –, doch enthält sie ebenfalls eine ursprüngliche Wahrheit. Und die Wahrheit ist immer befreiend.

An den Angelpunkten unseres Lebens – leidenschaftliche Liebe, Geburt, Krieg, tödliche Krankheit – wissen wir alle, daß wir Gefangene unserer Körper sind. Dieses Wissen lehrt uns Demut und führt uns manchmal zur Erleuchtung. Die geheimnisvoll feuchten Eingeweide sind für die Befreiung unserer Seelen wesentlich.

Um die Leser wachzurütteln, reduziert Henry die Welt auf ihre niedersten Elemente. Er befreit sich von seinen Illusionen, um zu einer neuen Sichtweise zu finden und für sich selbst eine neue Welt zu erschaffen.

> Die Tapete, mit der die Wissenschaftler die Welt der Wirklichkeit verkleistert haben, geht in Fetzen. Das große Freudenhaus, das sie aus dem Leben gemacht haben, braucht keine Dekoration. Es ist nur wichtig, daß die Kanalisation entsprechend funktioniert. Schönheit, die katzenhafte Schönheit, die uns in Amerika an die Hoden geht, ist dahin. Um die neue Wirklichkeit zu ermessen, ist es zunächst nötig, die Abflüsse abzubauen, die schwärenden Kanäle bloßzulegen, die das Genital-Urin-System bilden, das die Kunstausscheidungen liefert. Der Geruch des Tages ist der nach Permanganat und Formaldehyd. Die Abzugsröhren sind von erwürgten Embryos verstopft.[30]

Henry begreift, daß es ,»sogar, wenn die Welt in Stücke geht«, einen Menschen gibt, »der dem Wesentlichen treu bleibt, der fester und besser verankert seinen Stand behauptet, der zentrifugaler wird, je rascher der Auflösungsprozeß fortschreitet.« Dieser eine ist der Künstler. Henry spricht hier über Matisse. Aber es ist ebenso Henry selbst, der zu einem Felsen inmitten des Chaos werden wird. Als er schließlich den *Koloß von Maroussi* schreibt, hat er nicht nur gelernt, wie man aus der Hölle zurückkehrt, sondern auch, wie man sich Zugang zum Paradies verschafft.

Wenn man heute *Wendekreis des Krebses* von vorn bis hinten durchliest, entdeckt man ein anderes Buch als das,

---

30 Ebda., S. 196f.

worüber üblicherweise geschrieben oder gesprochen wird. Das Ärgerliche ist, daß es selten wirklich gelesen wird. Selbst ein so sorgfältiger Leser wie John Updike schrieb mir vor kurzem (als ich ihn nach dem möglichen Einfluß auf *Paare* fragte):

Seltsam, ich glaube, daß ich keines der Wendekreis-Bücher ganz gelesen habe ... Nur ein Blick hinein und das Überfliegen eines Absatzes waren Zündstoff genug ...

Hierin unterscheidet sich Updike, einer der brillantesten Schriftsteller und Leser unserer Zeit, wohl kaum von den meisten von uns. Wir schlugen das Buch auf, um uns inspirieren zu lassen, und schlossen es schnell wieder, damit wir nicht davon verseucht würden!

Wendekreis des Krebses ist ein Buch, das allein deshalb vielen Lesern verschlossen bleibt, weil so viel dagegen polemisiert worden ist. Es ist schwierig zu lesen, zum Teil wegen des Mangels an Handlung, aber auch, weil wir durch Vorurteile blockiert sind. Wir müssen unsere inneren Widerstände überwinden, um ihm wirklich gerecht zu werden.

Ist es möglich, daß ein Buch so berüchtigt werden kann, daß man es nicht mehr liest? Ganz bestimmt. Die Leute stecken die Nase hinein und schrecken entsetzt zurück, da sie glauben, das Buch jetzt gelesen und Mängel darin gefunden zu haben. Wirklich mangelhaft ist allerdings nur ihr eigenes Verständnis des Werkes.

Ein Buch, jedes Buch verlangt, daß man sich ganz und gar darin vertieft. Bei *Wendekreis des Krebses* ist, aus vielerlei Gründen, ein solches Sich-Vertiefen unmöglich. Das Werk ist umgeben mit einem Wall von Vorurteilen, entstanden im Lauf jahrelanger Rechtsstreitigkeiten und negativer Kritik und Abwertung. Der Druck, daß es über lange Zeit nur heimlich gelesen werden durfte, lastet noch heute auf ihm. Aus all diesen Gründen ist *Wendekreis des Krebses* zu einer Art Terra incognita geworden. Ich bitte Sie dringend, sich einmal wirklich in das Buch zu vertiefen und es von Anfang bis zu Ende zu lesen. Ich verspreche Ihnen, daß Sie etwas vollkommen anderes vorfinden werden als das, was Sie erwartet hatten.

Lesen Sie es, als wüßten Sie nichts darüber. Lesen Sie es, als wären die schmutzigen Wörter in der Literatur 1934 genauso weit verbreitet gewesen wie heutzutage. Sie werden feststellen, daß Bücher aus dem Bewußtsein verbannt werden können, auch wenn sie in den Regalen noch zu finden sind. Sie werden feststellen, daß Bücher auch ohne Flammen verbrannt werden können.

Daß man seine Bücher immer wieder beurteilte, ohne sie überhaupt gelesen zu haben, sollte zu einem Fluch werden, der dauernd auf Henrys Schriftstellerleben lastete. Zuerst wurde er wegen seiner sexuellen Schocktherapie, seiner Entmystifizierung des Sex abgelehnt, dann, weil man ihn für einen Guru des New-Age hielt, und schließlich wegen seiner Lebensführung. James Joyce hatte das Glück oder das Pech – je nachdem, wie man es sieht –, von den Akademikern mit offenen Armen aufgenommen zu werden. Für sie waren seine Puzzle- und Schachtelkonstruktionen ein äußerst ergiebiger Lehrstoff. Auch D. H. Lawrence hatte die Parteigänger des Heidentums auf seiner Seite, wenn auch die Prüden ihn ablehnten. Gertrude Stein wurde zu unserer Vorzeigelesbe, und Virginia Woolf wurde der Prototyp der bisexuellen Neurasthenikerin. Doch Henry Miller hatte zu Anfang kaum eine Chance. Er verletzte sämtliche amerikanischen Tabus: Er schrieb offen über Sexualität, er weigerte sich, an den Fortschritt zu glauben, und er hatte den Mut, alles Literarische über den Haufen zu werfen und seine eigene empörende Vision zu verkünden. Er wurde für diese Sünden bestraft, indem ihn die Leute, die ihn am besten hätten verstehen können, nicht lasen. Als seine Bücher endlich vorlagen, war der Wille, sie unvoreingenommen zu lesen, bereits gebrochen.

Die »obszönen« Wörter in *Wendekreis des Krebses* lenkten alle, bis auf die Eifrigsten, von der Wahrheit dessen, was Miller erkannt hatte, ab: Ein Sterblicher findet nur dann seinen Frieden, wenn er sich selbst als Teil der Schöpfung sieht, sich vom Strom der Schöpfung treiben läßt und sich als Teil von ihr begreift.

Der berühmte letzte Teil von *Wendekreis des Krebses*, in dem Henry dasitzt, die Seine betrachtet und plötzlich mit sich selbst im reinen ist, ist das Bekenntnis eines Mannes, der sein Einssein mit dem Kosmos akzeptiert. Der Fluß ist in ihm und um ihn herum; sein Weg festgelegt.

> Nachdem mir dies alles ruhig durch den Kopf gegangen war, überkam mich ein großer Friede. Hier, wo der Fluß sich sanft durch den Hügelgürtel windet, liegt ein von der Vergangenheit so gesättigter Boden, daß der Geist, wie weit er auch zurückschweifen mag, sich doch nie von seinem menschlichen Hintergrund lösen kann. Mein Gott, vor meinen Augen schimmerte solch ein goldener Friede, daß nur einem Neurotiker einfallen konnte, den Kopf abzuwenden.
>
> So ruhig fließt die Seine dahin, daß man ihr Vorhandensein kaum wahrnimmt. Sie ist immer da, still und unaufdringlich, wie eine große, durch den menschlichen Körper laufende Ader. In dem wundervollen Frieden, der mich überkam, war mir, als hätte ich den Gipfel eines hohen Berges überstiegen. Eine kleine Weile würde ich weit um mich blicken können, um das Bild der Landschaft in mich aufzunehmen.
>
> Die Menschen geben eine sonderbare Fauna und Flora ab. Aus der Entfernung scheinen sie nicht der Beachtung wert. Aus der Nähe sind sie danach angetan, häßlich und boshaft zu erscheinen. Mehr als alles andere brauchen sie genügend Raum für sich – Raum sogar mehr noch als Zeit.
>
> Die Sonne geht unter. Ich fühle diesen Fluß durch mich hindurchfließen – seine Vergangenheit, seine altehrwürdige Erde, das wechselnde Klima. Die Hügel umgürten ihn sanft, sein Lauf ist festgelegt.[31]

---

31 Ebda., S. 366f.

Als *Wendekreis des Krebses* erschien, hatten Henry und June sich bereits getrennt. 1934 wurden sie geschieden. Inzwischen war es Anaïs, die Henry den wesentlichen emotionalen Halt bot.

Es dauerte zwei Jahre lang, bis das Buch endlich veröffentlicht wurde. In Paris hatte Henry durch den Agenten William Aspenwall Bradley den Verleger Jack Kahane von Obelisk Press kennengelernt, und Kahane war von dem Roman begeistert. Es stellte sich jedoch heraus, daß seine Begeisterung größer war als seine finanziellen Reserven; zudem bekam er Angst, ein so gefährliches Buch zu veröffentlichen. *Wendekreis des Krebses* konnte erst erscheinen, als Anaïs Nin die Druckkosten übernahm; das Buch kostete sie 5000 Franc. Das Geld war von einem anderen ihrer glühenden Liebhaber geborgt, ihrem zweiten Analytiker, Otto Rank.

Das fertige Buch wurde zu einem Wucherpreis von 50 Franc angeboten und trug die gedruckte Warnung *Ce livre ne doit pas être exposé en vitrine* (Dieses Buch darf nicht im Schaufenster ausgestellt werden) als Banderole um seinen Einband. Um Geld zu sparen, hatte Jack Kahane seinen vierzehnjährigen Sohn den Umschlag entwerfen lassen. Er wirkt düster, fast gespenstisch; und zeigt eine kraftlose Frau, die von den Scheren eines Krebses gehalten wird.

Wendekreis des Krebses begründete Henrys Ruf. Die Resonanz war anfangs noch schwach, doch warb Henry unermüdlich für sein Werk, und endlich kamen von Ezra Pound, George Orwell, William Carlos Williams, Aldous Huxley, Edmund Wilson, Blaise Cendrars, John Dos Passos, T. S. Eliot und Herbert Read begeisterte Briefe. Auch zeitgenössische Schriftstellerinnen wie Kay Boyle und Anaïs Nin betrachteten das Buch als Durchbruch und nahmen keinen Anstoß an dem darin gezeigten Frauenbild.

Veränderte die Veröffentlichung von *Wendekreis des Krebses* Henrys Leben? Finanzielle Sicherheit verschaffte sie ihm gewiß nicht. (Erst am Ende seines Lebens war er finanziell einigermaßen abgesichert.) Doch »das letzte Buch« festigte sein Selbstbild als Schriftsteller, stärkte seinen Entschluß, ein großes Werk zu schreiben, und war so ein entscheidender Schritt auf dem Weg zu sich selbst. Es war, als würden die verschiedenen Aspekte seiner Persönlichkeit plötzlich zusammenfließen. Die Leidenschaft des Geschriebenen schenkte seiner Seele eine neue Stärke. Durch *Wendekreis des Krebses* war Henry wiedergeboren worden. Obwohl er in diesem Buch sein Pariser Leben an vielen Stellen auf eine wild übertriebene, surreale Weise darstellte, obwohl er selbst niemals so lasterhaft war, wie der Erzähler im Roman es anzudeuten scheint, kam es doch auch bei Henry Miller, dem Autor, zu einem Durchbruch: Er sah das Leben mit anderen Augen. Er schloß Frieden mit dem wilden Mann in sich, mit seiner Sterblichkeit und seiner Sexualität. Danach war er nie mehr derselbe.

Kapitel 5   DER LETZTE MENSCH
            AUF ERDEN

> *Ich möchte den Mann küssen, dessen Leiden-*
> *schaft wie Lava durch eine kühle, intellektuelle*
> *Welt stürzt.*
>
> ANAÏS NIN, *Henry,*
> *June und ich*

Beim Schreiben eines Buches verändert sich der Autor – mehr noch als der Leser beim Lesen. Das Schreiben ist ein Vorstoß zum eigentlichen Wesenskern, eine Selbstanalyse, die sehr viel tiefer geht als jede professionell geleitete Psychoanalyse. Es bewirkt eine Transformation, eine Art spiritueller Erneuerung. Es ist diese Selbsttransformation, um deretwillen Schriftsteller schreiben. Sie ist die einzig verläßliche Belohnung für ihre Arbeit.

Nach *Wendekreis des Krebses* war Henry innerlich frei, weitere Bücher in Angriff zu nehmen. *Schwarzer Frühling*, ein Buch, das er ursprünglich *Self-Portrait* nannte, blieb für ihn »eines meiner Lieblingsbücher«, wie er mir 1974 in mein Exemplar hineinschrieb. Es ist in einer Art surrealistisch-poetischer Prosa geschrieben. Auf jeden Fall ist es das ausgelassenste seiner Bücher, voller Farben, Klänge und Gerüche des Lebens, und es sprüht von der Lebensfreude seiner Pariser Jahre.

An *Schwarzer Frühling* schrieb Henry schon, als er *Wendekreis des Krebses* noch überarbeitete (mindestens viermal), während er endlose Briefe an Anaïs Nin schrieb und sich nahezu selbst in dem Buch über Lawrence verlor, das er niemals beenden sollte.

In dieser Zeit – zwischen der Annahme von *Wendekreis des Krebses* durch Jack Kahane im November 1932 und seiner Veröffentlichung im September 1934 – lebte Henry mit Perlès in Clichy und hatte eine leidenschaftliche Affäre mit Anaïs Nin. Sie sahen sich in ihrem Haus in Louviciennes, in den Ferien (bevor ihr Ehemann eintraf) im Appartement ihrer Mutter in Paris, in einigen Pariser Hotels und andernorts. Inmitten der Monate des wilden Schreibens, der Überarbeitungen von *Wendekreis des Krebses*, der beiden Analysen von Anaïs und ihrer verschiedenen schriftstellerischen Projekte, unter denen ihr Tagebuch den größten Raum einnahm, war die Beziehung außerordentlich intensiv. Die sexuelle Spannung zwischen Anaïs und Henry spornte sie beide zu besessener literarischer Aktivität an – ein Beweis dafür, wie nahe die Kräfte der Sexualität und der Kreativität immer beieinanderliegen.

Im August 1934 brachte Anaïs ein totes Mädchen zur Welt. Zwar ließ sie es in ihrem ersten veröffentlichten Tagebuch so erscheinen, als sei das Kind von ihrem Mann gewesen, aber Anaïs Nins letzte große Liebe, Rupert Pole, vertraute dem Miller-Biographen Robert Ferguson an: »Anaïs wußte, daß das Kind von Henry war und nicht auf die Welt kommen sollte.« Ihr Buch *Inzest*, das erst Ende 1992 veröffentlicht wurde, bestätigt dies. Anaïs hatte abgetrieben. Sie hatte sich mit dem ungeborenen Kind identifiziert und sich vorgestellt, daß es genauso wie sie vom Vater verlassen werden würde. Liest man über die Abtreibung, so bekommt man das Gefühl, daß dieses Ereignis unweigerlich zu der wachsenden Entfremdung zwischen ihr und Henry führen mußte. Anaïs redete sich ein, sie bringe das Opfer für Henry. Solche Opfer haben jedoch immer ihren Preis.

Einen Monat nach der Totgeburt, am selben Tag, als *Wendekreis des Krebses* erschien, zog Miller in das Haus Nummer 18 in der Villa Seurat, seinen ersten festen Wohnsitz als Schriftsteller. Das Studio wurde für die nächsten fünf Jahre in Paris sein Domizil. Es gehörte Michael Fraenkel und war von Anaïs Nin gemietet worden. Andere Schriftsteller und Künstler beneideten Henry um seine neue Wohnung – wegen ihres Dachfensters, ihrer Geräumigkeit und wegen seiner renommierten Nachbarn (einschließlich Chaim Soutine und Salvador Dali). Für jemanden, der lange Zeit ohne festen Wohnsitz war, kann eine Wohnung eine äußere Bestätigung des Erfolgs sein – und genau das bedeutete die Villa Seurat für Henry. Endlich fühlte er sich als Künstler, nicht länger als Taugenichts. Endlich war sein Buch veröffentlicht worden, und er hatte ein eigenes Studio. Er hoffte, hier zusammen mit Anaïs Nin leben zu können.

Die Villa Seurat, eine sonnige Sackgasse im 14. Arrondissement, einer bescheidenen, aber hübschen Gegend von Paris, war nach Georges Seurat benannt worden, der hier gelebt und gemalt hatte. Mit ihren kleinen, buntgestrichenen Häusern mit großen Atelierfenstern wirkt die Straße noch heute einladend und warm.

Eine weitere Attraktion der Villa Seurat war Betty Ryan, eine Künstlerin, damals in ihren Zwanzigern, die das Studio unter Henry bewohnte und irgendwann seine Freundin und heimliche Liebe wurde. Betty Ryan war jung, hübsch und beschäftigte einen tüchtigen Koch (gutes Essen war Henry immer sehr wichtig). Sie war eine leidenschaftliche Griechenland-Liebhaberin. Sie und Henry hätten sich, so erzählt sie, ineinander verliebt, als sie über die Schönheiten Griechenlands sprachen. Natürlich mußte dieses Verhältnis vor Anaïs geheimgehalten werden. Anaïs spielte für Henry weiterhin eine beherrschende Rolle, und manchmal mußte Ryan mit Henry in irgendeiner Verkleidung ausgehen, damit niemand die beiden erkannte. In dieser Zeit hatte Anaïs selbst allerdings einen ganzen Harem von Liebhabern, die sie unter einen Hut bringen mußte.

Anaïs machte mit Henry das, was viele starke Frauen mit schwachen Männern tun: Sie bemutterte ihn. Sie glaubte, er sei nicht stark genug, sie in ihrer Rolle als Mutter zu unterstützen, aber sie wollte Henrys Kind auch nicht zu Hugo nach Hause bringen. Trotz einiger Zweifel hielt sie ihre Ehe aufrecht, ebenso wie ihre sich vertiefende Affäre mit Otto Rank, die zugleich eine Affäre mit der Psychoanalyse war.

Anaïs war für Henry so wichtig, daß er nichts tat, was ihr Mißfallen erregen konnte. Er schämte sich und war entsetzt, als ihm bewußt wurde, daß finanzielle Unterstützung eine unausgesprochene Bevormundung und vielleicht sogar leise Verachtung mit sich brachte. Als Anaïs im Herbst 1935 schließlich nach New York ging, um Otto Rank zu helfen, eine psychoanalytische Praxis aufzubauen, plagte sich Henry mit heftigen Eifersuchtsgefühlen. Inzwischen machte Nin kein Geheimnis mehr daraus, daß sie ihn für schwach hielt und eine Zeitlang von ihm getrennt sein wollte. In den folgenden Jahren sollte sie sogar seine Arbeit kritisieren, etwas, was sie nie zuvor getan hatte.

Die Wahrheit ist, daß alle Frauen, die Henry wirklich liebte, stark waren; sie akzeptierten ihn nur unter ihren eigenen Bedingungen. Das gilt ganz besonders für Anaïs Nin. Als sie nach New York abreiste, um mit Otto Rank zu arbeiten, folgte sie ihrem eigenen kreativen Karma, und weder Ehemann noch Geliebter konnten sie in ihrem Entschluß wankend machen. In ihrer Ehe mit Guiler genoß Anaïs eine Unabhängigkeit, die sie mit Henry nie gehabt hätte. Sie blieb Guiler ihr Leben lang verbunden, doch brauchte sie immer mindestens zwei Männer, um ihr ödipales Drama auszuleben.

Nins Unabhängigkeit als Ehefrau und Geliebte wirkt verlockend. Auf den ersten Blick scheint sie für Frauen ein Leitstern der Befreiung zu sein, doch vielleicht war sie in stärkerem Maße eine Sklavin der Männer als die meisten von uns. Sie bezahlte einen sehr hohen Preis für ihre Freiheit: Sie konnte ihre Tagebücher zeit ihres Lebens nicht ungekürzt veröffentlichen. In gewisser Weise verriet sie ihre Kunst um ihrer Trugbilder willen. Sie wußte, daß Frauen ihre Sexualität nur so lange ausleben können, solange nichts davon an die Öffentlichkeit dringt.

Ich hatte ein amüsantes Zusammentreffen mit Anaïs Nin im Poetry Center in der 92. Straße Y in Manhattan, wo sie einen Vortrag hielt, nachdem die ersten Bände ihrer zensierten Tagebücher erschienen waren. Zu diesem Zeitpunkt hatte ich ein oder zwei Gedichtbände veröffentlicht und schrieb an *Angst vorm Fliegen*.

»Warum haben Sie die Sexbeschreibungen aus Ihren Büchern herausgenommen, Ms. Nin?« fragte ich aus dem Publikum.

»Weil ich beobachtet habe, daß eine Frau immer dann, wenn sie ihr Sexualleben enthüllt, als Schriftstellerin nicht mehr ernst genommen wird«, erwiderte sie kühl. Nin war pragmatisch, ich aber war leidenschaftlich und jung.

»Aber genau aus diesem Grund sollten wir solche Passagen nicht streichen«, entgegnete ich und wies damit, ohne es zu wissen, auf meine eigene Einstellung als Schriftstellerin hin. Nin ging nicht weiter darauf ein. Ich erinnere mich, daß ich über ihren Mangel an Mut enttäuscht war und sie für eine Heuchlerin hielt. Heute weiß ich, daß ich furchtbar unreif und taktlos, sie dagegen weise gewesen war.

Natürlich hatte sie recht: Wenn eine Frau ihre Sexualität in einem Buch beschreibt, wird sie immer Angriffen ausgesetzt sein. Letztlich halfen Anaïs Nins Bücher, diese Situation zu verbessern, doch erst nach ihrem Tod. Ich selbst trat diesem bedrohlichen Drachen mit meinem ersten Roman entgegen, und mein Ruf hat sich in vielerlei Hinsicht niemals davon erholt.

Im Januar 1936 folgte Henry, der sich ohne Anaïs einsam fühlte, ihr und Otto Rank nach New York. Von diesem Zeitpunkt an behauptete er, er habe »Psychoanalyse praktiziert«. Es ist nicht klar, was er damit meinte. Nach einer Übungssitzung mit Otto Rank war Henry unverfroren genug, zu glauben, selbst eine psychoanalytische Behandlung durchführen zu können. Vielleicht behandelte er Patienten nach seiner eigenen Philosophie, die auf Emerson, Zen, Lao-tzu, Rimbaud und Lawrence basierte. Für mich und viele andere war das eine wahrhaft berauschende Mischung, aber Psychoanalyse konnte man es gewiß nicht nennen.

Der wahre Grund für Henrys Reise nach New York war jedoch sein Bedürfnis, Anaïs ihren verschiedenen Männern zu entziehen und sie zu seiner Frau zu machen. Sie wollte nichts davon hören. Sie kannte Henry nur allzu gut. Wie viele Männer war er als Liebhaber sehr viel hingebungsvoller denn als Ehemann. Zu Beginn ihrer Beziehung war Anaïs leidenschaftlich in ihn verliebt gewesen, und sie hatte in der Tat erwogen, sich für ihn von Guiler zu trennen, doch jetzt zog sie sich mehr und mehr zurück. Ihr Ehemann tauchte auf: Henry verschwand. Er bemühte sich, das literarische New York zu erobern, traf E. E. Cummings, Nathanael West und James T. Farrell. Vergeblich versuchte er, *Wendekreis des Krebses* an Harcourt Brace oder Simon & Schuster zu verkaufen. Er hoffte, etwas im *New Yorker* und im *Esquire* veröffentlichen zu können; beide lehnten ab. Auf sich selbst zurückgeworfen, beendete er *Schwarzer Frühling* – ein Buch, das, obwohl in New York geschrieben, vom Pariser Flair erfüllt ist. Der Optimismus, die übermütige Lebensfreude, die er in Paris getankt hatte, waren ihm nun in Fleisch und Blut übergegangen, und er sollte sie nie mehr verlieren. Und gewiß hat er diesen Optimismus gebraucht: Es sollte noch dreißig Jahre dauern, bis die Verleger in seinem Heimatland sich endlich für ihn interessierten.

In *Schwarzer Frühling*, dem Schlüsselwerk zu dieser Phase in Henrys Leben, mischt er Geschichten aus dem New York seiner Jugend (»Der vierzehnte Bezirk«, »Der Schneiderladen«) mit Erzählungen aus dem Paris seines literarischen Durchbruchs (»Ein Samstagnachmittag« und »Hin und Her in China«). Insgesamt ist der Tenor in *Schwarzer Frühling* der eines Festes. Der Leser spürt Henrys Lebensfreude, seine Freude, über die Freiheit zu schreiben, die Freiheit, ein Mann zu sein.

In einer meiner Lieblingserzählungen, »Ein Samstagnachmittag«, beschreibt Henry eine Radtour, das Anhalten an einem Pissoir, um zu pinkeln, und was einem Mann durch den Kopf geht, während die Räder rollen oder die Blase sich leert. Er läßt die wichtigen Bücher, die er in seinem Leben gelesen hat, Revue passieren – von Rabelais bis *Robinson Crusoe*. Er denkt über das Schreiben nach. Er begreift, daß jede Schreibhemmung mit der Angst vor Kritik zu tun hat.

> *Beginne!* Das ist die Hauptsache.« Wenn sie nun keine Adlernase hat? Angenommen, es ist eine Himmelfahrtsnase? Was ist der Unterschied? Wenn ein Porträt schlecht beginnt, so kommt es daher, daß du nicht die Frau beschreibst, die du im Sinn hast. Du denkst mehr an jene, die das Porträt besichtigen werden, als an die Frau, die dir für das Bild sitzt. Nimm van Norden – ein anderer Fall. Er versucht seit zwei Monaten, mit seinem Roman anzufangen. Jedesmal, wenn ich ihn treffe, hat er einen neuen Anfang für sein Buch. Es kommt nie über den Anfang hinaus. Gestern sagte er: »Du siehst, wo das Problem für mich liegt. Es handelt sich nicht nur darum, wie man beginnen soll – nein, die erste Zeile entscheidet über den ganzen Guß des Buches. Schau, so habe ich neulich angefangen: Dante hat ein Gedicht über einen Ort namens H – geschrieben. H – Gedankenstrich, weil ich keine Unannehmlichkeiten mit der Zensur haben will.«
> Man stelle sich ein Buch vor, das mit H – Gedankenstrich beginnt. Eine kleine Privathölle, damit die Zensur keinen Anstoß nimmt! Ich sehe, daß Whitman, wenn er ein Gedicht beginnt, schreibt: »Ich, Walt Whitman, 37 Jahre alt und bei vollkommener Gesundheit! … Ich nehme es mit meiner Vision auf … Ich bin in mich selbst verliebt – Walt Whitman, ein Kosmos, Manhattans ungeratener Sohn, fleischig, sinnlich, trinkt und zeugt! Schraubt die Schlösser von den Türen! Reißt noch dazu die Tü-

ren von ihren Pfosten ... jetzt oder später, das ist mir gleich ...
Ich bin, wie ich bin, und das genügt!«
Bei Walt ist es immer Samstagnachmittag.[1]

In *Schwarzer Frühling* schreibt Henry wie ein Mann, der erst
vor kurzem die innere Freiheit zu schreiben gefunden hat
und für den das Leben plötzlich von Freude erfüllt ist. »Ich
bin aus dem Häuschen, weil es mit dem Sterben so schnell
geht«, verkündet er. »Ich fahre im vollen Sonnenschein, unzugänglich für alles außer für das Phänomen des Lichts.«
Und als er auf seinem Fahrrad anhält, um zu pinkeln, »ist
alles würzig und saftig, selbst das Pissoir«.

Wie ich so dastehe und an den Häuserfronten hinaufschaue,
beugt sich eine schüchtern aussehende junge Frau aus dem Fenster, um mich zu betrachten. Wie oft habe ich so in dieser lä-
chelnden, anmutigen Welt gestanden, während die Sonne mich
beschien und die Vögel mich liebestoll umzwitscherten und
eine Frau mich von oben aus einem offenen Fenster betrachtete.
Ihr Lächeln bricht in kleine, weiche Bissen auseinander, welche
die Vögel mit ihren Schnäbeln ergreifen und manchmal an
einem Pissoir niederlegen, wo das Wasser melodisch gurgelt,
und siehe, da kommt auch schon ein Mann mit offenem Hosen-
latz und schickt sich an, den dampfenden Inhalt seiner Blase auf
die Krümchen zu schütten, die sich davon auflösen. Wenn ich so
dastehe, Herz, Hose und Blase weit offen, scheint es mir, als ob
ich mich an alle Bedürfnisanstalten erinnere, die ich je betreten
habe. All die höchst angenehmen Empfindungen, all die höchst
köstlichen Begebenheiten kommen mir dann wieder zum Bewußtsein, als wäre mein Gehirn ein mächtiger, mit weißen Kissen belegter Diwan und mein Leben ein langes Hindösen an einem heißen, einschläfernden Nachmittag. Ich finde es nicht so
sonderbar, daß Amerika in die Mitte der Pariser Ausstellung in
Chicago eine Bedürfnisanstalt gestellt hat. Ich glaube, daß sie
dorthin gehört, und halte sie für eine Huldigung, die alle Franzosen schätzen müßten. Es war zwar nicht nötig, dort die Trikolore
zu entfalten. *Un peu trop fort, ça!* Und doch, wie soll ein Fran-

1 Henry Miller, *Schwarzer Frühling*, S. 33.

156

zose wissen, daß eines der ersten Dinge, die einem amerikanischen Besucher auffallen, das ihn bis in die Eingeweide erregt
und erwärmt, dieses allgegenwärtige Pissoir ist? Wie sollte ein
Franzose wissen, daß das, was den Amerikaner so tief beeindruckt, der eine *pissotière* oder eine *vespasienne* oder was auch
der Name sei, den man diesem Ding gibt, betrachtet, eben die
Tatsache ist, daß er sich inmitten eines Volkes befindet, das die
Notwendigkeit, pissen zu müssen, offen zugibt und auch weiß,
daß man, wenn man schon pissen muß, auch ein Pissoir benötigt
und daß, wenn man es nicht in aller Öffentlichkeit tut, man es
verstohlen tun muß und daß es nicht ungereimter ist, auf der
Straße als unter der Erde zu pissen, wo irgendein altes menschliches Wrack einen beobachten kann, daß man keinen Unsinn
treibt!
Ich bin ein Mensch, der viel und häufig pißt, was ein Zeichen
großer geistiger Regsamkeit sein soll. Wie sich das nun auch verhalten mag, sicher weiß ich, daß ich in Not gerate, wenn ich in
New York auf der Straße bin. Ständig frage ich mich da, wo wohl
der nächste Haltepunkt sei und ob ich es so lange aushalten
kann. Währnd es im Winter, wenn man sich kaputt und hungrig
fühlt, ganz angenehm ist, ein paar Minuten in einem vornehmen
unterirdischen »Waschraum« zuzubringen, sieht die Sache im
Frühling ganz anders aus. Man pißt gern im vollen Sonnenlicht,
unter menschlichen Wesen, die einem zuschauen und auf einen
niederlächeln. Eine Frau, die sich niederhockt, um ihre Blase in
eine Porzellanschüssel auszuleeren, mag ja gerade kein erfreu-
licher Anblick sein, aber niemand, der nur eine Spur Gefühl hat,
kann leugnen, daß der Anblick eines Mannes, der hinter einem
Blechstreifen steht und mit jenem zufriedenen, sorglosen, verlo-
renen Lächeln, jenem in die Ferne schweifenden, erinnerungs-
seligen, vergnügten Blick auf die vorüberziehende Menge schaut,
etwas Wohltuendes ist. Eine volle Blase zu erleichtern ist eine
der großen menschlichen Freuden![2]

Henrys Gedanken wandern weiter, von Pissoirs zu Büchern,
die er auf Toiletten gelesen hat, von der King-James-Bibel zu
Rabelais, der die Mauern von Paris aus Mösen baut, von

---

2 Ebda., S. 36f.

Mist zu Engeln und wieder zurück. Er ruft nach einer klassischen Reinheit, »wo Mist Mist ist und Engel Engel sind«.

Eine klassische Reinheit also – und zum Teufel mit der Postbehörde! Was erhält denn die Klassiker am Leben, wenn sie in der Tat weiterleben und nicht sterben wie wir und alle um uns? Was bewahrt sie vor den Verheerungen der Zeit, wenn nicht das Salz, das in ihnen ist? Wenn ich Petronius, Apulejus oder Rabelais lese, wie nahe scheinen sie doch! Dieser Salzgeruch! Dieser Menageriegeruch! Der Geruch von Pferdepisse und Löwendung, des Tieratems und der Elefantenhaut. Obszönität, Wollust, Grausamkeit, Überdruß, Witz. Echte Eunuchen, echte Hermaphroditen. Echte Pints, echte Fud. *Richtige Bankette!* Rabelais baut die Mauern von Paris aus menschlicher Fud auf. Trimalchio kitzelt sich die Kehle, speit seinen Darminhalt aus und wälzt sich in seinem eigenen Kotzbrei. Am Amphitheater, wo ein fetter, schläfriger und perverser Cäsar sich gelangweilt rekelt, zermalmen die Löwen, Schakale, Hyänen, Tiger und gefleckten Leoparden echte Menschenknochen, während die kommenden Männer, die Märtyrer und Schwachköpfe, die goldenen Treppen hinaufsteigen und Halleluja singen.[3]

Ohne Salz sind wir in Gefahr zu verfaulen. Das Göttliche braucht das Obszöne. Henry umarmt den Mist, um die Engel berühren zu können.

Es ist diese jubelnde Akzeptanz allen Lebens, die Henry in *Schwarzer Frühling* feiert. Viele der *Wendekreis*-Themen werden darin fortgeführt, aber die Stimmung ist heiterer. Das Buch drängt uns, das Leben zu akzeptieren und uns ihm hinzugeben. Diese »Botschaft« beleidigt noch immer die Miller-Gegner, aber die, die sein Denken verstehen, erkennen, daß genau diese Akzeptanz die Essenz seiner Größe ist. »Die großen Schriftsteller sind die, die nicht urteilen«, sagt der Romanschreiber, Journalist und Drehbuchautor David Black, der sich sehr einfühlsam mit dem amerikanischen Haß-Liebe-Verhältnis zur Sexualität beschäftigt hat.

3 Ebda., S. 43.

Black begreift, daß es Millers allumfassende Weltsicht ist, die ihn einzigartig macht.

> Ich entdeckte Miller erst spät. Durch Mailer kam ich auf Miller. Ich denke, Miller ist der amerikanische Weltklasse-Schriftsteller des 20. Jahrhunderts, der größte. Er hat mehr Leben in sich als sonst irgend jemand. Arbeitet er immer? Nein. Doch wenn ich ihn lese, wie er über Brooklyn schreibt, über kleine Varietébühnen, verschiedene Umgebungen, spüre ich bei Miller eine wunderbare Lebendigkeit. Der Mann hat eine tiefe Liebe zur Menschheit. Miller zu lesen kommt der künstlerischen Erfahrung mit den gemeißelten pornographischen Darstellungen Indiens sehr, sehr nahe … Sie zeigten in dieser Kunst das Leben in seiner ganzen Fülle.[4]

Schwarzer Frühling vermittelt Millers Philosophie der Akzeptanz deutlicher als jedes andere Buch. Es strotzt vor Lebensfreude. Mit Paris in Blut und Knochen gelingt es Miller sogar, mit seiner verrückten Familie Frieden zu schließen, der Familie, die ihm so viel Kummer bereitet hat.

> Jedoch, *immer heiter und lustig!* Es war die Zeit vor dem Krieg, und wenn das Thermometer auf Null oder darunter stand, wenn Danksagung, Neujahr oder ein Geburtstag war oder wenn gerade irgendeine andere Ausrede zur Hand war, dann brach die ganze Familie auf, um die anderen Mißgeburten zu besuchen, die den in Blüte stehenden Familienstammbaum bildeten. Es war mir immer erstaunlich, wie lustig es bei uns zuging, trotz der immer drohenden Unglücksfälle. Lustig trotz allem! Es gab Krebs, Wassersucht, Leberschrumpfung, Wahnsinn, Dieberei und Lügnereien, Päderastie, Blutschande, Paralyse, Bandwürmer, Abtreibungen, Drillinge, Idioten, Trunkenbolde, Tunichtgute, Fanatiker, Matrosen, Schneider, Uhrmacher, Scharlach, Keuchhusten, Hirnhautentzündung, laufende Ohren, Veitstanz, Stotterer, Zuchthäusler, Träumer, Märchenerzähler, Schankkellner – und endlich gab es Onkel George und Tante Melia. Leichenhaus und Irrenhaus. Eine lustige Gesellschaft, und der Tisch beladen mit guten Sachen – mit Rotkohl und grünem Spinat, mit Schweinebra-

---

4 Gespräch der Autorin mit David Black.

ten, Truthahn und Sauerkraut, mit Kartoffelklößen und saurer schwarzer Brühe, mit Rettichen und Sellerie, mit gefüllter Gans, Erbsen und Karotten, mit schönem weißem Blumenkohl, mit Apfelkompott und Smyrnafeigen, mit Bananen, so dick wie ein Maßkrug, mit Zimt und Streuselkuchen, mit Schokoladentorten und Nüssen, Nüssen aller Art, mit Walnüssen und Erdnüssen, Mandeln und Hickorynüssen, mit Faßbier und Flaschenbier, mit Weißwein und Rotwein, Champagner, Kümmel, Malaga und Schnaps, mit scharf gewürztem und geschmacklosem Ladenkäse, Holländer, Limburger und Schmierkäse, mit selbstgemachten Weinen, Holunder- und Apfelwein, bitteren und süßen. Mit Reis- und Tapiokapudding, mit gerösteten Kastanien, Mandarinen, Oliven, sauren Gurken, mit rotem und schwarzem Kaviar, gebakkenen Apfelschnitten und Zitronenbaisers, Quarknudeln und Mohrenköpfen, Reis- und Makkaroniaufläufen, mit schwarzen Zigarren und langen, dünnen Zigarillos, Tabak Sorte Bull Durham und Tabak Long Tom, allen möglichen Arten von Pfeifen und Zahnstochern, von den letzteren waren einige so spitz, daß man am nächsten Tag eine geschwollene Backe bekam. Die Servietten waren einen Meter breit und trugen in den Ecken ein Monogramm. Dazu glühte der Ofen, und die Fenster dampften. Nichts fehlte auf den sich biegenden Tischen, außer einer Fingerschale.[5]

Zu diesen Zeilen zeigt sich, daß Miller schließlich seine Familie akzeptierte, das lebenserhaltende wie das lebensverneinende Element, ihre todbringenden wie ihre lebenspendenden Qualitäten als Teile einer vollkommenen Gestalt. Niemandem gelingt es wie Miller, die physischen Seiten des Lebens – Essen, Hunger, Krankheit, Gesundheit – literarisch zu evozieren, aber immer stößt er vom physischen in den spirituellen Bereich vor. Der eine kann nicht ohne den anderen bestehen. Henry sagt nicht, die Menschen müßten immer glücklich und frei von Leiden sein. Er erwartet nicht, keine häßlichen Gefühle oder gewalttätigen Gedanken zu haben. Er akzeptiert alle Extreme des Lebens, die Vergewaltigungsphantasien und die Mordgedanken ebenso

5 Henry Miller, *Schwarzer Frühling*, S. 84f.

wie die Zärtlichkeit und Zuneigung, und seine Akzeptanz gibt dem Leser das Geschenk der Selbst-Akzeptanz.

> Ich gehe über die Brooklyn-Brücke ... Ist dies die Welt, dies Hin-und-her-Gehen, diese hellen Gebäude, diese Frauen und Männer, die an mir vorübergehen? Ich sehe, wie ihre Lippen sich bewegen. Worüber mögen sie sprechen ... manchmal sind sie ganz ernst dabei. Ich sehe die Leute nicht gern so todernst, wenn ich schlimmer leide als sie. Ein Leben! Und da gibt es Millionen und abermals Millionen Leben, die gelebt werden müssen. Bis jetzt habe ich noch nichts über mein eigenes Leben zu sagen gehabt. Vielleicht habe ich nicht den Mut dazu. Sollte zur U-Bahn zurückgehen, mir ein Mädchen zusammenpacken und sie gleich auf der Straße hernehmen. Sollte morgen früh wieder zu Herrn Thorndike gehen und ihm ins Gesicht spucken. Sollte mich auf den Times Square stellen, den Schwanz in die Hand nehmen und in die Gosse pissen. Sollte einen Revolver nehmen und blindlings in die Menge hineinfeuern. Der Alte führt mit seinen Busenfreunden ein feuchtfröhliches Leben. Und ich gehe hin und her. Werde grün vor Haß und Neid. Und wenn ich heimkomme, wird die Alte wieder schluchzen, daß man meint, es müsse ihr das Herz abstoßen. Kann ganze Nächte lang nicht schlafen, weil ich immer hinhöre. Ich hasse sie, weil sie so jammert. Der eine bestiehlt mich, der andere bestraft mich. Wie kann ich sie trösten, wenn ich nur das Verlangen habe, ihr das Herz zu brechen?[6]

Solche Eingeständnisse sind eher dazu angetan, unsere Herzen zu erweichen als sie zu verhärten. Henry ist ein Mensch wie wir auch: Er kann seine Phantasien nicht kontrollieren. Diejenigen Kritiker, die Miller verurteilt haben, haben das Wort mit der Tat verwechselt. Henry ist kein Vergewaltiger. Er ist ein Mann, der sich ehrlich dem *imaginären* Vergewaltiger in sich selbst stellt. Tatsächlich unterscheidet sich seine Botschaft nicht allzusehr von der Botschaft Freuds: Gewähre dem Unterbewußtsein Einlaß ins Bewußtsein, und du wirst frei sein. Wenn wir Henry zensieren, zensieren wir

6 Ebda., S. 101.

im Grunde unsere Menschlichkeit. Nur indem wir uns unsere mörderischen Gedanken eingestehen, können wir uns von ihnen befreien, und nur wenn wir das gesamte Spektrum unserer Sexualität erkunden, können wir ihre dunkle Macht über unser Leben verstehen. Nicht Zensur ist die Lösung, sondern Akzeptanz.

Wendekreis des Krebses und *Schwarzer Frühling* hatten wenig Chancen, den Weg in die breite Öffentlichkeit zu finden. Das amerikanische Verlagswesen unterlag noch immer der Hicklin-Verordnung. Durch sie wurde im Jahr 1868 in England Obszönität wie folgt definiert: alles, was »die korrumpieren könnte, deren Denken für solch unmoralische Einflüsse offen ist und in deren Hände eine solche Publikation fallen könnte«. Die US-amerikanischen Zollbeamten zogen regelmäßig alle Schriften ein und vernichteten alle Literatur, die nach dieser Definition als obszön gelten konnte, einschließlich James Joyces Roman *Ulysses*, der 1934 von Richter Wolsey nur deshalb von diesem Gesetz ausgenommen wurde, da er ihn für zu »ekelerregend« hielt, um lustvolle Gedanken aufkommen zu lassen.
Jack Kahane hätte *Wendekreis des Krebses* niemals in Französisch herausgeben können (die französischen Gesetze gegen Obszönität waren ebenso streng), doch konnten potentiell »obszöne« Bücher in Frankreich publiziert werden, wenn sie in englischer Sprache geschrieben waren und somit die ohnehin unkorrumpierbaren Franzosen nicht korrumpieren konnten. Obelisk Press verdankte ihre Existenz genau diesem Schlupfloch. In seinem Heimatland war Henry jedoch ein unerwünschter Schriftsteller. Die Ablehnung kränkte ihn tief, und nach einem ziemlich aussichtslosen Versuch, in das amerikanische literarische Establishment einzudringen, schiffte er sich im Mai 1936 wieder nach Paris ein, bald nachdem auch Anaïs Nin und ihr Mann dorthin zurückgekehrt waren.

Er ließ sich erneut in der Villa Seurat 18 nieder und konzentrierte seine Energien darauf, berühmt zu werden. Leute, die ihn in dieser Zeit kannten, beschreiben das Studio als eine Art »Fabrik« à la Andy Warhol, in der Miller saß und wie ein Besessener schrieb und Exemplare seiner Untergrundwerke an Kritiker und Autoren in der ganzen Welt verschickte. Er war fest entschlossen, sich mittels reiner Willenskraft (und einer Menge Briefmarken) einen Namen zu machen.

Inzwischen schrieb er an *Die Welt des D. H. Lawrence* (einem Werk, mit dem er sich während der gesamten vierziger Jahre beschäftigen sollte), an *Max und die weißen Phagocyten*, an *Geld und wie es dazu wird*, an *Reise nach New York* (ein Bericht über seinen letzten Aufenthalt in New York, der ihm erneut verdeutlichte, wie Amerika seine Künstler mißhandelte), und er schrieb Briefe an Anaïs Nin, Michael Fraenkel und viele andere.

Das »June«-Buch, das zu *Wendekreis des Steinbocks* werden sollte, begann ebenfalls in seinem Geist Gestalt anzunehmen. Der Versuch, seine Beziehung zu June zu verarbeiten, sollte Henry den Rest seines Schriftstellerlebens beschäftigen und letztendlich vier seiner großen Werke inspirieren: *Wendekreis des Steinbocks*, *Sexus*, *Nexus* und *Plexus*. Und schon jetzt war das Thema von Henrys Erniedrigung vor seinen Frauen in »Mademoiselle Claude« deutlich umrissen.

> Wo Frauen im Spiel sind, da benehme ich mich immer wie ein Narr. Das Schlimme ist, daß ich sie vergöttere, und Frauen wollen nicht vergöttert werden ...[7]

Anaïs Nin war die Muse, der Henry *Schwarzer Frühling* widmete. Es wurde 1936 von Obelisk veröffentlicht, obwohl es zunächst bei Michael Fraenkels kleiner Carrefour Press un-

---

7 Henry Miller, *Sämtliche Erzählungen*, S. 8.

ter Vertrag gewesen war. Es ist immer das zweite publizierte Buch, das die Identität eines Schriftstellers zementiert. Ein erstes Buch kann ein Zufallstreffer sein, doch mit dem zweiten wird man ein Schriftsteller. *Schwarzer Frühling* zeigte Henry, daß er sein Metier gefunden hatte.

In jenem Winter unternahmen Henry und Anaïs wieder eine kurze Reise nach New York. Anaïs trennte sich von Ranks Institut, und Henry nahm seine literarische Attacke auf sein verhaßtes Vaterland wieder auf. *Wendekreis des Krebses* gewann überall in der Welt Ruhm und Leser; Henry wurde zu einer Untergrund-Berühmtheit. Es ärgerte ihn jedoch immer noch, daß seine Bücher in »Amurrica« nicht erhältlich waren. Er hatte Paris erobert, doch das »Amerika mit Flügeln und Sex« konnte er nicht erreichen. Obwohl der Durchbruch von Joyces *Ulysses* 1934 bei ihm und anderen Schriftstellern die vage Hoffnung geweckt hatte, daß das Einfuhrverbot für Bücher von »anerkanntem Wert« aufgehoben werden würde, schien es nicht wahrscheinlich, daß *Wendekreis des Krebses* davon profitieren könnte. Wie Edward de Grazia in seiner wichtigen Studie über die Zensur, *Girls Lean Back Everywhere* (1992), zeigt, war die Publikation von *Ulysses* durchaus kein Signal für die Freigabe anderer sexuell unverblümter Bücher, da *Ulysses* in den USA nur unter der Voraussetzung veröffentlicht werden konnte, daß es auf den Durchschnittsleser nicht erregend wirkte.

Erst 1962/63 sollte durch eine Entscheidung des Obersten Gerichtshofs der USA das Hicklin-Gesetz für *Wendekreis des Krebses* nicht mehr gelten. Augenblicklich, so fürchte ich, sind wir dabei, dieses Gesetz durch unsere verschiedenen Gesetzesanträge gegen die Pornographie zu neuem Leben zu erwecken.

Doch Henry fand einen anderen Weg, um sein Buch in Amerika bekannt zu machen. Frances Steloff und David Moss, die Eigentümer der Gotham-Buchhandlung in New York, begegneten Henry 1936 und wurden seine wichtigsten Mäzene. Die Rolle der Avantgarde-Buchhändler bei der Verbreitung neuer Werke in den zwanziger und dreißiger Jahren ist kaum zu überschätzen. Von Shakespeare & Company in Paris bis zu Gotham in New York, wichtige Werke zeitgenössischer Schriftsteller dieser Zeit gelangten oftmals nur durch die unentbehrlichen Vermittlungsdienste aufgeschlossener Buchhändler an die Öffentlichkeit. Häufig waren es Frauen, Hebammen der literarischen Kultur, die sich für diese Schriftsteller engagierten. Eine Frau wurde in dieser Rolle, wie sollte es anders sein, eher akzeptiert denn als Schöpferin ihrer eigenen Werke.

Auch heute noch gibt es in den Vereinigten Staaten viele unabhängige Buchhandlungen, die den Mut haben, das Unpopuläre, das Neue, das politisch Unangepaßte ins Sortiment aufzunehmen und zu verkaufen. Der Buchhandel bleibt ein mit Leidenschaft und Überzeugung betriebenes Geschäft, auch wenn die riesigen Verlagskonzerne mit ihren unfairen Discountpraktiken darauf abzielen, jegliches liebevolle Engagement zu eliminieren. In demselben Maße, wie große Medienkonzerne ihren Würgegriff um das Verlagswesen festigen, entstehen durch die Vermittlung unabhängiger Buchhändler neue kleine Verlage, die auch heute noch darum kämpfen, die literarische Bildung in einer Welt zu erhalten, die alles daranzusetzen scheint, diese Bildung zu zerstören.

Henry profitierte, ebenso wie Joyce und Zola, zeit seines Schriftstellerlebens von solchen mutigen Buchhändlern und Verlegern. Ohne Frances Steloff, Jack Kahane, Maurice Girodias, James Laughlin und Barney Rosset wäre Henry Miller heute unbekannt. Ich frage mich nur, wo die Henry Millers der Zukunft sind und ob wir wohl jemals von ihrer Existenz erfahren werden. Es wird immer schwerer, die Gleichgültigkeit des »offiziellen« Verlagsgeschäfts mit all seinen Rationalisierungen für die Herausgabe von Ghostwriter-Werken berühmter Persönlichkeiten (unter Mißachtung fast aller anderen Art von Literatur) zu durchbrechen.

1936 bis 1938 waren für Miller erstaunlich fruchtbare Jahre. Sein Leben war unglaublich reich. Während er *Wendekreis des Steinbocks* schrieb, arbeitete er gleichzeitig an einem seiner schönsten Bücher, *Hamlet*, einem Briefwechsel (über fast alles bis auf Hamlet) mit seinem Freund Michael Fraenkel. Millers Geistesblitze, die boshaften Äußerungen über Literatur, die Lebendigkeit der Sprache machen dieses Buch (erstmals in sehr begrenzter Auflage 1939 und *1941* erschienen, und dann 1988 in gekürzter Form als Taschenbuch) zu einem sehr aufschlußreichen Dokument. Henry hatte ein großes Talent für das Briefeschreiben, und die Abschweifung war seine künstlerische Form. In *Hamlet* spricht er über nahezu alles, von Shakespeare bis zum Antisemitismus, von Buddha bis zur Reinkarnation. Er zeigt sich als Weiser, nachdenklich und äußerst unterhaltsam, und wir können in seine faszinierende und originelle Gedankenwelt eintauchen.

Während dieser besonders aktiven Phase seines Lebens verschaffte *Wendekreis des Krebses* Henry neue Freunde – etwa George Orwell und James Laughlin (damals Harvard-Student, später der Gründer von New Directions und bis heute einer von Henrys Verlegern). Dieses ist eine der wundersamen Wirkungen beim Schreiben eines Erstlingswerkes: Es streckt für den Autor seine Fühler in die Welt hinaus und verändert unweigerlich sein Leben.

Allmählich wurde die Villa Seurat zu einem Anziehungspunkt für kreative Menschen. Eine Gruppe von Malern und Schriftstellern scharte sich um Henry. Sie förderten sich gegenseitig in ihrer Arbeit und verbrachten anregend-heitere Stunden miteinander. Betty Ryan, David Edgar, Hans Reichel, Alfred Perlès, Michael Fraenkel und Abe Rattner gehörten zu diesem Kreis. Die Atmosphäre war elektrisch geladen, und Henry war der Strom, der durch alles hindurchfloß.

Henry Millers Persönlichkeit strahlte aus Nr. 18. Strahlen ist das richtige Wort. Hier herrschte eine seltsam schwärmerische Stimmung; man spürte den Einfluß einer wirklichen Persönlichkeit. Selbst der unsensibelste Besucher fühlte, wenn er hierher kam, daß hier ein außergewöhnlicher Mensch wohnte. Selbst ich, der ich ihn bereits seit sechs Jahren kannte, konnte nicht ohne einen Sturm von Jubel und Begeisterung die Stufen zu dem Studio im ersten Stock hinaufsteigen. Ich betrat das Studio selten, ohne vorher ein oder zwei Minuten lang vor der Tür gestanden zu haben, um die vertrauten Geräusche auf der anderen Seite in mich aufzunehmen. Gewöhnlich hörte ich das Klappern der Schreibmaschine. Die Tür zu dem Heiligtum war mit Notizen und *avis importants* gespickt: »Wenn Du anklopfen mußt, klopfe erst nach 11 Uhr.« – »Ich bin heute nicht da, vielleicht auch die nächsten 14 Tage nicht.« – »*La maison ne fait pas de crédit.*« – »*Je n'aime pas qu'on m'emmerde quand je travaille.*« Und so fort. Er heftete diese Notizen an die Tür, weil er es haßte, während der Arbeit gestört zu werden. Aber es gelang ihm nie, mich hereinzulegen: Ich wußte immer, wann er wirklich nicht da war. Ich roch es förmlich.[8]

Anaïs Nin besuchte Henry noch immer an mehreren Nachmittagen in der Woche, wenn ihr Ehemann zu Malstunden bei Hans Reichel in die Stadt ging. Zu dieser Zeit hatten sie eine leidenschaftliche Beziehung und zugleich gemeinsame literarische Pläne. Hugo wußte es oder wußte es nicht oder erlaubte sich selbst nicht zu wissen, daß er es wußte. Anaïs ihrerseits wußte nichts von Betty Ryan. Einmal trug sie Mrs. Ryan auf, gegen ein Rohr zu klopfen, das von ihrem Appartement zu Henrys führte, falls Hugo auftauchen sollte. In der Villa Seurat herrschte in der Tat ein munteres Treiben.

Henry und Anaïs arbeiteten zusammen an *The Booster*, einem konservativen Blatt des American Country Club in Paris, das der Villa-Seurat-Kreis um Henry übernommen

8 Alfred Perlès, *Mein Freund Henry Miller*, S. 132.

hatte. (Man muß sich nur einmal vorstellen, daß eine Publikation des Country Club von Surrealisten übernommen wird!) Henry und seinen Schriftstellerfreunden gelang es, sich eine Druckerpresse zu beschaffen, und sie verwandelten *The Booster* von einem konservativen Organ für reiche Exilanten in ein wirkliches Avantgarde-Magazin. Sie produzierten auch die Siana-Buchserie für Obelisk Press (Anaïs rückwärts gelesen: Siana). Auch in Georges Belmonts literarische Zeitschrift *Volontés* und in die D. H. Lawrence gewidmete amerikanische Zeitschrift *The Phoenix* investierte Henry seine Energien.

Zu welchem Zeitpunkt gab Henry die Hoffnung, Anaïs zu heiraten, endgültig auf? Vermutlich erst, als der Krieg ausbrach und sie beide nach Amerika zurückkehrten. Er war Anaïs Nin jedoch bis an sein Lebensende dafür dankbar, daß sie seinen Durchbruch als Schriftsteller gefördert hatte. 1939 schrieb er Huntington Cairns, einem Anwalt und Bewunderer seiner Werke, der die US-Behörden in Fragen der Zensur beriet (und somit für Henry eine wichtige Kontaktperson war):

> Ich schulde fast alles einer einzigen Person – Anaïs Nin. Ich möchte, daß Sie sich, wenn Sie mich überleben, daran erinnern, was ich über ihr Tagebuch gesagt und geschrieben habe. Ich habe nicht den geringsten Zweifel daran, daß in einhundert Jahren dieses gewaltige Dokument das großartigste Einzelwerk in der literarischen Geschichte unserer Zeit sein wird. Hätte ich sie nicht getroffen, dann hätte ich das wenige, was ich geschafft habe, niemals geschafft. Trotz aller Freundlichkeit der Franzosen hätte ich hier verhungern können.

1937 lernte Henry in der Villa Seurat noch einen weiteren wichtigen Mann kennen, der ein Leben lang sein Freund bleiben sollte – Lawrence Durrell. Durrell witzelte oft, daß er *Wendekreis des Krebses* in einer öffentlichen Toilette auf Korfu gefunden habe, wo es von einem angewiderten Leser zurückgelassen worden sei. Die Wahrheit ist, daß Barclay

Hudson, einer seiner Freunde, ihm den Roman während einer literarischen Diskussion in Griechenland gegeben hatte. Er veränderte Durrells Leben – und Henrys. Sofort, im August 1935, schrieb Durrell an Henry: »Vom ersten Satz an ist es ein einziger Triumph ... (es) bringt wirklich das Blut und die Eingeweide unserer Zeit aufs Papier.« Und Miller antwortete sofort: »Sie sind der erste Engländer, der über das Buch einen gescheiten Brief geschrieben hat ... Es ist merkwürdig, wie wenige Leute wissen, was sie an dem Buch bewundern sollen.«

Miller war (wie ich vierzig Jahre später) glücklich, von einer verwandten Seele verstanden zu werden.

Wie Henry mir in einem seiner Briefe schrieb, mußte er darum kämpfen, daß die Leute sein Buch lasen. Die Welt weiß nicht, daß sie ein neues Buch nötig hat. Und nur die verrückte Hartnäckigkeit des Autors bringt es zu denen, die es am dringendsten brauchen.

Durrells Reaktion war für Henry entscheidend wichtig. »Das einzige Werk von wirklich großem Format, dessen sich unser Jahrhundert rühmen darf«, schrieb er über das Buch. Und Henry liebte ihn, so wie wir immer jeden lieben, der uns versteht.

Als Durrell und Miller sich 1937 begegneten, waren beide außerhalb ihres jeweiligen Kreises unbekannt. Es schien, als hätte das Schicksal sie zusammengeführt, damit sie sich gegenseitig inspirierten und ermutigten. Das schreibt Perlès über den Beginn ihrer Freundschaft:

Ein wenig außer Atem kam ich in der Villa Seurat an. Lawrence Durrell war dort bei Henry. Er war gerade aus Korfu angekommen, ein gutaussehender junger Mann von Mitte Zwanzig mit goldenem Haar und einem jungenhaften Gesicht, das ihm das Aussehen eines Engels gab. Die beiden tranken Wein und schienen sich glänzend zu verstehen. Durrells Frau Nancy bereitete das Essen in der kleinen Küche im Hintergrund des Studios zu; sie war groß und schlank wie ein eleganter Flamingo.

Beide, Henry wie auch Larry, waren in bester Stimmung. Sie schienen sich gleich als »alte Seelen« erkannt zu haben – Menschen derselben Herkunft, die alles miteinander gemeinsam haben. Sie hatten den ganzen Tag über geredet, getrunken und sich amüsiert und waren bereits Busenfreunde, als ich eintraf. Ein echter *coup de foudre à la russe.*

Der erste Abend mit den Durrells (es sollten noch viele folgen) war unvergeßlich. Nancy hatte ein delikates Filetsteak zubereitet (nur die Engländer können ein Steak richtig grillen, so daß es weder roh noch verkohlt, sondern genau *à point* ist, wie die Franzosen es immer bezeichnen, selbst aber nie fertigbringen), und wir waren in bester Stimmung, als wir uns zu dem Festschmaus niederließen. Wir tranken eine Menge Wein, doch der machte uns nicht betrunken – wir waren voneinander berauscht. Die Unterhaltung floß dahin wie Musik. Keiner versuchte, das Gespräch zu monopolisieren: keine langweiligen Monologe, keine unverdaulichen intellektuellen *pronunciamenti*. Larry war geistreich und strahlend glücklich. Außer Henry Miller war er der erste wirklich zivilisierte Angelsachse, dem ich begegnet war; er war genügend zivilisiert, um seine Kultur und seine Belesenheit anderen schmackhaft zu machen – und das bedeutet sehr viel. Trotz seiner Jugend schon ein berühmter Dichter, hatte er gerade sein zweites Buch, *Die schwarze Chronik*, beendet, »eine Chronik des Englischen Todes«, wie er es nannte, das einige Monate später bei Obelisk Press erscheinen sollte.[9]

Die Korrespondenz mit Durrell (die 1935 begann) und die persönliche Freundschaft (ab 1937) waren für Henry sehr wichtig, denn in diesen Jahren fand er endlich den Mut, das June-Buch, *Wendekreis des Steinbocks*, in seiner endgültigen Form in Angriff zu nehmen. Der Keim zu diesem Buch war bereits in *Crazy Cock* und *Moloch* gelegt worden, und jahrelang hatte er die Aufzeichnungen über seine Beziehung zu June mit sich herumgetragen, in der Hoffnung, sie einmal in einen Roman verwandeln zu können. Als die Zeit dann dafür reif war, war es jedoch besser, diese Aufzeichnungen zu

9 Alfred Perlès, *Mein Freund Henry Miller*, S. 178.

vergessen und sich das Buch einfach von der Seele zu schreiben. Schon in *Wendekreis des Krebses* und *Schwarzer Frühling* hatte er mit leidenschaftlichem Engagement Episoden aus seinem Leben in New York beschrieben. *Wendekreis des Steinbocks* trug die Widmung »Für sie« und wurde seine eigene Abelard-ähnliche *historia calamitatum*, eine Rückblende von seinem Leben im Paris der dreißiger Jahre zu seinem New Yorker Leben in den Zwanzigern.

Was für einen Unterschied ein Jahrzehnt im Leben eines Schriftstellers ausmachen kann! Nachdem er die Literatur hinter sich gelassen hatte, war Henry bereit, sich mit June zu befassen und sie für immer auf das Papier zu bannen. June war »die Frau, der man gehorchen muß«, die Ayesha[10] seines Lebens (nach Louise), die ursprüngliche Lilith-Eva, die Zauberin, die Peinigerin, die Muse. Er mußte das Leben in seinen Worten verdichten, um June wirklich in Besitz nehmen und für immer besiegen zu können. Der Prozeß des Schreibens war für Henry lebenswichtig, um seine obsessive Gebundenheit an diese Frau zu überwinden. Was Henry in seiner Coda zu *Wendekreis des Steinbocks* sagt, gilt für alle Schriftsteller.

> Wie ich so dastand, wurde mir bewußt, daß ich nicht mehr an sie dachte; nur noch an dieses Buch, an dem ich jetzt schreibe, und das Buch war für mich wichtiger geworden als sie, als alles, was uns widerfahren war. Wird dieses Buch die Wahrheit sein, die ganze Wahrheit und nichts als die Wahrheit, so wahr mir Gott helfe? Während ich mich wieder unter die Menge mischte, rang ich mit diesem Gedanken der »Wahrheit«. Jahrelang habe ich diese Geschichte zu erzählen versucht, und immer lastete das Problem der Wahrheit auf mir wie ein Alptraum. Wiederholt habe ich anderen Leuten unsere Lebensumstände berichtet und immer die Wahrheit erzählt. Aber die Wahrheit kann auch eine Lüge sein. Die Wahrheit genügt nicht. Die Wahrheit ist nur der Kern eines unerschöpflichen Ganzen.[11]

10 Lieblingsfrau Mohammeds (Anm. d. Übers.).
11 Henry Miller, *Wendekreis des Steinbocks*, S. 317.

»Die Wahrheit kann auch eine Lüge sein«: Diese Feststellung ist entscheidend für Henrys gesamtes Lebenskonzept und für sein dichterisches Werk. Er versucht in *Wendekreis des Steinbocks*, die ganze Wahrheit zu erzählen, die Wahrheit über June, über Louise, über Pauline, über die »Cosmodemonic«. Er versucht, sich über seine New Yorker Existenz zu erheben und sie zu Kunst umzugestalten oder zu etwas noch Höherem: zu Leben. Und was geschieht, nachdem sein Buch beendet ist? Es wird ihm klar, daß er mehr und mehr Bücher schreiben muß, um wirklich zum Kern seiner Geschichte vorzudringen. Und so entstehen *Sexus, Nexus* und *Plexus*.

Wovon handelt *Wendekreis des Steinbocks*? Oberflächlich betrachtet, erzählt es Henrys Aufstieg (wie Saul Bellow es vielleicht sehen würde) von seinen bescheidenen Ursprüngen zur kompletten Katastrophe. Es ist ein Buch über seine Familie (jene »nordeuropäischen Idioten«), über seine Mutter (mit ihrer »klammernden Gebärmutter«), die Arbeitswelt in New York im Jazz-Age und schließlich darüber, wie Henry sich in seine Muse verliebt – eine Venus, die sich am Ende als Lilith erweist. Die Begegnung mit dieser Muse macht es ihm möglich, seine profanen Sorgen in mitreißende Worte zu verwandeln. Von June berichtet er erst am Ende des Buches, doch ist sie die Schlüsselfigur für alles, was vorher und nachher passiert, im Grunde die Schlüsselfigur für Henrys gesamtes Leben als Schriftsteller. Weil er in June seine Mutter sieht und beim Schreiben über sie die Beziehung zu seiner Mutter verarbeitet, ist sein Weg als Schriftsteller vorgezeichnet.

Wie jeder Schriftsteller muß Henry ein kunstvolles Grabmal errichten, um die Frau zu beerdigen, die seine Obsession verkörpert.

Während ich unter den Fenstern des Tanzlokals vorüberging und wieder an dieses Buch dachte, wurde mir plötzlich klar, daß unser Leben sein Ende erreicht hatte: Mir kam zu Bewußtsein, daß das von mir geplante Buch nichts anderes war als ein Grabmal, in dem ich sie und das Ich, das ihr gehört hatte, begraben wollte. Das ist nun schon einige Zeit her, und seitdem habe ich nicht aufgehört, mich zu bemühen, dieses Buch zu schreiben. Warum ist es so schwierig? Warum? Weil der Gedanke an ein »Ende« mir unerträglich ist.

In diesem grausamen und unerbittlichen Wissen vom Ende liegt die Wahrheit. Wir können die Wahrheit kennen und sie hinnehmen, oder wir können das Wissen von ihr zurückweisen und weder sterben noch wiedergeboren werden. Man kann immer so weiterleben, ein negatives Leben, das ebenso festgefügt und vollständig oder ebenso zerfallen und bruchstückhaft ist wie das Atom. Und wenn wir diesen Weg weit genug verfolgen, kann sogar diese atomare Ewigkeit sich in Nichts auflösen und das Universum zerfallen.

Seit Jahren habe ich nun diese Geschichte zu erzählen versucht; jedesmal, wenn ich anfing, wählte ich einen anderen Weg. Ich bin wie ein Forschungsreisender, der die Welt umsegeln will und es für überflüssig hält, einen Kompaß mitzunehmen. Außerdem ist die Geschichte dadurch, daß ich so lange von ihr geträumt habe, einer großen, befestigten Stadt ähnlich geworden, und ich, der sie wieder und wieder träumt, stehe vor der Stadt, ein Wanderer, der sich von Tor zu Tor schleppt, zu erschöpft, um einzutreten. Und wie vor dem Wanderer weicht die Stadt, in der meine Geschichte sich abspielt, ständig vor mir zurück. Immer sichtbar, doch unerreichbar, wie eine in den Wolken schwebende gespenstische Zitadelle. Von den hochragenden, zinnenbewehrten Mauern schwingen sich Scharen riesiger weißer Gänse in geschlossener, keilförmiger Ordnung herab. Mit den Spitzen ihrer blauweißen Schwingen wischen sie Träume weg, die meinen Blick trüben. Meine Füße suchen verwirrt einen Halt; kaum habe ich festen Boden unter den Füßen gefunden, bin ich wiederum verloren. Ich wandere ziellos, um einen festen, unerschütterlichen Standpunkt zu finden, von dem aus ich mein Leben überblicken kann, aber hinter mir liegt nur ein Gewirr kreuz und quer verlaufender Pfade, im Kreis herumtappende Spuren, das spasmodische Umherstolpern des Huhns, dem man gerade den Kopf abgeschlagen hat.[12]

12 Ebda., S. 318 f.

Wendekreis des Steinbocks ist bemerkenswert schon wegen der Aufrichtigkeit, mit der die Bedeutung einer sexuellen Obsession im Leben eines Schriftstellers beschrieben wird. Die Muse besucht uns im Kleid der menschlichen Sexualität, um uns aus der Gebundenheit an die Zeit zu befreien und uns den Schritt in die Zeitlosigkeit zu ermöglichen. So könnte Shakespeare über seine Dark Lady geschrieben haben: »Du kommst zu mir als Venus verkleidet, doch du bist Lilith, und ich weiß es.«

So könnte Petrarca über Laura geschrieben haben oder Dante über Beatrice:

> Es ist Sonntag, der erste Sonntag meines neuen Lebens, und ich trage das Hundehalsband, das du mir um den Hals gelegt hast. Ein neues Leben breitet sich vor mir aus. Es beginnt mit einem Ruhetag. Ich liege zurückgelehnt auf einem breiten grünen Blatt und beobachte, wie die Sonne in deinem Schoß zerbirst. Wie sie prasselt und knattert! Alles eigens für mich, was? Wenn du nur eine Million Sonnen in dir hättest! Wenn ich nur ewig hier liegen und das himmlische Feuerwerk genießen könnte![13]

Henry berichtet über seinen Aufstieg vom Mann zum Engel, vom Mann zum Künstler:

> So sehen die Tatsachen aus, und Tatsachen besagen nichts. Die Wahrheit ist, daß mein Wunsch so groß, so stark war, daß er Wirklichkeit wurde. In einem solchen Augenblick hat es nicht viel Bedeutung, was ein Mensch *tut*, nur das zählt, was er *ist*. In einem solchen Augenblick wird der Mensch zum Engel. Genau das geschah mit mir: *Ich wurde ein Engel.* Das Wertvolle an einem Engel ist nicht die Reinheit, sondern die Tatsache, daß er fliegen kann. Ein Engel kann überall und jeden Augenblick ausbrechen und seinen Himmel finden; er hat die Macht, ins Niedrigste hinabzusteigen und sich nach Belieben wieder daraus zu befreien, wenn er will. In der fraglichen Nacht begriff ich das ganz. Ich war rein, nicht menschlich, ich war losgelöst und hatte Schwingen. Die Vergangenheit war von mir genommen, und ich

13 Ebda., S. 330.

machte mir keine Sorgen um die Zukunft. Ich war jenseits aller Ekstase. Als ich mein Büro verließ, faltete ich meine Flügel zusammen und verbarg sie unter meinem Rock.[14]

Ohne June, die Muse, hätte Henry, der Künstler-Engel, nicht geboren werden können.

Montparnasse in den späten dreißiger Jahren veränderte sich, so wie die übrige Welt sich veränderte. Deutsche Hitler-Flüchtlinge berichteten Schreckenerregendes über den Antisemitismus. Henrys Reaktion auf Hitler war durchaus nicht die eines Antisemiten. Er verabscheute Hitler und betrachtete dessen Haßtiraden gegen die Juden als dummes Geschwätz. Mit Antisemitismus konfrontiert, behauptete Henry oft, selbst Jude zu sein. Er war eben ein Mann, der immer gegen den Strom schwamm.
Als der Krieg unmittelbar bevorstand und Paris immer unsicherer wurde, lud Larry Durrell, der sehr zurückgezogen in seinem Haus auf Korfu lebte, Henry immer wieder nach Griechenland ein, in das Paradies, das Betty Ryan ihm bei ihrem ersten Treffen in der Villa Seurat beschrieben hatte. Schließlich nahm Henry die Einladung an. Die Reise inspirierte ihn zu seinem vielleicht wichtigsten Buch, *Der Koloß von Maroussi*. Doch zuerst mußte er sich von Paris trennen.
Krieg und Gewalt versetzten ihn in Angst und Schrecken; er fürchtete den Kampf und haßte Faschisten und Kommunisten gleichermaßen. Natürlich verabscheute er auch Amerika. Erst als die französische Regierung mobil machen ließ, war er schließlich bereit, Paris zu verlassen. Er wußte, daß eine weitere Etappe seines Lebens sich dem Ende zuneigte, war sich jedoch im Augenblick nicht darüber klar, wo die nächste beginnen sollte. *Wendekreis des Steinbocks* war abgeschlossen, und Larry drängte ihn, das Buch nach

14 Ebda., S. 323.

175

Griechenland zu bringen. Henry kam bis Bordeaux, wußte
jedoch nicht, wohin es nun weitergehen sollte.

Hôtel Majestic, 2 rue de Condé, Bordeaux

Sonntag, 25. September [1938]
Lieber Larry und liebe Nancy –
Ich habe Paris vor einigen Tagen verlassen, um nach dem Ab-
schluß von **Wendekreis des Steinbocks** *und meiner Zahn-*
behandlung einen Urlaub zu nehmen. Fand das flache Land
zu langweilig und kam hierher, gerade als es anfing, wirklich
schlimm auszusehen. Bevor ich Paris verließ, packte ich alle
meine Sachen sorgfältig zusammen. Gab Kahane das Ms. von
Wendekreis des Steinbocks, *damit er es im Tresor seiner*
Bank aufbewahrt. Einen Durchschlag habe ich bei mir, ebenso
das **Hamlet**-*Ms.*
Bis gestern nacht war ich in einem sehr schlechten Zustand,
dann wurde die Lage so schlimm, daß ich wieder an Aktion
denken konnte. Sende Dir dies per Luftpost, hoffe, daß es Dich
vor der Kriegserklärung erreicht. Ich sitze hier fest – sinnlos,
nach Paris zurückzukehren, die Stadt wird evakuiert. Kann
von hier aus nirgendwohin mehr weiter, weil ich kein Geld
habe. Wenn ein amerikanisches Kriegsschiff vorbeikommt,
werde ich vielleicht an Bord gehen müssen.
Ich würde gerne wissen, was Du zu tun gedenkst – in Korfu
bleiben oder nach England zurückkehren, um eingezogen zu
werden? Kannst Du mir an die obige Adresse ein Telegramm
schicken? Die Verbindungen hier sind schon schlecht, unter-
brochen. Mit dem, was ich hier habe, reiche ich noch ungefähr
eine Woche. Ich werde mich nicht von der Stelle rühren, wenn
ich es vermeiden kann. Es gibt keinen Ort, wohin ich gehen
könnte. Habe an Kahane um einen Vorschuß auf mir zuste-
hende Honorare geschrieben, zweifle aber, ob er etwas schik-
ken wird, er ist so ein Geizkragen. Am Ende werde ich an die-
sem blöden und scheußlichen Ort stranden, wo ich keine

Seele kenne und niemals sein wollte. Ganz gewiß werde ich
mich wieder herauswinden – Jupiter hält immer die Hand
über mich –, aber ich hätte gerne einige Worte von Dir gehört.
Vielleicht finde ich eine Gelegenheit, nach Korfu zu kommen –
ob es aber dort sicher ist? Wenn Du mich hier nicht erreichst,
versuche es über Kahane. Ich habe zwei Reisetaschen bei
mir, einen Stock (Geschenk von Moricand) und eine Schreib-
maschine. Wenn notwendig, werfe ich alles über Bord und
schwimme.
Falls ich in der äußersten Not etwas Geld brauche und pumpen
gehen muß, kann ich dann auf Deine Hilfe rechnen? Ich werde
mich erst melden, wenn ich absolut keinen anderen Ausweg
mehr weiß. Ich bin schon im Kriegszustand, jage wie ein Tier
herum, habe keinen Gedanken im Kopf, nur überleben will ich
um jeden Preis. Je schlimmer es wird, desto mehr will ich leben.
Die Spannung, die Untätigkeit, die Konferenzen sind es, die
mich kaputtmachen. Fünf Minuten allein mit Hitler, und ich
hätte das ganze verfluchte Problem gelöst. Er handelt gefühls-
mäßig – und in vollem Ernst. Irgendwer muß ihn zum Lachen
bringen, oder wir sind alle verloren. Habe seit meiner Abreise
aus Paris mit keiner Seele gesprochen. Gehe nur herum, esse,
trinke, rauche, raste, rasiere mich, lese Zeitungen. Ich bin ein
Automat. Fred war noch in der Impasse Rouet, noch nicht ein-
gezogen. Und ohne einen Cent, wie üblich. Wenn Du meine
Spur verlierst, falls Paris bombardiert und Obelisk Press zer-
stört wird, dann schreibe an meinen Freund Emil Schnellock –
c/o Mrs. L. B. Grey, Orange, Va., USA.

Henry[15]

Einige Monate zuvor hatte Henry Huntington Cairns geschrieben, er würde vielleicht nach Arizona oder den Osterinseln oder Indien reisen. Offensichtlich hatte er, was seine
Zukunft anbetraf, ganz und gar keine klaren Vorstellungen.

15 Lawrence Durrell, Henry Miller, *Briefe 1935–1959*, S. 119f.

Ich möchte nur mitteilen, daß ich die Villa Seurat in den nächsten drei Monaten verlassen werde, da ich gesetzlich dazu gezwungen bin. Falls möglich, werde ich eine Schiffsladung meiner Dokumente an Schnellock in Virginia schicken, bevor ich mich selber einschiffe. Dies ist für mich das Ende eines weiteren Lebensabschnitts. Vielleicht das Ende meines europäischen Abenteuers. Ich weiß noch nicht genau, was ich tun werde, aber ich plane, nach Arizona zu gehen und dort eine Weile zu bleiben und – falls genügend Geld vorhanden ist – eine Rundreise durch das ganze Land zu machen, um das von mir geplante Buch zu schreiben: **Der klimatisierte Alptraum.** *Danach werden wir weitersehen. Vielleicht werde ich in den Orient reisen, vielleicht zu einer entfernten exotischen Insel. Ich würde gerne nach Nordindien gehen und dann nach Tibet, doch momentan fehlt mir der Mut zu weiteren Strapazen. Oft habe ich jedoch an einen Platz wie die Osterinseln gedacht oder die Karolinischen Inseln, wo einige meiner deutschen Vorfahren sich vor langer Zeit niedergelassen haben sollen. Ich kann ohne Zivilisation auskommen, ohne Kunst, ohne Kultur: Ich habe genug in mir gespeichert, um den Rest meines Lebens davon zu zehren.*[16]

Statt auf den Osterinseln ließ er sich am Ende in Big Sur in Kalifornien nieder.

Unschlüssig zwischen verschiedenen Zielen hin- und herschwankend, reiste Henry 1939 nach Griechenland, in der Hoffnung, dort während des Krieges bleiben zu können. Diese Entscheidung sollte sich am Ende als schicksalhaft erweisen. Griechenland wurde zu einem weiteren spirituellen Angelpunkt seines Lebens.

Mit siebenundvierzig Jahren schließlich sollte Henry der Weise geboren werden. Man spürt Henrys Verwandlung auf der ersten Seite von *Der Koloß von Maroussi.*

Hätte ich nicht Betty Ryan, ein junges Mädchen, das in Paris im selben Haus wie ich wohnte, kennengelernt, wäre ich nie nach Griechenland gegangen. Eines Abends erzählte sie mir bei einem Glas Weißwein von ihrem Vagabundieren durch die Welt. Ich

16 Aus einem unveröffentlichten Brief an Huntington Cairns, 1939.

hörte ihr stets aufmerksam zu, da ihre Erlebnisse ungewöhnlich waren und sie ihre Reisen bildhaft zu schildern wußte – alles, was sie erzählte, blieb in meinem Hirn haften wie die Meisterwerke eines Malers.[17]

Die Prosa ist plötzlich einfach, klar, ruhig. Betty Ryan hatte Miller Griechenland als »eine Welt des Lichtes, wie ich erträumt hatte«, beschrieben, und dieses Licht ist ebenso in der Klarheit der griechischen Gewässer wie auch in Millers Prosa zu finden. In *Maroussi* werden die langen, verschlungenen Sätze von *Wendekreis des Krebses* und *Wendekreis des Steinbocks*, die gespickt waren mit ungeheuerlichen und surrealen Widersprüchen, kurz, klar und schimmernd. Der Schriftsteller Henry Miller hat sich geläutert; er ist zu einem Seher geworden. Er ist bereit, das Chaos zugunsten einer heiteren Klarheit aufzugeben. Er ist bereit, die Dunkelheit hinter sich zu lassen und zum Licht vorzudringen.

Von *Clipped Wings* zu *Maroussi* ist eine faszinierende Entwicklung des Schriftstellers Henry Miller erkennbar. Das abgeleitete stilistische Pastiche von *Clipped Wings* wird abgelöst durch einen gestelzten literarischen Stil in *Crazy Cock* und *Moloch*. Dem folgt eine verwegene Formlosigkeit (die *Wendekreise*, *Schwarzer Frühling* usw.) und schließlich die strahlende Klarheit von *Maroussi*. Und doch sind dies eindeutig die Werke desselben Schriftstellers, derselben Seele. Diese Seele steigt wie Dante in die Hölle hinunter und erklimmt am Ende den Berg, um in Griechenland die Pforten des Paradieses zu finden. New York ist das Tor zur Unterwelt, Paris der Eingang zum Fegefeuer und Griechenland der Eingang zum Paradies.

Maroussi ist Millers Schlüsselwerk. Es erklärt alles, was vorher und nachher kommt. Henry suchte, wie er mir einmal erklärte, »immer nach dem Geheimnis des Lebens«. Und in Griechenland fand er seine wahre Berufung als

---

17 Henry Miller, *Der Koloß von Maroussi*, S. 5.

Schriftsteller/Weiser, dessen Aufgabe in der Befreiung seiner Leser besteht.

So wie die Pariser Bücher voll sind von Bildern einer blutigen Gebärmutter, so ist das Griechenland-Buch voll von Bildern der Erleuchtung. Es gibt noch immer Auflistungen – Henrys Lieblingsstilmittel –, aber es sind keine sich überstürzenden, kakophonischen Rabelaisschen Auflistungen, sondern kurze, visionäre Stimmungsbilder:

> Bäume bringen Wasser, Futter, Vieh, Ernte; der Baum bedeutet Schatten, Gemütlichkeit, Lieder – er regt Dichter, Maler, Gesetzgeber, Denker an.[18]

Wie sehr unterscheidet sich das von den lärmenden Auflistungen in *Wendekreis des Krebses*, *Wendekreis des Steinbocks* und *Schwarzer Frühling* – prallvoll mit Gebärmüttern, Schuhen, Fell, Eiter, Flügeln, Schanker, Krebs, Spinnen und Vitriol …

Das »übernatürliche Licht« hat Henry verwandelt.

> Man müßte eine Kröte oder Schnecke sein, um von der Ausstrahlung, die von diesen Menschenherzen und diesem Himmel ausgeht, unberührt zu bleiben.[19]

»Das einzige Paradies in Europa« nennt er Griechenland – und für ihn war diese Aussage zutreffend. In Griechenland »füllte sich sein Herz mit Licht«; er öffnete sich wie eine Blume.

> Ich weiß nicht, was mich am meisten packte: die Zitronenhaine uns gegenüber oder der Anblick von Poros selbst, als mir plötzlich bewußt wurde, daß wir durch Straßen fuhren. Wenn es einen Traum gibt, den ich über alles liebe, so ist es der, auf Land zu segeln. Die Einfahrt nach Poros wirkt wie ein tiefer Traum. An allen Seiten ragt plötzlich das Land empor, und das Schiff wird in eine schmale Enge gequetscht, die keinen Ausgang zu haben scheint. Die Männer und Frauen von Poros lehnen sich aus den

18 Ebda., S. 39.
19 Ebda., S. 40.

180

Fenstern, direkt über uns. Man fährt unmittelbar unter ihren freundlichen Nasen einher, als ließe man sich unterwegs rasieren und die Haare schneiden. Die Müßiggänger auf dem Kai schlendern im gleichen Tempo wie das Schiff, sie könnten sogar schneller vorankommen, wenn sie wollten. Die Insel dreht sich um sich selbst, als bestehe sie aus kubistischen Flächen, die eine aus Mauern und Fenstern, die andere aus Felsen und Ziegen, eine dritte aus vom Wind gerüttelten Bäumen und Sträuchern und so weiter. Dahinter, wo das Festland sich wie eine Gerte biegt, liegen die Haine mit den wilden Zitronen, dort wird im Frühling jung und alt verrückt vom Duft der Säfte und der Blüten. Bei der Einfahrt in den Hafen von Poros gerät man in einen Wirbel, man fühlt sich inmitten von Masten und Netzen in eine Welt geworfen, die nur der Maler kennt und die er wieder zum Leben erweckt hat, weil er ebenso berauscht und glücklich und sorgenfrei war, als er zum erstenmal diese Welt sah. Langsam durch die Straßen von Poros zu fahren ist eine Erneuerung des Entzückens, durch den Mutterleib zur Welt zu kommen, ein gewissermaßen idiotisches, betäubtes Entzücken, aus dem solche Sagen entspringen wie die von der Geburt einer Insel aus einem Schiffbruch. Das Schiff, die Durchfahrt, die sich drehenden Mauern, das sanfte Gleiten des Schiffsrumpfes, das blendende Licht, die grüne, schlangengleiche Biegung des Ufers, die sich aus den Fenstern neigenden Bärte, all diese Dinge und der klopfende Atem von Freundschaft und Sympathie enthüllen und bezaubern einen, bis man wie ein Stern explodiert, dessen Schicksal sich vollendet hat, bis sich die zerschmolzenen Brocken des Herzens in alle Winde verstreuen.[20]

Maroussi zeigt Henrys Austritt aus dem blutigen Schoß der Zeit in die strahlende Schönheit der Ewigkeit. Das Buch vermittelt seine Aussage auf verschiedenen Ebenen. Es ist die Reise eines gefallenen Mannes von der Dunkelheit zum Licht, von der Sterblichkeit zur Unsterblichkeit, von der Unbeständigkeit zur Dauerhaftigkeit, vom unbedarften Materialismus zur erleuchteten Spiritualität. Es erzählt

20 Ebda., S. 43f.

auch die Geschichte der Welt am Angelpunkt des 20. Jahrhunderts. 1939 überschritt dieser Planet mit seinen Millionen von kriegeweihten Bewohnern unwiderruflich die Schwelle vom pränuklearen zum nuklearen Zeitalter, von der Illusion der Unsterblichkeit der Menschheit zu der Gewißheit der Sterblichkeit, vom Krieg, der alle Kriege beenden sollte, zu der Auffassung, daß der Krieg in seinen verschiedenen Ausprägungen uns immer begleiten wird – der kalte ebenso wie der heiße Krieg. Henrys Odyssee in *Maroussi* ist genau die Odyssee, die die menschliche Rasse 1939 anzutreten versäumte. Es ist von zukunftweisender Bedeutung, daß das Buch mit der Zeile »Friede allen Menschen, sage ich« schließt.

Maroussi schafft eine neue Form des spirituellen Reisebuchs, basierend auf Thoreau und über diesen hinausgehend. Es erstaunt mich, daß nur so wenige der Kritiker, die über Miller geschrieben haben, das erkannten. Der Sex in den Pariser Büchern hat sie geblendet. Sie haben *Maroussi* noch nicht einmal angeschaut.

Mary Dearborn erkennt die Schönheit der Prosa, aber sie betrachtet das Buch nach ein paar Zeilen als erledigt. »Die Aufzählung der spirituellen Erfahrungen langweilt ... Miller jedoch hielt ... den *Koloß von Maroussi* für sein bestes Buch, und zweifellos ist es das ›mystischste‹ seiner Werke.«[21]

Natürlich ist »Mystizismus« – schon allein das Wort hat inzwischen etwas Herabsetzendes – immer langweilig für diejenigen, die nur an Materialismus glauben. Als »langweilig« empfinden wir allerdings häufig das, was uns angst macht – wie jeder Psychoanalytiker bestätigen wird. Es gibt eine ganze Schule von Journalisten und Kritikern, die alles, von *Maroussi* über *Walden* und *Tao Te Ching* bis zu Shirley MacLaines Bestsellern, als »New-Age-Unsinn« abtun, so als

---

21 Mary Dearborn, *Henry Miller*, S. 249.

gäbe es in der Qualität und in der Substanz keine Unterschiede.

Vermutlich ist die Angst vor Erleuchtung bei einigen Menschen größer als das Bedürfnis danach. Einige Menschen suchen sie, während andere ihr wiederum dickköpfig den Rücken zuwenden und behaupten, das Licht existiere nicht. Über Erleuchtung läßt sich ebensowenig diskutieren wie über die Existenz von Gott und Göttin. Ein Glaubensvorschuß ist dazu schon notwendig, eine innere Bereitschaft. In Griechenland hatte Miller diese innere Bereitschaft. Aber viele seiner Biographen können ihm nicht folgen.

Selbst Robert Ferguson, ein in gewisser Weise weniger mißgünstiger und insgesamt aufgeschlossenerer Kritiker Henrys als Mary Dearborn, schreibt über *Maroussi*: »Aber diese zweite Wiedergeburt so bald nach der ersten in Paris mit *Wendekreis des Krebses* mag manchem wie eine Wiedergeburt zuviel vorkommen.«[22] Aber spirituelle Erfahrungen intensivieren und häufen sich. Sie schwellen an wie Wellen und resultieren in Durchbrüchen. Ein kreatives Leben entwickelt sich nicht, indem man Ameisenhaufen von »Fakten« ansammelt. Vielmehr kommt es zu einer langsamen Zunahme an Erfahrungen, einer immer besseren Beherrschung der Kunst, einer wachsenden Spiritualität, bis man plötzlich, ohne genau zu wissen, wie, zu einer neuen Ebene aufsteigt. Wer das einmal erfahren hat, glaubt es. Wer es nicht erfahren hat, glaubt es nicht.

Unter Millers Biographen ist es Jay Martin, der am besten Henrys Aufgabe versteht, seine Leser zu befreien. Er erfaßt die innere Freiheit und die Leichtigkeit, die Miller in Griechenland gespürt hat. Nach der Hektik der Pariser Jahre, in denen Miller immerfort schrieb, um die Bitterkeit seiner Vergangenheit zu überwinden, war er endlich in der Lage,

22 Robert Ferguson, *Henry Miller. Ein Leben ohne Tabus*, S. 372.

Leben und Licht in tiefen Zügen einzuatmen. Er kam als neuer Mensch nach Amerika zurück. Es war, als sei seiner Seele die Beichte abgenommen worden.

Vielleicht wird *Maroussi* von Millers Biographen zuwenig beachtet, weil es »ein Buch ohne Sex« ist. Diese Vermutung hatte schon einer von Henrys griechischen Freunden angestellt. Es paßt nicht in das Miller-Stereotyp; deshalb ist es sicherer, es zu ignorieren, als anzuerkennen, daß Miller viele Gesichter hatte – als Mensch ebenso wie als Schriftsteller. In unserem Zeitalter der Computer und der Stereotypisierung durch die Medien wird nur wenigen Personen des öffentlichen Lebens Komplexität, Kompliziertheit oder ein Schatten, eine Hell-Dunkel-Persönlichkeit zugestanden. Miller wird als ein geiler Bock angesehen und damit basta. Wie kämen wir dazu, anzuerkennen, daß sein zentrales Buch voller Sonne und Meer ist und nicht voller Schleim und Sperma? Unser kostbares Vorurteil würde sich plötzlich als falsch erweisen! Die Wahrheit ist, daß Miller sich zeit seines Lebens auf einer spirituellen Reise befand – und Griechenland war eine wesentliche Etappe dieser Reise.

In Griechenland begegnete Henry Poeten und Philosophen und bereiste zusammen mit George Katsimbalis, den er später als Titelfigur unsterblich machen sollte, die alten Stätten: Poros, Nauplia, Epidaurus und Mykene. Genau wie Henry war Katsimbalis ein ebenso großartiger Gesprächspartner wie Schriftsteller. Während er Henry auf seiner spirituellen und literarischen Reise begleitete, schlug er ihn mit seiner faszinierenden Persönlichkeit in seinen Bann.

Henry wurde in Griechenland zu einem heiteren, fast schon rauschhaft fröhlichen Menschen – seine sämtlichen Freunde nahmen die Verwandlung wahr. Dort begann er seine lebenslange Romanze mit der Weisheit der Jahrhunderte – Yoga, Zen, das I Ging. Sein Freund Ghika (den er Giks nannte), der Maler aus Hydra, sagte voraus, daß Griechenland Henry verändern würde. »Du bist als Pariser Bohemien

184

nach Griechenland gekommen, und nun bist du ein Pilger geworden. Von nun an müssen auch deine Bücher anders sein.« *Maroussi* war der Beweis, daß Ghika recht hatte.

Im September 1939 starb Henrys Verleger bei Obelisk Press, Jack Kahane, und Millers kleines monatliches Einkommen entfiel. Durrell wollte auf seiten der Griechen gegen Italien kämpfen; Paris war mitten in Kriegsvorbereitungen und in einem Chaos. Für Miller wurde es Zeit, nach Amerika zurückzukehren; andere Möglichkeiten schienen sich nicht anzubieten. Zudem haßte er die Sinnlosigkeit des Krieges, jedes Krieges, und er floh ihn, wann immer er konnte. Drei Wochen vor seinem achtundvierzigsten Geburtstag (26. Dezember) wurden alle Amerikaner aufgefordert, Griechenland zu verlassen, und Henrys Freund George Katsimbalis, der verrückte Schwadroneur, brachte Miller zu einer Wahrsagerin.

Genau wie die Prophezeiung des Glückskekses (»Dein Name wird in der Zukunft berühmt werden«) sollte auch die Prophezeiung der griechischen Wahrsagerin zutreffen: Henry sollte zu einem Freudebringer werden, der nicht sterben, sondern lediglich aus der irdischen Sphäre verschwinden würde wie Lao-tzu. Die Voraussage war zutreffender, als Henry ahnen konnte, schon zu seinen Lebzeiten. Zwar erwarteten ihn in Amerika schwierige Zeiten, weil er dort nicht bekannt war, aber die meisten der Bücher, die ihn unsterblich machen sollten, hatte er bereits geschrieben. Alle außer *Maroussi*, das er nach seiner Rückkehr in New York fertigstellte.

Als Henry im Januar 1940 in seiner Vaterstadt ankam, war er ebenso mittellos wie zehn Jahre zuvor, als er New York verlassen hatte. Das breite Leserpublikum kannte ihn nicht, und er war noch immer ohne eine unterstützende und liebevolle Lebensgefährtin.

Anaïs hatte schon vor ihm Europa verlassen und war nach New York zurückgekehrt; als Henry ankam, war sie jedoch krank und konnte ihn nicht von seinem Schiff, der *Exocharda*, abholen. Aber sie zog sich ohnehin mit jedem Jahr mehr von ihm zurück.

Dies war keine triumphale Heimkehr. Henry hatte in den USA nur ein einziges Buch veröffentlicht, *The Cosmological Eye*, eine von James Laughlin von New Directions 1939 herausgegebene Auswahl seiner Schriften, die selbst in literarischen Kreisen nicht gut angekommen war. Henry schämte sich und fürchtete sich davor, seinen Eltern gegenüberzutreten. Er litt unter der Zwangsvorstellung, in Amerika nicht schreiben zu können und von dem New York der »Cosmodemonic« Company, vor der er geflohen war, verschlungen zu werden.

Für ihn war New York eine Stadt der Fehlschläge und Niederlagen, und doch schaffte er es irgendwie, mitten in dieser Stadt den *Koloß von Maroussi* zu schreiben, ebenso wie einige seiner besten Essays (*Die Welt des Sexus* und »Reflexionen über das Schreiben«). Er wohnte in Caresse Crosbys Apartment in der östlichen 54. Straße. Caresse war die Witwe von Harry Crosby von The Black Sun Press und eine weitere zurückgekehrte Exilantin – allerdings eine, die Geld hatte.

Während seines Aufenthalts in New York ereignete sich in literarischer Hinsicht noch etwas, was ein Licht auf Miller, den Schriftsteller, wirft. Immer in verzweifelter Geldnot und nicht in der Lage, seine Arbeiten an große Verlage zu verkaufen, schrieb Miller für einen Dollar pro Seite Pornographie auf Bestellung. Ebenso wie für die anderen Jobs, die er in seinem Leben angenommen hatte, erwies er sich auch für diesen als ungeeignet und verlor ihn.

Tatsächlich sind einige dieser pornographischen Erzählungen nach seinem Tod doch noch in *Opus Pistorum* (1983) veröffentlicht worden (»Unter den Dächern von Paris«, »La Rue de Fick« und »Frankreich in meiner Hose«), doch Henrys Scheitern als bezahlter Pornoschriftsteller bestätigt Vladimir Nabokovs These, daß Pornographieliebhaber nichts anderes wollen als die Paarung von Klischees. »Stil, Aufbau und Metaphorik sollten den Leser niemals von seiner lauwarmen Lust ablenken«, schreibt Nabokov in *Lolita*. Am Ende fand der Pornosammler Henrys Erzeugnisse »zu poetisch«.

Das zeigt, wie wenig die meisten Zensoren, Kritiker und sogar nüchterne »First-Amendment«-Spezialisten davon verstehen, was einen Schriftsteller dazu bewegt, über Sex zu schreiben. Wie Nabokov in seinem Nachwort zu *Lolita* schreibt, »sollte sich kein Schriftsteller eines freien Landes über die exakte Grenzlinie zwischen dem Sinnlichen und dem Wollüstigen Gedanken machen müssen«. Zum Leben gehört beides, und um es literarisch zu evozieren, muß in einem Werk auch beides enthalten sein.

Der Pornoliebhaber allerdings sucht nach etwas ganz anderem – nach einer Masturbationshilfe. Zuviel Poesie lenkt ihn von seinem einzigen Ziel ab: einem gut funktionierenden Orgasmus. Wenn dagegen Henry über Sex schrieb, dann wollte er damit etwas ganz anderes erreichen. Der Sex in seinen Büchern hat die gleiche Funktion wie die Spiritualität: zu wecken, zu erleuchten, den Leser zur Besinnung zu bringen. Wer die Pariser Bücher mit Pornographie verwechselt, weiß gewiß nicht, wie langweilig und eintönig Pornographie ist. Diejenigen, die Henry beschuldigen, den Sex in die Bücher hineinzupacken, »damit sie sich verkaufen«, bedenken nicht, daß in seinem Fall der Sex seiner »Karriere« eher im Weg stand. Aber er hatte keine andere Wahl. Er schrieb, was »die Stimme« ihm diktierte.

Die posthume Veröffentlichung der kleinen, auf Bestellung geschriebenen Pornographiesammlung hat bedauerlicherweise Henrys Ruf noch weiter geschadet – nicht allein wegen der Sexszenen, sondern auch, weil diese Geschichten so langweilig, schwerfällig und schlecht geschrieben sind. Zur gleichen Zeit, 1940, schrieb er in New York sein wahr-

haftigstes Buch über Sex in der Literatur. Es handelt sich um einen Essay mit dem Titel *Die Welt des Sexus*, und in ihm diskutiert Miller die verschiedenen Reaktionen auf seine sexuellen Bücher. Er erklärt, daß die Leute sie entweder verabscheuen oder als befreiend ansehen, daß jedoch nur sehr wenige Leser begreifen können, daß das sexuelle und das spirituelle Moment miteinander verbunden sind. Henry stellt es in diesem Essay so dar, als hätte er bereits einen festen Platz in der literarischen Welt gefunden.
Für mich bleibt *Die Welt des Sexus* das letzte Wort zu dem noch immer mißverstandenen Thema Sex und Spiritualität. Wie Flaubert wählte sich Henry sein Thema nicht, er unterwarf sich ihm. Es ist faszinierend, daß er *Die Welt des Sexus* unmittelbar nach *Maroussi* und dem Experiment mit den bestellten pornographischen Erzählungen schrieb. Henry konnte nur er selbst sein. Das ist gewiß eine Definition von Genialität.

Schließlich fand Henry den Mut, seine Eltern zu besuchen. Sie waren alt, arm, krank und sehr froh, ihn wiederzusehen. Das Verständnis und die Sympathie, die er für sie empfand, und das Verarbeiten und Überwinden seiner Wutgefühle hatten ebenfalls einen nachhaltigen Einfluß auf sein Werk und das Leben, das noch vor ihm lag. Endlich akzeptierten seine Eltern ihn, nicht aufgrund seiner Arbeit – nach ihren Maßstäben war ein Untergrundschriftsteller ein Versager –, sondern als ihren Sohn, was vielleicht noch wichtiger war. *Maroussi* wurde von zehn Verlegern abgelehnt, einschließlich Blanche Knopf, und erschien schließlich bei einem kleinen, finanzschwachen Verlag namens Colt Press in San Francisco. Trotz der vielen Ablehnungen war Henry nicht bereit, Penguin Books zu autorisieren, *Wendekreis des Krebses* von anstößig erscheinenden Stellen zu reinigen, damit es in Amerika veröffentlicht werden konnte. Einige übelwollende Miller-Kritiker behaupteten, er hätte für Geld alles getan; Tatsache ist jedoch, daß sein dickköpfiger Individualismus ihn daran hinderte, seine finanzielle Situation zu verbessern. Es war ihm einfach unmöglich, sich dem allgemein akzeptierten Geschmack anzupassen. Nicht einmal die *Kenyon Review*, *Esquire* oder *The New Republic* wollten seine Arbeiten veröffentlichen. Henry war seiner Zeit so weit voraus, daß sogar die kleinen Zeitschriften und die literarischen Vierteljahresschriften Angst vor einer Veröffentlichung hatten. Auch der *New Yorker* rümpfte die aristokratische Nase über sein Werk, und die Guggenheims wollten ihm kein Stipendium geben. Henry macht am Schluß von *Der klimatisierte Alptraum* einige sehr sarkastische Bemerkungen über Stipendien. Obwohl er »alle Fragen wahrheitsgetreu beantwortete« und »Namen von Leuten mit gutem Ruf anführen konnte«, die dafür bürgten, daß er weder ein »Idiot noch ein pubertierender Jüngling, noch ein Verrückter oder ein Alkoholiker« sei, bekam er das Stipendium nicht. Von keinem der neunzehn Professoren, Journalisten und Psychologen, die 1941 eines erhalten hatten, hat man jemals wieder etwas gehört.

Henrys Leben ist das erschreckende Paradebeispiel eines Künstlers in Amerika. Vom literarischen Establishment ebenso wie vom literarischen Anti-Establishment abgelehnt, bis ins relativ hohe Alter in finanziellen Schwierigkeiten, hatte er keine andere Wahl, als am Rand der Gesellschaft zu leben und diese Existenz auch noch zu mögen. Wäre er chronisch depressiv gewesen, hätte er vermutlich nicht überlebt. Doch Henrys großes Glück war seine Veranlagung – »immer froh und guter Dinge«, wie er sagte –, und er schrieb weiter, einfach, weil es ihm Spaß machte.

So hatte Henry »die Niete« in Wirklichkeit großen Erfolg. Wenn das Erklimmen des eigenen Berges gegen alle Widerstände das Zeichen spirituellen Erfolgs ist, dann war Miller atemberaubend erfolgreich. Seine Zähigkeit ist beispielhaft. Und niemand braucht Zähigkeit mehr als ein amerikanischer Schriftsteller, der sein Gewissen nicht dem Geschmack der Zeit anpassen kann. Was soviel heißt wie: jeder Schriftsteller, der es wert ist, gelesen zu werden.

Als *Maroussi* fast überall abgelehnt worden war, als seine Kurzgeschichten und Essays von den Zeitschriften nicht angenommen worden waren, fragte Miller seinen neuen Agenten, John Slocum von Russell and Volkening, was in aller Welt sich in Amerika denn eigentlich verkaufen ließe? Slocum sondierte das Terrain bei den Verlegern, und alle schienen zu wünschen, daß Miller, der zurückgekehrte Exilant, ein Buch über Amerika schreiben sollte.

Was für ein Zufall! Er hatte bereits eine Weile über ein solches Buch nachgedacht und es in seinem Kopf *Der klimatisierte Alptraum* genannt. Das Buch, das ihm vorschwebte, sollte fünfzig Kapitel haben und von seinem Künstlerfreund Abe Rattner illustriert werden.

Aber Doubleday, der Verleger, mit dem er den Vertrag machte, hatte andere Vorstellungen. Der Verlag wollte keine Illustrationen, die waren zu teuer. Und er war auch nicht bereit, Henry eine Reise durch die Vereinigten Staaten zu finanzieren. Man verlangte eine Garantie, daß das Buch von Pornographie frei wäre, und bezahlte ihm einen Vorschuß von fünfhundert Dollar – für das Buch, die Reise, das gesamte Projekt.

Das reichte kaum aus, um die Hälfte der Kosten zu decken, selbst wenn er sehr bescheiden reisen würde. Doch Henry hatte Beobachtungen gemacht und Einsichten gewonnen, die ausgedrückt werden mußten, und also war es dem *klimatisierten Alptraum* bestimmt, geschrieben zu werden.

Das Timing hätte auch diesmal kaum ungünstiger ausfallen können. Weihnachten 1941 beendete Henry das Buch, das zu einer Breitseite gegen Amerika geworden war, genau zu dem Zeitpunkt, als die Vereinigten Staaten in den Zweiten Weltkrieg eintreten sollten. Ihm war bewußt, daß das Buch nicht nur keine Chance hatte, für eine Veröffentlichung akzeptiert zu werden, sondern ihn auch als Verräter ins Gefängnis bringen könnte. Dies war kaum ein günstiger Augenblick, um rauhe Wahrheiten über Amerika zu publizieren.

Henry und Rattner legten die 25 000 Meilen ihrer Autorundreise durch Amerika von Oktober 1940 bis Oktober 1941 zurück. »Ein vergeudetes Jahr!« schrieb Miller über diese Zeit. Aber das Buch, das dabei herauskam, war durchaus wertvoll, auch wenn *Der klimatisierte Alptraum* erst 1945 in der Hardcover- und erst 1970 in der Paperback-Ausgabe auf den Markt gebracht wurde. Miller überarbeitete es 1944 in Big Sur. Wenn man es heute liest, verblüffen die Prophezeiungen, die dann tatsächlich eingetreten sind. Es scheint fast, als habe Miller voraussehen können, wie Amerika an der Wende von den achtziger zu den neunziger Jahren aussehen würde. »Wir haben immer zwei amerikanische Flaggen, eine für die Reichen und eine für die Armen.« Die amerikanische Leidenschaft für den Materialismus und die damit zusammenhängende Tretmühle der Mittelmäßigkeit werden von Miller sehr scharfsichtig analysiert.

> Das schrecklichste an Amerika ist, daß es kein Entrinnen aus der Tretmühle gibt, die wir geschaffen haben. Es gibt nicht einen furchtlosen Kämpfer für die Wahrheit in der Verlagswelt, nicht eine Filmgesellschaft, die sich der Kunst statt dem Gewinn widmet. Wir haben kein Theater, das diesen Namen verdient, und was wir an Theater haben, ist praktisch in einer Stadt konzentriert. Wir haben keine Musik, über die es sich zu sprechen lohnt, außer was wir den Negern verdanken, und kaum eine Handvoll Schriftsteller, die man als schöpferisch bezeichnen kann.[23]

Miller sah direkt ins Herz der amerikanischen Scheinheiligkeit, er sah, daß Amerika ein auf nicht realisierten Freiheitstheorien gegründetes Land war, welches zugelassen

23 Henry Miller, *Der klimatisierte Alptraum*, S. 31.

hatte, daß all seine Ideale sich auf »die größten Gewinne
für den Boß, die größte Sklaverei für die Arbeiter ...« redu-
zierten.
Jedoch hob Miller die schmerzhaftesten Hiebe für die Behandlung des amerikanischen Künstlers auf.

> Für den Träumer, dessen Träume nicht auf Nützlichkeit ausge-
> richtet sind, gibt es keinen Platz in dieser Welt. Was immer sich
> nicht dafür eignet, gekauft und verkauft zu werden, sei es im
> Bereich der Dinge, Ideen, Prinzipien, Träume oder Hoffnungen,
> wird ausgeschlossen. In dieser Welt ist der Dichter Anathema,
> der Denker ein Narr, der Künstler ein Flüchtling vor der Wirk-
> lichkeit, der Visionär ein Verbrecher.[24]

»Ich fühle mich überall zu Hause, nur nicht in meinem
eigenen Land«, erzählte Miller einem ungarischen Freund,
einem Emigranten, der sich vor kurzem in New York niedergelassen hatte.

> Amerika ist kein Land für einen Künstler: Künstler zu sein be-
> deutet hier, ein moralisch Aussätziger, ein wirtschaftlicher Ver-
> sager, ein sozialer Passivposten zu sein. Ein mit Mais gemästetes
> Schwein genießt ein besseres Leben als ein Schriftsteller, Maler
> oder Musiker. Sogar ein Kaninchen hat es besser.[25]

Der klimatisierte Alptraum liest sich, als sei es heute geschrieben worden. Es sagt die endgültige Degradierung von
Kunst und Literatur zu einer Ware voraus. Neben all dem
Haß, der darin zum Ausdruck kommt, ist es voller Leben
und Einsichten in Millers Denken: Es zeigt seine Suche
nach dem Geheimnis des Lebens, seine Sehnsucht nach
einem Amerika, das er lieben konnte.
Es ist für Schriftsteller typisch, sich schon beim Beenden
des auf dem Schreibtisch liegenden Buches intensiv mit
dem nächsten zu befassen. Als Henry noch *Der klimatisierte*

24 Ebda., S. 22.
25 Ebda., S. 14.

Alptraum schrieb, beschäftigte er sich bereits mit seinem nächsten Buch, das zu schreiben er schon seit zehn Jahren geplant hatte: *The Rosy Crucification* (*Sexus, Nexus* und *Plexus*). Damit sollte die Schuld, die er June gegenüber empfand, endgültig beglichen werden. *Wendekreis des Krebses* war für ihn nur ein Anfang gewesen. Nun mußte er alles berichten.

Woraus resultiert dieser merkwürdige Drang zu schreiben? Sicherlich nicht aus der Gier nach Ruhm und Geld – beides kann erheblich einfacher mit weniger disziplinierten, weniger einsamen Betätigungen erreicht werden –, sondern aus der Suche nach dem Trancezustand der Kreativität und der schöpferischen Ekstase, dieser Einheit mit sich selbst, mit dem Herzen, mit der Mutter. Dieser Prozeß wird wichtiger als das Leben. Er ist Meditation, Balsam, Erlösung.

»Schreiben ist ein Akt der Heilung«, sagt die Romanschriftstellerin und Kritikerin Doris Grumbach. Jeder wirkliche Schriftsteller spürt das. Das Schicksal des Buches ist fast gleichgültig. Und dem Himmel sei Dank, daß das so ist, denn die Energie zum Schreiben wird sehr viel früher benötigt, als der Applaus (öfter noch faule Tomaten oder stumme Gleichgültigkeit) sich einstellt.

Zu schreiben heißt, in einer Phase der Zeitlosigkeit zwischen Kreation und Reaktion zu leben. Die Mühen des Schreibens müssen auf sich genommen werden, lange bevor eine Reaktion erfolgt – wenn überhaupt eine erfolgt. Oft, wie in Millers Fall, kommt die Reaktion erst Jahrzehnte später.

Während der Amerikareise meinte Henry noch immer in June verliebt zu sein. »Wo bist Du jetzt? ... Ich liebe Dich!« lautet der Text eines Phantasietelegramms, das er von Hollywood aus an June schickt. Und er unterschreibt: »Valentin Valentino«. Er war entschlossen, eine große Proustsche Erzählung zu schreiben, die seiner Liebe einen Sinn geben und ihn schließlich davon erlösen sollte. Doch zuerst einmal mußte er sich irgendwo niederlassen und ein Zuhause finden, und diesmal war es der Westen, der ihn rief.

Auf seiner Reise hatte Hollywood, das zu jener Zeit ein Zufluchtsort für Schriftsteller, Künstler und europäische Emigranten war, Henry tief beeindruckt. »Ein Hollywood-Entwurf von Hollywood«, schrieb er in sein Tagebuch. »Bekannte Gesichter – aus Paris, Wien, Krakau, Berlin. Alle sind hier. Es sieht erbärmlich aus. Aber der Himmel leuchtet. Man hofft …«

Miller hoffte, in der Filmbranche Arbeit zu finden, doch stellte sich bald heraus, daß er auch dafür ungeeignet war. Außerdem war ihm sein Ruf nach Los Angeles vorausgeeilt. Die Frauen hielten ihn für einen sexuellen Draufgänger, und die Geschäftspartner von Hollywood meinten, er sei zu sehr Künstler, um sich anzupassen.

Sie hatten sowohl recht als auch unrecht. Henry war immer noch Romantiker, was Frauen anbetraf, und den »Ehefrauen von Hollywood« zu Diensten zu sein, ließ sich mit seinem romantischen Gemüt nicht vereinbaren. Er war auch nicht bereit, ein bezahlter Hollywood-Schreiberling zu werden. Von seinem Temperament her hätte es wohl auch kaum etwas gegeben, wofür er ungeeigneter gewesen wäre. Er brauchte seine gesamten schriftstellerischen Talente für sein eigenes dichterisches Werk.

Doch wie durch ein Wunder rettete ihn die Malerei.

In den mageren Hollywood-Jahren 1942 und 1943, in denen Miller mit seinen Freunden Margaret und Gilbert Neiman in Beverly Glen zusammenlebte und daran dachte, ein kommerzieller Hollywood-Schriftsteller zu werden, wandte er sich der Aquarellmalerei zu, die er seit den ersten Malstunden bei Emil Schnellock in den zwanziger Jahren geliebt hatte.

Henry hatte vielen der besten Maler bei der Arbeit zugesehen, und er selbst besaß die dem Künstler angeborene innere Freiheit. Wenn er schrieb, arbeitete er; wenn er malte, spielte er – und jeder konnte an seinen Werken erkennen, wieviel Freude ihm das künstlerische Schaffen bereitete. Auch jetzt war es wieder einmal die Freude, die ihn rettete. 1942 in Los Angeles malte Henry aus Liebe zum Malen und nicht, um Geld zu verdienen. Er folgte der Spur der Freude, und diese Freude sorgte für ihn, wie sie es immer getan hatte.

Eine Fahrt zu einem Laden für Künstlerbedarf in Westwood brachte ihn in Kontakt mit Attilio Bowinkel, dem Besitzer des Ladens, der ihn mit Material versorgte und später Henrys Aquarelle in seinem Fenster ausstellte. Als sie von Arthur Freed, dem MGM-Produzenten und Kunstsammler, gekauft wurden, war Henry so begeistert, daß er ebenso besessen zu malen begann, wie er zuvor geschrieben hatte. Wenig später zogen die Neimans nach Colorado, und Henry verwandelte ihr kleines Haus in Beverly Glen in ein Studio und später in eine Galerie, wo er seine eigenen Werke verkaufte.

Er öffnete seine Hände himmelwärts, und der Himmel beschenkte ihn. 1943 schrieb er seinen berühmten »Offenen Brief an alle«, in dem er um kleine Geld- und Kleiderspenden bat. Der Brief wurde in *The New Republic* abgedruckt und verursachte einige Aufregung. Selbst heute noch erinnern sich Leute daran – entweder amüsiert oder mit Mißbilligung.

Henry war ein ironischer Bettler.

> Jeder, der Lust hat, mich in meinem Wasserfarben-Rausch zu ermutigen, täte gut daran, mir Papier, Pinsel und Tubenfarben zu schicken, die ich immer brauche. Ich wäre auch dankbar für alte Kleidung, Hemden, Socken etc. Ich bin 1,70 m groß, wiege 67,5 kg, 38,75 cm Hals-, 95 cm Brustumfang, 80 cm Taillenumfang, Hut und Schuhe beide Größe 7 1/2. Liebe Cordsamt.[26]

The New Republic nannte Henry »eine der interessantesten Figuren der amerikanischen Literaturszene« (anscheinend

---

26 An Open Letter to All and Sundry, *The New Republic*, 8. Nov. 1943.

jedoch nicht interessant genug, um seine Arbeiten zu veröffentlichen). Er war als Persönlichkeit berühmt, nicht als Schriftsteller – und in gewisser Weise ist das auch heute noch der Fall.

Vielleicht sind es Henrys Ansichten über Geld, die ihn so kauzig erscheinen ließen. Nachdem er die fixe Idee der Amerikaner, daß Armut eine moralische Schande sei, als absurd durchschaut hatte, ließ er jeden Stolz im Hinblick auf Geld fahren. Wenn er Geld hatte, teilte er es mit jedermann. Wenn er keines hatte, erwartete er von anderen, daß sie es mit ihm teilten. Er war so großzügig, wie es nur jemand sein kann, der nicht an materielle Werte glaubt. Alles wegzuschenken, das war seine Religion. Und wie die Weisen es vorhersagen: Es kam immer zurück.

Einige Miller-»Experten« behaupten, daß viele seiner Essays und Romane nur deshalb in begrenzter Auflage herausgebracht wurden, weil er sich dadurch einen größeren Gewinn versprach, aber nichts könnte weiter von der Wahrheit entfernt sein. Jeder, der sich für kunstvoll gedruckte Bücher und Broschüren interessiert, weiß, wie mühsam und zeitaufwendig deren Herstellung ist und daß das Ganze sich unter ökonomischen Gesichtspunkten nicht lohnt. Man nimmt dennoch die Mühen auf sich – aus Liebe zum gedruckten Wort, aus dem Wunsch heraus, verschiedene Sinne anzusprechen: Auge, Tastsinn und das innere Ohr für die Musik der Sprache.

Als Schriftsteller und Maler, der aus demselben Paris kam, das Picasso, die Surrealisten und kleine Verlage wie den von Sylvia Beach (Shakespeare & Co.), Harry Crosby (Black Sun) und Nancy Cunard (Hours) hervorgebracht hatte, war Henry ganz besonders am Aussehen von Büchern interessiert, und zwar auf eine Art und Weise, die selbst damals im Verlagsgeschäft als altmodisch galt. Amerika hat eine große Tradition der Eigenpublikation von Büchern, die bis zu Whitman und noch weiter zurückreicht. Henry war sich dieser Tradition bewußt und auch der Tatsache, daß er ein Teil dieser Tradition war. Daß einige seiner Bücher, Briefe, Listen und Aquarelle Sammlerstücke wurden, kam überraschend. Der amerikanische Schriftsteller, der sich »gut verkauft«, wird das kaum auf dem Weg über begrenzte Auflagen tun. Als Henry 1943 schließlich ein Drehbuchvertrag von MGM angeboten wurde, lehnte er ab. Er zog es vor, von seinen Aquarellen zu leben, mit dem Engel als sein Wasserzeichen.

In diesem Punkt kannte er sich selbst gut. Es wäre ihm unmöglich gewesen, mit den psychologischen Zwängen fertig zu werden, denen ein gemieteter Hollywood-Schriftsteller ausgesetzt ist, mit dem fortwährenden Umschreiben nach Bedarf, dem ständigen Versuch, ein unbeständiges Publikum immer wieder neu einzuschätzen, den Komiteebeschlüssen, der Angst, dem ständigen Sich-den-Rücken-freihalten-Müssen. Henry muß gespürt haben, daß er das nicht ertragen würde.

Aber es wurde Zeit für ihn, seßhaft zu werden, sich ein Heim, eine Frau, einen Platz zum Schreiben zu suchen, und 1943 gab es noch immer keinerlei Sicherheit und Stabilität in seinem Leben. Er wollte die Trilogie über seine stürmische Romanze mit June weiterschreiben, und dafür brauchte er ein wenig Ruhe in seinem Leben. (Die Ironie des Schreibens liegt darin, daß die stürmischsten Bücher die geordnetsten Lebensumstände erfordern.) Er war von zwei jungen Frauen, in die er sich kurz zuvor verliebt hatte, zurückgewiesen worden; seine Einkünfte aus der Aquarellmalerei, die sich zunächst wie ein Platzregen über ihn ergossen hatten, waren versiegt, und er hatte keine Hoffnung auf ein dauerndes Zuhause. Er fühlte sein Alter, und wie viele Schriftsteller begann er von einem Paradies für Künstler zu träumen – und von einem Gönner, der ihm die Freiheit zu schöpferischer Arbeit ermöglichen würde. Und dieser Traum wurde schließlich wahr.

Ein anonymer Mäzen setzte ein bescheidenes Treuhandvermögen für ihn ein. Einen Großteil dieses Geldes gab Henry – typisch für ihn – sofort an Anaïs und andere weiter. Dann fand er sein nächstes irdisches Paradies in Big Sur. Danach fand er die Frau, die ihm in seinen reiferen Jahren die größten Geschenke machen sollte: seine Tochter Valentine und seinen Sohn Tony.

Ursprünglich war Henry wegen Jean Varda, dem Bildhauer, nach Big Sur gekommen, doch er blieb wegen des Himmels, der Vögel, dem Nebel, der Berge. Er schrieb an Anaïs Nin:

> Ich lebe in einem regelrechten Paradies hier, was die Landschaft angeht, aber die Arbeit, die damit verbunden ist, geht fast über meine Kräfte. Ich wohne am Ende eines steilen Pfades, der über eine Meile lang ist, weit abseits von der Landstraße. Dreimal in der Woche kommen Lebensmittel und Post, und ich schleppe das Ganze mit dem letzten Fünkchen Energie, das ich in mir habe, herauf. Wenn ich hinuntergehe, um die Sachen zu holen, spüre ich eine freudige Erregung. Denke immer, ich sei in den Anden, so großartig ist der Blick.[27]

In Big Sur fand Henry eine Landschaft, die seiner Seele Nahrung gab. »Es ist eine Gegend, in der die Extreme aufeinandertreffen, eine Gegend, in der man sich des Wetters, des Raumes, der Größe und des beredten Schweigens bewußt ist«, schreibt Henry in *Big Sur und die Orangen des Hieronymus Bosch*. Dies war für ihn der Ort, über die Ewigkeit nachzudenken, es war nach Griechenland der nächste Halt auf seiner spirituellen Reise. »Und wer kann sagen, wann diese Gegend wieder von den Wassern der Tiefe bedeckt sein wird?« fragte er.

Hier ließ Henry sich nieder, zwischen Himmel und Erde, zwischen Zeit und Ewigkeit, um die nächste Etappe seiner Reise anzutreten. »Hier sind die letzten Exemplare des ro-

---

27 Henry Miller, *Briefe an Anaïs Nin*, S. 402 f.

ten Sandholzbaums. [Big Sur] sieht wie immer aus. Die Natur lächelt sich im Spiegel der Ewigkeit selber zu.«
Der Stadtjunge aus Brooklyn und Paris war hingerissen von der Großartigkeit der pazifischen Küste. Sie sollte sein letzter irdischer Aufenthaltsort werden.

Kapitel 6 EIN HERZ GEFÜLLT MIT LICHT: BIG SUR, DAS PARADIES AUF ERDEN UND DANACH

*In den letzten Tiefen des Seins gibt es nur eine
wirkliche Ehe; die innige Bindung eines jeden
Menschen an sich selbst.*

HENRY MILLER *in einem
Brief an Bill Pickerill kurz
vor seinem Tod*

1974 verbrachte ich eine Nacht in Henry Millers Studio in Big Sur. Henry lebte schon in Pacific Palisades, und ich war Gast seiner Tochter Valentine in dem alten Haus am Partington Ridge.

Es war einer der herrlichsten, kältesten, nebligsten und unbequemsten Orte, an denen ich jemals gewesen bin. Henrys »Studio« war eine Hütte, praktisch ohne jede Isolierung, und mein damaliger Geliebter und ich hielten einander fest umschlungen, um warm zu bleiben. Wir froren zu sehr, um nach oben ins Bad zu gehen, waren zu durchgekühlt, um richtig zu schlafen. Der Wind pfiff durch die Ritzen; die Feuchtigkeit kroch in unsere Knochen. Und ich hatte die erstaunlichsten Träume – Unterseeträume, Segelträume, Flugträume. Henrys Paradies war ungefähr so komfortabel wie die Anden, aber in spiritueller Hinsicht war es bezaubernd. Ich fühlte deutlich: Hätte Big Sur nicht existiert, dann hätte Henry es erfunden – so wie er Brooklyn, Paris und Griechenland erfand.

Schriftsteller und Orte entwickeln eine seltsame Synergie. Nehmen wir die Energie des Ortes in uns auf, oder fühlen wir uns zu dem Ort hingezogen, wenn unsere eigene Energie ihm entspricht?

Big Sur scheint Henry viele spirituelle Lektionen gelehrt zu haben. Sowohl die Härte (und die Schönheit) des Lebens dort als auch die seltsame Art und Weise, wie er sein Zuhause gefunden hatte, verhalfen ihm zu den Lektionen, die er in dieser Phase seines Lebens benötigte. Er wünschte sich ein Zuhause, konnte sich jedoch keines leisten, und entdeckte dann das, was wir alle auf spirituellen Reisen entdecken.

> Wenn man sich ergibt, hört das Problem auf zu existieren. Man versuche, es zu lösen oder es zu bewältigen – und man macht den Widerstand nur noch größer. Was sich am schwersten zugeben und mit der ganzen Existenz begreifen läßt, ist die Tatsache, daß man allein über nichts gebietet.[1]

Das neue Heim in Big Sur schien Henri wie durch Zauberei in den Schoß zu fallen. Er schrieb an Anaïs Nin:

> Ich erzählte Ihnen schon, daß ich ein Stück Eigentum bekomme – ein Heim. Das ergab sich auf sehr seltsame Weise. Es ist tatsächlich so gut wie unmöglich, hier Land oder ein Haus zu erwerben. Auf dem Hügel, auf dem ich wohnte, hatte ich eine Nachbarin namens Mrs. Wharton, die mich – auch ohne meine Bücher zu lesen – zu verstehen scheint. Man sagt, sie sei eine Anhängerin der Christian Science – aber darüber ist sie hinaus. Sie ist der einzige mir bekannte Mensch, der unter dem Wort Realität das gleiche versteht wie ich. Auf dieser Ebene begegnen wir uns. Diese Frau nun bietet mir regelrecht ihr Haus an ... der Preis ist lächerlich. Manchmal denke ich, daß sie mir mit dem Angebot, meinen Traum zu verwirklichen, nur eine neue Lehre erteilen will. Sie sagt, zum Beispiel, um damit ihre Bereitschaft, das Haus aufzugeben, zu dokumentieren, daß sie es jetzt in sich trage und es deshalb nie verlieren könne ... Bin ich nicht in der letzten Zeit mehr und mehr zu der Überzeugung gekommen, daß die Dinge, die ich im Innersten ersehne, mir kampflos in den Schoß fallen?[2]

---

1 Henry Miller, *Briefe an Anaïs Nin*, S. 409.
2 Ebda., S. 410f.

Nachdem er das Haus gefunden hatte, begann er zu malen. Er fand treue Freunde wie den österreichischen Buchhändler Emil White – »Zechbrüder«, wie er sie zuletzt in seinen Pariser Tagen gehabt hatte. Alles, was ihm noch fehlte, war eine zweite June. Henrys Liebschaften in der zweiten Hälfte seines Lebens gleichen Versuchen, die Vergangenheit heraufzubeschwören, so wie seine frühen Liebschaften Versuche zu sein scheinen, seine Mutter zu erobern.

Er war mit der ersten June nicht glücklich gewesen, und auch mit der zweiten sollte er es nicht werden. Sie tauchte als eine Art Braut auf Bestellung auf. Geliefert wurde sie von einem New Yorker Freund, der die erste June gekannt hatte.

Henrys Briefromanze mit June II (June Lancaster) scheint kaum verständlich, außer für einen anderen Schriftsteller, der weiß, daß die Krankheit der Schriftsteller darin besteht, ihre Liebhaber und Geliebten im wirklichen Leben zu erfinden, damit sie dann als Charaktere in ihren Büchern ihre wahre Gestalt annehmen können. Henry tat das häufig und meisterhaft. Er beschloß, sich zu verlieben, und erfand dann die Person, in die er sich verlieben sollte.

Natürlich brauchte er einige Bezugspunkte: der Name June war beispielsweise einer. Auch June Lancaster war Taxigirl und Künstlermodell gewesen. Henry meinte, sie habe das, was er eine »metamorphische« Persönlichkeit nannte, das heißt, er glaubte, sie entsprechend seinen Bedürfnissen umformen zu können. Und sie war jung genug, um seine Tochter zu sein. Ihre Beziehung dauerte von Mai bis Dezember, eine Beziehung zwischen einer jungen Frau und einem älteren Mann. Sie sollte zu einem sich wiederholenden Muster in Henrys späterem Leben werden.

Einer von Millers Freunden, Harry Herschkowitz, war nach New York gegangen, um sie für Henry zu »interviewen« (und sie im Bett zu testen). Anscheinend hatte er auch verschiedene andere potentielle Mrs. Millers ausprobiert. Harry war begeistert und brachte June II mit nach Big Sur, wo sie es allerdings nicht lange aushielt. Miller konnte sich auf die Entfernung in eine wilde Verliebtheit hineinsteigern, doch das heißt nicht, daß er die betreffende Frau wirklich liebte. Und June II war zuwenig praktisch veranlagt, um an einem so rauhen Ort wie Big Sur eine große Hilfe zu sein. Ohne sanitäre Anlagen oder fließendes Wasser zum Kochen und Waschen brauchte Big Sur eine Frau mit Pioniergeist. Den hatte June II nicht.

Lepska hatte ihn. Zumindest etwa sieben Jahre lang.

Die wichtigen Frauen in Millers Leben waren immer außerordentlich intelligent, und das galt gewiß auch für Janina Lepska, bekannt als Lepska Warren, Henrys dritte Frau. In seinen Büchern findet sich wenig über sie, doch zeigen die Aquarelle, die er für sie gemalt hat (und die kürzlich in *Henry Miller: The Paintings. A Centennial Retrospective* veröffentlicht wurden), sie als ernste, Athene ähnliche Blondine und ihn als schwebenden, von Chagall inspirierten Liebhaber.

Er begegnete Lepska zum erstenmal 1944 auf einer Reise nach Osten, um seine Mutter zu besuchen. Louise war wegen Krebs operiert worden, und als der gehorsame Sohn, der er im Grunde seiner Seele war, eilte Henry zu ihr. Als seine Mutter außer Gefahr war, besuchte er Lepska in Yale, wo sie Philosophie studierte und wo Henry einen wichtigen literarischen Brieffreund, Wallace Fowlie, hatte. Kurz danach wurde die Romanze zwischen ihnen ernst; sie fuhren gemeinsam nach Westen und heirateten im Dezember 1944 in Denver, mit Henrys Freunden, den Neimans, als Trauzeugen.

Henry hielt die Hochzeit in einem Aquarell namens *Marriage sous la lune* (1944) fest. Es zeigt einen blauen Halbmond über einer zerklüfteten Bergkette und einen funkelnden sechszackigen Stern, auf dem »Lepska« steht.

»An dem Tag, an dem wir heirateten, gab es fast eine Konjunktion von Venus mit dem Mond«, kommentiert Lepska Warren das Aquarell. »Der ganze Himmel leuchtete.« Die

Liebenden gingen nach Big Sur zurück und begannen, sich in ihrem spartanischen Paradies einzurichten.

Einen Einblick in den idyllischen Beginn ihrer Ehe gibt ein Brief von Henry an Lawrence Durrell.

Ich gehe jetzt zu Bett. Das Ende eines stillen Sonntags auf Big Sur. Meine polnische Ehefrau, Lepska, hat mir gerade Geschichten aus Polen erzählt. Bisher habe ich nur zwei Wörter jener Sprache gelernt: »Guten Morgen« klingt wie »Gin Dobrie« ... Jeden Morgen nehmen wir ein Sonnenbad. Augenblicklich ist es wie Frühling. Ein erstaunliches Klima und eine phantastische Landschaft. In gewisser Weise wie Schottland, stelle ich mir vor. Es ist eine der wenigen Gegenden in Amerika, die Dir gefallen würden. Ich muß sie Dir eines Tages beschreiben. Zu den wesentlichen Bestandteilen gehören die Geier. Und die Nebel. Und drittens die Lupinen, die wie purpurroter Samt die Berghänge bedecken. Es gibt auch vier verrückte Pferde, denen ich auf meinen Wanderungen durch die Hügel begegne. Sie scheinen auf ihrem Platz festgeklebt zu sein. Und zwei davon sind immer rossig. Ich habe eine wundervolle Hütte, weißt Du, spottbillig – zehn Dollar pro Monat. Ich habe eine junge Frau (21), ein Baby, das wahrscheinlich unterwegs ist, Essen in der Speisekammer, Wein *à discrétion*, heiße Schwefelbäder weiter die Straße hinunter, Bücher in rauhen Mengen, einen Plattenspieler, der unterwegs ist, ein Radio, ebenfalls unterwegs, gute Kerosinlampen, einen mit Holz beheizbaren Herd, einen offenen Kamin, eine Dusche und sehr viel Sonne – und natürlich den Pazifik, der immer leer ist. *Alors*, was will ich mehr? Dieses ist meine erste gute Phase, seitdem ich in Amerika lebe. Ich öffne morgens die Tür, schaue auf die Sonne, die über den Bergen aufgeht, und segne die ganze Welt, Vögel, Blumen und wilde Tiere eingeschlossen. Nachdem ich auf dem Klo war, gehe ich mit dem Hund auf einen Spaziergang raus. Dann ein Schreibpensum, dann Mittagessen, dann eine Siesta, dann Wasserfarben, dann Korrespondenz, dann ein Buch, dann ein Fick, dann ein Schläfchen, dann Abendessen und früh ins Bett und wieder früh raus, und alles ist gut, außer daß ich gelegentlich zum Zahnarzt muß.[3]

3 *The Durrell-Miller Letters*, S. 178f.

Henrys Ruhm – und sein schlechter Ruf – wurden zum Gegenstand eines Kults; er hatte viele Helfer und Bewunderer, fast zu viele, doch das Geld blieb weiterhin knapp.

Als 1945 Valentine, seine zweite Tochter, geboren wurde, verschickte er wieder Bettelbriefe für Babynahrung, Geld und Kleider. Aquarelle und Almosen blieben weiterhin eine verläßlichere Einnahmequelle als seine Bücher. Er war über fünfzig und Vater dreier Kinder.

In den vierziger Jahren begannen die Gerüchte über Henry Millers »Kult des Sexes und der Anarchie« in Big Sur durch die Presse zu gehen, und Bewunderer pilgerten zu der zerklüfteten Küste, um eben das, Sex und Anarchie, dort zu suchen. Henry beklagte sich über diese Touristen und Bewunderer, bat sie jedoch auch oft auf ein Gespräch und eine Mahlzeit herein. Lepska fiel dann die Aufgabe zu, die Besucher zu bekochen und zu unterhalten. Sie muß sich wie Madame Tolstoi zwischen den Anhängern Tolstois gefühlt haben.

Zwar war Big Sur inzwischen zu einem Mythos geworden, aber das Leben dort war schwierig, und Henry und Lepska stritten häufig: über die Kinder, die Besucher, darüber, wie sie ihr Leben führen wollten. Zweifellos verstand und bewunderte Lepska Henry als Künstler, das heißt jedoch nicht, daß sie es einfach fand, sein Leben zu teilen. In seinen späten Jahren scheint Henry Frauen oft als Hilfsmittel betrachtet zu haben, die sein Leben bequemer machen sollten. Henrys seelische Reifung und zunehmende Weisheit ging ironischerweise mit einem monumentalen Egoismus einher.

Henry vergötterte Val und Tony und verbrachte mehr Zeit mit ihnen, als er es jemals mit seinem ersten Kind getan hatte. Er war ein glücklicher Vater in mittleren Jahren, und er gestand mir einmal, nachdem Lepska ihn verlassen habe, sei es die größte Niederlage seines Lebens gewesen, nicht in der Lage gewesen zu sein, voll für seine Kinder zu sorgen. Er sei verblüfft, sagte er, über die Kraft der Frauen, Kinder aufzuziehen. »Der größte Ringkämpfer oder Boxer der Welt wäre nach einer Woche völlig k. o., wenn er für zwei kleine Kinder sorgen sollte. Ihnen zu essen geben! Die Windeln wechseln. Den Hintern abwischen«, erklärte er 1975 mit größtem Erstaunen. Er glaubte, die menschliche Rasse würde gewiß aussterben, wenn man die nächste Generation den Männern überließe.

Die Jahre 1944 bis 1948 waren in vielerlei Hinsicht wichtig für Miller, aber auf schöpferischem Gebiet weniger fruchtbar. Die Geburten von Val und Tony und das Bekanntwerden seiner Pariser Bücher waren bedeutende Ereignisse, ebenso die Verteidigung seines literarischen Rufes durch französische Intellektuelle wie Sartre, Camus und Gide. Henry schrieb in diesen Jahren *Sexus*, *Rimbaud* oder *Vom großen Aufstand* und *Das Lächeln am Fuße der Leiter*; insgesamt gewinnt man den Eindruck, daß er im wesentlichen alte Erfahrungen wieder aufwärmt.

Warum vertiefte er sich in der *Sexus*-Trilogie erneut in seine Ehe mit June (der ersten June)? Die Bücher enthalten wunderschöne Exkurse über das Schreiben und alle möglichen anderen Themen, doch im Grunde scheint die Beziehung mit June kaum ein ausreichend tragfähiges Thema, um darauf eine ganze Trilogie aufzubauen. Hatte Henry nichts mehr zu sagen? Oder fehlte ihm eine neue Muse?

Einiges deutet in *Sexus*, *Nexus* und *Plexus* auch darauf hin, daß Henry sich selbst imitiert, daß er zu wiederholen versucht, was in *Wendekreis des Krebses*, *Wendekreis des Steinbocks* und *Schwarzer Frühling* so frisch, neu und explosiv war, inzwischen jedoch schal geworden ist. Der Sex in *The Rosy Crucification* ist oft etwas Mechanisches, und die Frauen wirken roboterhaft. Sie sind auf isolierte Löcher reduziert, die darum betteln, gefüllt zu werden. Mit diesen Büchern hält Henry nicht, was er zu einem früheren Zeit-

206

punkt versprach. Es scheint, daß ihm das Gefühl dafür fehlte, was überflüssig und unbrauchbar war: Er konnte nicht erkennen, wann er Gutes und wann er Wertloses zu Papier brachte.

Sowohl Anaïs Nin als auch Gore Vidal haben die Schlampigkeit, die sich in Millers Werk einzuschleichen begann, messerscharf kritisiert. In einem Brief von 1937 beschuldigt Nin Miller der Tendenz, »alle Frauen auf einen Schlitz zu reduzieren«, und sie nennt dies eine »Krankheit«. In einem brillanten Essay, *The Sexus of Henry Miller*, von 1965 verurteilt Gore Vidal nicht nur Millers »hydraulische Herangehensweise an den Sex«, sondern auch seine Tendenz, alle Charaktere, bis auf seinen autobiographischen Protagonisten, zu »Schatten in einem solipsistischen Tagtraum« zu reduzieren. Die Kritik trifft auf den Punkt. In keinem anderen Werk ist Henrys Darstellung so unausgewogen wie in der *Rosy-Crucification*-Trilogie.

Nach der Befreiung von Paris schrieb Maurice Girodias, der Sohn von Henrys erstem Verleger, Jack Kahane, an Henry und teilte ihm die gute Neuigkeit mit, daß seine frühen Werke sich gut verkauften. Sie wurden immer wieder neu aufgelegt, wahrscheinlich für den GI-Markt, und Henry häufte mehr Geld in Tantiemen an, als er je zuvor besessen hatte. (In dieser Zeit gehörte zu jeder Reise nach Paris der Kauf der *Wendekreise*. In einer Ausgabe waren sogar beide, mit einem Bildnis der Jane Eyre auf dem Umschlag, in einem Band vereint.) Für eine sehr kurze Zeit war Henry in Frankreich reich – Besitzer, wenn auch nur dem Namen nach, eines Vermögens in französischen Tantiemen, das die erstaunliche Höhe von 40000 Dollar erreichte. Doch ehe er sein Geld an sich nehmen oder nach Frankreich reisen und es dort ausgeben konnte, wurde der Franc abgewertet, und seine sämtlichen Tantiemen lösten sich in Luft auf. Jeder wollte einen Teil von Henrys nicht greifbarem Vermögen – seine Ex-Frau June, die amerikanische Steuerbehörde, Schnorrer, die nach Big Sur pilgerten, um zu Füßen des Meisters zu sitzen, alte Freunde aus Paris wie der Astrologe Conrad Moricand, über den Henry in dem Abschnitt »Verlorenes Paradies« in *Big Sur und die Orangen des Hieronymus Bosch* schreibt.

Die Geschichte von Henrys Finanzen liest sich wie eine surrealistische Farce. Selbst wenn er Geld hatte, war es ihm bisweilen unmöglich, an dieses Geld heranzukommen, und wenn er keines hatte, lebte er von seinen Aquarellen, oder das Schicksal sorgte für ihn. Die Philosophie, die er vertrat, die Philosophie des *Tao Te Ching*, der ewigen Ebbe und Flut der Reichtümer spiritueller wie auch materieller Art, war deshalb lebenswichtig für ihn. Sein Leben war eine ständige Lektion im Loslassen. Er mußte das Losgelöstsein des Zen-Weisen kultivieren, um nicht den Verstand zu verlieren.

1949 tauchten zahlreiche von zurückkehrenden Amerikanern eingeschmuggelte Exemplare der Pariser Bücher in den Vereinigten Staaten auf und erregten bei der Nachkriegsgeneration von Schriftstellern und Lesern eine Welle von Aufmerksamkeit.

The Happy Rock, 1945 von Ben Porter in Kalifornien gedruckt, zeigt, wie Millers Bekanntheit in den Nachkriegsjahren wuchs. Gewidmet der »Freiheit der Presse – falls es jemals eine solche geben sollte«, enthält dieser kleine Band eine seltsame Mischung aus Beiträgen von Kenneth Patchen, Nicholas Moore, Wallace Fowlie, Lawrence Durrell, William Carlos Williams und anderen. Porter war Physiker aus Berkeley, der seine eigene kleine Druckerei ausschließlich zu dem Zweck einrichtete, Millers Bücher unter die Leute zu bringen. *The Happy Rock* ist eine sehr ungewöhnliche Festschrift, aber auf jeden Fall zeigt sie, wieviel Millers Arbeit vielen literarisch Interessierten bedeutete und wie seine Bücher, obwohl nur eine geringe Anzahl davon in seinem Heimatland erhältlich war, die kulturelle Landschaft veränderten.

Es ist ein Irrtum unseres rückständigen Verlagswesens, zu glauben, daß Ziffern und Verkaufszahlen etwas mit der »Wichtigkeit« eines Buches zu tun hätten. Wahr ist vielmehr, daß viele der wichtigsten Bücher unserer Zeit entweder in kleinen Erstausgaben von unbekannten Verlagen veröffentlicht wurden – *Ulysses* erschien 1922 in einer Auflage von nur 750 Stück – oder erst viele Jahrzehnte nach ihrem Entstehen auf den Markt kamen, wie die Tagebücher von Anaïs Nin. Die Millionenauflagen von *Scarlett*, der Fortsetzung von *Vom Winde verweht*, und die Altweibergeschichten von Danielle Steel werden schon lange von der Bildfläche verschwunden sein, wenn Millers verbannte, eingeschmuggelte Bücher noch immer gelesen werden. Das Leben ist kurz, die Kunst ist lang, und die Pressefreiheit bewegt sich vorwärts wie das Licht eines erloschenen Sterns. Häufig kann der Autor die Früchte seines Werkes nicht einmal mehr genießen. Kein Wunder, daß die wichtigste Tugend, in der der Schriftsteller sich üben muß, die Gelassenheit ist.

Vielleicht war das der Grund, warum Miller, auch nachdem er durch seine frühen Bücher berühmt geworden war, nicht richtig glauben konnte, zum koscheren literarischen Establishment zu gehören, warum er seine Bücher weiterhin bei kleinen Verlagen veröffentlichen ließ und fortfuhr, am Rand der »offiziellen« literarischen Kultur zu leben. Jene offizielle literarische Kultur war ihm nie freundlich gesonnen gewesen, hatte ihn niemals verstanden oder ihm – auch nicht in seinen produktivsten Jahren – einen einigermaßen ausreichenden Lebensunterhalt aus seiner Arbeit gewährt. Er hatte das deutliche Gefühl, nicht zu ihren vermeintlichen Größen zu gehören.

Hierin liegt wohl auch der wesentliche Grund für die betrüblichen Qualitätsschwankungen in Henrys Werk. Niemand hat ihm jemals mit nützlicher, praktischer Kritik weitergeholfen, und nie hatte er irgendwelche konstruktiven Beziehungen zu Lektoren. Er war entweder ein kämpferischer abgewiesener Schriftsteller oder das Objekt kultischer Verehrung. Um überhaupt weiterarbeiten zu können, war er gezwungen, sich der literarischen Welt gegenüber eine stoische Gleichgültigkeit anzugewöhnen. Entweder das – oder aber sich die Kehle durchzuschneiden. 1975 sagte mir Henry: »Ich habe die Literaturbeilagen gelesen, und es scheint, mein Name wird nie erwähnt.« (Selbst heute ergibt eine kurze Überprüfung der Vorlesungsverzeichnisse größerer Universitäten und Colleges, einschließlich Columbia, UCLA, Reed, Bennington und Barnard, daß keine Kurse zu Miller stattfinden. Nicht einmal in allgemeinen Einführungskursen werden seine Bücher erwähnt.)

Es war Henrys Schicksal, die Kultur aus dem Untergrund heraus zu verändern und bis lange nach seinem Tod niemals offizielle Anerkennung dafür zu gewinnen. Seine Haltung schwankte zwischen offener Verachtung und Gleichgültigkeit, und er mißtraute den Ratschlägen, die man ihm im Hinblick auf seine Werke gab – selbst wenn sie von geliebten Freunden kamen.

Larry Durrell gefiel *Sexus* nicht besser als mir. Er telegrafierte Henry, das Buch würde seinen Ruf total ruinieren und er solle es nicht veröffentlichen, ohne es zuvor überarbeitet zu haben. Henry weigerte sich entschieden, nahm aber Durrell den kritischen Angriff nicht übel. Als Durrell an Henry schrieb: »Was in aller Welt ist über Dich gekommen, so viel Geschwätz aufzunehmen?«, antwortete Henry gelassen:

> Ich schreibe genau das, was ich schreiben möchte, und genau so, wie ich es schreiben möchte. Vielleicht ist es Geschwätz, vielleicht nicht.[4]

---

4 Lawrence Durrell, *Henry Miller, Briefe*, S. 229.

Möglicherweise hätte Henry auch dann, wenn er einen fürsorglichen Lektor gefunden hätte, dem er meinte, vertrauen zu können, dieselbe Haltung eingenommen, denn es ist fraglich, ob sein Narzißmus es überhaupt zugelassen hätte, sich beeinflussen zu lassen. Im Grunde war es Henry nicht möglich, irgendwelchen Kritikern zu vertrauen, da seine besten Arbeiten seiner Zeit so weit voraus waren – und seine schlechtesten, wie bei vielen Schriftstellern, nichts anderes als eine entsetzliche Selbstparodie. Henry schrieb auf die einzige ihm mögliche Art – aus einem blinden, wilden Verlangen heraus, alles aufs Papier zu bringen. Die nächste Ebene, das Strukturieren, das Auswählen, das Feilen, war ihm in gewisser Weise unzugänglich, da er keine andere Wahl hatte, als einfach drauflosszuschreiben. Seine Angst, überhaupt nichts aufs Papier zu bringen, war einfach zu groß. In seinen Werken legte er eine ungewöhnliche Aufrichtigkeit an den Tag, die oft anmutig war wie in *Maroussi* und manchmal plump wie in *Sexus*. Aber Henry kam es nicht auf Anmut, sondern auf Wahrheit an: Er hatte so viel Angst vor dem Schweigen und der Unschlüssigkeit seiner frühen Schriftstellerjahre, daß er allzuviel schlampiges, überflüssiges, nicht überarbeitetes Material veröffentlichte.

Ich glaube, daß seine unmethodische Vorgehensweise sich mit der Zeit als die richtige erweisen wird. Selbst in *Sexus*, *Nexus* und *Plexus*, den Miller-Büchern, die ich am wenigsten mag, finden sich wunderbare Stellen. Ich denke jedoch, es ist bedauerlich, daß Henry, vielleicht weil er immer auf Angriffe gefaßt war, zwischen Wahrheit und Anmut wählen mußte. Könnte es sein, daß Anmut sich nur in einer Atmosphäre heiterer Gelassenheit entwickeln kann?

Wir denken zuwenig an die Bedingungen, die Künstler brauchen, um ihre Kreativität optimal zu entfalten. Wir erwarten von unseren begabtesten Künstlern, daß sie trotz aller Widerstände Großes leisten.

Die meisten Streitigkeiten zwischen Lepska und Henry entbrannten über Themen der Kindererziehung. Henry war nachsichtig und großzügig, und für ihn war Lepska eine germanische Zuchtmeisterin (obwohl sie Polin war) wie seine Mutter. Sie trennten sich 1951. Im nächsten Jahr verliebte er sich in Eve McClure, eine Frau, die von vielen seiner Freunde als die passendste all seiner Ehefrauen betrachtet wurde. Eve war Künstlerin, und sie und Henry lernten sich durch Briefe und Bücher kennen, auf die Art also, wie Henry schon so vielen für ihn wichtigen Menschen nahegekommen war. Eves Bewunderung für sein Werk, ihre Schönheit, ihre Bereitschaft, für ihn, Val und Tony zu sorgen, machten sie eine Zeitlang zur perfekten Ehefrau. Lepska war mit einem Biophysiker, der auf Besuch nach Big Sur gekommen war, auf und davon gegangen, und nach einer Weile sollte Eve ihn ebenfalls verlassen. Es war gewiß nicht leicht, mit Henry und all seinen Widersprüchen zu leben. Seine Bücher waren offen, doch er selbst war seinen Ehefrauen gegenüber oft verschlossen. Er schaffte es, zu vielen Menschen eine persönliche, innige Beziehung herzustellen, allerdings nicht zu den Frauen, die er liebte – vielleicht mit Ausnahme von Anaïs, die ihn durch ihre Unerreichbarkeit fesselte.

Im Lauf der Beziehung zu Eve (sie war 28 und er 60, als sie sich begegneten) begann Henrys Glück als Schriftsteller sich zu wenden: Von einer Kultfigur wurde er zu einem literarischen Superstar. Und Eve war die Frau, die ihm während dieser Phase hilfreich zur Seite stand. Seit dem 1. April 1952 lebten sie zusammen in Big Sur, und am 29. Dezember brachen sie zu einer siebenmonatigen Reise durch Europa auf. Am Silvesterabend erreichten sie Paris und merkten, daß Henry dort eine erstaunliche Berühmtheit erlangt hatte. Plötzlich war er ein Ziel der Paparazzi, umschmeichelt und verehrt wegen Büchern, die er vor mehreren Jahrzehnten geschrieben hatte und die erst in jüngster Zeit als Skandalbestseller die

Aufmerksamkeit der Öffentlichkeit auf sich gezogen hatten –
ein seltsames Schicksal für einen Schriftsteller. Man ist über
die Anerkennung erfreut, gleichzeitig jedoch verbittert, daß
sie nicht kam, als man sie brauchte.

Nach den fünfziger Jahren war Henry nie mehr ein wirklich
armer Mann. Doch lag zu diesem Zeitpunkt seine beste
Arbeit bereits hinter ihm. Das Geld, das er von Girodias in
den späten vierziger Jahren niemals hatte kassieren können, wurde schließlich durch Tantiemen aus den französischen Ausgaben einiger seiner frühen Bücher ersetzt. Nun
wurden Henrys Werke in Frankreich, Deutschland und Japan ständig neu aufgelegt – überall, außer in seinem Heimatland. Und sobald er Geld hatte, versuchte er es mit jedermann zu teilen.

Georges Belmont berichtet, daß Henry bei seiner Ankunft
in Paris als erstes fragte: »Brauchst du Geld, Georges? Ich
habe massenhaft.« Er konnte es nicht erwarten, das Geld
wieder loszuwerden. Er glaubte, je mehr er wegschenkte,
desto reicher würde er werden. Es gibt viele, die angeblich
auch dieser Ansicht sind, aber nur wenige leben danach.

Henry sagte immer, daß Zensur genau das Gegenteil dessen
bewirke, was die Behörden beabsichtigten. Und das war in
seinem Fall gewiß zutreffend. Die Pariser Romane der dreißiger Jahre waren in der ganzen Welt kontinuierlich verkauft worden, aber es waren letztlich die vielen Verfahren
wegen »Pornographie«, die ihm überall in der Welt Berühmtheit bescherten. Zunächst einmal war da 1946 *L'Af-
faire Miller* gewesen, als ein Franzose namens Daniel Parker
Henrys Verleger verklagte. Er wollte die französische Version des *Steinbocks* verbieten lassen, da es sich angeblich
um Pornographie handelte. Eine Gruppe anerkannter französischer Intellektueller unter der Führung von Maurice
Nadeau unterstützte Henry und verursachte einigen Wirbel; dadurch war Henrys Name bald in aller Munde, und er
wurde in Frankreich zu einem Bestsellerautor. Später, 1949,

wurde *Sexus* in Frankreich veröffentlicht und trotz des Protests von Intellektuellen wie Sartre, Gide und Camus als Pornographie verboten.

Henry wußte sich recht gut zu verteidigen. Hier ist eine Geschichte, die er mir 1975 in Kalifornien erzählte:

Ich war auf Besuch in Frankreich, und man informiert mich eines Tages, daß ich mich im Palais de Justice zu einer Verhandlung einfinden müsse. Weißt du, wo das ist? Und das ist ein Gericht von der Art, wie wir sie nicht haben. Es gibt eine vorbereitende Gerichtsverhandlung vor der eigentlichen Verhandlung, und in dieser vorbereitenden Sitzung gibt es nur einen Richter mit einem Protokollführer, der alles aufnimmt, und du und dein Rechtsanwalt, du hast die Möglichkeit, dem Richter alles, was du nur willst, über die Sache zu erzählen. Wie er das Ganze betrachten soll, wie du darüber denkst und so fort. Du kannst deine Meinung frei heraus sagen, weißt du, und er wird dir Fragen stellen. Und also ließ ich das alles über mich ergehen. Tatsächlich war ich so aufgeregt, weißt du, so nervös, daß ich mir in die Hosen pinkelte. Ich fragte meinen Anwalt: »Kann ich aufs Klo gehen? Ich muß.« Er sagte: »Machen Sie einfach in die Hose.« Yeah! Und es lief alles auf den Fußboden, kannst du dir das vorstellen? Der Richter mußte es gesehen haben, und ich mußte trotzdem weiter Rede und Antwort stehen. Das Gute war, daß der Protokollführer an einem separaten kleinen Tisch saß und der Richter von einem Tisch auf einem Podium auf mich herunterredete. Ich sitze unten. Und der Protokollführer schaut mich die ganze Zeit an. Wenn der Richter mir eine Frage stellte, betrachtete mich dieser kleine Schreiberling von oben bis unten. Ich bin mir bewußt, daß er jedes Wort von mir begierig aufnimmt. Irgendwann ist die Sache also fast vorüber, und der Richter sagt: »Oh, ja, Mr. Miller, noch eine Frage. Und ich möchte, daß Sie sich für die Beantwortung Zeit lassen. Ich möchte Sie fragen, glauben Sie jetzt wirklich ... glauben Sie wirklich in Ihrem tiefsten Herzen, daß ein Schriftsteller das Recht hat, in einem Buch alles zu sagen, was er möchte?« Und ich wußte, dies war ein großartiger Moment; deshalb beantwortete ich die Frage nicht sofort. Ich überlegte und überlegte, aber ich wußte von vornherein, was ich sagen würde, und der Protokollführer beobachtete mich wie ein Kaninchen. Und schließlich schaue ich zu dem Richter hoch und sage: »Euer Ehren, ich glaube in der Tat, daß ein Autor das Recht hat zu sagen, was immer er möchte.« Und der Richter kommt herunter, und ich stehe auf, und er begrüßt mich, legt die Arme um mich, küßt mich auf beide Backen und sagt: »Würde mir wünschen, Frankreich hätte mehr Männer wie Sie.« Und dann sagt er: »Sie wissen natürlich, daß Sie in ehrenwerter Gesellschaft sind, nicht wahr?« François Villon, Maupassant, er erwähnte eine ganze Reihe von Schriftstellern, weißt du? Ist das nicht wunderbar?

Ich versuche, diese für Henry typische Erzählung durch das zu ergänzen, was ich über die Geschichte der Zensur seiner Bücher weiß. Spricht er über *Sexus*? Oder hat er den *Sexus*-Fall mit einem anderen der vielen Gerichtsverfahren wegen Pornographie verwechselt? Der einzige Prozeß wegen Obszönität, bei dem Henry tatsächlich erscheinen mußte, fand 1962 in Brooklyn statt. Aber an irgendeinem Ort der Welt waren seine Bücher immer verboten, und noch in seinen Träumen muß Henry sich von Richtern verfolgt gefühlt haben.
Die Geschichte, die Henry mir erzählte, ist somit auch ein weiteres Beispiel für seine Tendenz, sich mit Mythen zu umgeben. Möglicherweise enthält sie einige Erinnerungsbruchstücke der Ereignisse um das Verbot von *Sexus* in Paris, doch sie weist alle typischen Bestandteile einer erfundenen Henry-Story auf: einen Protagonisten, einen Antagonisten und eine Moral. Der Protagonist heißt »Henry Miller«, aber die historischen Koordinaten fehlen. Zumindest sind sie recht vage.
Man beachte auch die Verbindung von abstrakten Ideen und alltäglichen Details! Während er auf den Boden pißt, spricht er über die Meinungsfreiheit! Das ist typisch Henry: eine klassische Reinheit, wie in *Schwarzer Frühling*, wo Mist Mist ist und Engel Engel sind. Aber es ist eine tolle Geschichte. Vor allem das In-die-Hose-Pinkeln und der Kuß des Rich-

ters. Daß Henry solche Geschichten konstruierte, verhilft uns zu einem besseren Verständnis seiner Bücher. Henry war der Held seines eigenen Lebens. Seine Unterhosen waren feucht. Seine Wangen waren naß. Aber das gehört eben auch zu einem Helden.

Henrys lange Europareise mit Eve im Jahr 1953 gehörte trotz seines Kummers, Europa so verändert zu sehen, zu den großen Ereignissen seines Lebens. Er besuchte einige alte Lieblingsplätze. In Paris begegnete er Man Ray, Brassaï, Belmont und Léger. Und er fuhr nach Wells in England, wo sein alter Freund Alfred Perlès nun mit seiner Frau Anne lebte. Schließlich kehrten Henry und Eve nach Kalifornien zurück, und 1953 heirateten sie.

Henry war süchtig nach der Ehe, aber einmal verheiratet, neigte er dazu, sich von seinen Frauen emotional zurückzuziehen. Am glücklichsten war er während der Suche, in der Zeit der Werbung, der Erwartung einer neuen Liebe. Die Intimität einer festen Bindung jedoch erschreckte ihn. Die innigste Bindung seines Lebens war die des kleinen Henry Miller an seine Mutter, die, wie er behauptete, ihm niemals irgendwelche Zuneigung gezeigt hatte. Wenn wirkliche Nähe sich entwickelte, fühlte er sich tendenziell unwohl. War die Traumgeliebte erst zur Lebensgefährtin geworden, dann zog er sich zurück.

Eine Psychoanalyse hätte dieses Muster vielleicht aufbrechen können, wenn Henry es wirklich gewollt hätte. Aber auf der anderen Seite brauchte er offenbar schwierige, komplizierte Liebesbeziehungen, und so vieles, was Henry über Männer und Frauen schrieb, hat seinen Ursprung in seiner stürmischen und teilweise destruktiven Beziehung zu June. Er macht diese Beziehung wieder und wieder zu seinem Thema. So gewinnt man den Eindruck, daß er diesen zentralen Konflikt in seinem Leben brauchte, daß er für seine Kreativität von wesentlicher Bedeutung war.

Ein solches Muster findet sich oft im Leben von Schriftstellern, die die Bedingungen des menschlichen Lebens in ihren Büchern thematisieren: eine entscheidende, jedoch unglückliche Beziehung, die eine entscheidende, unglückliche Kindheitsbeziehung wiederholt, und eine an die Vergangenheit gebundene Kreativität, die immer und immer wieder die gleiche Geschichte spinnt. Der ödipale Kampf, der in jeder neuen Beziehung untergründig schwelt, wird immer weiter ausgefochten, bis an die Schwelle völliger Zerstörung. Das war gewiß bei Henry der Fall. Er scheint seinen ödipalen Konflikt nicht gelöst zu haben – bis zu dem Zeitpunkt, als er, lange nach Louise Nieting Millers Tod, diese als die liebende Mutter seiner Träume neu erfand. Dieser Mutter begegnet er schließlich im Paradies in »Mother, China, and the World Beyond« (in *Sextet*).

In den fünfziger Jahren fanden einige der offenen Fragen in Henrys Leben eine Antwort: Barbara, seine Tochter aus erster Ehe, kam zu ihm zurück; June wurde seine Briefpartnerin; Lauretta, seine behinderte Schwester, wurde nach dem Krebstod seiner Mutter 1956 sein Mündel; und Louises Tod selbst festigte seine Stellung als Familienoberhaupt und stabilisierender Faktor für die anderen.

Für Henry war dies eine seltsame Situation, da er in vielerlei Hinsicht in seinem Herzen ein Kind geblieben war. Aus ebendieser Kindlichkeit resultiert der naive Zauber seiner Aquarelle, die freimütige Aufrichtigkeit vieler seiner Essays über Aquarellmalerei, Orte und Menschen. Sie erklärt auch die bis zu seinem Tod anhaltende Wärme und Offenheit gegenüber neuen Menschen, die in sein Leben traten.

Es ist wichtig zu sehen, wie verantwortungsbewußt Henry sein konnte. Nach dem Tod seiner Mutter sorgte er dafür, daß seine Schwester Lauretta in Kalifornien in ein Heim kam. Er sorgte dafür, daß June mit dem Nötigsten versorgt war (durch seine Fans James und Annette Kar

Baxter). Er versöhnte sich mit Barbara und bedachte sie am Ende in seinem Testament zu gleichen Teilen wie Val und Tony.

Millers Familiengefühle waren in seinen späten Jahren durchaus konventionell; er versuchte für die zu sorgen, die das Leben auf der Strecke gelassen hatte, besonders für Lauretta und June. Er wollte nicht, daß seine Mutter am Ende ihres Lebens etwas von seiner Scheidung von der Mutter seiner Kinder Val und Tony und der neuen Ehe mit Eve erfuhr. Selbst noch im Alter fürchtete er ihre Mißbilligung.

Ich muß in diesem Zusammenhang einmal sehr deutlich sagen, daß er nicht das schreckenerregende Monster war, das die feministischen Kritikerinnen der siebziger Jahre in ihm sehen wollten. Er war nur ein Mann – ohne die Erfahrung einer Psychoanalyse, voller Widersprüche, nicht perfekt –, doch war er fähig, die Konflikte des Lebens und den Kampf der Geschlechter mit einzigartiger Aufrichtigkeit zu beschreiben. Als Ehemann hätte ich ihn ebensowenig akzeptiert, wie Anaïs Nin es tat, denn er vereinnahmte seine Frauen mit Haut und Haar, doch als Freund konnte er liebevoll und warmherzig sein. Er behauptete·nie, ein Engel zu sein; er sah sich selbst als einen Menschen mit vielen Fehlern, der irgendwie den Weg in das irdische Paradies gefunden hatte.

Daß Henry ein schwieriger Ehemann war, zeigt sich auch an dem Scheitern seiner Ehe mit Eve, die trotz ihrer fürsorglichen Natur die Belastungen eines ständigen Zusammenlebens mit ihm am Ende nicht mehr ertragen konnte. Verantwortlich für die Kinder, die Exfrauen, die Korrespondenz und oftmals geneigt, die eigenen Ängste mit Alkohol zu betäuben, fühlte sich Eve in einer Falle gefangen, die June und Anaïs zu umgehen gewußt hatten. Henry war, wenn er sich nicht gerade in einem Zustand ständiger sehnsüchtiger Verliebtheit befand, ein schwieriger Mann.

Er wollte nicht schwierig sein, doch seine Bedürfnisse waren so zahlreich und sein Leben so komplex, daß er dazu neigte, Menschen zu benutzen. Am Ende kamen sie allerdings immer wieder zu ihm zurück, um sich in seiner strahlenden Vitalität zu sonnen. Er brauchte immer mehrere männliche »Zechbrüder«, die sich um ihn kümmerten (in Paris hatten Perlès, Belmont und Fraenkel diese Aufgabe übernommen, und in Big Sur waren es Ephraim Doner und Emil White).

Zu den Frauen jedoch, die wirklich für ihn sorgten, die ihm das gaben, was er brauchte, konnte er sehr kalt sein. Seine Wärme hob er für diejenigen auf, die er nicht haben konnte. 1959 begann Henry im Nepenthe in Big Sur eine Affäre mit einer jungen Frau namens Caryl Hill. Die Beziehung entwickelte sich praktisch unter Eves Augen, und sie fühlte sich zutiefst gedemütigt. Immer häufiger versuchte sie, ihren Schmerz mit Alkohol zu betäuben. Zwar empfand Henry später tiefe Schuld- und Reuegefühle (besonders nach ihrem Selbstmord 1966), damals jedoch schien er sich die Auswirkungen seines Verhaltens nicht bewußt gemacht zu haben. In gewisser Weise konnte er gegenüber den Menschen in seiner Nähe unglaublich unsensibel sein, und Frauen, die so verletzlich waren wie Eve, litten darunter. Die Frauen, die ihn wie Lepska verließen und ein neues Leben begannen, waren die Überlebenden des Miller-Mythos.

Henry schien sich dieser Seite seines Wesens bewußt gewesen zu sein, denn er liebte Françoise Gilots *Mein Leben mit Picasso* und schickte es an einige seiner Exfrauen, als wolle er sie herausfordern, ihn als Schwindler und Narzißten zu entlarven. Henry bewunderte geistreiche Frauen, die sich ihm nicht unterwarfen. Er liebte Ehrlichkeit und Scharfsinn, selbst wenn dieser auf seine Kosten ging, und verachtete diejenigen, die die Rolle des Opfers übernahmen. An meinen Romanen liebte er unter anderem die bissige, satirische Art, mit der ich Männer aus der Sicht einer Frau beschreibe. Henry wußte, daß er zu vielen Frauen grausam gewesen war, und er wußte, daß er es verdiente, entlarvt zu werden. Viellcicht hatte er das Gefühl, daß *Angst vorm Fliegen* seine eigenen romantischen Schwindeleien entlarvte. Er war ein Sexist, aber immerhin ein reumütiger.

1960, als seine Beziehung zu Eve zu Ende ging, fuhr er per Schiff nach Europa, um als Preisrichter an den Filmfestspielen in Cannes teilzunehmen, und er arrangierte ein Treffen mit Caryl Hill in Frankreich. Zunächst fuhr er nach Deutschland, um seinen deutschen Verleger, Ledig-Rowohlt, aufzusuchen. Dort begegnete er Rowohlts junger, schöner Assistentin Renate Gerhardt, mit der er eine leidenschaftliche Affäre begann. Als er in Cannes eintraf, um Caryl Hill wie geplant zu treffen, hatte er sich bereits in Renate verliebt.

Renate war für ihn letztlich unerreichbar, und genau das war es, wodurch sie Henrys Herz gefangen hielt. Henry wollte sie heiraten, doch sie war zu lebensklug, um darauf einzugehen. Sie hatte zwei Söhne und war nicht bereit, ihr Leben in Europa aufzugeben, um Henry Millers überforderte Gehilfin zu werden. Sie gründete schließlich einen eigenen Verlag, und Henry schickte ihr Geld, um ihn zu finanzieren, obwohl er wic üblich selbst in finanziellen Schwierigkeiten steckte. Seine an sie gerichteten Briefe zeigen ihn als einen vor Liebe trunkenen Mann, der seine Briefe mit »St. Valentine« unterzeichnet und sich selbst immer mehr in diesen Zustand der Verliebtheit hineinsteigert – wie in den frühen June-Tagen, Anaïs-Tagen, Lepska-Tagen, Eve-Tagen und so weiter.

In den letzten Jahrzehnten seines Lebens wird eine bedrükkende Leere in seinen Liebesaffären spürbar. Es scheint, als sei er in die Liebe oder die Erinnerung an die Liebe verliebt. Er braucht den Adrenalinstoß des »Verliebtseins«, sein Selbstbild als St. Valentine, den Energieschub der »Liebe«, der ihn immer wieder zu seiner animalischen Lebendigkeit und zu seiner Kreativität hinstößt. Doch haben seine romantischen Abenteuer etwas Zwanghaftes – außer was das Leiden anbetrifft, das mit ihnen einhergeht.

1961 reiste Henry wiederum nach Europa, um nochmals um Renate zu werben, doch gelang es ihm nicht, sie dazu zu bewegen, ihr Leben mit ihm zu teilen. Auf dem Rückweg machte er einen Zwischenstopp in New York, wo ihn seine Vergangenheit in Form von June erwartete – mittlerweile eine erschöpfte, abgemagerte »alte« Frau (sie war erst 58!), die den inzwischen berühmten Henry als ihren Retter betrachtete.

Junes Rolle in ihrer gemeinsamen Geschichte ist tragisch. Sie verarmte, wurde wegen Geisteskrankheit in ein Krankenhaus eingewiesen und danach in bittere Armut entlassen. Es wäre faszinierend, ihre Geschichte in einem Roman zu erzählen. Anaïs Nin begann damit in *Henry, June und ich*, und Philip Kaufmann benutzte das Buch als Vorlage zu einem Film gleichen Titels. Auf Junes Zeit in Paris folgte eine ganze Ära prallen, üppigen Lebens, Material für eine wunderbare, wenn auch am Ende tragische Erzählung. Henry schrieb diese Geschichte nicht; Tatsache ist, daß er June nie als eine eigenständige Person sah. Die Frau, die den größten Teil seiner Bücher inspirierte, war, als er sie wiedertraf, ein Phantom, eine Art Gespenst. Henry mußte der Tatsache ins Auge sehen, daß er sein imaginatives Leben einem Menschen gewidmet hatte, den er offenbar nie wirklich gekannt hatte. Half ihm dieses schicksalhafte Treffen, seine eigenen Selbsttäuschungen zu verstehen? Anscheinend nicht.

1961 war Henry endlich in seinem eigenen Land berühmt und ein amerikanischer Bestsellerautor. Dies war hauptsächlich den Bemühungen von Barney Rossetts Grove Press und einem veränderten Verlagsklima zu verdanken, das wiederum den amerikanischen Roman verändern sollte. Allein die Konflikte von Henrys Büchern mit dem Gesetz würden einen dicken, aufschlußreichen Band füllen. Seine Bücher waren in vielen Ländern mit unterschiedlicher Rechtsgeschichte verboten, und es bedurfte sehr komplexer und kostspieliger Maßnahmen, um sie freizubekommen. Die rechtlichen Aspekte von Henrys Schriftstellerlaufbahn sind sehr anschaulich in Edward de Grazias *Girls Lean Back Everywhere*, Charles Rembars *The End of Obscenity* und E. R. Hutchinsons *Tropic of Cancer on Trial* festgehalten. Nach *Ulysses* ist *Wendekreis des Krebses* das Buch, welches für die amerikanischen Schriftsteller und für die Welt die Schlafzimmertür aufstieß. Kaum jemand scheint sich daran zu erinnern, daß die Zeit, zu der die Literatur sich befreien konnte und den Schlafzimmerbereich betreten durfte, noch nicht so lange zurückliegt. Noch 1960 empfahl Alfred Knopf John Updike, einige der gewagteren Passagen aus *Hasenherz* zu streichen, und Updike tat es, ohne mit der Wimper zu zucken (fügte allerdings das Gestrichene in späteren Ausgaben wieder ein).

1960 ist in der Tat ein entscheidendes Jahr für die Befreiung der amerikanischen Literatur von prüden Moralvorstellungen und dem Damoklesschwert einer strafrechtlichen Verfolgung. 1955 wurde Nabokovs *Lolita*, da kein amerikanischer Verleger es nehmen wollte, von Olympia Press in Paris verlegt. Als es 1958 bei Putnam in den USA erschien, wurde es zu einer Sensation und nahm den Spitzenplatz der Bestsellerlisten ein, teilweise weil die Öffentlichkeit es irrtümlich für die Memoiren eines Perversen hielt. Mit *Lolita* änderte sich das Klima im amerikanischen Verlagswesen, aufgrund dessen Miller drei Jahrzehnte lang ausgeschlossen gewesen war. Und *Lady Chatterley* machte dieses freundlichere Klima sogar noch freundlicher. Am Ende waren es jedoch die vielen amerikanischen Prozesse im Zusammenhang mit *Wendekreis des Krebses*, die die amerikanische Literatur von den Fesseln der Zensur befreiten. Und es war Barney Rossett, der schließlich das Risiko der Veröffentlichung auf sich nahm und dadurch das relativ neue Prinzip etablierte, daß ein Buch von literarischem Wert nicht deshalb verboten werden darf, weil es lustvolle Sehnsüchte weckt. *Ulysses* schwächte den Einfluß der Hicklin-Verordnung im amerikanischen Verlagswesen, doch war es der Prozeß anläßlich von *Wendekreis des Krebses*, in dessen Verlauf sich die Einsicht durchsetzte, daß die Möglichkeit einer sexuellen Erregung durch ein Buch nicht ausreicht, um ein Verbot dieses Buches zu rechtfertigen. Diese Einsicht ist seitdem wiederum durch ein Oberstes Gericht entkräftet worden, das die »allgemeinen Moralvorstellungen« als wichtigstes Beurteilungskriterium heranzieht.

Es ist interessant zu sehen, daß der Puritanismus unserer Kultur dazu tendiert, reinen Schund und Schmutz zu akzeptieren, jedoch wirkliche Kunst, die ein starkes sexuelles Element enthält, rigoros zu attackieren. »Nichts erzürnt die Tugendwächter so sehr wie die Kombination von Sex und Intellekt«, schreibt Charles Rembar in *The End of Obscenity*. Und heute noch gilt, daß ein Schundheft wie *Screw* weniger Zorn erregt als ein Buch wie *American Psycho* oder *Vox*. Madonnas *Sex* fand leichter den Zugang zur Welt als die Bilder Mapplethorpes, die sie stiehlt und mißbraucht.

Die Sexomanie unserer Kultur ist derart, daß sie sich lüstern an einer Darstellung aufgeilt und diese zugleich verdammt. Vor meinem geistigen Auge sehe ich ein Bild frommer Südstaaten-Senatoren, die ein Gebetsfrühstück mit Ronald Reagan im Weißen Haus einnehmen, um sich – natürlich unter dem Aspekt einer möglichen Zensur – Pornofilme anzusehen, und die es danach mit ihren Assistenten und/oder Sekretärinnen treiben und Gesetze verabschieden, die den Rest Amerikas daran hindern sollen, das gleiche zu tun. In Amerika ist Sex für die breite Masse nicht vorgesehen.

Zu Beginn meiner Karriere war ich immer wieder erstaunt,

daß einige Kritiker von *Angst vorm Fliegen* (und den folgenden Büchern) auf Isadora nicht so sehr wegen ihrer lustvollen Gedanken ärgerlich reagierten, sondern wegen ihrer lustvollen Gedanken in Kombination mit ihrem scharfen Intellekt. Es ist, als wünschten die puritanischen Sexbesessenen ihren Sex ausschließlich als etwas durch und durch Schmutziges – frei von allen Spuren von »Kultur«. Könnte es sein, daß sie vor der Lust größere Angst haben, wenn diese intelligent und belesen ist?

Auch Millers Bücher scheinen Einwände in dieser Richtung zu provozieren. Aus diesem Grund sollte die akademische Gemeinschaft ihn ernst nehmen und ihn zum Gegenstand intelligenter Forschung machen.

Barney Rossett hatte sich, wie er berichtet, in seiner Studentenzeit in Millers Werke verliebt und versuchte bereits seit einiger Zeit, Miller bei Grove Press zu publizieren. Doch Henry scheute vor einer Veröffentlichung in Amerika zurück. Warum? Die Gründe scheinen komplexer zu sein, als üblicherweise angenommen wird. Zunächst einmal hatte er Angst – Angst vor Verhaftung, Angst, als »König der Schmutzliteratur« (wie er Rossett schrieb) gebrandmarkt zu werden, Angst, daß Bücher wie *Maroussi* unter einer Lawine von Skandalen begraben werden könnten, Angst um seine Kinder und vor dem Verlust seiner Privatsphäre (der in der Tat mit seiner wachsenden Berühmtheit immer bedrohlicher wurde).

Aber ich behaupte, daß Miller auch Schuldgefühle hatte: Schuldgefühle wegen seiner Pariser Bücher, weil er in seinen Romanen June in gewisser Weise ausgesaugt und sie als Hülle einer alten Frau wieder ausgespuckt hatte, während sein eigenes Leben immer freier wurde und man ihm immer mehr Bewunderung und Verehrung entgegenbrachte. Er selbst hatte gemischte Gefühle, was die Bücher, in denen der Sex einen großen Raum einnahm, anbetraf. Wie konnte es auch anders sein, da derart widerstreitende, heftige ödipale Emotionen diese Werke ins Leben gerufen hatten? Es muß in Miller einen Persönlichkeitsanteil gegeben haben, der die Bestrafung (das Verbot seiner Bücher in seinem Vaterland) als dem Verbrechen (den Verrat an seiner Mutter) angemessen betrachtete.

Autoren von Büchern mit autobiographischen Tendenzen erleben gewöhnlich einen Sturm beunruhigender Gefühle, und manchmal versuchen sie diese Gefühle zu dämpfen, indem sie auf verschiedene Weise, sowohl bewußt als auch unbewußt, die eigene Arbeit sabotieren. Ruhm ruft ambivalente Reaktionen hervor, und viele Menschen, die im Grunde ihres Herzens glauben, diesen Ruhm nicht verdient zu haben, geben sich den verschiedensten Formen der Selbstzerstörung hin – durch Drogen, Alkohol, ständige Gerichtsprozesse oder katastrophal unvernünftige Investitionen.

Miller hatte die Veröffentlichung seines Werkes in Amerika lange Zeit mit gemischten Gefühlen betrachtet. Im Ausland war er bekannt und erzielte hohe Auflagen, und in mancherlei Hinsicht gefiel es ihm, in Amerika ein Untergrundschriftsteller zu sein. Doch schließlich gab er Barney Rossetts finanziell immer verlockenderen Angeboten nach – zum Teil wegen der unsicheren Copyright-Situation der in Paris veröffentlichten Bücher und der Gefahr, daß sie von einem anderen Verleger in einer unautorisierten, möglicherweise bereinigten Version veröffentlicht werden könnten. Barney Rossett erklärte sich einverstanden, nicht nur für die Bücher, sondern auch für mögliche Prozeßkosten zu zahlen, und der Rechtsstreit erwies sich in der Tat als langwierig und kostspielig.

Als *Wendekreis des Krebses* am 24. Juni 1961 in Amerika erschien (68000 Exemplare wurden bereits in der ersten Woche verkauft), hatte Henry mit seinem Schicksal als Schriftsteller seinen Frieden gemacht.

»Das Spiel von Schreiben, Leben und Sein ist inzwischen für mich der eigentliche Sinn meines Lebens«, schrieb er an

Barney Rossett. Und das traf zu. Er schrieb Rossett auch, »daß der wahre Ruhm durch die gute Meinung einer denkenden Minderheit am Leben erhalten wird« und daß »plötzlicher Reichtum ... zweifellos mehr Schaden als Nutzen bringen würde«. Die amerikanische Kultur sah er »sich unaufhörlich in die Whitmans Vision entgegengesetzte Richtung bewegen«. Von dem Begeisterungstaumel um die *Wendekreise* erwartete er kaum mehr, als daß seine Zeitgenossen sich an ihn, Henry Miller, als an den Prototyp des schmutzigen alten Mannes erinnern würden.

Seine prophetische Vision war erstaunlich präzise. In dem langen Rechtsstreit um die *Wendekreise* wurde Miller in der öffentlichen Meinung als Autor von »schmutzigem, verabscheuungswürdigem, Übelkeit erregendem« Schund abgestempelt. Natürlich konnte die Öffentlichkeit es nicht abwarten, diesen Schund in die Finger zu bekommen. Und die Bücher verkauften sich immer besser, je übler sie verleumdet wurden. Sexomanie in Aktion.

Eine Anzahl wichtiger Intellektueller aus dem Bereich der Literatur stellte sich in den Vereinigten Staaten hinter Miller, doch war es – wie auch später bei der Rushdie-Affäre – wohl einfacher für sie, Miller zu verteidigen, als ihn zu lesen. Als der Staub sich allmählich legte, hatte Barney Rossett eine Unmenge Bücher verkauft und eine Unmenge Gerichtskosten zu bezahlen. Und Miller hatte genau das Image, das er für sich vorhergesehen und gefürchtet hatte: Er war der »König der Schmutzliteratur«.

Die amerikanische Ausgabe von *Wendekreis des Krebses* wurde in 100000 gebundenen Exemplaren und einer Million Paperbacks verkauft, führte zur Inhaftierung zahlreicher Buchhändler, kostete Grove Press mindestens 100000 Dollar an Gerichtskosten und machte den Namen Henry Miller allgemein bekannt. Selbst nachdem er 1964 durch den Obersten Gerichtshof der Vereinigten Staaten »entlastet« worden war, war es sein Schicksal, daß ihm die rest-

lichen eineinhalb Jahrzehnte seines Lebens der Ruf des Por-
noschriftstellers anhaftete.
Nach all den strafrechtlichen Verfolgungen seiner Bücher
überall in den Vereinigten Staaten klagte ihn auch noch ein
Gericht seiner Geburtsstadt Brooklyn wegen Verschwörung
mit Barney Rossett an, und zwar weil beide ein »gewisses
obszönes, unanständiges, lüsternes, schweinisches, unsitt-
liches, sadistisches, masochistisches und ekelhaftes Buch«
zum Verkauf angeboten hätten. Bevor diese häßlichen Episoden 1964 ein Ende fanden, war Miller ein Haftbefehl zu-
gegangen, man hatte ihm mit der Auslieferung von Kalifornien nach Brooklyn gedroht und ihm verboten, während
des Verfahrens ins Ausland zu reisen. Wenn auch für Henry
so etwas wie ein Sieg dabei herauskam, verstärkten diese
Ereignisse sicherlich seine Abneigung, in den Vereinigten
Staaten zu publizieren. Es ist schon eine Ironie, daß seine
Bücher heute von der Generation, die ihre Existenz auf dem
Buchmarkt als selbstverständlich betrachtet, weitgehend
nicht gelesen werden.
Henry war klug genug zu wissen, daß »Erfolg« keinen Frieden bringt. Die Tantiemen seiner Pariser Bücher verursachten ihm endlose Abrechnungs- und Steuerprobleme. In einem Brief an Barney Rossett hatte er bereits erklärt: »Ich
sehe keine Möglichkeit, irgend jemanden durch Geld zu
schützen, auch nicht durch Sicherheit irgendeiner Art.«
Und in seinem Fall traf das ganz bestimmt zu. Seine letzten
Jahre waren belastet durch den enormen Verlust an Privatsphäre, den der Ruhm mit sich brachte, und er quälte sich
mit dem Gefühl, eine Art Hochstapler zu sein, da seine
plötzliche Bekanntheit von Büchern herrührte, die er bereits vor Jahrzehnten geschrieben hatte.
1963 wurde Henry sogar aus seinem geliebten Big Sur ver-
trieben, weil es durch sein *Big Sur und die Orangen des Hieronymus Bosch* allzu berühmt geworden war, und gegen
Ende seiner Ehe mit Eve zog er zuerst in eine Wohnung und

dann in seine letzte irdische Behausung am Ocampo Drive 444 in Pacific Palisades. Zuerst teilte er sein Zuhause mit Val und Tony, ihrer Mutter Lepska und deren neuem Ehemann. Später lebte er dort allein oder mit unterschiedlichen Haushälterinnen.

Umgeben von seinen Kindern, von Interviewern, Schauspielern, Direktoren, Produzenten und all den Parasiten, die immer in der Nähe einer Berühmtheit zu finden sind, trat Henry in die letzte Phase seines Lebens ein, die Phase, in der ich ihm begegnen sollte.

Mit seinem Ruf schien er insofern seinen Frieden gemacht zu haben, als er sich nicht mehr gegen die bösen Gerüchte wehrte und sie sogar noch verschlimmerte.

In seinen letzten Lebensjahren ließ er es zu, daß er in Büchern wie *Mein Leben und meine Welt* (1975), das von Bradley Smith von der Playboy Press herausgegeben worden war, Pingpong spielend mit nackten Groupies oder eine nur mit einem Bikini bekleidete israelische Schönheit liebkosend, abgebildet wurde – und diese Bilder halfen sicherlich mit, seinen Ruf weiter in den Staub zu ziehen. Es schien fast, als hätte er es darauf angelegt, zur Karikatur seiner selbst zu werden.

Und doch enthält auch *Mein Leben und meine Welt* wunderschöne Passagen. Es ist eine Art illustrierte Autobiographie aus dem Blickwinkel des alten Weisen, der die Welt als einen Witz betrachtet – die Sichtweise, so vermute ich, zu der uns ein langes Leben führt.

»Laßt uns unser Bestes tun, auch wenn wir nichts damit erreichen«, schrieb Henry in seiner »Mitteilung an Besucher«, die er in Big Sur an seine Tür geheftet hatte. Fast immer befolgte er seinen eigenen Rat – und erreichte tatsächlich nichts. Aber häufig wurde er auch von seiner Eitelkeit und seinem Ego in die Irre geleitet. Auch hier fehlte ihm der nötige Spürsinn für Unechtheit und Scharlatanerie, und so gelang es ihm oftmals nicht, den Betrüger von dem Propheten zu unterscheiden. Seine Fähigkeit, Menschen einzuschätzen, war fast ebenso mangelhaft wie die Fähigkeit zur Selbstkritik bei seiner Arbeit.

Nachdem Val und Tony 1964 ihr Zuhause verlassen hatten und auch Lepska mit ihrem neuen Ehemann abgereist war, fühlte sich Henry einsam und schaute sich nach einer neuen Liebe – seinem alten Stärkungsmittel – um, die ihn retten sollte. Als er auf einer Party seines Hausarztes die knabenhafte siebenundzwanzigjährige Japanerin Hoki (Hiroko) Tokuda traf, verliebte er sich leidenschaftlich in ihr Aussehen, ihr asiatisches Geheimnis (im wesentlichen von ihm selbst erfunden) sowie in ihren Gesang und ihr Klavierspiel (ein altes Aphrodisiakum).

Hoki war unerreichbar – der entscheidende Reiz. Sie kam und ging, wie es ihr gefiel. Das erzeugte wie immer bei Henry die nötige leidenschaftliche Sehnsucht. Er wurde zum »Gorilla der Verzweiflung, der sich mit makellos behandschuhten Pranken auf die Brust schlägt«, wie er auf ein Aquarell der »Insomnia«-Serie kritzelte. Diese war aus dem Gefühl seiner leidenschaftlichen Verliebtheit heraus entstanden. Er war »die Keimzelle eines neuen Wahnsinns«, »ein Freak, der sich in verständliche Sprache gehüllt hatte«, und es gab »einen Splitter, der im Treibsand seiner Seele begraben« lag.

Kurz gesagt, Henry hatte sich verliebt.

Seine Huldigung an diese kurze Romanze war *Insomnia oder Die schönen Torheiten des Alters*. Das Buch war mit der Hand geschrieben worden und wurde von einem kleinen Verlag in New Mexiko namens Loujon sowie später, 1974, von Doubleday veröffentlicht, illustriert mit einer Serie rauschhafter, sehnsüchtiger Aquarelle, die mit Poesiefragmenten beschriftet sind. Henry »schüttelte Spinnweben aus den Wolken«. Oder besser gesagt, er erfand eine aus seiner eigenen Sehnsucht heraus geborene Geliebte. In seinen späten illustrierten Büchern erkennt man das Bedürfnis, verschiedene

Genres miteinander zu verbinden. Sie zeigen den Schwung seiner Handschrift, die Gesichter seiner Vorfahren, seiner Kinder, seiner Ehefrauen, seiner Freunde und die Regenbogenfärbungen seiner Aquarelle.

Hoki sah in ihm vor allem den Großvater und fühlte sich deshalb nicht wirklich zu ihm hingezogen, doch als sie eine Green card brauchte, gab sie seinem Drängen nach und heiratete ihn. Die Bilder des alten Henry mit der jungen Hoki erschienen natürlich in allen Magazinen. Sie paßten zu dem populären Image des schmutzigen alten Mannes.

Insomnia ist ein wunderschön illustriertes, wenn auch schmales Werk, ein herrlicher Lobgesang auf die Liebe als Verrücktheit, Halluzination und Verzweiflung. Daß Henry immer noch Pan genug war, um so leidenschaftlich zu begehren, ist ein Zeichen seiner inneren Jugendlichkeit. Sein Herz vertrocknete eben nicht wie eine Walnuß. Er blieb bis zum Ende voller Saft und Kraft.

Oder fast bis zum Ende. Als ich ihm im Oktober 1974 begegnete, war er noch voller Enthusiasmus, voller Gesprächsstoff und leidenschaftlicher Sehnsucht. Hoki hatte ihn verlassen. (Sie führt heute einen Nachtklub namens *Tropic of Cancer* in Tokio.) Inzwischen liebte er Lisa Liu und Brenda Venus. Und viele andere hübsche Damen (wie Twinka Thiebaud und andere Freundinnen von Val und Tony) kamen, um für ihn zu kochen, ihn zu umsorgen und die Flamme der Leidenschaft zu hüten.

Ich fühlte mich zu Henry hingezogen, weil er mir in einer schwierigen Phase meines Lebens sehr viel Mut machte, und ich blieb, weil er so viel Wärme, so viel Energie ausstrahlte. Bei ihm lebten Kopf und Herz auf demselben Planeten. Anaïs Nin hatte diese Eigenschaft bei ihm entdeckt, lange bevor andere sie erkennen sollten. In einem erstaunlichen »Lobgesang auf *Schwarzer Frühling*«, der 1937 in *The Booster* veröffentlicht wurde, schrieb sie:

Wie alle kühnen Literaten lebt Henry auf zwei Planeten: entweder im torfigen Boden zwischen den Wurzeln der Dinge oder inmitten der Verzückung. Wie ein Hybride aus einem alten Mythos wandelt er sicher über die Erde und ist eins mit ihr; aber er kann auch den irdischen Bereich verlassen und zu ungeahnten Höhen aufsteigen und – falls es ihm gefällt – dort für immer bleiben. Den Zwischenbereich, der flüchtig ist und abstrakt, der weder Körper noch Seele nährt, diesen Bereich betritt er Gott sei Dank nie. Er lebt entweder auf der Erde oder im Mysterium – *niemals im Salon des Geistes*. Andere um ihn herum schreiben in einer Art von schwarzem Vakuum, schreiben, um ihren Mangel an Männlichkeit zu kompensieren. Ihr Wahnsinn ist wie ein Whirlpool mit einem Loch in der Mitte, ein Herumwirbeln um die Leere. In *Schwarzer Frühling* jedoch entsteht der Wahnsinn aus einem Übermaß an Leben; es ist wie eine überladene Scheibe, die sich wild dreht, Erfahrung, die nicht in Kristallisation endet, sondern in einer phantastischen, spiralförmigen Ekstase.
Immer ist da der Geruch der Straße, der Geruch von Menschen. Selbst in den oberen Emporen der Metaphysik riecht es nach Wahrheit, nach Aufrichtigkeit und Natürlichkeit. Tiefe wird durch ungewöhnlichen Scharfsinn und nicht durch eine Paarung mit Ideen erreicht. Immer ist dort ein Mensch, der den Himmel erforscht; kein Geist, der mit geschwächten, verletzten Flügeln über die Erde schwebt. Im selben Moment beschäftigt er sich mit dem Menschen, dem Tier und dem Traum, der den Schriftsteller gefangen hält. Immer das Fleisch und die Vision zugleich. Zeitweise ist er der rufende Prophet, fluchend, schmähend, anprangernd; er sieht mit der gleichen Intensität in die Zukunft, mit der er sich selbst in der Gegenwart verankert. Er ist zur gleichen Zeit der Mann, der zufrieden an einem Kaffeehaustisch sitzt, und der ruhelose, gespenstische Wanderer, der sein verborgenes Selbst in einer Agonie von Gespaltenheit und Unfaßbarkeit zu finden sucht.

Nin, die ihn sowohl als Kollegen als auch als Liebhaber kannte, sah ihn genau, wie er war: »immer das Fleisch und die Vision zugleich«. Das ist ein Aspekt, der kaum deutlich wird, wenn man Miller zu analysieren versucht, ohne ihn gekannt zu haben. Wie ein loderndes Feuer strahlte er Hitze aus. Er war lebendiger, als es die meisten Menschen jemals sind, und wenn du in seine Nähe kamst, spürtest du die Lebenskraft, mit der er dich beschenkte.

Gewiß tat er herzlose Dinge in seinem Leben. Doch der abschätzige, mißgünstige Tenor seiner Kritiker, die im Grunde genommen die billige journalistische Taktik anwenden, seine Überzeugungen und sein Verhalten einander gegenüberzustellen, um ihn dann als Heuchler zu beschimpfen, ist gewiß sehr ungerecht. Jeder von uns würde als Heuchler erscheinen, wenn man ihn auf diese Art beurteilte, selbst die größten Heiligen. Was macht es schon, wenn er nicht gerade Gandhi mit einem Penis war? Selbst Gandhi war in jenem Sinne nicht Gandhi. Nur zornige Jugendliche erwarten von ihren Eltern Perfektion und fällen ein Todesurteil, wenn sie entdecken, daß diese Eltern nur menschlich sind.

Letztendlich kommt es auf Millers Charakter nicht an. Worauf es ankommt, das ist seine Kunst – und die ist voller Mängel, aber auch voller Kraft.

Kapitel 7 MÜSSEN WIR
HENRY MILLER VERBRENNEN?
MILLER UND DIE
FEMINISTISCHE KRITIK

Gesetze und Traditionen werden nicht durch ein taktisches Manöver umgeworfen, so geschickt dieses auch sein mag. Man braucht dafür irgendeine Art von Dynamit.

HENRY MILLER, *Briefe an den sechzehnjährigen William Becker, 18. Juli 1966*

Es ist kein Geheimnis, daß eine Menge dummes Zeug über das Thema Henry Miller, der Sexist, geschrieben worden ist. Ich bin überzeugt, daß dies weder dem Verständnis für Henry Miller gedient noch den Sexismus abgebaut hat.

Kate Millett, die Autorin von *Sexus und Herrschaft* und anderer wichtiger Werke, ist hier nicht die Haupt-Übeltäterin. Sie schätzt und würdigt Henry als einen Surrealisten, einen Essayisten und Autobiographen, und viele ihrer eigenen schriftstellerischen Werke und Sachbücher haben seinen unmethodischen Methoden etwas zu verdanken.

Es sind Milletts journalistische Popularisierer/innen, vor allem in England und in einem geringeren Ausmaß in den USA, die sowohl ihr als auch Henry unrecht tun, indem sie Henry mit Maßstäben messen, die ihm in keiner Weise gerecht werden. Kate Millett ist Künstlerin, und deshalb spürt sie, daß Henry Miller mehr ist als nur ein Frauenhasser. Aber ihr Werk *Sexus und Herrschaft*, das, wie Henrys *Wen-*

dekreise, von mehr Menschen diskutiert als tatsächlich gelesen wurde, prägte die Miller-Kritik ein für allemal. Millett nimmt den autobiographischen Protagonisten in Millers Romanen zum Gegenstand, um in dessen Texten patriarchalische Einstellungen nachzuweisen, aber eine weitergehende Analyse, eine Erforschung der Quelle jener Einstellungen, nämlich der männlichen Angst vor der weiblichen Stärke und des Neides auf diese Stärke, läßt sie vermissen. (Der Fairneß halber müssen wir sagen, dies ist nicht das eigentliche Thema ihres Buches.) Millett geht es darum, zu beweisen, daß Miller nicht »befreit«, sondern vielmehr versklavt sei – und damit hat sie ganz gewiß recht. »Miller«, so sagt sie, »ist nämlich ein Sammelsurium der amerikanischen Geschlechtsneurosen, und sein Wert liegt nicht darin, daß er uns von diesen Krankheiten befreit, sondern daß er ehrlich genug ist, sie in Worte zu kleiden und zu dramatisieren.« Auch hierin hat sie recht. »Was Miller endlich zur Sprache bringt, ist die Abscheu, die Verachtung, die feindselige Haltung, die Gewalttätigkeit und das Gefühl des Schmutzes, mit dem unsere Kultur, oder besser ausgedrückt, die männliche Empfindsamkeit das Geschlechtsleben umgibt. Aber auch die Frauen werden in Mitleidenschaft gezogen; denn irgendwie fällt immer auf sie die Last der Sexualität.«[1]
Milletts Analyse ist nach wie vor aufschlußreich. Aber nur deren gröbste Aspekte sind in die Debatte über Miller eingegangen. Wie können wir Henrys Werk nutzen, um die Wurzeln des Sexismus zu verstehen und sie mit Hilfe dieses Verständnisses auszureißen? Wie können wir den Sexismus bekämpfen, ohne Bücher zu verbrennen? Einige feministische Fanatikerinnen haben der Bewegung für die Gleichheit der Geschlechter geschadet, indem sie die Tatsachen in ein allzu grobes Raster gepreßt haben: Alle Männer sind Roh-

---

1 Kate Millett, *Sexus und Herrschaft*, S. 385.

linge, und alle Frauen müssen Lesbierinnen werden, um frei sein zu können. Fanatismus, nicht Feminismus ist hier der Feind, und Fanatismus provoziert stets eine Gegenbewegung.

In den letzten Jahren waren wir Zeuge einer solchen massiven Gegenbewegung gegen die Gleichberechtigung der Frauen, ohne daß wenigstens die Hälfte der Ungerechtigkeiten gegen Frauen beseitigt worden wären. Vielleicht fordern alle Bewegungen zwangsläufig irgendwann eine Gegenbewegung heraus, und gewiß hat gerade die Frauenbewegung immer Zeiten des Vorstoßes und Zeiten des Rückzugs durchgemacht, aber wäre es nicht zugleich auch förderlich, eine konstruktive Kritik an unserer eigenen Bewegung zu wagen? Sollten wir nicht mit offenen Augen anzuschauen versuchen, wie wir der Gegenbewegung mit unserer eigenen Unversöhnlichkeit Nahrung gegeben haben? Können wir jetzt, da eine sehr willkommene dritte Welle des Feminismus sich nähert, ehrlich genug sein, anzuerkennen, daß Frauen widersprüchliche Wesen und individuell sehr verschieden sind? Frauen haben, wie Männer, sehr unterschiedliche sexuelle Orientierungen – lesbisch, heterosexuell oder auch dem einen ebenso wie dem anderen Geschlecht zugeneigt. Sie müssen sich, um frei zu sein, zur Individualität, nicht zur Konformität bekennen.

Während wir auf diese Stärke- oder auch Schwächephasen des Feminismus reagierten, sind wir, fürchte ich, nicht in ausreichendem Maße der Frage nachgegangen, wie wir der feministischen Reform zum Erfolg verhelfen können. Weibliche Solidarität ist der Schlüssel. Wenn wir wirklich diesen sich immer wiederholenden Zyklus von Feminismus und Gegenbewegung gegen den Feminismus beenden wollen, dann müssen wir die stützenden Säulen des Frauenhasses deutlich wahrnehmen: die Hure/Madonna-Spaltung in der jüdisch-christlichen Kultur und die Tatsache, daß das Aufhetzen des Mannes gegen die Frau und der Frau gegen die Frau uns alle zu seelisch verbogenen Menschen gemacht hat.

Henry eine Schuld zuzuweisen, weil er den Mut hatte, die Tatsachen ehrlich vom männlichen Standpunkt aus zu artikulieren, bedeutet nichts anderes, als den Überbringer der Botschaft zu töten.

Künstler werden, wenn sie versuchen, Spiegel der Gesellschaft, Spiegel des inneren Chaos des Selbst zu sein, zu allen Zeiten beschuldigt, eben die Mißstände zu verteidigen, die sie beschreiben. Die chauvinistischen Kritiker fallen zu allen Zeiten über die Bücher der Frauen her, weil sie voll sind von Zorn auf die Männer und die Gesellschaft – als wäre das nicht unausweichlich, wenn Frauen sich um einen ehrlichen Ausdruck ihrer Gefühle bemühen. Laßt uns klüger sein als diese armseligen Polemiker. Laßt uns den Krieg zwischen den Geschlechtern verstehen, damit wir ihn beenden können.

Henry Miller wagte es, seine Wut wirklich zu spüren, und er stellte den Krieg zwischen Schwanz und Möse auf unvergeßliche Weise dar. Wie Millett sagte: Er ist kein freier Mann, sondern ein Sklave, und ich glaube, Henry wäre der erste, mit ihrer Auffassung von Sklaverei übereinzustimmen. In der Tat beschreibt er selbst diese Sklaverei in *Insomnia* und anderen Büchern. Aber am Ende schaffte er es, sich zu befreien; er erhob sich über den Körper, über den Krieg der Geschlechter, über die Hure/Madonna-Spaltung. Seine Freiheit kam mit dem Buch, das von seinen Kritikern am stärksten ignoriert wurde: *Der Koloß von Maroussi*. Er ließ Sex und Krieg hinter sich und begab sich auf eine höhere Ebene – so wie wir alle, Männer und Frauen, es tun müssen, um ganz und gar menschlich zu werden. Und er kam am Ende dahin, seiner Mutter zu vergeben – so wie wir alle unserer Mutter vergeben müssen.

Mary Dearborn, eine begabte Autorin, die eine faszinierende, aber äußerst herabwürdigende Miller-Biographie geschrieben hat, ist sehr stark durch die feministische Kritik beeinflußt. Diese Kritik prägt ihre Reaktion auf Miller, den Mann und den Schriftsteller, insoweit, als sie zwischen einem Angriff auf ihn wegen seines Antisemitismus, seiner verschleierten Homosexualität und seinem nicht so verschleierten Sexismus und einem begeisterten Lob für seine kompromißlose Aufrichtigkeit und seine »Bejahung des Lebens« hin und her schwankt. Ihre Vorbehalte gegen ihn sind aber so stark, daß man sich fragt, warum sie sich überhaupt dafür entschied, sich mit Millers Leben und Werk so intensiv zu befassen. Sie haßt ihn und ist zugleich von ihm fasziniert. Sie stellt seine künstlerischen Fähigkeiten in Frage und lobt zugleich seine Aufrichtigkeit. Auch sie unterscheidet nicht klar zwischen künstlerischer Gestaltung und dem Eintreten für eine Sache. Es ist, als würde Shakespeare in *Macbeth* für den Königsmord und in *Romeo und Julia* für den Selbstmord von Paaren eintreten.

Dearborn ist mit ihrer Ambivalenz nicht allein. Auch ich habe sie gespürt. Jeder, der sich intensiv mit Miller befaßt, hat zwangsläufig derart ambivalente Gefühle. Die meisten Kritiker, seien es nun Akademiker oder nicht, können die künstlerische Darstellung und das Engagement für ein bestimmtes Anliegen ebenfalls nicht klar auseinanderhalten. Feministische Romane sind vom literarischen Establishment zerstört worden, weil das darin beschriebene Weltbild nicht akzeptiert wurde.

In mancherlei Hinsicht tragen umstrittene Schriftstellerinnen die Hauptlast dieser Verwirrung zwischen Kunst und Engagement, weil sie nicht nur außerhalb der sozialen Normen konformistischen Verhaltens stehen, sondern auch außerhalb der sozialen Normen rebellischen Verhaltens. Der Weg des männlichen Künstler-Rebellen steht uns Frauen niemals offen. Henry wird geächtet, in seinem Heimatland nicht veröffentlicht, man zwingt ihn, für seine Kunst zu betteln, aber er wird am Ende unweigerlich zu einem Helden, eben wegen seiner Rebellion und seines Verzichts. Rebellische Frauen dagegen verschwinden in den meisten Fällen einfach von der Bildfläche, man übergeht sie bei den Rezensionen, in den Anthologien und Universitäten. Man nehme nur die Ächtung von Andrea Dworkin, die in der Tat viele Jahre lang andauerte, das offizielle Totschweigen der einst außerordentlich populären Edna St. Vincent Millay, das literarische Dahinsiechen von Anna Wickham, Laura Riding, Muriel Rukseyer und anderen, insgesamt zu zahlreich, um hier aufgelistet zu werden.

Es gibt einige Anzeichen dafür, daß sich in der populären Kunst hier einige Veränderungen anbahnen. Muntere weibliche Detektive, ausgebildete weibliche Killer und Frauen, die außerhalb des Gesetzes stehen, beginnen unsere Filmleinwände und Bestsellerlisten zu bevölkern, aber auch sie entsprechen einem bestimmten männlichen Stereotyp. Und nur sehr selten überleben sie ihre jeweilige Story. Mit dem Anschwellen einer dritten Welle des Feminismus müssen wir der Tatsache ins Gesicht schauen, daß seit dem 17. Jahrhundert auf jeden feministischen Vorstoß eine gleichermaßen starke Gegenreaktion folgte. Patriarchalische Einstellungen gehen in den Untergrund, sie ändern die Terminologie, aber sie verschwinden nicht – im Gegenteil, es sind die Künstlerinnen, die verschwinden, außer jenen wenigen Ausnahmen, die die Regel bestätigen.

Wir müssen uns nach dem Grund fragen. Und vielleicht kann Henry Millers Werk uns weiterhelfen. Wie jeder unterdrückten Klasse verweigert man Frauen nicht nur gleiche Rechte in der Kunst, sondern auch das Recht auf ihr eigenes Thema. Ihr Ärger gilt als unakzeptabel, ihre Sexualität wird durch männliche Definitionen eingeengt, ihr Platz in der akademischen Welt ist von Männern abhängig oder von Frauen, die sich mit männlichen Normen identifizieren. Weibliche Kritikerinnen und Akademikerinnen (die häufig ihren Status – den einer Ausnahme von der Regel – verteidigen) sind tendenziell sogar noch weniger freundlich zu ihnen als Männer. Selbst die relativ hohe Anzahl feministischer Akademikerinnen scheint die Position der zeitgenössischen Künstlerinnen – von denen viele für alle Zeiten jenseits der Grenzen des Erlaubten bleiben – nicht verbessert zu haben, es sei denn, diese würden sich für die modischen, »politisch korrekten« Positionen einsetzen, die aber ihr Werk zugleich unweigerlich zur Kurzlebigkeit verdammen.

Wenn wir Henry Miller mit seinen zeitgenössischen Künstlerkolleginnen vergleichen, sehen wir, daß er mehr Ruhm und einen höheren Bekanntheitsgrad erworben hat als die Frauen, von Anaïs Nin bis Kay Boyle. Nin gab viel von ihrer Kraft und inneren Stärke, um Henry zu helfen, sich als Schriftsteller zu verwirklichen. Was June angeht, so müssen wir eingestehen, daß die Schriftstellerin, die sie hätte werden können, in gewisser Weise von Henry vereinnahmt, aufgesaugt wurde. Als sie in Paris ankam und von Henrys Liebesverhältnis mit Anaïs Nin und seiner Arbeit an *Wendekreis des Krebses* erfuhr, fühlte sie sich beiseite geschoben und übergangen. Und sie war für alle Zeiten zornig auf Anaïs Nin, weil diese die Geschichte ihrer Beziehung in ihren zensierten Tagebüchern umgeschrieben hatte.

Und was war mit Louise Nieting Miller, deren herausragendes Merkmal ihre Wutanfälle gewesen zu sein scheinen? Was wäre gewesen, wenn sie jene Wut eigenhändig auf das Papier gebannt, wenn sie sich also, durch die Kraft ihrer Wut, über ihren Tod hinaus Einfluß verschafft hätte? Wir werden es niemals wissen. Frauen aus der Generation von Louise Nieting Miller hatten neben ihrer Rolle als Mutter nur selten die Chance, Schriftstellerin zu sein. Anstelle dessen, was sie selbst geschrieben haben könnte, bleibt uns das gewaltige Werk ihres Sohnes als Reaktion auf ihre Wut. Ihre Wut war sein Motor.

Es ist unmöglich, die Schranken der Konvention zu durchbrechen, wenn man nicht durch Wut dazu getrieben wird, wenn man gegenüber literarischen Zensoren nicht eine »Leck-mich!«-Haltung an den Tag legt, die ausdrückt: Sollen sie mich doch ächten oder verbrennen, veröffentlichen oder bestrafen – was auch immer geschieht, ich muß aufschreiben, was in Büchern ausgelassen wurde. Um Schriftsteller zu werden, mußte Henry den Mut finden, sich von der Meinung seiner Kritiker gänzlich unabhängig zu machen.

Zuerst trennt er sich von seiner Familie, von seiner ersten Ehefrau, Beatrice Wickens, und seiner Tochter Barbara. Dann beginnt er ein Verhältnis mit June, dem Taxigirl, June, der Rebellin, der Abtrünnigen, der Schuldnerin, der Intrigantin, der scham- und reuelosen Bisexuellen. Dann geht er nach Paris und wird ein Herumtreiber, ein Bettler, ein Nassauer. Als Henry seiner Würde und all seiner Unterstützungen beraubt war, entstand wie durch eine Explosion das Pariser Buch.

Ich habe Henrys Odyssee mit der männlichen Initiationsodyssee verglichen, die in *Eisenhans* beschrieben wird: ein Abstieg in die Unterwelt, um den Wilden in sich selbst zu finden und »den Schlüssel unter dem Kopfkissen der Mutter wegzustehlen«. Viele Frauen fühlten sich durch Blys Buch angegriffen, dachten, es würde sie von der Suche nach dem Selbst ausschließen, aber tatsächlich müssen sich die Frauen in der heutigen Welt ebenfalls auf eine Initiationsodyssee begeben. Weiblicher Heroismus hängt von ähnlichen Voraussetzungen ab. Frauen müssen ihre Sexualität (und die Wilde in sich) in Besitz nehmen, um ihre Kreativität in Besitz nehmen zu können. Aber dieser Akt der Inbesitznahme der Sexualität ist für Frauen niemals leicht gewesen. Die Mauer der Selbstzensur ist sehr schwer zu durchbrechen, und wenn man sie endlich durchbricht, dann ist es die Welt, die mit brutaler Härte verurteilt. Sogar Anaïs Nin hat ihre Sexualität nur vom Grab aus publik gemacht.

Die Gründe, die dazu führten, daß ich *Angst vorm Fliegen* schrieb, zeigen bemerkenswerte Parallelen zu jenen, die dazu führten, daß Henry *Wendekreis des Krebses* zu Papier brachte, und es scheint, als hätte er das intuitiv gewußt, als er meinen ersten Roman »entdeckte«. Er fühlte, daß zwischen uns eine tiefe Seelenverwandtschaft bestand, obwohl er damals nicht wissen konnte, wie ähnlich mein und sein Leben verlaufen waren: eine bourgeoise Familie, eine erste Ehe, die wir aufgegeben hatten, eine zweite Ehe, die mir einen Flug nach Europa ermöglichte und mir sowohl ein Thema als auch eine Muse schenkte; viele Versuche, »literarische« Bücher zu schreiben, und dann eine Explosion, eine Haltung des »Leckt mich«, ein Abstieg in die Höhle des Wilden (oder der Wilden) in sich selbst.

Die meisten Kritiker bleiben in ihrem Vergleich zwischen Henry und mir an diesem Punkt stehen. Aber die Befreiung des Wilden oder der Wilden ist, wie Bly weiß, nur der Anfang. Der Wilde führt den Helden-Schriftsteller in die Tiefen hinunter. Dann muß der Aufstieg beginnen. Und der Aufstieg ist alles. Die meisten Schriftsteller, die meisten Helden, schaffen es nie. Henry schaffte es.

Wir leben in einer Zeit der Angst vor dem anderen Geschlecht und den Geschlechterrollen, einer Zeit, in der Männer ebenso wie Frauen nach neuen Definitionen von Männlichkeit und Weiblichkeit suchen, und bei diesem Thema kommt so viel Gereiztheit auf, daß es häufig den Anschein hat, die Geschlechter wüßten überhaupt nicht, wie sie miteinander umgehen sollen. Man betrachte nur einmal unsere gegenwärtigen Debatten zu den Definitionen von *date rape*[2], *sexueller Belästigung, Feminismus und backlash*[3].

---

2 Date rape – Verwaltigung durch einen Mann aus dem Bekanntenkreis, mit dem die betreffende Frau eine Verabredung hatte. Der Begriff ist unübersetzt auch in das deutsche feministische Vokabular eingegangen (Anm. d. Übers.).

Wenn wir schon in unseren alltäglichen Erfahrungen so unsicher sind, wie muß sich dies erst in der Literatur niederschlagen! Literatur setzt eine gewisse gesellschaftliche Übereinkunft darüber voraus, was Realität ausmacht, und es gibt heute zwischen Männern und Frauen keine derartige Übereinkunft. Männer leben in einer Welt der Privilegien, Frauen in einer Welt der Bedürftigkeit.

Die Literatur spiegelt das wider. Das eine Extrem sind Andrea Dworkins Dichtungen, in denen der Mißbrauch von Frauen detailliert beschrieben wird; das andere Extrem sind Bret Easton Ellis' plastische Schilderungen männlicher Gewalt und Brutalität. Wie kann eine solche Divergenz eine gemeinsame Literatur ergeben? Wie kann bei einer solchen Divergenz eine gemeinsame Stimme entstehen?

Das war nicht immer so. Als ich begann, nach meiner Stimme als Schriftstellerin zu suchen, war es absolut klar, wie die Stimme der Dichtung klingen sollte: männlich.

In den sechziger Jahren, als Literaturstudentin am Barnard College, sah ich mir den obligatorischen Lehrplan sehr genau an, und die Autoren waren mindestens zu 95 Prozent männlich. Ich erinnere mich, daß ich ein Werk über Emily Dickinson las, und es stellte sich heraus, daß es zu einer Reihe mit dem Untertitel »Amerikanische *Männer* der Dichtung« gehörte. (Niemand schien das witzig gefunden zu haben.) Der moderne amerikanische Roman bedeutete: Bellow, Roth, Malamud, Updike. Moderne Dichtung bedeutete: Yeats, Auden, Pound. Selbst an einem College, das von Feministinnen gegründet worden war und zudem stolz darauf, die Durchsetzung alles Weiblichen zu fördern, wurde der patriarchalische Charakter des Lehrplans nicht in Frage gestellt. Noch nicht.

1962 kam ein berühmter männlicher Kritiker, der inzwi-

---

3 Backlash = Rückschlag. Ein Begriff, der im feministischen Vokabular in Deutschland ebenfalls oftmals unübersetzt bleibt (Anm. d. Übers.).

schen verstorbene Anatole Broyard, in meinen Kurs über kreatives Schreiben am Barnard College und erklärte: »Frauen können nicht dichten; sie haben nicht die nötige *Erfahrung*.« Keine einzige Frau protestierte. Wir alle – sämtlich angehende Autorinnen – saßen da mit bescheiden niedergeschlagenen Augen und lauschten der männlichen Stimme der Autorität, die uns sagte, was wir schreiben konnten und was nicht. Keine Frau lachte laut auf. Keine forderte ihn heraus. Und keine fand es seltsam, daß ein Mann einer Gruppe vielversprechender junger Autorinnen Vorschriften machen sollte (von denen im übrigen mehrere inzwischen Dutzende herausragende Bücher veröffentlicht haben). Warum waren wir so schüchtern? Warum fanden wir es so schwierig, unsere Stimme zu erheben?

In meinen ersten Gedichten schlüpfte ich in die Person eines Dichters. In meinen ersten Prosaversuchen bediente ich mich der Stimme eines männlichen Wahnsinnigen. Ich liebte Nabokov, und die Stimme dieses männlichen Wahnsinnigen war meine Homage an ihn. Natürlich war mir nichts von alldem bewußt. Nach dem College und der Graduate School suchte ich mehrere Jahre lang nach meiner eigenen, ganz persönlichen Stimme, denn ich wußte, daß keine Schriftstellerin wirklich geboren wird, bis sie ihre eigene Stimme gefunden hat.

Sylvia Plaths *Ariel* und Anne Sextons *Ins Irrenhaus und ein Stück wieder heraus* waren wichtige Bücher in meinem Leben, da sie mich ermutigten, meine eigene Erfahrung als wertvoll zu betrachten. Endlich konnte ich aufhören, Auden und Roethke sklavisch zu imitieren und eine Dichter*in* werden, die stolz ist auf ihre Weiblichkeit. Dafür hatte ich einen langen Weg zurücklegen müssen, denn Weiblichkeit wurde von den *New Critical Orthodoxies* der akademischen Welt, in der ich mich bewegte, verspottet, ignoriert und unsichtbar gemacht. Es war nicht leicht für eine Frau, eine authentische Stimme zu erheben. Es gab keine Vorbilder, außer Colette und de Beauvoir, die in meinen Collegetagen kaum erhältlich waren.

Als dichtender Teenager im Collegealter – dreizehn, vierzehn, fünfzehn Jahre alt – bewunderte ich Dorothy Parker und Edna St. Vincent Millay, fand ihre Werke in den Bücherborden meiner Mutter und schleppte sie in mein eigenes Zimmer. Ich liebte Parkers messerscharfen Verstand und Millays weiblichen Lyrizismus. Ich identifizierte mich mit diesen Dichterinnen insofern, als sie mir Mut machten, mich zu meinem eigenen Talent zu bekennen. Ich kannte nicht ihren Status in der »literarischen Welt« (oder wußte vielmehr nicht, daß sie gar keinen Status hatten). Wie hätte ich etwas darüber wissen können?

Als ich am Barnard College zu studieren begann, stellte ich fest, daß diese Dichterinnen als nicht koscher angesehen wurden. Welche Dichterinnen *waren* koscher? Elizabeth Bishop, Marianne Moore – Frauen, die ihre Stimmen kastrierten, die ihre Sexualität nirgendwo durchscheinen ließen. Zu jenem Zeitpunkt hatte ich noch nicht die Distanz, um zu verstehen, daß diese Dichterinnen, die ich liebte, eben in der Weise unsichtbar gemacht worden waren, wie es für die Künstlerinnen im Patriarchat üblich ist. Man gab mir Pound, Auden und Roethke, damit ich mich mit ihnen befaßte, und das tat ich dann auch – pflichtschuldig und gründlich –, aber ich konnte mich niemals besonders weitgehend mit den Dichter*innen* identifizieren, die auf der Leseliste standen. Ich war nicht weltgewandt genug, um zu verstehen, daß genau das vielleicht der Grund war, warum sie – und nicht die anderen – in die Leseliste aufgenommen worden waren: damit junge Frauen sich *nicht* mit ihnen identifizieren konnten und *nicht* auf die Idee kamen, sie könnten selbst schreiben. Statt dessen wurde alles getan, um den Anschein zu erwecken, daß die Schriftstellerei die Domäne der Männer sei.

Ich absolvierte mein Literaturexamen mit Auszeichnung,

gewann verschiedene Stipendien für die Graduate School und schuftete zwei Jahre lang an einer einigermaßen unlesbaren Magisterarbeit über Frauen in den Gedichten von Alexander Pope. Es war typisch für die Postgraduiertenstudentinnen meiner Generation, ihren keimenden Feminismus zu artikulieren, indem sie nach Spuren von Androgynität bei männlichen Schriftstellern suchten, die vom orthodoxen Kanon akzeptiert worden waren. Erst die nächste Generation von Feministinnen sollte den Mut haben, unsichtbar gemachte Schriftstellerinnen – von Aphra Behn bis Kate Chopin, von Charlotte Perkins Gilman bis Adelaide Crapsey – wiederzuentdecken. Die Rehabilitierung von Parker und Millay steht gewiß unmittelbar bevor.

Ich erzähle all dies, um zu zeigen, was für einen steinigen Weg ich gehen mußte, um meine eigene Stimme für *Fruits & Vegetables*, meinen ersten Gedichtband, oder für *Half-Lives*, meinen zweiten, zu finden. Ich mußte meine literarische Bildung aus dem Fenster werfen und mein eigenes Leben akzeptieren. Wie auch immer man über meine ersten beiden Gedichtbände urteilen mag, ich habe dort eine authentische weibliche Stimme gefunden. Das allein war schon etwas sehr Ungewöhnliches und ein Triumph der Selbstbefreiung.

Ich schwitzte dann mehrere Jahre lang über einem Nabokov-Abklatsch mit dem Titel *The Man Who Murdered Poets*. Als ich das Manuskript Aaron Asher, meinem damaligen Lektor bei Holt, brachte, einem Mann, der zweimal die Werke einer unbekannten jungen Frau veröffentlicht hatte, bevor er mit einem Roman belohnt wurde, sagte er klugerweise: »Gehen Sie nach Hause, und schreiben Sie einen Roman in dem Stil, den Sie in jenen Gedichten entdeckt haben.« Genau das war der Fußtritt, den ich brauchte, um *Angst vorm Fliegen* aus meiner Seele zu entlassen.

Das Schreiben des Buches war erschreckend – eine weitere Übung in Selbstbefreiung. Ich habe wirklich nie erwartet, daß der Roman das Licht des Tages erblicken würde. Ich schrieb ihn wie eine Getriebene, voller Angst und Zittern, und versprach mir selbst, daß ich auch dann, wenn er niemals veröffentlicht werden würde (mit einer Veröffentlichung rechnete ich gar nicht), zumindest stolz auf mich sein würde, daß ich es versucht hatte. Der Schluß des Buches kostete mich die meisten schlaflosen Nächte. Das Muster der sinnlichen Heldin, die für ihre Sexualität stirbt, war fest in meinem Kopf verankert – ein Handlungsschema, das in so unterschiedlichen Büchern wie *Madame Bovary*, *Anna Karenina*, Kate Chopins *The Awakening*, Mary McCarthys *A Charmed Life* und sogar in ihrer *Clique* niemals angetastet wird. Sie werden dasselbe Handlungsmuster in so vergleichsweise neuen Filmen wie *Eine verhängnisvolle Affäre* und *Thelma & Louise* finden. Wenn Sie sich die sinnlichen Heldinnen der jüngsten Zeit einmal anschauen, dann werden Sie feststellen, daß sie, wenn sie ihre Sexualität zum Ausdruck bringen, entweder ihr Leben oder ihre Kinder verlieren.

Während ich das Ende von *Angst vorm Fliegen* immer und immer wieder überarbeitete (zwölfmal insgesamt), stellte ich fest, daß ich den Wunsch hatte, mein rebellisches Alter ego Isadora umzubringen oder sie zu schwängern und sie das Baby anschließend bei einer lebensgefährlichen Abtreibung verlieren zu lassen. Schließlich hatte sie doch ihren »ordentlichen« Mann verlassen und war mit einem »bösen Jungen« auf und davon gegangen. Verdiente sie nicht tatsächlich eine schreckliche Strafe?

Ich wußte nicht, warum ich zu solchen Katastrophen tendierte. Wie konnte ich wissen, daß ich selbst ein wandelndes Musterexemplar des Sexismus war? Wie konnte ich wissen, daß ich die Werte des Patriarchats verinnerlicht hatte und sie sogar in diesem angeblich befreiten und (wie sich am Ende herausstellte) befreienden Buch ausdrückte?

Das Patriarchat ist in uns – darum ist es so schwierig auszurotten. Wir müssen es zunächst in uns selbst vernichten; danach sind wir vielleicht fähig, es in der Welt zu vernichten.

Die einzige Möglichkeit, dem Feminismus jemals zu einem politischen Erfolg zu verhelfen, liegt darin, daß alle Frauen – junge, alte, homosexuelle, heterosexuelle, schwarze, weiße – verstehen, daß Solidarität unsere einzige Chance ist. Vielleicht sind wir nicht immer der gleichen Meinung, aber einander bis aufs Blut zu bekämpfen – wie zwingend die oberflächlichen Gründe auch sein mögen – bedeutet, unsere Macht aus der Hand zu geben, sie dem Patriarchat zu überlassen. Meine Frauengeneration – die alternden *baby boomers* – ist leider bisweilen in diese Falle hineingetappt. Wir haben uns entlang eigentlich bedeutungsloser Grenzlinien gespalten. Tatsache ist, daß alle Frauen im Patriarchat politisch unterdrückt sind, ebenso wie alle Männer spirituell unterdrückt sind – und nur unsere Aufrichtigkeit kann uns retten. Zunächst einmal müssen wir das Problem in uns selbst erkennen, dann müssen wir es in der Gesellschaft erkennen, und dann müssen wir darum kämpfen, es zu lösen. Wahrnehmen, Erkennen ist hier alles. Jede Veränderung beginnt mit dem Erkennen.

Am Ende könnte es sich erweisen, daß Miller dem Feminismus weitaus stärkere Impulse gibt als dem männlichen Chauvinismus. Seine Werke zeigen immer wieder eine rückhaltlose Aufrichtigkeit bei der Darstellung des Selbst, eine Aufrichtigkeit, die auch Schriftsteller*innen* dringend brauchen, denn Aufrichtigkeit ist der Beginn jeder Wandlung.

Obwohl die achtziger Jahre ein Jahrzehnt des Rückschlags waren, obwohl das Prinzip des »Teile und herrsche« bedauerlicherweise sehr erfolgreich gegen den feministischen Fortschritt eingesetzt wurde, glaube ich, daß wir an der Schwelle einer »Schönen neuen Welt« der Gleichheit der Geschlechter stehen. Ich brauche nur die nächste Generation von Töchtern zu betrachten – die jungen Frauen, die in den siebziger und achtziger Jahren geboren wurden –, und ich sehe, daß sie eine sehr viel radikalere Form der Freiheit als selbstverständlich ansehen, daß sie für sich eine neue, höhere Ebene der Wahlfreiheit und Selbstbestimmung gefunden haben. Sie sitzen eben *nicht* still da, während eine Autoritätsperson ihnen erzählt, was sie schreiben sollen. Sie kämpfen und treten für ihre Sache ein. Eines jedoch müssen auch sie unbedingt lernen: daß es am klügsten ist, sich nicht gegen ihre Schwestern zu verschwören, wie verführerisch das auch erscheinen mag.

Jedesmal, wenn ich einen Artikel oder ein Buch lese, in dem eine Frau über eine andere Frau herfällt, dann denke ich: Dummkopf! Du hast nicht erkannt, daß du programmiert wurdest, Frauen anzugreifen und Männer zu verhätscheln. Du erkennst nicht, daß du die wandelnde Verkörperung des männlichen Chauvinismus bist – obwohl dein Körper der einer Frau ist.

Henry Miller hatte sich schon zu Beginn seines Lebens feministischer Dichtung geöffnet (Marie Corelli, Emma Goldman, Madame Blavatsky), und sein Wohlwollen blieb sein ganzes Leben lang bestehen. Er setzte sich leidenschaftlich für Anaïs Nins Tagebücher ein, sogar nachdem sie sich einander entfremdet hatten. Als ich ihn kennenlernte, war er voller Bewunderung für kreative und intellektuelle Frauen, und er setzte sich nicht nur für meine Bücher ein, sondern auch für das Werk von Suzanne Brogger, die dänische Schriftstellerin, deren *Deliver Us From Love* (1976) voll polemischer Angriffe war: gegen die Monogamie ebenso wie gegen die Kleinfamilie und gegen Vergewaltigung. Durch dieses Buch wurde sie für die skandinavischen Feministinnen zu einer Heldin. Trotz Millers Streitereien mit Nin kam es zu einem öffentlichen Treffen. Die Lektionen weiblicher Kreativität fielen bei ihm auf fruchtbareren Boden als bei vielen Frauen. Als Henry in seinen Pariser Tagen Anaïs Nins Schriften entdeckte und jene Entdeckung in dem Essay »Un Être

Etoilique« (*The Cosmological Eye*) feierte, wußte er auf Anhieb, daß hier etwas Weiblich-Revolutionäres geschaffen
worden war, das die Welt verändern sollte.

> Der Kontrast zwischen dieser Sprache und der eines Mannes ist
> zwingend; die gesamte männliche Kunst erscheint plötzlich wie
> ein gefrorenes Edelweiß unter einer Glasglocke, die in dem ver-
> lassenen Heim eines Wahnsinnigen auf dem Kaminsims abge-
> stellt wurde.[4]

Henry erkannte auf Anhieb, daß alle männliche Literatur,
verglichen mit dem fruchtbaren Delta weiblicher Prosa,
gefroren wirkte. Er las begierig Nins Werke und profitierte
davon, indem seine eigene Kunst an Lebendigkeit gewann. Er
verstand, daß Nin den Finger auf eine revolutionäre Veränderung in der literarischen Welt des 20. Jahrhunderts gelegt
hatte. In Zukunft würden die Romane unserer Zeit autobiographisch oder dokumentarisch sein, wie Emerson es vorausgesagt hatte, als er davon sprach, daß Romane Tagebüchern
oder Autobiographien weichen müßten. Die Trennungslinie
zwischen Dichtung und Dokumentarischem würde sich ver-
wischen. So wie das Epos in der Mitte des 18. Jahrhunderts
dem Roman wich, so war das 20. Jahrhundert das Zeitalter
der Autobiographie, in dem die Dichtung den in der ersten
Person geschriebenen Chroniken, die auf Fakten basieren,
weichen würde.

> Während unsere Ära sich dem Ende nähert, werden wir uns im-
> mer stärker der außerordentlichen Bedeutung der dokumentar-
> ischen Darstellung bewußt. Unsere Literatur, die sich nicht mehr
> durch sterbende Formen auszudrücken vermag, ist fast aus-
> schließlich biographisch geworden. Der Künstler tritt hinter die
> toten Formen zurück, um in sich selbst die ewige Quelle der
> Schöpfung wiederzuentdecken. Unser Zeitalter, das so außeror-
> dentlich produktiv, jedoch durch und durch un-vital, un-kreativ

---

4 Henry Miller, *The Cosmological Eye*, S. 290.

ist, ist von der Lust besessen, die Geheimnisse der Persönlichkeit zu erforschen. Wir wenden uns instinktiv jenen Dokumenten zu – Fragmenten, Aufzeichnungen, Autobiographien, Tagebüchern –, die unseren Hunger nach Leben stillen, denn indem sie die umständliche Ausdrucksweise der Kunst vermeiden, bringen sie uns direkt mit dem in Kontakt, was wir suchen.[5]

Henry Miller sagte voraus, daß in der Kunst unseres Zeitalters – auch im Journalismus, im Film, im Fernsehen und natürlich in der Malerei und Bildhauerei – die Darstellung und Analyse der Persönlichkeit zum zentralen Thema gemacht werden würde und daß die Trennungslinie zwischen Dichtung und Wahrheit nicht mehr klar erkennbar sein würde. Henry drückte diese Tendenz in seinem eigenen Werk aus. Dies und die Tatsache, daß seine Androgynität in seine Bekenntnisse einfloß, machte ihn zu einem radikalen und prophetischen Schriftsteller. In gewisser Hinsicht weist er uns den Weg in eine Zukunft feminisierter Kunst. Mögen seine Romane auch eine detaillierte Darstellung von Sexismus sein – seine Essays und meditativen Werke zeigen einen Mann, der zutiefst mit der weiblichen Seite seiner Natur in Kontakt ist, der die Hitze des weiblichen Prinzips ausstrahlt, auf daß sie die gefrorene patriarchalische Welt schmelzen möge.

Genau wie Henry erkannte und verstand, was Anaïs Nin zu einer revolutionären Schriftstellerin machte, so verstand auch Anaïs Henrys Beitrag vielleicht besser als irgend jemand anders. In *Henry, June und ich*, dem unzensierten Tagebuch ihrer Affäre mit Henry Miller und June Mansfield Miller (das erst 1987 veröffentlicht wurde), beschreibt sie ihre ersten Gefühle beim Lesen von *Wendekreis des Krebses*: »Er hat die Sanftmut, die Zärtlichkeit aus seinen Schriften ausgespart, hat nur dem Haß, der Gewalttätigkeit Ausdruck verliehen.« Anaïs glaubt, Henry habe das getan, weil die brutale Seite

5 Ebda., S. 270.

der Liebe leichter auszudrücken sei als die zärtliche. »Aber der Mann, der sich über mein Bett beugt, ist sanft«, schreibt sie, »und er schreibt nichts über diese Augenblicke.«

Es ist die Roheit und Brutalität dessen, was Henry über Frauen schreibt, die die feministischen Rezensentinnen so verärgert hat – genauso wie die Brutalität dessen, was Frauen, beispielsweise Andrea Dworkin, über Männer geschrieben haben, die männlichen Kritiker verärgert hat. Aber es ist die Aufgabe des Künstlers, dieser brutalen Seite der Sexualität Ausdruck zu verleihen. Kunst *ist* heidnisch, wild, blutig. Und so muß sie sein, um die Schattenseite der Natur widerzuspiegeln. Sie folgt den Furien, den Bacchanten, den Teufeln – oder sie ist keine wahre Kunst. Niemand hat uns diese Auffassung der Kunst deutlicher vor Augen geführt als die umstrittene Kritikerin Camille Paglia in ihrem brillanten und beunruhigenden Buch *Sexual Personae*. Paglias schroffes Benehmen in der Öffentlichkeit und ihre bedauerliche Tendenz, über andere Frauen herzufallen, macht sie zu einer spröden, schwer zu akzeptierenden Persönlichkeit. Aber gerade einige ihrer wildesten Ideen sind provokativ und werden dringend gebraucht: »Ich sehe Sex und die Natur als brutale heidnische Kräfte«, sagt Paglia. Und sie wendet sich gegen die orthodoxen kritischen Maßstäbe, die versuchen, die Kunst und die Literatur zu sterilisieren – und sie dabei gründlich fehlinterpretieren.

Ob man nun mit Paglias Ansichten von Männlichkeit und Weiblichkeit übereinstimmt oder nicht – ihre Analyse ist eine wirksame Medizin gegen die Fehlinterpretationen Millers von seiten der feministischen Kritik. Da Sex in der Tat eine starke, ursprüngliche Kraft ist, können wir dem Künstler, der versucht, diese Kraft zu spiegeln, keine Schuld zuweisen. Und genauso sollten Frauen, die über weibliche Sexualität, weibliche Wut oder die bedrohliche Möglichkeit einer Vergewaltigung schreiben, nicht dafür attackiert werden, daß sie das Leben darstellen, so wie es ist. Wir müssen aufhören, von unseren Künstlern, männlich oder weiblich, zu verlangen, daß sie ursprünglich Saures versüßen, daß sie weichkochen, was eigentlich roh sein sollte. Das anzustreben bedeutet, daß wir am Ende unsere Kunst wie einen Walt-Disney-Erlebnispark behandeln.

Erlebnisparks sind eine Sache, Kunst eine andere. Und es wäre tragisch, wenn wir im Namen von »Familienwerten« die Kunst so weitgehend sterilisierten, daß sie nur für Kinder verträglich wäre und so die Leidenschaften des wirklichen Lebens nicht spiegeln könnte. Lange genug begründete sich die Zensur in Amerika auf die Hicklin-Richtlinie, die besagte, daß Bücher und Filme danach beurteilt werden müßten, ob sie möglicherweise einen korrumpierenden Einfluß auf Minderjährige haben könnten. Dies hat bedauerlicherweise die Schöpfung von erwachsener Kunst behindert – in allen Bereichen.

In gewisser Weise dominiert genau diese Art von Zensur bereits im Fernsehen und im Film – zwei Medien, deren großes Versprechen gänzlich unerfüllt geblieben ist, vor allem in Amerika. Die Kraft, aufzuwühlen, betroffen zu machen, Kontroversen zu inspirieren, wird offenbar nur Büchern und den bildenden Künsten zugestanden. Und immer gibt es Zensoren, die bereit sind, auch diese Freiheit zu beschneiden. Die Bücherindustrie, die von Erbsenzählern regiert wird, welche in Buchhandlungen Platz auf den Regalen kaufen, so wie Zahnpastaproduzenten in Drogerien Platz für ihre Produkte kaufen, hat ernstlich begonnen, die Freiheit der Wahl zu beschneiden. Das nächstemal, wenn Sie in einer Buchhandlung am Flughafen stehen und feststellen, daß Sie nur zwischen A und B wählen können, dann denken Sie daran, wie beschränkt Ihr Zugang zu wirklich aufwühlenden Büchern ist. Machen Sie noch heute einmal den Versuch, Henry Miller in dem durchschnittlichen Buchladen in der Einkaufspassage zu finden. Er ist höchstwahrscheinlich nicht im Sortiment.

»Der Markt regelt das Auswahlverfahren«, sagt der Zyniker. »Ins Sortiment wird eben das aufgenommen, was sich gut verkauft.«
Aber ganz so ist es nicht. Eine Million Entscheidungen, die zuvor getroffen werden, bestimmen das Thema, die Auflagenhöhe und den Tenor des Ausdrucks. Im Namen der »Kräfte des Marktes« werden Ihre Freiheiten unterminiert. Sie selbst sind der Beweis, daß die von Marktkräften gelenkte Zensur effektiv war, wenn Sie sagen: »Es wird eben das ins Sortiment aufgenommen, was sich gut verkauft.«

In diesem Zusammenhang müssen wir zumindest kurz die Punkte erwähnen, die von Women against Pornography und dem von Andrea Dworkin und Catharine MacKinnon entworfenen Beispielstatut genannt werden. In dem Statut geht es darum, Pornographie als ein Verbrechen gegen Frauen zu bestrafen.
Dworkin und MacKinnon definieren Pornographie als:

die plastische, deutlich sexuell dargestellte Unterordnung von Frauen durch Bilder und/oder Wörter, die auch einen oder mehrere der folgenden Aspekte einschließt: (i) Frauen werden, ihrer menschlichen Würde beraubt, als sexuelle Objekte, Dinge oder Waren präsentiert, oder (ii) Frauen werden als sexuelle Objekte präsentiert, die Schmerz oder Demütigung genießen, oder (iii) Frauen werden als sexuelle Objekte präsentiert, die sexuellen Genuß bei einer Vergewaltigung empfinden, oder (iv) Frauen werden als sexuelle Objekte präsentiert, die gefesselt, aufgeschnitten, verstümmelt oder gequetscht oder körperlich verletzt werden, oder (v) Frauen werden in Haltungen oder Positionen sexueller Unterwerfung, Unterwürfigkeit oder Zurschaustellung präsentiert, oder (vi) die Körperteile von Frauen – einschließlich, aber nicht begrenzt auf Vagina, Brüste oder Gesäßbacken – werden auf eine Weise zur Schau gestellt, daß Frauen auf jene Teile reduziert werden, oder (vii) Frauen werden dargestellt, als wären sie ihrer Natur nach Huren, oder (viii) Frauen werden als von Objekten oder Tieren penetriert dargestellt, oder (ix) Frauen werden in Szenarios von Entwürdigung, von Verletzung, von Folter dargestellt, sie werden als schmutzig oder minderwertig gezeigt, blutend, gequetscht oder verletzt in einem Kontext, in dem dies sexuell erregend wirken soll.

Das Statut wirkt klar und präzise und unangreifbar, es sei denn, man wirft einen Blick auf die Geschichte der sexuellen Zensur überall auf der Welt. Leider zeigt uns diese Geschichte, daß hinter sexueller Zensur *immer* eine bestimmte politische Zielsetzung steht. Häufig geht es dabei überhaupt nicht um Sex.

Autoren wie Edward de Grazia, die die Geschichte der Kriege um die Zensur in den USA und in Übersee aufzeichneten, haben gezeigt, daß die Unterdrückung von Büchern häufig auf sehr viel komplexere Gründe zurückzuführen ist als diejenigen, die ursprünglich angegeben werden. Einige Beispiele: D. H. Lawrences *Der Regenbogen* wurde 1914/15 verboten, angeblich wegen Obszönität, aber in Wirklichkeit wegen Lawrences Widerstand gegen den Krieg und der Tatsache, daß D. H. Lawrence zu einer Zeit, in der viele Menschen eine aggressiv antideutsche Haltung einnahmen, eine deutsche Frau hatte. Radclyffe Halls *The Well of Loneliness* wurde 1929 verboten, angeblich wegen Geilheit und Obszönität, in Wirklichkeit aber, weil darin lesbische Frauen in einem positiven Licht gezeigt wurden. Zahllose Bücher über Empfängnisverhütung und sexuelle Praktiken wurden verboten, angeblich wegen Obszönität, aber in Wirklichkeit, weil sie Frauen in die Lage versetzten, ihre Fruchtbarkeit oder ihren Zugang zur Lust zu kontrollieren. Autorinnen wie Margaret Sanger und Havelock Ellis wurden wegen dieser »Sünden« verfolgt.

Wie auch immer die Zensurbestimmungen lauten mögen, sie werden tendenziell nicht von Feministinnen wie Dworkin und MacKinnon zur Anwendung gebracht, sondern von Polizisten. Die Tugendwächter und Moralapostel – und die Politiker, welche um die Stimmen dieser Gruppen werben – sind es, dic am Ende festlegen, was wir lesen oder sehen dürfen. Wo auch immer es Gesetze zum Bereich der Sexualität gibt, werden sie früher oder später dazu benutzt werden, alles Abweichende zu unterdrücken.

Man sollte denken, daß die Bösartigkeit der Angriffe auf Emile Zola, Oscar Wilde, Radclyffe Hall, James Joyce, Edmund Wilson und Robert Mapplethorpe die Autorinnen MacKinnon und Dworkin davon überzeugt hätte, daß jedes Gesetz, das das sexuelle Verhalten oder die sexuelle Darstellung in Worten und Bildern bestimmten Normen unterwirft, am Ende von Big Brother mißbraucht wird, um oppositionelle Kräfte zum Schweigen zu bringen. Auch Homosexualität ist ursprünglich einmal als Verlust an »Familienwerten« betrachtet worden.

Ich glaube nicht, daß wir uns überhaupt irgendwelche sexuell repressiven Gesetze zu Büchern leisten können, wie wohltuend und vernünftig sie auch zunächst wirken mögen. Es fällt mir nicht schwer, mir vorzustellen, daß eines Tages Eltern, die Nacktfotos ihrer Babys geschossen haben, wegen Kinderpornographie verhaftet werden. Was uns gerade noch gefehlt hat, ist ein weiteres Komitee gegen unamerikanische Aktivitäten – und dies ist in der Tat eine ständig drohende Gefahr in einem Land, in dem das First Amendment zwar konzipiert wurde, in dem es aber weitgehend nicht richtig verstanden wird. Die wesentliche Aussage dieses First Amendment ist, daß wir bestimmte unangenehme Wörter und Bilder ertragen müssen, einfach, um unsere größeren Freiheiten zu schützen.

Obwohl ich eine überzeugte Verfechterin des First Amendment bleibe, respektiere ich den Mut jener Feministinnen, die das Anliegen der Pornographie, nämlich Frauen symbolisch zu vergewaltigen, erhellen und analysieren. Herabwürdigende Frauenbilder sind in unserer Kultur allgegenwärtig, und diese Bilder dienen in der Tat dazu, den Mißbrauch der Frauen durch die Gesellschaft zu rechtfertigen. Aber es scheint, daß einige Feministinnen sich von einem zynischen rechten Flügel unter der Führung von fanatischen religiösen Eiferern haben manipulieren lassen. Der Angriff auf die Pornographie, der unter der Schirmherrschaft der frauenfeindlichen Administration Ronald Reagans begann, war eindeutig politisch motiviert, und jene Feministinnen, die ihn unterstützten, waren, leider, politisch naiv.

So beunruhigend es ist, von Bildern mißbrauchter Frauen umgeben zu sein, so beunruhigend ist auch die Tatsache, daß unsere visuellen Medien von Bildern hübscher junger Mädchen und Frauen beherrscht werden. Es ist, als existierten alte Frauen nicht oder wären irgendwie obszön. Frauen werden gezwungen, ihr Image in der Öffentlichkeit bestimmten Normen anzupassen. Solange sie unbedingt »feminin« sein müssen, um gehört und gesehen zu werden, und solange »feminin« definiert wird als jung, hübsch, sanft und parfümiert, werden Frauen keine Möglichkeit haben, alle Seiten ihrer individuellen Persönlichkeit im öffentlichen oder privaten Leben sinnvoll einzusetzen.

Uns allen wird eine betrübliche Konformität aufgezwungen. Pornographie ist nur ein Teil des Problems. Werbung, Kino, Fernsehen und Liebesromane zeigen im wesentlichen auch nur die eine Seite, das eine Gesicht einer Frau. Bis zu dem Augenblick, in dem ich auf dem Fernsehschirm Frauen sehe, die weder geschminkt sind noch gefärbte Haare haben und die ihr wahres Alter zeigen, und bis zu dem Augenblick, in dem die First Ladys nicht mehr gezwungen sind, sich über Keksrezepte auszulassen und neben oder hinter ihren Ehemännern zu stehen, werden wir eine Gesellschaft haben, in der eine Frau sich schämen muß, wenn sie sämtliche Aspekte ihrer Persönlichkeit auslebt. Dies sind Tatsachen, und sie sind ebenso zerstörerisch wie Pornographie. Ich wünschte, die gesamte weibliche Bevölkerung Amerikas würde sich dagegen erheben. Dennoch: Gesetze und Zensur gegen bestimmte Frauenbilder halte ich für gefährlich. Heute leben alle Frauen so wie jene Afroamerikanerinnen

einer früheren Generation, die meinten, sich die Haut blei-
chen zu müssen. Wie und was auch immer wir im einzelnen
sind – es genügt nicht. Warum sind wir nur halbe Menschen, wenn wir nicht blond und schlank sind und am Hals
überflüssige Haut haben? Eine Frau zu sein, das bedeutet,
immer unrecht zu haben. Daran etwas zu ändern bedeutet
gewiß auch, die Pornographie zu verändern. Daran etwas
zu ändern bedeutet, daß das Bild einer mißbrauchten Frau
nicht mehr ein wohliges Kribbeln hervorruft.

Seit alters her kümmern sich Politiker weniger um Pornographie als um ihre Machtbasis. Wenn sie dadurch zur
Macht gelangt sind, daß sie einen Feldzug gegen die Pornographie geführt haben, dann neigen sie dazu, jene Macht zu
benutzen, um abweichende Meinungen aus jeder Quelle zu
unterdrücken.

Zwar muß unser Bewußtsein und das Bewußtsein unserer
Gesellschaft dafür sensibilisicrt werden, daß in unserem
Kulturkreis Bilder mißbrauchter und gedemütigter Frauen
allgegenwärtig sind, aber die Gefahr, solche Bilder – oder
auch Worte – mit Taten gleichzusetzen, ist ebenfalls nicht
zu unterschätzen. Einige Feministinnen glauben, ein porno-
graphisches Bild sei an sich schon ein Akt der Gewalt,[6] aber
ich glaube, es würde die Prinzipien des First Amendment
extrem gefährden, ein Bild, zu welchem Zweck auch immer, mit einer Tat gleichzusetzen.

Das Bild einer mißbrauchten Frau ist nicht dasselbe wie
eine mißbrauchte Frau. Worte sind keine Taten. Wenn wir,
um einen besseren Schutz für Frauen zu erreichen, es zulassen, daß derartige Gesetze verabschiedet werden, dann wird
es wohl nicht lange dauern, bis man diese Gesetze gegen
Frauen anwendet, um die freie Äußerung ihrer begründeten
Anliegen zu verhindern.

---

6 Vgl. Susan Griffin, *Pornography and Silence: Culture's Revenge against
   Nature*, die diesen Gesichtspunkt sehr einleuchtend darstellt.

Stellen Sie sich eine Gesellschaft vor, in der Romanschriftsteller und Dichter nur schöne, positive Dinge über Frauen schreiben dürfen. Wie sollten wir das real vorhandene Leiden in unserer Kultur beschreiben? Nehmen wir einmal an, wir könnten niemals über sadomasochistische Beziehungen schreiben. Wie könnten wir zeigen, daß sadomasochistische Beziehungen eher die Regel als die Ausnahme sind? Wie können wir die Gesellschaft verändern, wenn wir sie nicht ehrlich beschreiben?

Selbst wenn wir pornographische Filme abstoßend finden, und ebenso Bilder von Gewalt, die gegen Frauen verübt wird, wäre uns wahrscheinlich mit effektiven Aufklärungskampagnen mehr gedient als mit Gesetzen, durch die die Darstellung eines Aktes mit dem Akt selbst gleichgesetzt wird. Das nämlich würde bedeuten, wir sind bereits auf dem Weg zum Verkünden von *fatwas*, durch die Schriftsteller zum Tode verurteilt werden, oder auf dem Weg zum Abschlagen von Händen und Köpfen, wie bei den islamischen Fundamentalisten.

Laßt Henry doch gegen die riesige Gebärmutter wüten. Laßt Schriftstellerinnen gegen die verschiedenen verrückten Schwänze (und Mösen) wüten, die es in ihrem Leben gegeben hat. Bringt frischen Wind in unser kulturelles Leben – durch Kontroverse und Diskussion. Aber hüten wir uns davor, irgend einen schmuddeligen Pornographen für den Schaden zu bestrafen, der aus Ideen resultieren könnte.

»Jede Idee ist ein Aufwiegeln«, schrieb Justice Olivier Wendell Holmes 1925. Er sprach über Volksverhetzung, aber er hätte ebensogut über Pornographie sprechen können. Alles Geschriebene kann Handlung provozieren – manchmal zerstörerische Handlung. Wenn wir aber Autoren und Verleger für ihre Worte bestrafen, dann haben wir die Tür zur Vernichtung des Wortes geöffnet.

Augenblicklich haben wir eine unvollständige feministische Revolution, eine Situation, in der Frauen noch immer als das andere Geschlecht eingesperrt sind, aber allmählich aus dem Gefängnis auszubrechen beginnen. Tausende von Zensoren und Wächtern stehen an den Pforten, um die zornigen Stimmen der Frauen zum Schweigen zu bringen, aber in den USA gibt es immerhin die Bill of Rights, die das Recht der Frauen, ihre Bedürfnisse zu artikulieren, noch immer schützt. Die Bill of Rights außer Kraft zu setzen wird dem Feminismus mehr schaden als dem männlichen Chauvinismus. Gesetze folgen dem Bewußtsein, und ein gewandeltes Bewußtsein verändert die Gesellschaft. Mit einem solchen Bewußtseinswandel sollten wir beginnen, und nicht damit, die freie Meinungsäußerung zu unterdrücken, denn dadurch wäre am Ende gewiß mehr verloren als gewonnen. Wenn wir das First Amendment im Namen der Gerechtigkeit für die Geschlechter abschaffen, dann werden wir am Ende unter einer solchen »Gerechtigkeit« gewiß zu leiden haben.

Möglicherweise ist unser Land das erste auf Erden, welches das kühne Experiment wagte, verschiedenen Gruppen das gleiche Recht auf freie Meinungsäußerung zuzugestehen. Dies war ein in der menschlichen Geschichte beispielloses Ereignis. Da wir animalische Wesen sind, die sich an einer hierarchischen Ordnung orientieren, können wir uns an den Gedanken der Gleichheit nicht leicht gewöhnen. Es ist jedoch zu früh – im Fall der Bill of Rights nur zweihundert Jahre –, um das Experiment einfach fallenzulassen, ohne es bis zum Ende durchgeführt zu haben. Vielleicht trägt es doch noch Früchte.

Wie also sollen wir ehrlich über Männer und Frauen in einer Kultur schreiben, in der es, wie einige behaupten, zwei Geschlechter gibt, die durch eine gemeinsame Sprache getrennt sind? Ich glaube, wir müssen den Geschlechtern dieselbe Freiheit der Meinungsäußerung zugestehen, welche die Multikulturalisten in unserer heterogenen Kultur den verschiedenen kulturellen Gruppen zugestehen. Wir müssen anerkennen, daß Männer und Frauen das Leben unterschiedlich erleben, daß sie Sex unterschiedlich erleben, daß sie sich in ihrer Mutter- oder Vaterrolle unterschiedlich verhalten, unterschiedlich lieben, ihre Wut auf unterschiedliche Weise zum Ausdruck bringen. Und wir müssen jedem der beiden Geschlechter den ehrlichen Ausdruck seiner Gefühle gestatten. In gewisser Weise entspricht dies genau den Forderungen sowohl der Männer- als auch der Frauenbewegung. Zwar mag es leicht sein, sich über die Auswüchse dieser Bewegungen lustig zu machen, aber jede von beiden hat ein berechtigtes Anliegen: daß auch ihre eigene Weltsicht als wichtig und bedeutsam angesehen werden möge.

Warum fühlen wir uns durch diese vernünftige Forderung so bedroht? Wir können doch, so hoffe ich, das Bedürfnis, in unserer Individualität akzeptiert zu werden, von dem Bedürfnis, das jeweils andere Geschlecht zu unterdrücken, unterscheiden.

Tatsache ist, daß wir in einer Übergangsphase sind: vom Patriarchat zu einer neuen Gesellschaft, die, so hoffe ich, die besten Elemente des Matriarchats und die besten Elemente des Patriarchats in sich vereinen und dadurch beide Wörter obsolet machen wird.

Equalarchat ist das, was wir anstreben, aber das bedeutet nicht, daß beide Geschlechter gleich sein sollten. Die Welt ist in den letzten paar tausend Jahren von den Emotionen der Männer regiert worden. Jetzt versuchen wir eine Gesellschaft zu schaffen, die die Emotionen der Frauen für ebenso relevant hält. Davon sind wir noch immer eine lange Wegstrecke entfernt, wie viele Ereignisse der jüngsten Zeit gezeigt haben, von Willy Smiths Prozeß wegen Vergewaltigung bis zu Clarence Thomas' Hearings vor dem Obersten Gerichtshof.

Henry Millers Werk, mit seiner Offenheit der Darstellung, seiner – am Ende erreichten – Transzendenz männlichen

Zorns und seiner Affinität zur weiblichen Kreativität, ist ein guter Platz, um nach der Aufrichtigkeit zu suchen, zu der beide Geschlechter finden müssen. Sollen wir Miller verbrennen? Besser wäre es, wir würden ihn uns zum Vorbild nehmen. Wir sollten ihm auf seinem Weg folgen: Er führt von sexueller Verrücktheit zu spiritueller Heiterkeit, von blutender Männlichkeit zu einer Androgynität, die das Herz mit einem Leuchten erfüllt.

Kapitel 8   SEXOMANIE, SEXOPHOBIE ODER SEX-LIBRIS?

Die Mehrzahl meiner Leser zerfällt, wie ich oft festgestellt habe, in zwei deutlich unterschiedene Gruppen. Zu der einen gehören jene, die behaupten, durch die reichliche Dosierung sexueller Schilderungen abgestoßen oder angeekelt zu werden, zu der anderen jene, die darüber höchst erfreut sind, daß dieses Element einen so großen Anteil hat ... Nur ein paar einsichtige Seelen können anscheinend die angeblich widerspruchsvollen Seiten eines Menschen in Einklang bringen, der sich bemüht hat, keinen Teil seines Wesens zu unterdrücken.

HENRY MILLER, *Die Welt des Sexus*

1974 wurde Miller brieflich von einem Verleger gefragt, ob er daran interessiert sei, zusammen mit mir ein Buch mit dem Titel *A Rap on Sex* (Eine Diskussion über Sex) zu schreiben. Margaret Mead und James Baldwin hatten gerade *A Rap on Race* (Eine Diskussion über Rasse) veröffentlicht, und die Idee zu einem solchen Buch schien naheliegend und förderungswürdig.

Miller hatte, was diesen möglicherweise lukrativen Vorschlag anbetraf, keine besonders positive Meinung. »Irgendwas ist daran faul«, schrieb er zurück. »Zum einen bin ich nicht der (Sex-)Experte, als den Sie mich anzusehen scheinen, und zum anderen ist irgend etwas an der Idee faul, auch wenn sie sich möglicherweise als einträglich erweisen könnte.«

So viel zu den Kommentatoren, die behaupten, Henry hätte für Geld alles getan oder hätte den Sex in die Bücher eingefügt, damit sie sich besser verkaufen. Wie er wiederholt bemerkte, hätte er lieber Bücher geschrieben, deren Veröffentlichung nicht solche Schwierigkeiten gemacht hätten.

Also bat ich die Muse, mich nicht in Schwierigkeiten zu bringen mit irgendwelchen Mächten, mich nicht all jene »schmutzigen« Wörter schreiben zu lassen, all jene skandalösen Zeilen, und ich legte ihnen in jener stummen und dummen Sprache, die ich benutzte, wenn ich mit der STIMME umging, dar, daß ich bald, wie Marco Polo, Cervantes, Bunyan *et alii*, meine Bücher im Gefängnis schreiben müßte oder am Fuß der Galgen ... und diese heiligen Kühe, die leben wie Gott in Frankreich und die unfähig sind, Schlacke von Gold zu unterscheiden, sprechen das Urteil »schuldig«, schuldig, es sich zusammenphantasiert zu haben, »um Geld zu verdienen!«.[1]

Was bedeutete Sex für Henry Miller, und warum war er bereit, alles zu riskieren, um ihn in seinen Büchern so drastisch zu beschreiben? Die meisten seiner Zeitgenossen – Margaret Mitchell, Sinclair Lewis, Ernest Hemingway, F. Scott Fitzgerald, Gertrude Stein und Virginia Woolf (um nur ein paar zu nennen) – trafen die bewußte oder unbewußte Entscheidung, den Verkauf ihrer Bücher zu erleichtern, indem sie sexuelle Handlungen nur andeutungsweise erwähnten. Mit seiner Entscheidung, nichts auszulassen, wie hoch der Preis dafür auch sein mochte, gehörte Miller zu einer winzigen Minderheit: D. H. Lawrence, James Joyce, William Burroughs. Warum war es so unglaublich wichtig für ihn, den Sex zu beschreiben? Was war Sex seiner Meinung nach? Warum glaubte er, daß Sex für das menschliche Leben so wichtig sei?
In *Die Welt des Sexus* gibt er eine deutliche Antwort auf diese Frage:

---

1 Henry Miller, *Big Sur und die Orangen des Hieronymus Bosch*, S. 129.

Manchmal ist die Wiedergabe eines Geschlechtsakts in seiner ganzen Nacktheit von großer Wichtigkeit, ist mit unvorstellbarer Bedeutung geladen. Manchmal wird das Sexuelle zu einer sich windenden, pulsierenden Fassade, wie wir sie auf indischen Tempeln sehen. Manchmal ist es ein Fresko, das in einer heiligen Höhle versteckt ist, wo man sitzen und über spirituelle Dinge nachdenken kann. In diesem Bereich des Sex gibt es nichts, was zu tun ich mir unter irgendwelchen Umständen verbieten kann. Er ist eine Welt für sich ... Er ist ein kaltes Feuer, das wie eine Sonne in uns brennt. Er ist niemals tot, obwohl die Sonne auch zu einem Mond werden kann. Es gibt keine toten Dinge im Universum – es ist nur unsere Denkweise, die sie tötet.[2]

Dieses »kalte Feuer« der Sexualität war für Miller gleichbedeutend mit Lebenskraft. Eben das hatte er mit Lawrence gemeinsam, und aus diesem Grund arbeitete er so lange und so hartnäckig an *Die Welt des D. H. Lawrence*. Mit Lawrence teilte er ein heidnisches Verständnis des Sex – Sex als Urstrom des Lebens, Sex als rhythmische Muskelbewegung der Geburt, Sex als DNA des Lebens, als Matrix aller Kreativität. Miller gebrauchte den Begriff Sex im kosmischen, nicht im genitalen Sinn. Und er war überrascht zu entdecken, daß die Welt seine Sichtweise nicht teilte.

Doch war das nicht sein Ausgangspunkt.

Sein Ausgangspunkt war Brooklyn, und er war geplagt von denselben sexuellen Neurosen und Hemmungen, die den Rest seiner Zeitgenossen quälten. Deshalb war er so sehr darauf bedacht, sich zu befreien. Nur wer wirklich versklavt ist, verlangt mit solcher Intensität nach Freiheit. Er arbeitete sich durch Briefe, Vignetten, *Clipped Wings*, *Moloch* und *Crazy Cock* bis hin zu der neuen Lebendigkeit in

---

2 Henry Miller, *Die Welt des Sexus*, S. 103. (Dort findet sich nur der erste Teil des Zitats. Miller hat sein Buch mehrfach umgeschrieben, es existieren unterschiedliche Versionen.)

Wendekreis des Krebses, und allmählich befreite er sich, um im kosmischen Tanz der Sexualität mitzutanzen. Schrittweise kam er zu der Erkenntnis, daß nur durch ein solches Sich-Einbringen die Freiheit gewonnen werden kann.

Henry konnte nur schreiben, wenn er dem göttlichen Diktat der Stimme lauschte. Er mußte schreiben, was jene Stimme diktierte, oder er war in Gefahr, überhaupt nichts zu Papier zu bringen. Er wählte seinen Stoff nicht; sein Stoff wählte ihn. Er betrachtete sich als Medium, als Kanal, und er ließ die Sprache durch sich hindurchfließen.

Was bedeutete ihm Sex? Genau dieser Strom, dieses Fließen, dieses scheinbare Chaos, aus dem Leben entsteht. Wenn er ihn unterdrückte, würde er jede Form des Ausdrucks unterdrücken. Er hatte keine Wahl: Er mußte über Sex schreiben.

Miller stellte sein Buch über D. H. Lawrence, das er in den frühen dreißiger Jahren immer wieder überarbeitet hatte, nach der Veröffentlichung von *Wendekreis des Krebses* nicht fertig (obwohl er es nie definitiv ad acta legte; bis Mitte der vierziger Jahre arbeitete er immer wieder daran). Es wurde schließlich 1980 veröffentlicht, und so wurde das Werk, das sein erstes hätte werden sollen, sein letztes. *Die Welt des D. H. Lawrence* erhellt an vielen Stellen Millers Verständnis der Sexualität und deren Rolle in seinen Büchern.

Ist *Lady Chatterley* obszön? Wenn ja, wie ist diese Obszönität gerechtfertigt? fragt Miller. Eine Rechtfertigung ist nicht nötig, so behauptet er. »Das Leben ist obszön und wunderbar, und für das Leben gibt es auch keine Rechtfertigung.«

Obszönität ist ein göttliches Vorrecht der Menschen und sollte stets unbekümmert, unbedacht angewandt werden, ohne Skrupel oder Gewissensbisse, ohne religiöse oder ästhetische Rechtfertigung. Wenn der Leib geheiligt wird, kommt die Obszönität zu ihrem Recht. Reinheit der Rede ist ebenso unsinnig wie Reinheit des Handelns – so etwas gibt es nicht. Obszönität wird verpönt, wenn der Leib entwürdigt wird, wenn man zuläßt, daß die Seele die eigentliche Funktion des Körpers usurpiert.[3]

In seinem Buch über D. H. Lawrence gibt Miller einen kurzen Überblick über die Geschichte der Zivilisation und die wechselnden Einstellungen zur Sexualität. Er zeigt, wie Sex sich, nachdem das Christentum das Heidentum verdrängt hatte, von einem offen gezeigten, natürlichen Akt zu einer anstößigen privaten Angelegenheit entwickelte. Er macht das Christentum und seinen Dualismus für die in unserem Kulturkreis herrschende Ablehnung des Körpers und seiner Bedürfnisse verantwortlich.

»Obszönität«, schreibt er, »nimmt bei allen primitiven Völkern einen großen und bedeutenden Raum ein, wunderbar und schrecklich zugleich ...«[4] Miller stellt fest, daß in allen sogenannten primitiven Kulturen, in denen die Menschen mit ihren Instinkten in Kontakt sind, Sexualität und Tod in Religion und Ritual eine bedeutende Rolle spielen. Warum? Weil Sex und Tod extrem wichtige Aspekte des Lebens sind, die unsere höchste Genußfähigkeit und unsere tiefste Angst mobilisieren.

Warum ist Sex wichtig? Die Antwort liegt auf der Hand, und es bedarf extremer Verschleierung und Verdrängung, sie nicht zu sehen. Sex ist wichtig, weil er am Anfang allen Lebens steht.

> Der Wilde ist nicht geisteskrank. Der Wilde bewahrt sich seinen Sinn für Ehrfurcht, Wunder, Geheimnis, seinen Tatendurst, sein Recht auf die Verhaltensweise des Tieres, das er ja auch ist ...[5]

Jenes Tier, dem das Bewußtsein seiner selbst fehlt, das die Dinge beim Namen nennt, spannt keinen Schleier zwischen sich selbst und den Sex, zwischen sich selbst und

3 Henry Miller, *Die Welt des D. H. Lawrence*, S. 186.
4 Ebda.
5 Ebda.

den Tod. Der Sex *ist* eben – ohne weitere Erklärung. So wie der Tod.

> Sexus ist das große, janusköpfige Symbol von Leben und Tod. Es ist niemals das eine oder das andere; es ist immer beides zugleich. Hier kommt die große Lebenslüge zum Vorschein; der Widerspruch, der sich nicht auflösen kann.[6]

Auf dem Umschlag von *Die Welt des D. H. Lawrence* ist eines von Millers charakteristischen Diagrammen abgebildet, von denen er sich während des Schreibens leiten ließ. Er zeichnet einen Lebensbaum, an dessen Ansatz die Worte »GRAVE = WOMB« (Grab = Gebärmutter) stehen. Und darunter liest man: »Mutter Erde.« Und darunter: »Er umarmt seine animalische Natur in einem ursprünglichen Rausch der Lebensfreude.« Oben, wo der Baum sich himmelwärts öffnet, stehen die Worte: »Todesangst wird Lebensangst. Durch die Umarmung des Todes gewinnt der Künstler das Leben zurück.«

Miller bezieht sich hier anscheinend auf Lawrence, doch im Grunde auf sich selbst. Miller schrieb nie über einen anderen Schriftsteller (Rimbaud, Lawrence, Nin, mich), ohne auch über sich selbst zu schreiben. Aber das gilt zweifellos für uns alle.

Akzeptieren wir den Sex, dann akzeptieren wir symbolisch auch unsere eigene Sterblichkeit. Angst vor Sex ist somit auch Angst vor dem Tod. Und für viele Männer ist die Angst vor der Frau zugleich die Angst davor, die eigene Sterblichkeit anzuerkennen. Es ist die Fruchtbarkeit der Frau, die den Mann an den immerwährenden Reigen von Geburt und Tod erinnert.

Miller sagt das ganz unverblümt:

> Ach, des Mannes Koitus, wieviel Ironie, was für ein Hohn und was für eine Komik liegt letztlich darin – der Mann, der auf der

6 Ebda., S. 187.

Frau liegt, sie beherrscht, sie unterjocht, der große Kampfhahn, der starke Herr und Gebieter der Welt. Er triumphiert grausam, wenn er in sie eindringt und sie gefügig macht, aber es ist der kurze Triumph von ein oder zwei Augenblicken, gerade so viel, daß die Natur ihr Werk tun, ihre Wut auslassen kann; und die Frau unterwirft sich, tut das so bereitwillig (was allein ihn schon mißtrauisch machen sollte), unterwirft sich so leicht (und nicht gerade ihm, sondern jedem beliebigen ... die große Hure, die sie ist), denn sie erfüllt damit *ihre* Bestimmung ... Sobald indessen das Kind geboren ist, ist sie fertig mit dem Mann, soweit es sie angeht als Frau, ist er erledigt, kann abtreten.[7]

Dies ist ein perfektes Resümee des Frauenhasses, des gleichen Frauenhasses, der dafür herhalten muß, Eva für die Vertreibung aus dem Paradies verantwortlich zu machen, der Hexenverbrennungen rechtfertigt, der Frauen das Wahlrecht abspricht, der ihnen selbst heute gleiche gesetzliche Rechte, gleichen Lohn, gleiche Gesundheitsvorsorge, gleiches Recht auf die Kontrolle ihres Körpers, gleiches Recht auf Leben und Unversehrtheit im öffentlichen und privaten Bereich streitig macht.

Wenn die Frau die Gebärmutter ist, so argumentiert der Frauenhasser, dann ist sie auch das Grab. Wenn die Frau das Leben ist, dann ist sie auch der Tod. Doch der »Primitive«, der »Wilde«, akzeptiert diese Dichotomie, ohne sie zu beurteilen, er macht die Frau sowohl zur Göttin des Lebens als auch zur Göttin des Todes; zu Kali, zur Großen Mutter; zur Venus von Willendorf; zur Schöpfer-Göttin des Universums und allem, was darin ist. Die Frau ist auch das Tor zum Tod und zum Leben nach dem Tod. Wieviel weniger primitiv ist der Primitive, als wir es sind! Der Primitive ist weder sexomanisch noch sexophobisch; beide Zustände sind die zwei Seiten derselben Medaille. Der/die Primitive umarmt das gesamte Spektrum seiner/ihrer Menschlichkeit.

7 Ebda., S. 197.

Heute wissen wir, was Miller und Lawrence nicht wissen konnten – außer in der Wahrheit des Unbewußten –, daß die Gleichsetzung von Frau und Tod eine patriarchalische Verleumdung ist, dazu gemacht, die Hälfte der menschlichen Rasse vorsätzlich zu diskreditieren.

> Patriarchalische Gesellschaften sind auf ein Verbrechen gegründet, das Verbrechen ist nicht der Vatermord, wie Freud uns glauben machen wollte. Es ist die Vergewaltigung und Verachtung der Mutter.[8]

Millers Gleichsetzung von Mutterschoß und Tod ist nicht zwingend, sie ist ein patriarchalisches Konstrukt. Wenn wir einen solchen Gedanken weiterdenken, so würde das bedeuten, daß nur die Menschen, die keine Gebärmutter haben, eine ewige Seele besitzen. Nur Männer könnten demnach Propheten, Prediger und Künstler sein. Frauen wären dazu verdammt, Gefäße zu sein – Gefäße der Geburt und auch Gefäße des Todes.

Wir sind so an diese Weltsicht gewöhnt, daß wir vergessen, daß wir die Welt, wenn wir uns dazu entschließen, auch durchaus anders sehen können. Wir könnten Männer und Frauen als zwei Hälften eines Organismus sehen, der in Harmonie Leben erschaffen und erhalten kann. Wie die Hindus könnten wir die Gottheit als androgyn ansehen. Der Tod würde in jener Weltsicht allem Lebenden, nicht nur dem weiblichen Leben innewohnen. Wir könnten das Patriarchat hinter uns lassen und ebenso die rosarote Pseudomythologie der angeblich perfekten alten Matriarchate und versuchen, eine Welt zu erschaffen, in der Sex nicht der Verbündete des Todes ist und deshalb nicht in den Körper der Frau verbannt werden muß.

Aber noch gibt es diese Bedingungen nicht. Wir leben noch immer in der schimpflichen Welt des Patriarchats, deren

8 Henry Miller, *The Great Cosmic Mother*, S. 193.

Tentakeln unseren Geist umklammern. Sex ist in dieser Welt gleichzusetzen mit Tod, Frau, Krankheit.

Dieses irrige Konzept hat in unserer Zeit durch die Plage sexuell übertragbarer Krankheiten wieder Unterstützung bekommen. Diese kündigten sich unmittelbar nach der sexuellen Revolution an. Es wurde eine kausale Verbindung zwischen sexueller Freiheit und Krankheit hergestellt, die in Frage zu stellen wir uns niemals die Zeit nahmen. Die sexuelle Revolution wurde plötzlich zur Ursache von Aids erklärt, weil ein solcher Kausalzusammenhang mit unseren puritanischen Vorstellungen von Strafe, die dem Vergnügen auf dem Fuß folgt, perfekt zusammenpaßt. Ob nun das Aids-Virus »natürlich« entstanden ist oder vorsätzlich von einem staatlichen Bakterien-Kriegsführungslabor geschaffen wurde, um Homosexualität und freie Sexualität unter Heterosexuellen auszurotten – es ist zu einer politischen Kraft geworden, die ernst genommen werden muß. (Siehe David Blacks provozierendes Buch *The Plague Years*, das 1986 im Rahmen einer Untersuchung darüber, wie Aids unsere sexuellen Stereotypen bestätigt, veröffentlicht wurde.) Demnach ist Sex wieder zur Wurzel allen Übels geworden. Damit im Zusammenhang steht eine heftige reaktionäre Bewegung gegen Frauen, Schwule, Schwarze, Lateinamerikaner – gegen alle, die nicht dem weißen männlichen Ideal einer sexlosen und blutleeren Spiritualität entsprechen.

Obwohl Miller in einer frauenfeindlichen Weltsicht gefangen war, war er dennoch fähig, auch in der Frau den spirituellen Anteil zu sehen und Sexualität auch als Lebenskraft, nicht nur als Todeskraft zu betrachten. Zwar könnte man einige seiner Kommentare, vor allem in *Die Welt des D. H. Lawrence*, durchaus in ein »Lehrbuch zur Frauenfeindlichkeit« aufnehmen, aber Miller ist zugleich auch fähig, die befruchtende weibliche Sexualität zu akzeptieren, wie etwa in seinem Essay über Anaïs Nin, *Un Être Etoilique*, und in anderen Werken. Miller ist in der Tat der perfekte Beweis dafür, daß männliche Wut untrennbar zum Patriarchat gehört, daß das Bedürfnis, zu beherrschen und symbolisch oder tatsächlich die Mutter zu töten, an der Wurzel allen patriarchalischen Übels zu finden ist.

Miller hatte verstanden, daß die auf die Frau projizierte Angst vor Sexualität eine der Schwächen unserer Gesellschaft ist. Er selbst rang mit dieser Angst, um sie schließlich zu überwinden. Und wieder berichtet er über sich selbst, indem er das, was er über Lawrence schreibt, als Tarnung benutzt:

> Strindberg blieb ein Weiberfeind, wohingegen Lawrence (vielleicht durch seinen latenten weiblichen Einschlag) zu einem höheren oder tieferen Verstehen gelangte. Sein Vorwurf richtet sich gleichermaßen gegen Mann und Frau; er besteht immer wieder auf der Notwendigkeit für beide, ihr Geschlecht stärker zu betonen, auf Polarität zu bestehen, um so die sexuelle Wechselbeziehung zu verstärken, die allein all die anderen Kräfte zu erneuern und zu beleben vermag, jene größeren Kräfte, die für die Entwicklung des ganzen Daseins notwendig sind, um den Leerlauf der gegenwärtigen Auflösung zu stoppen.[9]

Beide Geschlechter sind nach Lawrence und nach Miller gleichermaßen für die Herabwürdigung der Sexualität in der modernen Zeit verantwortlich zu machen.

> ... und der wirkliche Grund liegt tiefer als der vordergründige Geschlechterkampf ... Der wirkliche Grund kommt aus der schlimmen Saat des christlichen Ideals ...[10]

In dieser Bemerkung zeigt sich Miller in völliger Übereinstimmung mit feministischen Denkerinnen wie Mary Daley, die in *Beyond God the Father* und in anderen Werken die Hure/Madonna-Spaltung in unserer Gesellschaft analysiert,

9 Henry Miller, *Die Welt des D. H. Lawrence*, S. 199.
10 Ebda.

eine Spaltung, die die Feuer des Sexkriegs zwischen Frauen und Männern immer wieder angefacht und zu einer puritanischen Ablehnung sowohl der Sexualität als auch der Frau geführt hat, da alle Angst vor dem Tod auf sie projiziert wurde.

Ein neues Paradigma für die Geschlechter wird gebraucht, eines, das Frauen und Männer eher holistisch denn als kämpfende Armeen sieht. Solche Muster existieren, doch sind sie jahrhundertelang bewußt verdrängt worden, erst durch jüdisch-christliche und nun durch muslimische Gehirnwäsche.

Niemand betrachtet das Problem im Hinblick auf die Ursachen. Es ist unsere eigene Sicht der Welt, die wir ändern müssen, bevor wir die Welt verändern können. Deshalb befürchte ich, daß die herabsetzende, sexfeindliche Beurteilung von Millers Arbeit – ob nun durch männlich-chauvinistische oder auch durch feministische Sittenwächter – nur ein weiteres Symptom der verzerrten Weltsicht ist, die er vor allem anderen korrigieren wollte.

Indem er Lawrence betrachtete, verstand er sich selbst:

> Sein Haß auf seine Mutter, auf ihren Einfluß und den Einfluß der Kirche ist das Eingeständnis der Niederlage durch die Frau.[11]

Er beschrieb auch seine eigene Auffassung des Sex, indem er die von Lawrence beschrieb:

> Sinnlichkeit, wurzelnd in einem primitiven Begriff der Verbundenheit mit dem Universum, mit Frau, mit Mann. Sinnlichkeit, das sind die animalischen Instinkte, die er wieder entwickeln wollte; Sexualität, die falsche kulturelle Attitüde, die er ausmerzen wollte ...[12]

Vielleicht sollten wir von SEX (in Großbuchstaben) reden, um ihn deutlich von der schmierigen Welt der Pornokinos

11 Ebda., S. 200.
12 Ebda., S. 203.

und einschlägigen Bücher zu unterscheiden, mit dem er in unserer puritanischen, sexomanischen Welt fast immer verwechselt wird.

Jeder, der in einer puritanischen, den Sex verteufelnden, sexomanischen Kultur über Sex schreibt, ist in Gefahr, mit jenen in einen Topf geworfen zu werden, die mit dem frivolen Kitzel des käuflichen Sex hausieren gehen. Schreibt ein Schriftsteller »Sex«, so projiziert der Leser sein eigenes Verständnis von Sex auf das Wort. Definitionen zu ändern ist für den Schriftsteller eine extrem schwierige Aufgabe. Oft wird man genau dessen beschuldigt, was man zu verändern versucht.

So war es bei Lawrence, bei Miller, bei Joyce. Joyce und Lawrence wurden durch die Akademiker gerettet, doch Miller saß in einer Zeitfalle: Zuerst konnte man ihn nicht drucken; jetzt vertritt er nicht die politisch »korrekte« Linie.

Unglücklicherweise findet sich im heutigen Feminismus eine starke antisexuelle Tendenz, die ausgezeichnet zu der aus ganz anderen Quellen gespeisten antisexuellen Tendenz des Puritanismus und der reaktionären Politik paßt. Es entbehrt nicht der Ironie, daß eine zeitgenössische Frauenbewegung, die mit so kühnen Denkerinnen wie Emma Goldman und Margaret Sanger ihren Anfang nahm – deren Auffassung von Sex als Lebenskraft sich nicht so sehr von der Millers oder Lawrences unterschied –, sich jetzt in eine so antisexuelle Richtung entwickelt hat.

Wie konnte das geschehen? Wie konnten die Ablehnung des Penis, die Gleichsetzung aller Männlichkeit mit Gewalt und Vergewaltigung, das tiefe Mißtrauen gegen die Heterosexualität in der zweiten Welle der Frauenbewegung zu derart dominanten Themen werden? Wie konnte eine Bewegung, die im liberalen Ethos des Anarchismus und der freien Liebe verwurzelt ist, fünfzig Jahre später zu einer Anti-Sex-Liga werden?

Dafür gab es verschiedene Gründe. Zunächst einmal war es historisch notwendig, die weibliche und die männliche Homosexualität von ihrem Stigma zu befreien und das Bewußtsein für die Präsenz von Gewalt gegen Frauen in unserer Gesellschaft zu schärfen. Dies waren – und sind noch immer – wertvolle Ziele. Doch wurde eine falsche kausale Verbindung zwischen heterosexueller Männlichkeit und Vergewaltigung hergestellt. Da männliche Heterosexuelle oft Vergewaltiger sind, wurde Männlichkeit von vornherein mit Vergewaltigung gleichgesetzt. Das wäre nur dann korrekt, wenn patriarchalische Haltungen unveränderliche Naturgegebenheiten wären, genau das, was die modernen Feministinnen heute in Frage stellen. Feministinnen, die behaupten, daß alle Männer Vergewaltiger seien, sind somit in einer tautologischen Falle gefangen. Doch infolge dieser Gleichsetzung von Männlichkeit und Vergewaltigung können nur Lesbentum oder Impotenz als politisch voll akzeptabel gelten. Jeder Mann sei der Vergewaltigung schuldig, solange nicht das Gegenteil bewiesen ist. Diese *reductio ad absurdum* entfremdete nicht nur Millionen Frauen, die weiterhin mit Männern schliefen, dem Feminismus, sondern sie ließ auch den Feminismus als Ideologie einer Randgruppe erscheinen und nicht als das, was er ist: das Anliegen der Mehrheit – sowohl der Männer als auch der Frauen. Dieses falsche Bild diente eher den Feinden als den Befürwortern des Feminismus.

In einer vernünftigen Welt würde das Lesbentum nicht als der Heterosexualität überlegen betrachtet werden, sondern als eine andere, gleichwertige Möglichkeit der Sexualität. Ebenso wie die männliche Homosexualität als akzeptable Entscheidung betrachtet würde – weder durch Steuer- noch durch Vermögensgesetze benachteiligt –, würden Lesbentum und lesbische Mutterschaft gesetzlich voll geschützt sein. Doch zeigt sich die politische Überzeugung des einzelnen nicht nur in seinem Verhalten im Bett, in der Liebe und in der Partnerwahl. Das Persönliche ist politisch, doch hat die Politik viele Schattierungen, einschließlich einer Grauzone. Indem der Feminismus sich so kompromißlos mit dem Lesbentum identifiziert, arbeitet er unabsichtlich dem religiös-fanatischen rechten Flügel in die Hände.

Es ist leicht verständlich, warum lesbische Feministinnen politisch freier sind als Frauen, die mit Männern zusammenleben. Sie können ihr Leben freier gestalten – selbst im Patriarchat. Sie brauchen Männern nicht zu gefallen und sich nicht um sie zu bemühen – eine bewundernswerte Unabhängigkeit. Sie sind Außenseiterinnen, die nichts zu verlieren haben, und können somit nicht durch patriarchalische Einstellungen manipuliert werden. Heterosexuelle Frauen sind immer in Gefahr, aufgrund ihrer Sexualität korrumpierbar zu werden.

Doch indem sie Politik und sexuelle Orientierung verknüpfte, tappte die zweite feministische Bewegung in eine Falle: In einer den Sex verteufelnden, Frauen verteufelnden Kultur verstärkt sie unwissentlich den gleichen jüdisch-christlichen Dualismus, der die Frau wegen ihrer Fruchtbarkeit herabwürdigte, weil er diese mit dem Tod in Verbindung brachte.

Wenn sie wirklich für alle Möglichkeiten der Lebensgestaltung frei werden wollen, dann müssen die Frauen zunächst einmal diesen Dualismus aufheben. Darauf zu bestehen, daß alle Männer Vergewaltiger, alle Penisse gewalttätige Organe und nur gleichgesinnte lesbische Geliebte friedlicher Beziehungen fähig sind, heißt, hoffnungslos dem Einfluß der dualistischen Ketzerei zu verfallen.

Vertreter beider Geschlechter behaupten, es gäbe ein gutes und ein schlechtes Geschlecht. Das patriarchalische Paradigma betrachtet den Mann als gut, rein, spirituell und die Frau als Gefäß der Sterblichkeit. Das matriarchalische Paradigma betrachtet den Mann als Mörder und Gewalttäter, bewaffnet mit Keule und Schwanz. Keines der beiden

Paradigmen ist neu, fortschrittlich oder dazu geeignet, den Dualismus zu besiegen. Beide Paradigmen setzen den jahrhundertealten Krieg fort.

Versuchen wir einmal, uns ein neues Paradigma vorzustellen. Stellen wir uns eine Kultur vor, in der sexuelle Orientierung und Politik voneinander getrennt sind, in der Frauen Kinder durch Jungfernzeugung, durch künstliche Befruchtung oder sogar auf die altmodische Weise, durch den Beischlaf mit einem ihnen bekannten Mann, empfangen können. Genau wie es verschiedene Formen der medizinischen Versorgung gibt und verschiedene Möglichkeiten, ein Kind zur Welt zu bringen, könnten die Menschen wählen zwischen einer natürlichen Schwangerschaft, einer künstlichen Befruchtung oder schließlich einer Vatergeburt mit Hilfe einer künstlichen Gebärmutter, deren Erfindung dann nicht mehr lange auf sich warten lassen würde.

Nehmen wir an, daß Männer und Frauen auch zwischen verschiedenen Formen der Paarbindung in einem unterschiedlichen rechtlichen Rahmen wählen könnten – ein Vorschlag, der schon vor Jahren von Margaret Mead gemacht worden ist. (Die Menschen würden eine Ehe für jeweils verschieden lange Zeiträume eingehen, abhängig von ihrer Intention, Kinder aufzuziehen oder nicht. Es gäbe drei Formen der Ehe: eine für Studenten oder andere junge Leute, eine für Leute, die einen Hausstand gründen und Kinder haben möchten, und eine für ältere Leute mit erwachsenen Kindern.)

Nehmen wir an, daß lesbischen Frauen und schwulen Männern diese drei verschiedenen Formen der Ehe ebenfalls offenstünden. Dann stellen wir uns vor, daß das Geschlecht auf ökonomische und rechtliche Aspekte überhaupt keinen Einfluß hätte, daß Männer und Frauen (schwul oder nicht) am Ende vor dem Gesetz vollkommen gleich wären.

Die Menschen würden Paarbindungen entsprechend ihren individuellen Wünschen eingehen, nicht aus ökonomischen oder gesetzlichen Notwendigkeiten heraus, und die Kinder würden von beiden Geschlechtern gleichermaßen aufgezogen. Für die Männer gäbe es keine Notwendigkeit, der Mutter zu entfliehen, und die Frauen müßten sich nicht vor Beherrschung oder Mißbrauch durch den Vater fürchten. Schließlich hätten wir eine Vielfalt von Möglichkeiten der Kinderbetreuung. Es würde ebenso viele Kinder geben, die von ihren Vätern, wie Kinder, die von ihren Müttern aufgezogen würden. Kinder schwuler Paare würden nicht stigmatisiert, und am Ende hätten wir eine extrem liberale, pluralistische Gesellschaft. Das Recht auf Liebe und Sicherheit hinge nicht mehr von der Treue zu ausgedienten Idealen der patriarchalischen Familie ab. Die Wahrheit ist, daß wir uns den Luxus patriarchalischer Ideologien nicht leisten können. Wir müssen die sexuelle Vielfalt akzeptieren und lernen, die allzu zahlreichen Babys auf diesem gefährdeten Planeten zu ernähren.

Dazu bedarf es einer immensen Bewußtseinsrevolution, doch nichts anderes als eine solche Revolution kann unsere Welt retten. Wir können uns die nostalgische Sehnsucht nach dem Patriarchat mit seinen nicht gewollten und mißbrauchten Kindern, für die niemand Zeit hat, nicht länger leisten. Wir müssen eine multisexuelle Gesellschaft werden, die alle möglichen Formen der Elternschaft akzeptiert. Wir müssen uns auch mit dem Gedanken vertraut machen, daß nicht jeder Mensch Mutter oder Vater sein muß. Einige Frauen und Männer sind ohne Kinder gewiß viel glücklicher.

In Wahrheit haben wir Millers kosmische Sichtweise des Sex nie nötiger gebraucht als heute. Wir haben ein Jahrzehnt der Gegenbewegungen gegen die sexuelle Revolution, gegen die Rechte der Frauen und die Rechte der Homosexuellen hinter uns. In diesem Jahrzehnt haben wir auch eine

Bevölkerungsexplosion und einen weitreichenden Angriff auf die Freiheit der Fortpflanzung erlebt. Jetzt beginnt das Blatt sich zu wenden. Dieses Jahrzehnt ist schon jetzt eines der sozialen Gärung, des Feminismus und der Veränderung geworden. Laßt uns die Fehler der letzten vergleichbaren Dekade – der sechziger Jahre – nicht wiederholen. Laßt uns Sexualität nicht mit engstirniger Promiskuität gleichsetzen, sondern lernen, sie in dem kosmischen Sinne Henry Millers zu betrachten. Es ist von entscheidender Bedeutung, daß wir unser Konzept von Sexualität erweitern und nicht einschränken. Und hier kann Miller uns führen. Sexualität kann eine Haltung sein, eine Offenheit der Welt und dem Kosmos gegenüber.

In seinem faszinierenden Buch *The Secret Museum: Pornography in Modern Culture* untersucht Walter Kendrick die Rolle der Sexualität in der westlichen Kultur und ihren Niederschlag in Kunst und Literatur.

Er stellt fest, daß die früheren Kulturen im Vergleich zur modernen Gesellschaft eine ganz andere Haltung der Sexualität gegenüber einnahmen. Auf die Sinnenfreude bei Catull und Ovid, die fröhliche und beschwingte Erotik der pompejischen Fresken, die gutmütige Sinnlichkeit bei Chaucer, die Sexualität bei Rabelais und sogar bei Byron (der in dieser Hinsicht eher dem 18. als dem 19. Jahrhundert zugeordnet werden kann) fällt der Schatten des Viktorianischen Zeitalters und die Verbannung des Obszönen in den verschließbaren Schrank. »Zwar erfand das 19. Jahrhundert die ›Pornographie‹, aber es erfand nicht die Obszönität«, schreibt Walter Kendrick.

Laut Kendrick wurde in den meisten Kulturen nicht allen Gruppen der gleiche Zugang zur Obszönität gewährt, aber bei allen Kulturen findet sie in der Kunst ihren Ausdruck. Die Verbreitung der bourgeoisen Kultur im 19. Jahrhundert verbannte die Sexualität ins »Secret Museum«. Was für die Griechen etwas Vergnügliches und Gesundes war, was die

Römer für zügellos erachteten und zu einer Zielscheibe beißender Satire machten, was Chaucer, Shakespeare, Donne,
Fielding und Byron als etwas herrlich Lebendiges und zugleich Komisches ansahen, wurde jetzt zu etwas Heim-
lichem, krankhaft Abwegigem.

Wir sind noch nicht von dem bösen Bann dieser Sexophobie
des 19. Jahrhunderts befreit. Das zeigt uns vor allem das
weitverbreitete Urteil über Miller, das zudem auch beweist,
daß Sexomanie und Sexophobie nur zwei Seiten derselben
Medaille sind, zwei Phänomene, die sich einander widerspiegeln.

In unserer sexfeindlichen Kultur versuchen wir, Sex als
Begründung für alles – von Aids bis zur Abtreibung auf
Wunsch – heranzuziehen. Und die sogenannte sexuelle Revolution der sechziger Jahre (die, wie wir sehen, noch lange
keine Revolution des Bewußtseins war) wurde schnell zu
einem Vorwand für die heftigsten reaktionären Bewegungen
aller Zeiten.

Wie sollen wir mit unserer Sexophobie umgehen? Sie manifestiert sich in allen Bereichen des politischen Spektrums –
von der Bewegung »Women Against Pornography« bis hin
zur fundamentalistischen Rechten. Sie erschwert die medi-
zinische Forschung zur Empfängnisverhütung, verhindert
notwendige Reformen der weiblichen Gesundheitsvorsorge,
macht es uns schwer, Jugendliche darauf vorzubereiten,
ihre Sexualität in einer übervölkerten Welt angstfrei zu genießen.

Als ich dreizehn war, hatten die Jugendlichen Angst vor
Sex, weil Abtreibungen illegal waren und man an einer ver-
pfuschten Abtreibung sterben konnte. Heute haben meine
dreizehnjährige Tochter und ihre Freunde Angst vor Sex wegen Aids. *Plus ça change, plus c'est la même chose.* Müssen
wir daraus schließen, daß wir eine Gesellschaft geschaffen
haben, in der Jugendliche gezwungen sind, ihren Körper,
ihre stärksten Triebe, ihre eigene Begierde zu hassen? Müs-

sen wir daraus schließen, daß die Vorwände variieren, die Sexophobie jedoch bleibt? Müssen wir daraus schließen, daß wir, irgendwo in unserem tiefsten Herzen, eine solche Welt wollen?

Sexophobie ist allgegenwärtig und verstärkt sich täglich. Wir schaffen eine junge Generation, die sich von ihrer Sexualität bedroht fühlt – genau wie es unsere Großeltern und Urgroßeltern getan haben. Wir behaupten nicht mehr, daß Masturbieren blind mache. Wir weisen nur darauf hin, daß Sex tödlich ist.

In den Jahren seit Ausbruch der Aids-Epidemie bin ich wieder und wieder von wohlmeinenden Journalisten angesprochen worden, die mich mit Blick auf meine frühen Romane fragten: »Und was ist mit Aids?«

»Was ist damit?« fragte ich zurück.

»Nun, wie können Sie im Zeitalter von Aids sexuelle Bücher schreiben?«

Der Gedankengang ist klar. Sex wird immer noch mit Tod gleichgesetzt. Ein Schriftsteller, der über Sex schreibt, ist in gewisser Weise auch Handlanger des Todes. Mit anderen Worten: An dem Denkmuster hat sich nichts geändert, außer daß wir heute Aids haben, um zu *beweisen*, daß Sex mit Tod gleichzusetzen ist. Würde Aids nicht existieren, dann hätten wir es erfunden, so machtvoll ist jenes Denkmuster. Gewöhnlich antworte ich jenen wohlmeinenden Journalisten, daß ich dann aufhöre, über Sex zu schreiben, wenn die Menschen aufhören, sich damit zu befassen. Solange Sex eine mächtige Kraft im menschlichen Leben ist, muß er auch eine mächtige Kraft in Romanen sein.

Warum ist unsere Gesellschaft so sexfeindlich, warum hat sie so viel Angst vor Sex? Das ist eine wichtige Frage und eine, die nur sehr selten gestellt wird. Warum sollte man Sex stärker verachten als Hunger, Aggression oder irgendeinen anderen Trieb? Ich denke, wir müssen bis zum 18. Jahrhundert und bis zur Industriellen Revolution zurückgehen. Es besteht kaum ein Zweifel daran, daß sich zusammen mit der bourgeoisen Kultur auch eine Sexophobie entwickelte. Vor dieser Zeit wurde Sex eher als ein Aspekt des Lebens denn als Krankheit betrachtet. Die Reichen in England und Amerika konnten ihn haben, die Armen konnten nicht daran gehindert werden, und sexuelle Angelegenheiten wurden wohlwollend-amüsiert belächelt, wie es heute noch in Italien und Frankreich üblich ist. Im 18. Jahrhundert wurden die englische und amerikanische Mittelklasse sich immer ähnlicher; sie funktionierten im wesentlichen als Kanonenfutter und Konsument industrieller Güter. Sex wurde zunehmend als gefährliches Opiat betrachtet – eine Kraft, die der Revolution Vorschub leistete. Es war sicherer, die Massen mit Gin und billigen Vergnügungen zu betäuben. Zumindest förderte das die Unterwerfungsbereitschaft.

Miller sah diese Sexophobie bereits in den zwanziger Jahren und führte sie schon damals auf Geld, Konsum und Krieg zurück. Geld vertreibt den Sex, wie wir alle wissen: Die Angst, die mit dem Gelderwerb und dem Geldausgeben verbunden ist, ist ein Antiaphrodisiakum. Je mehr wir uns auf Geld konzentrieren, desto unfreier sind wir, desto lustloser, desto weniger revolutionär. In *Die Welt des Sexus* sagt Miller über *Wendekreis des Krebses*: »Das Problem des Schriftstellers war nie ein sexuelles oder gar religiöses, sondern eines der Selbstbefreiung.«

Und wovon befreite er sich? Von dem bourgeoisen Bedürfnis, ein Geldverdiener und ein Geldausgeber zu sein, ein Rädchen im Getriebe des Lebens. Als Miller die »Cosmodemonic« Company verließ und mit June nach Paris ging, erklärte er, er sei frei von jedem Konsumzwang. Als er zum Bettler wurde, erklärte er, er sei nun nicht länger Sklave des Gottes Mammon. Millers Einstellungen zur Ökonomie und zur Sexualität sind untrennbar miteinander verbunden. Dein Geld oder deine Lebenskraft, sagt der große Gott Gewinnsucht. Dein Geld oder deine Eier. Du kannst nicht beides haben.

Millers Kritiker verstanden das besser, als sie zu erkennen gaben. Sähen sie ihn nur als einfachen Pornographen, dann würden sie ihn kaum für den Tod der westlichen Zivilisation verantwortlich machen. Eben weil sie in ihrem tiefsten Herzen verstanden, daß er von *Selbst*-Befreiung sprach, attackierten sie ihn.

Millers Selbstbefreiung ist sexuell im kosmischen, nicht im genitalen Sinn. Ja, er schreibt in den *Wendekreisen*, in *Clichy*, in *Schwarzer Frühling* und in *Sexus*, *Nexus* und *Plexus* über genitale Sexualität, doch wie er in *Die Welt des Sexus* erklärt, ist das Sexuelle die erste Stufe zum Spirituellen.

> In diesen ersten Jahren in Paris war ich buchstäblich ausgelöscht worden. Von dem Schriftsteller, der ich, wie ich hoffte, einmal werden würde, blieb nichts übrig – nur der, der ich werden mußte … Der *Wendekreis des Krebses* ist ein mit Blut getränktes Testament, das die verheerenden Wirkungen meines Kampfes im Bauch des Todes zeigt. Der starke Geruch des Sexus, den das Buch ausströmt, ist in Wirklichkeit das Aroma der Geburt. Er ist nur für jene unangenehm, die seine Bedeutung nicht erkennen.
>
> Der *Wendekreis des Steinbocks* stellt den Übergang zu einer bewußteren Phase dar, den Übergang von der Selbsterkenntnis zur Erkenntnis meiner Absichten.[13]

Henry war weise genug, zu wissen, daß das Sexuelle und das Spirituelle Zwillinge sind. Er war weise genug, zu wissen, daß wir uns durch die rückhaltlose sexuelle Hingabe dem Spirituellen nähern. »Die Straße des Exzesses führt zum Ort der Weisheit«, sagt Blake. Oder wie Miller zu einem ähnlichen Thema schreibt: »Wie jeder andere Mensch bin auch ich mein schlimmster Feind. Im Gegensatz zu den meisten Menschen weiß ich jedoch, daß ich mein eigener Erlöser bin.«[14]

13 Henry Miller, *Die Welt des Sexus*, S. 26f.
14 Ebda., S. 28.

Was hat Sex für Miller mit Erlösung gemeinsam? Beides ist befreiend. Miller sagte häufig, daß die Emanzipation des Selbst sein einziges Thema sei. Genauso ist es. Die Sexualität in seinen Büchern zeigt – genau wie die Spiritualität – den Weg zur Selbstbefreiung.

Was ist so befreiend am Sex? Er ist eine Bekräftigung des »Ich bin«; eine Bekräftigung des Lebens und eine Bekräftigung des Fließens und der Veränderung zugleich.

> Wir gehen unserer Wege und stellen uns vor, die Welt müsse so oder so beschaffen sein. Wir bewegen uns gedankenlos vor einem Panorama, das sich kaleidoskopartig verändert. Und während wir so dahinschlendern, tragen wir mit uns tote Bilder von lebendigen Augenblicken der Vergangenheit. Bis zu dem Tag, an dem wir ihr begegnen. Plötzlich ist die Welt nicht mehr dieselbe. *Alles* hat sich verändert. Aber wie kann sich die Welt im Augenblick ändern? Es ist ein Erlebnis, das wir alle kennen, aber es bringt uns der Wahrheit nicht näher. Wir klopfen weiter an, damit uns aufgetan werde.[15]

Es war diese transformierende Kraft des Sex, die Henry Miller bewog, sich in seinen Büchern auf dieses Phänomen zu konzentrieren. Transformation ist das Thema, das ihn mehr als alles andere interessiert, und mehr als alles andere ist es Transformation, die die Welt des Sex uns ermöglicht.

Sex bringt uns, mit anderen Worten, in Berührung mit dem Kern der Existenz, läßt uns den Tanz der Moleküle sehen, macht, daß wir uns wirklich lebendig fühlen.

> Wenn wir einmal an die unaufhörliche Tätigkeit denken, welche die Erde und den Himmel um uns antreibt, würden wir uns dann jemals Todesgedanken hingeben? Wenn wir uns tief bewußt wären, daß selbst im Tod diese rastlose Tätigkeit unaufhörlich weitergeht, würden wir uns dann irgendwie zurückhalten? Die alten Götter kamen einst zur Erde, um sich mit dem Menschengeschlecht zu vermischen; sie verkehrten geschlechtlich mit

---

15 Ebda., S. 102.

Tieren und Bäumen und mit den Elementen selbst. Warum sind wir so voll Hemmungen? Warum geben wir uns nicht nach allen Richtungen aus? Aus Angst, uns zu verlieren? Ehe wir uns nicht verloren haben, besteht keine Hoffnung, uns zu finden.[16]

Diese Botschaft unterscheidet sich nicht so sehr von der Dantes, der sich auch in der Mitte seines Lebens in einem dunklen Wald verirrt hatte und der daraus hervortrat, um die Sterne zu betrachten; er hatte erkannt, daß es die Liebe ist, die sie bewegt.

Miller ist mehr ein Mystiker als ein Pornograph. Er benutzt das Obszöne, um zu wecken, um aufzurütteln; doch wenn wir erst einmal wach sind, will er uns zu den Sternen führen.

»Ich habe den Menschen einen Dienst erwiesen«, sagte er einmal zu Mike Wallace in unserem *60-Minutes*-Interview. »Das war mein Motiv beim Schreiben. Ich habe die Barrieren niedergebrochen.«

Er meinte nicht sprachliche oder publizistische Barrieren; er sprach von den Barrieren der Selbstbefreiung. Eine wirkliche sexuelle Revolution würde – im Gegensatz zu der sexuellen Scheinrevolution der sechziger Jahre – beinhalten, daß die Sexualität tatsächlich eine Art von Befreiung in unserem Leben bewirkt. Sie würde Sex nicht auf Promiskuität reduzieren, ihn nicht in pornographische Bücher, in Pornokinos und Sexvideos verbannen. Sie würde ihn als eine der großen revolutionären Kräfte in unserem Leben betrachten, die Augen und Seelen zu öffnen vermag.

Gibt es im »Zeitalter von Aids« einen Platz für solchen Sex? Natürlich. Sex ist mehr als ein zwanghaftes Ausagieren, mehr als eine Anhäufung bedeutungsloser Erfahrungen und tödlicher Viren. Wenn wir wirklich im kosmischen Sinn für unsere Sexualität offen sind, dann sind wir auch offen für unsere Kreativität, unser religiöses Bewußtsein, das Gefühl für unsere innere Befreiung.

16 Ebda., S. 104.

In jenen Tagen, als *Angst vorm Fliegen* die Sensation war, versuchte ich vergeblich deutlich zu machen, daß ich nicht die Promiskuität proklamierte, sondern vielmehr ein Sich-Öffnen für erotische Phantasien. Der Roman legt sehr viel mehr Gewicht auf die erotischen Tagträume der Titelheldin als auf ihre sexuellen Eskapaden, die oft hoffnungslos enttäuschend sind, da ihre Liebhaber sich als impotent, ungeschickt oder gefühllos erweisen. Doch war die Idee einer erotisch motivierten, aktiv phantasierenden Frau schon als solche so schockierend, daß meine Proteste damals auf taube Ohren stießen. Die Kritiker, die mich verunglimpften und niedermachten, hatten Angst vor Sex und attackierten mich wegen meines hartnäckigen Glaubens, daß Sex eine Lebenskraft ist. Wie können wir im Zeitalter von Aids unsere Sexualität leben? Es gibt eine Reihe von Möglichkeiten. Wir leben in einer Zeit, in der Telefon- und Computersex (»Hot-Talk« nennt man das), Verkleidungen, Rollenspiele und gegenseitige Masturbation anscheinend zunehmen – und zugleich die Monogamie (oh, Gott!).

»HOT MONOGAMY« lautet die Überschrift in einer Zeitschrift. Anscheinend kann man sogar mit dem eigenen Ehepartner einen Orgasmus erleben, wenn man über eine lebhafte Phantasie verfügt! Die menschliche Sexualität ist verwirrend in ihrer Vielfalt. Ich kenne eine Domina, die sicheren Sex anbietet und verkauft – ohne Austausch von Körperflüssigkeiten –, da die Kunden nur zusehen und schnüffeln und peitschen oder gepeitscht werden dürfen. Der Glaube der sechziger Jahre, daß sexuelle Revolution und quantitative Promiskuität gleichbedeutend seien, ist zu naiv. Wenn wir offen sind für die Welt der Phantasie, dann können wir uns mit oder ohne Partner selbst befreien. Der kürzlich erschienene Roman *Vox* von Nicholson Baker beschreibt einen Mann und eine Frau, die Telefonsex haben, der heißer ist als jeder fleischliche Sex, da die Phantasie nicht von der Realität blockiert wird.

Schließlich werden wir Realitätssimulatoren haben, die es uns ermöglichen, mit jedem berühmten Liebhaber der Vergangenheit Sex zu erleben. Frauen werden jeden, von Mark Anton und Shakespeare bis Casanova und Byron, wählen können, und Männer werden, wie Dr. Faustus, sich ihre Helena von Troja über den Computer heranholen können. »War das das Gesicht, das tausend Schiffe zu Wasser gehen ließ?« werden sie ihre Computerbildschirme fragen. Der Geist verfügt über ein unbegrenztes Potential zur Selbstbefreiung und ist am Ende unsere wichtigste erogene Zone. Miller hätte dieser Aussage gewiß zugestimmt.

Kapitel 9 WARUM MÜSSEN WIR MILLER LESEN? HENRY MILLER ALS WEISER

Ich habe mich bemüht, den inneren Gang der Entwicklung darzustellen.

HENRY MILLER, *Die Welt des Sexus*

Warum müssen wir Miller lesen? Weil er einen neuen dichterischen Stil geschaffen hat, in seiner Art ebenso revolutionär wie der von Joyce oder Hemingway oder Gertrude Stein, ein Stil, der, wie er sagt, »das innere Muster der Ereignisse« enthüllt.

Einige Leser von *Wendekreis des Krebses*, *Wendekreis des Steinbocks* und der *Sexus*-Trilogie fühlen sich von diesem Stil zunächst abgeschreckt. Sie finden ihn unzugänglich, sperrig, bar der erzählerischen Führung. Ich gebe zu, daß auch ich anfangs zu den langen autobiographischen Romanen keinen rechten Zugang fand und ihnen die Essays und Reisebücher vorzog.

In den Romanen scheint die Prosa sich im Kreis zu drehen oder sich auf Umwegen dahinzuschlängeln. Eine Assoziation führt zur nächsten. Die Zeitfolge gerät durcheinander. Die Zeit ist die Zeit des Unbewußten, was soviel bedeutet wie: es gibt keine Zeit. Die Geschichten scheinen von einem Idioten (oder einem brillanten Dyslektiker) erzählt zu werden, erfüllt von Wut und Getöse, aber ohne Bedeutung. Man verübelt Miller, daß er so schwer zu lesen ist. Man beschuldigt ihn, Kunst oder Kunstgriffe nicht zu beachten.

In Wahrheit hat man seine Methode nicht verstanden.

Beim Erzählen meiner Lebensgeschichte habe ich häufig die chronologische Folge zugunsten der kreis- oder spiralförmigen Erzählform außer acht gelassen. Die zeitliche Folge, die in linearer Art ein Ereignis mit dem anderen in Beziehung setzt, ist nach meiner Ansicht eine schlechte Nachahmung des wahren Lebensrhythmus. Die Taten und Ereignisse, welche die Kette unseres Lebens bilden, sind nur Ausgangspunkte auf dem Weg unserer Selbstentdeckung.[1]

Dieser letzte Satz ist entscheidend. Henry ist vor allem ein philosophischer Schriftsteller, wie Hesse oder Krishnamurti, und die Story ist ihm bei weitem nicht so wichtig wie die philosophischen Exkurse. Er benutzt sein Leben als Parabel; so geht ein Romanschriftsteller gewöhnlich nicht vor. Es geht Miller weit mehr darum, zu belehren als zu gefallen. Darüber hinaus will er befreien – sowohl sich selbst als auch den Leser. »Ich habe mich bemüht, den inneren Gang der Entwicklung darzustellen«, sagt er,

dem potentiellen Wesen zu folgen, das ständig von seiner Bahn abgelenkt wurde, das um sich selbst kreiste, das für lange Strecken langsam dahintrottete, zu Boden sank oder vergeblich versuchte, die einsamen, trostlosen Gipfel zu erreichen.[2]

Miller entwickelt eine neue Rhetorik für die innere Realität – verwandt dem Vorgehen Freuds bei seinen Traumanalysen oder Joyces Beschreibungen der verschlungenen Pfade des Geistes während der Tagträume. Miller teilt deren Leidenschaft, das innere Leben zu entschlüsseln. Wie sie wurde auch er verleumdet und mißverstanden, und seine Methode wurde für unmethodisch erklärt. Doch für ihn war sein besonderes Vorgehen die einzige Möglichkeit, zu der Wahrheit vorzudringen, die ihn interessierte. Die übliche Sequenz der Ereignisse hätte nicht zum Ziel geführt.

1 Henry Miller, *Die Welt des Sexus*, S. 96.
2 Ebda., S. 96 f.

Verdrehungen und Entstellungen sind unvermeidlich, wenn man sein Leben noch einmal lebt. Der innere Zweck einer solchen Entstellung ist natürlich, die echte Wirklichkeit von Dingen und Ereignissen zu erfassen. So kehre ich dann und wann ohne einen *offensichtlichen* Grund zu einem Zeitraum zurück, der nicht nur früher liegt als der, um den es sich gerade handelt, sondern zu ihm auch in keiner Beziehung steht.[3]

Entschuldigt sich Miller hier für seinen Mangel an künstlerischer Gestaltung, oder versucht er uns zu zeigen, daß seine Form der Funktion folgte? Gewiß letzteres.

Als Henry *Die Welt des Sexus* schrieb, war er sich bewußt, daß viele seine Weitschweifigkeit bemängelten. Doch Miller ist absolut aufrichtig, wenn er sagt, daß der von ihm geschaffene Stil dem Inhalt seiner Bücher gemäß sei. Ohne die spiralförmigen zeitlichen Abläufe hätten wir nicht das Gefühl, das nachzuvollziehen, was in seinem Kopf vor sich geht.

Der verdutzte Leser mag sich fragen, ob diese Rückblenden nicht das Werk einer Laune sind? Wer weiß? Für mich haben sie dieselbe *raison d'être* wie jede Erfindung. Sicherlich sind das Kunstgriffe, aber sie zu analysieren führt zu nichts. Ein plötzliches Abschweifen, ein langer Umweg durch einen Einschub, ein verrückter Monolog, ein Exkurs, eine Erinnerung, die wie eine Klippe im Nebel aufragt – schon ihr blitzschnelles Auftauchen macht alle Spekulation zunichte.

Kein Lebensweg verläuft schnurgerade. Häufig halten wir uns nicht an die Stationen, die im Fahrplan angeführt sind. Manchmal weichen wir von der vorgezeichneten Straße ab. Manchmal verlieren wir den Weg, reisen durch die Luft und verschwinden wie Spreu.[4]

Henry ist nicht nur Joyces Zeitgenosse, sondern auch der von Luigi Pirandello und Virginia Woolf. So könnte auch Virginia Woolf die von ihr in *Orlando* angewandte »Methode« beschrieben haben:

3 Ebda., S. 97.
4 Ebda.

Die ausgedehntesten Reisen werden oft unternommen, ohne daß wir uns von der Stelle bewegen. Im Ablauf weniger Minuten durchleben einige die gesamte Lebenserfahrung eines gewöhnlichen Sterblichen. Manche zehren mehrere Leben im Lauf ihres Erdendaseins auf.[5]

Miller verfolgte jedoch auch eine Methode, die sehr viel mit Freuds Forschungen gemein hatte.

Was Augenblick für Augenblick in einem Menschenleben vor sich geht, ist für immer unergründlich. Niemand kann das in Vollständigkeit berichten, ein wie begrenztes Stück Leben er auch zu diesem Versuch auswählen mag.[6]

Weil er dies glaubte, verfaßte Henry die meiste Zeit seines Lebens Erzählungen und Romane (im Gegensatz zu Essays) und konzentrierte sich auf eine fast sieben Jahre andauernde Beziehung: seine schicksalhafte Ehe mit June. In dieser Ehe fand er genügend Leben, um mehrere Bücher zu füllen: Die *Wendekreise, Sexus, Nexus, Plexus* – und noch immer war das Thema der Beziehung zu seiner Mutter noch nicht ausgereizt, hatte er im wahrsten Sinne des Wortes noch immer nicht genug von ihr.

Alles, was Henry bis zu *Wendekreis des Steinbocks* geschrieben hatte, war, wie er in *Die Welt des Sexus* schreibt, »nur ein Bemühen, auf den Weg zu kommen«. Was er in der *Sexus*-Trilogie anstrebt, ist, das menschliche Leben, dieses mühsame Sich-Schlängeln durch ein Labyrinth, »als ein Opfer« darzubringen. Er bietet sich selbst als Opfer dar, um zu zeigen, daß das Leben jedes Menschen ein solches Opfer ist und daß das Opfer nur einen Sinn hat, wenn eine neue Wahrheit daraus entsteht.

Er, der den ganzen Weg geht, wird natürlich erschlagen. Ich bin den ganzen Weg gegangen, ich habe mich selbst als Opfer darge-

5 Ebda., S. 98.
6 Ebda.

boten. Deshalb kann ich jetzt weiterleben und es in allen Einzelheiten aufzeichnen, ohne zu leiden. Ich kann die erschütterndsten Ereignisse fast fröhlich wiedergeben. Ich rede über einen anderen Menschen in einem anderen Leben.[7]

Hier wird Henry zu dem Mann, der starb. Wie Christus oder Adonis stirbt er für die Wahrheit. Doch im Gegensatz zu Christus ist er gleichzeitig Opfer und Chronist. Er wird als Schriftsteller wiedergeboren, um sein eigenes Evangelium zu schreiben.

Das ist in der Geschichte der Kunst der Chronik etwas gänzlich Neues. Ich nenne es bewußt nicht »die Kunst der Dichtung«, da ich wie Henry glaube, daß Dichtung passé ist, und zwar, wenn wir ehrlich sind, vielleicht schon seit Richardsons *Pamela* und *Clarissa*. Denn natürlich gaben schon die Romane des 18. Jahrhunderts vor, nichts anderes als eine leicht verschlüsselte Darstellung der Wahrheit zu sein.

Doch Henry ist insofern ungewöhnlich, als er sowohl Christus als auch Paulus, sowohl Hamlet als auch Horatio ist. Er steigt in die Unterwelt hinab, wird wiedergeboren, und seine Wiedergeburt macht ihn zum Schriftsteller. Schreiben wird zur Erlösung. Und Erlösung ist das letzte Stadium der Selbstbefreiung.

Es gibt, wie Henry so oft betont, nur ein Thema, »das beherrschende Thema« – Befreiung.

> Aber der Kampf des Menschen, sich zu emanzipieren, das heißt, sich aus dem Gefängnis, das er sich selbst geschaffen hat, zu befreien – das ist für mich das beherrschende Thema. Das ist der Grund, warum ich es – vielleicht – nicht schaffe, ganz und gar »Schriftsteller« zu sein.[8]

So spricht Henry sogar selbst genau das aus, wessen seine Kritiker ihn beschuldigen! Die Wahrheit ist ihm bedeutend wichtiger als gute Lesbarkeit.

---

7 Henry Miller, *Die Welt des Sexus*, S. 56f.
8 *The Books in My Life*, zitiert in: *Henry Miller on Writing*, S. 126.

Wir leben in einem Zeitalter des manieristischen Schreibens, einem Zeitalter der Schriftsteller, die vergessen, daß ihre Aufgabe darin besteht, Wahrheiten auszusprechen, und nicht nur darin, clever zu sein. Vielleicht verursacht das Aussprechen der Wahrheit uns Unbehagen, da es keinen Konsens mehr darüber mehr gibt, was Wahrheit ist. Wir erwarten von unseren Schriftstellern, daß sie uns helfen, zu einem Konsens zu finden, und mit jedem Buch hoffen wir, der Wahrheit näher zu kommen. Aber wir haben kein geschlossenes Weltbild. Wir glauben nicht wirklich an den Geist, und dennoch sind wir unglücklich mit dem reinen Materialismus, und die Vorstellung eines Lebens nach dem Tod, ebenso wie die Vorstellung ewiger Wahrheiten, jenseits des Selbst und jenseits des Fleisches, ist uns unbequem.

Henry erinnert uns daran, daß die traditionelle Aufgabe des Schriftstellers darin besteht, ein Verkünder der Wahrheit zu sein. Er erinnert uns auch daran, daß die einzige Wahrheit Selbsterlösung heißt. Hierin unterscheidet sich seine Botschaft nicht so sehr von der Botschaft Christi. Es war schließlich Thomas Merton, der Henry für seinen »echten christlichen Geist, von dem ich wünschte, daß ihn einige Christen teilen würden!«, sein Lob aussprach. Merton und Miller waren Geistesverwandte, die einige faszinierende Briefe austauschten. Beiden war das göttliche Diktat der STIMME vertraut. Merton, der Mönch-Poet, und Miller, der ewige Vagabund, erkannten sich gegenseitig sofort als Suchende – Menschen auf der Suche nach der Spiritualität in einer materialistischen Welt.

Die Erfahrung, sich von der STIMME diktieren zu lassen, ist hinreißend und unvergeßlich. Ein Lehrer, der das kreative Schreiben lehrt, muß seine Schüler überzeugen, daß auch sie diese innere Stimme hören können. Wir alle können das bis zu einem gewissen Grad, aber nur Schriftsteller kultivieren ihre Fähigkeit, sie zu nutzen. Vielleicht liegt hierin der Grund, warum sie so leicht bereit sind, an die STIMME zu glauben. Wenn deine tägliche Arbeit darin besteht, Medium zu sein, mußt du an die STIMME glauben, oder sie hört auf, zu dir zu reden.

Die Romane, die wir heute lesen, gehören größtenteils einer toten Literaturgattung an, die eher einschläfert als aufrüttelt. Die Menschen lesen Kriminalromane, Liebesromane und Thriller, um sich zu betäuben, nicht, um ihre Seelen zu erwecken. Die meisten Bücher haben eine eher versklavende als befreiende Wirkung. Sie lullen die Sinne ein; sie lähmen die moralische Imagination.

Daß eine ganze Verlagsindustrie auf der Produktion des verbalen »Soma« (wie Aldous Huxley sein Allzweckopiat in *Schöne neue Welt* bezeichnet) basiert, ist nicht erstaunlich. Miller jedoch geht einen ganz anderen Weg, und es ist wichtig, das zu erkennen. Er stellt seine Worte in den Dienst der Befreiung. Er kann nicht nur nach seinem Unterhaltungswert beurteilt werden. Wie bei Auguste in *Das Lächeln am Fuße der Leiter* beziehen wir unser »Entertainment« aus seiner Ekstase.

Wenn wir in Betracht ziehen, wieviel Zeit vergangen ist, seit Joyce, Woolf, Stein und andere geniale Schriftsteller der ersten Hälfte dieses Jahrhunderts die Erzählkunst veränderten, dann ist es erstaunlich, daß der zeitgenössische Roman so wenig davon beeinflußt ist.

Der Film veränderte den Roman erheblich mehr, als es die modernistische Literatur tat. Der Film absorbierte die Lektionen des Surrealismus. Der Roman wechselte immer schneller seine Schauplätze, um der kürzer werdenden Aufmerksamkeitsspanne des zeitgenössischen Lesers gerecht zu werden. Romanschriftsteller lernten, wie Filmregisseure Schnitte zu machen und zu kürzen. Doch die meisten von ihnen ignorierten die Lektionen von Miller, Joyce, Woolf und Stein und schrieben weiter im Stil des 19. Jahrhunderts: Romane wie von Dickens und Dostojewski, obwohl wir inzwischen im Zeitalter der visuellen Medien leben. Ich vermute, daß das der Grund ist, warum so viele von ihnen nicht beachtet werden.

Die jüngere Generation von heute hat mit der antichronologischen Sequenz der Ereignisse, wie sie bei Miller vorkommt, überhaupt keine Probleme. Das banalste MTV-Werbevideo stellt den realen Zeitablauf auf den Kopf, verwandelt Realität in Phantasie oder Phantasie in Realität, und das alles mit verblüffender Schnelligkeit. Warum weigern wir uns zu glauben, daß der Leser dieses Vorgehen auch in Romanen akzeptiert? Oder besser gesagt, warum weigern sich unsere Schriftsteller, sich durch die Innovationen der großen Modernisten inspirieren zu lassen? Der Grund dafür ist natürlich unser kommerzielles Denken und die Gier, einen Bestseller zu schreiben.

Der arme, alte populäre Roman schleppt sich in den Fußstapfen der Vergangenheit dahin, während gelegentlich Martin Amis und Harold Pinter sich einer rückläufigen Chronologie bedienen (*Time's Arrow, Betrayal* – dt.: Pfeil der Zeit, Betrogen), um ihr Publikum wachzurütteln. Daß eine solche Technik immer noch verblüfft, beweist nur, wie konventionell ein Großteil der zeitgenössischen Literatur noch immer ist.

Natürlich gibt es abenteuerlustige Geister wie Thomas Pynchon, William Gaddis, Cormac McCarthy, T. C. Boyle, John Hawks und Robert Coover, die tapfer experimentieren. Jedoch ist ein Großteil der veröffentlichten Literatur entsprechend den literarischen Konventionen des 19. Jahrhunderts strukturiert.

Henry selbst erfand die *Spiralzeit*, vergleichbar einem DNA-Molekül, Zeit, die sich um sich selbst dreht. Seine »Romane« sind wie eine Schlange, die sich in den Schwanz beißt. Ihr Anfang liegt in ihrem Ende. Ist das »die wahre innere Realität« unseres Lebens? Henry war dieser Ansicht. Und es wird Zeit, daß unsere zeitgenössischen Romanschriftsteller sich seiner Führung anvertrauen. Sie sind ihm

ins Schlafzimmer gefolgt, aber nicht in die Welt der unbewußten Zeit. Die Schriftsteller, die Millers literarische
Form für ihr eigenes Werk nutzen und ihn für eine neue Generation neu interpretieren können, werden ein junges Publikum ansprechen, das von der zeitgenössischen populären
Literatur weitgehend gelangweilt ist.
Henry war für die zeitgenössischen Schriftsteller auch dadurch wegweisend, wie er Fakten in Parabeln verwandelte.
Er hatte oft prophezeit, daß die Autobiographie der Roman
der Zukunft sein würde, und ich meine, daß seine Prophezeiung sich als richtig erwiesen hat – man denke nur an den
Hunger nach »Dokumentarspielen« und die durch CNN aktuell miterlebbare Geschichte, die unsere Aufmerksamkeit
in weitaus größerem Maße fesselt als die Welt der Fernseh-
Seifenoper. Die aufwühlendsten Romane vermischen Realität und Fiktion. Die Grenzen zwischen Nachrichten und
Erfundenem sind überall verwischt. Sogar die Worte haben
die gleiche Bedeutung.
Die Geburt des Romans im 18. Jahrhundert, dem gleichen
Jahrhundert, in dem Zeitungen und Konsumkapitalismus
entstanden, verdankt ihre Breitenwirkung der Tatsache,
daß das Leben des Durchschnittsmenschen auf die Ebene
des Heldentums emporgehoben wurde. Anstelle von Köni-
gen, Königinnen und mythischen Helden haben wir nun Pamela, Clarissa und Tom Jones. Es gibt sicher eine direkte
Verbindung von der schreibenden Dienstmagd Pamela oder
dem Waisen Tom Jones zu dem Pariser Vagabunden Henry
Miller. Miller mit seinen verwischten Grenzen zwischen
Phantasie und Autobiographie und seiner Erhöhung des All-
tagslebens auf die Ebene des Mythischen steht unmittelbar
in der Tradition des englischen Romans. Aber wenn das so
ist, warum wurde er dann als Ausgestoßener und Abtrünni-
ger betrachtet?
Zum Teil ist das Problem in unserer Sexomanie/Sexophobie
begründet. Henry provoziert Wut, allein schon, weil er so

lebenslustig ist, weil er glücklich ist, am Leben zu sein, und weil er, ähnlich wie Christus, keinen Neid kennt. Perlès nannte ihn einmal einen Amateurschriftsteller in der wörtlichen Bedeutung: *Er liebte es zu schreiben.* Und Miller selbst schreibt in *Wendekreis des Steinbocks*: »Neid war das eine Gefühl, dem ich nicht zum Opfer fiel.«

Das traf gewiß auf ihn zu, als ich ihn kennenlernte. Er half mir und anderen rückhaltlos. Er erwartete keine Gegenleistung für seine Geschenke. Er meinte, die Welt habe genug Geschenke für alle.

Diese außergewöhnliche Großzügigkeit erregte bei vielen Haß. Sie machten sich über seine Offenheit lustig, weil sie nicht im selben Maße offen sein konnten. All seine Fehler hatten ihren Ursprung im Exzeß. Doch genau darin hatten auch all seine Tugenden ihren Ursprung.

Norman Mailer kritisiert *The Rosy Crucification* (in *Genius and Lust*, seinen Betrachtungen über Miller) als »einen großen Kuchen, der nicht aufgeht«. Und er hat recht – die Trilogie ist Henrys unausgegorenstes Werk – tiefe Weisheit Seite an Seite mit äußerster Banalität. Erinnerungen an die Kindheit in Brooklyn unterbrechen den Fluß der Geschichte, die Handlung geht verloren, Personen wechseln die Namen – aber zugleich meint man bei aller Schlampigkeit der Darstellung unmittelbar in den Schädel des Schriftstellers zu sehen. Es entsteht eine beispiellose Intimität, es gibt keinen Schleier zwischen dem Schriftsteller und seinem Leser. Diese Intimität war eines von Millers größten Geschenken. Versucht man, sie zu kopieren, merkt man, wie schwer es ist, die Literatur aufzugeben und das Leben zuzulassen, wie immer wieder Befangenheit sich störend bemerkbar macht und wie am Ende, wenn man tatsächlich in den Fluß eintaucht, allerlei Treibgut mitgerissen wird.

Miller entdeckte die Technik des automatischen Schreibens, die Technik, den Stift nie vom Papier zu nehmen – und so spüren wir in seinen Büchern sowohl das Leben als auch seine Schlacken. Diese Bücher reizen uns mit Brocken von Weisheit und Einsicht und enttäuschen uns durch oberflächliche Sprache voller Klischees. Doch gewinnen wir den unverwechselbaren Eindruck von einem Mann, der *lebendig* ist und für den das Schreiben eine Möglichkeit zu noch größerer Lebendigkeit bietet. Viele Schriftsteller benutzen das Schreiben, um dem Leben zu entkommen. Das Buch wird eine Art Zuflucht vor der persönlichen Geschichte und dem Schmerz der Konfrontation. Millers Werke sind Konfrontationen, keine Zufluchtsorte. Miller ist einzigartig, schon allein um seiner Vitalität willen.

> Das kreative Leben! Aufstieg. Über sich selbst hinauszugehen. Wie eine Rakete in das Blaue hineinzuschießen, nach fliegenden Leitern zu greifen, aufzusteigen, sich in die Lüfte zu erheben, die Welt an ihrem Schopf emporzureißen, die Engel von ihren ätherischen Lagern aufzuscheuchen, in stellaren Tiefen zu ertrinken, sich an den Schweifen von Kometen festzuhalten.[9]

Das war Millers Geschenk: die Welt an ihrem Schopf emporzureißen.
Ich möchte Sie ermutigen, ihn wieder zu lesen – mit offenem Geist und offenem Herzen.

9 Henry Miller, *Sexus*, S. 29.

Kapitel 10 EIN IMAGINÄRER DIALOG

Szene

Ein schäbiger Warteraum mit einer Behelfsküche (jedoch mit Mikrowelle und Kaffeemaschine) auf der rechten Seite der Bühne; auf der linken Seite eine Tür mit der Aufschrift »Damen«. Durchgesessene Kunstledercouchen; Automaten, aus denen man Äpfel, Sodawasser und Schokoladenriegel ziehen kann; ein Tisch; Stühle. Ist dies das heruntergekommene Künstlerzimmer eines Provinztheaters, wo die Schauspieler sich zwischen den Szenen von Peer Gynt, Macbeth *oder* Die Wildgänse *aufhalten? Oder ist es der Warteraum eines Krankenhauses, in dem Ärzte und Verwandte traurige Nachrichten austauschen? Der Ort ist gleichzeitig vertraut und fremd. Vorhang, die Bühne ist leer. Henry Miller, in seinen Achtzigern, poltert herein. Er trägt einen alten Bademantel in Schottenmuster und zerschlissene Hausschuhe. Er bewegt sich vorsichtig mittels einer Gehhilfe aus Aluminium. Er sieht sich um.*

Im Bühnenhintergrund wird es hell; man sieht Erica Jong, die an einem Tisch sitzt und wie besessen etwas auf den gelben Schreibblock eines Anwaltsbüros kritzelt. Vom Lärm erschreckt, blickt sie auf.

ERICA
Henry! Was machst du hier? Ich dachte, du wärst tot!

HENRY
Es war doch nicht so einfach. Ich weiß nicht, ob ich tot oder lebendig bin, und sie wissen nicht, ob sie mich in den Himmel oder in die Hölle schicken sollen.

ERICA
Henry, ich habe versucht zu helfen, aber ich konnte nicht.

HENRY
Beeil dich. Nach Mary Dearborn denken sie ernsthaft daran, mich nach Du-weißt-schon-Wohin zu schicken.

ERICA
Du meinst, es gibt wirklich ein Du-weißt-schon-Wohin?

HENRY
Auf jeden Fall! Für Schriftsteller nimmt sie eine ganz bestimmte Form an. Nicht mehr publiziert. Nicht an den Universitäten gelehrt. Geplündert von kleinen Schreiberlingen, die später nur Schlechtes über dich sagen. Ich bin der König der Sauereien, weißt du das nicht? Sie verstehen immer noch nicht, worum es mir geht.

ERICA
Nach diesem Buch werden sie das ganz bestimmt.

HENRY
Sei nicht so sicher. Es braucht mehr als Bücher, um die Welt zu verändern. Das habe ich gelernt. Es braucht Dynamit! Wenn jeder Mann, jede Frau ja zum Leben sagte, was wäre das für ein Schlag für die Politiker und Kriegshetzer. Was sollte dann wohl aus den verdammten Mistkerlen werden? Das wäre das Ende der Sklaverei. Geld würde keine Rolle mehr spielen. Schöpfung! Sehnsucht! Erleuchtung! Die Kakerlaken lieben die Dunkelheit!

ERICA
Was meinst du damit, Henry?

HENRY
Ich meine, daß Angst einem sehr wichtigen Zweck dient. Die Freiheit hat viele Feinde, überall. Angst vor der Freiheit. Angst vor der Befreiung. Du hast es die Angst vorm

Fliegen genannt. Die Menschen haben immer noch Angst vor dem, was ich geschrieben habe. Zuerst sagten sie, es sei zu neu. Dann erklärten sie, es sei ein alter Hut. Sie haben es nie richtig gelesen.

ERICA
Dasselbe sagen sie immer noch. Sie sagen, ich sei verrückt, dich zu verteidigen – du seist ein Sexist, ein Antisemit. Die Anti-Sex-Liga ist wieder am Ruder. Die Menschen haben Angst vor ihrer Sexualität, und sie lassen das an dir aus. Du erinnerst sie daran, wie reich das Leben sein kann und wie armselig ihr eigenes Leben ist. Du rührst an das, was sie verdrängen, und sie hassen dich dafür.

HENRY
Und was ist mit dir?

ERICA
Ich komme auch in die Hölle. Gar keine Frage. Ich habe schon daran gedacht, meinen Namen zu wechseln.

HENRY
Das kriegen die Leute hier bestimmt raus.

ERICA
Was, zum Teufel, sollen wir machen, Henry? Ich habe in der Zeitung gelesen, daß 60 Prozent der amerikanischen Familien 1992 kein einziges Buch gekauft haben.

HENRY
Mach dir keine Sorgen. Bücher sind noch das kleinste Problem. Die Formen der Kommunikation könnten sich ändern. Eines Tages wird jeder die Kunst des Träumens im Wachzustand beherrschen. Wenn wir alle wach sind und träumen, wird der Geist, der uns lenkt, so gestärkt werden, daß das Schreiben überflüssig ist. Wir schreiben, um das Gift loszuwerden, das sich durch unsere falsche Lebensweise ansammelt. Wir schreiben, um unsere Unschuld zu-

rückzugewinnen. Doch wenn wir uns vom Urstrom tragen lassen, werden wir Teil der ursprünglichen Schöpfung, die immer und überall stattfindet.

ERICA
Was willst du mir damit sagen, Henry?

HENRY
Wirf dich in diesen Strom. Hab keine Angst. Der Sinn des Lebens liegt darin, etwas zu wagen. Ich mußte mich in den Strom werfen und wußte, daß ich wahrscheinlich untergehen würde. Die meisten Künstler werfen sich auch hinein, aber mit einem Rettungsring um den Hals! Und häufig ist es der Rettungsring, der sie nach unten zieht.

ERICA
Ich habe immer gewußt, daß die Angst ein Zeichen ist – gewöhnlich ein Zeichen, daß ich etwas *richtig* mache.

HENRY
Nimm den Stift nicht vom Blatt hoch. Bleib dran, koste es, was es wolle. Worauf es ankommt, ist, die STIMME zu hören. Jene STIMME! Es war während des Schreibens von *Wendekreis des Krebses*, daß das Feuerwerk richtig losging – und wie! Ich brauchte noch nicht mal über ein Komma oder ein Semikolon nachzudenken; es wurde mir alles geschenkt, direkt aus dem himmlischen Aufnahmeraum. Ich bettelte um eine Pause, eine Unterbrechung, Zeit, um auf die Toilette zu gehen oder auf dem Balkon frische Luft zu schnappen. Nichts da! Ich mußte zu Ende hören, oder ich riskierte die Strafe der Exkommunikation.

ERICA
Wenn alle diese Stimme hören könnten, dann würden sie glauben.

HENRY
Sie verschließen bewußt ihre Ohren. Es ist die Musik der Sphären. Shakespeare hörte sie. Und Merton.

ERICA

Bist du ihnen begegnet?

HENRY

Ja. Und Madame Blavatsky. Und Marie Corelli. Und meiner Mutter. Sogar meine Mutter ist sehr viel ruhiger geworden.

ERICA

Hast du geschrieben?

HENRY

Darüber bin ich hinaus. Hier sind der Schriftsteller und das Werk eins. Niemand schreibt auf, was er ursprünglich sagen wollte. Die individuelle Kreativität gehört dem Urstrom an.

ERICA

Wenn du jetzt auf die Welt hinuntersiehst, was denkst du dann?

HENRY

Noch immer ein erschöpfter Schwanz mit Schanker. Nur schlimmer als zuvor. Denn jetzt haben schon die Kids Angst vor dem Leben. Alles, worüber sie reden, ist Tod, Aids, Umweltverschmutzung, Strahlung, Löcher in der Ozonschicht. Sie haben die Freude verloren. Was ich spürte und was den eigentlichen Unterschied ausmachte, war die Freude: Ich schrieb für Verrückte oder Engel. Ich war nur ein Junge aus Brooklyn. Ich redete mit den rothaarigen Albinos der Zuni-Region. Aber ich sagte ja! Ich sage noch immer ja! Ja! Ja! Ja!

ERICA

Obwohl du »tot« bist?

HENRY

Gerade weil ich tot bin!

ERICA
Dann laß uns mit dir ja sagen!

HENRY
Worauf es ankommt, ist das Handeln. Wir brauchen immer noch neue Menschen. Wir können ohne Telefon, ohne Auto, ohne Superbomben leben – aber nicht ohne neue Menschen.

ERICA
Wie können wir wiedergeboren werden?

HENRY
Folge mir! Ich habe mich verloren, damit ich mich wiederfinden konnte. Einmal hatte ich eine Vision des Himmels. Er schwimmt im bläulichen Licht der Meerestiefen, die Bäume standen genau im richtigen Abstand zueinander, die Weide vorn bog sich zu der Weide hinten, die Rosen in voller Blüte, das Pampagras hatte gerade begonnen, sich mit seinen goldenen Federn zu schmücken, die Stockrosen standen stramm wie hungrige Wächter mit ihren großen, leuchtenden Knospen, die Vögel huschten von Baum zu Baum und riefen sich kleine, fordernde Schreie zu, und Eva stand barfuß in ihrem Garten Eden mit einer lebenden Larve in der Hand, während Dante Alighieri, bleich wie Alabaster, sein Kopf gerade über dem Rand sichtbar, seinen schrecklichen Durst in der Vogeltränke unter der Ulme zu löschen suchte.

(Er schaut ins Weite. Erica beugt sich über ihre Notizen. Als sie aufschaut, ist er fort.)

NACHWORT

Die folgenden Briefe wurden überwiegend im Frühjahr und Sommer des Jahres 1974 geschrieben, als ich, mir selbst unbewußt, eine Wandlung von der »jungen, vielversprechenden Schriftstellerin« zu einer Persönlichkeit des öffentlichen Lebens durchmachte. Mein erster Roman, *Angst vorm Fliegen*, war seit sechs Monaten als gebundene Ausgabe auf dem Markt. Anfangs erntete das Buch laue Rezensionen, aber eine begeisterte Mund-zu-Mund-Propaganda. Als schließlich John Updike es im *New Yorker* entdeckte, war es kaum erhältlich und dauernd vergriffen. Im Verhältnis zu dem Erfolg, den es hatte, war die Auflage zu niedrig gewesen, und sechs Monate lang hatte ich zähneknirschend der mangelhaften Verbreitung des Buches zugesehen, geplagt von dem üblen Gefühl, sein Schicksal in keiner Weise beeinflussen zu können (heute weiß ich, daß das das Schicksal jedes Schriftstellers ist). Als ich im Frühjahr 1974 Henrys langen, begeisterten Brief erhielt, war ich dankbar.

Rückblickend erkenne ich jetzt, wieviel neurotische Angst ich bei der Veröffentlichung von *Angst vorm Fliegen* empfand – vielleicht, weil dieses Buch einen solchen Bruch mit dem braven Mädchen in mir bedeutete, mit dem Teil meiner Persönlichkeit, der wirklich nette Sachen schreiben und die Familie nicht in Verlegenheit bringen wollte. Als man begann, den Roman mit viel Engagement zu diskutieren, als Druckfahnen vom Tisch des Verlegers gestohlen und Taschenbuch- und Filmrechte verkauft wurden, fühlte ich mich schuldig: Ich kam zu Geld und Ruhm, indem ich ein schlechtes Mädchen war. Als die Kritiker das Buch zerrissen, hatte ein Teil von mir das Gefühl, daß ich diese Strafe verdiente; als ich begeistertes Lob erntete, war ich fasziniert und hatte zugleich Schuldgefühle. Schuldgefühle, weil mir bewußt war, daß ich die alten Regeln des weiblichen Schweigens und der weiblichen Unterwürfigkeit gebrochen hatte. Ich hatte meine Rebellion in die Welt hinausgeschrien, um mich dann vor meinem eigenen Echo zu erschrecken.

Henry war prädestiniert, dieses Schicksal zu verstehen. Und seine Briefe beweisen das. Sie zeigen auch seine Großzügigkeit, seinen Lesegeschmack, seine Ansichten über Sex, Literatur, Antisemitismus und die Freiheit der Frau. Besonders diejenigen Briefe sollten veröffentlicht werden, die sich auf Antisemitismus, Judentum und Feminismus beziehen, da Henry oft der Juden- und der Frauenfeindlichkeit beschuldigt wurde. Mit dem Vorwurf der Frauenfeindlichkeit habe ich mich in diesem Buch immer wieder befaßt, doch verdient das Thema Antisemitismus hier noch ein wenig mehr Raum. Es begleitete Miller sein ganzes Leben lang, und es ist kürzlich in Mary Dearborns Miller-Biographie wieder sehr energisch zur Sprache gebracht worden. Selbst für meinen paranoiden jüdischen Geist war Henry kein Antisemit. Er behielt sich nur das typischerweise von Juden beanspruchte und den Nichtjuden verweigerte Recht vor, sich über uns lustig zu machen. Die meisten gerecht denkenden Juden werden zugeben, daß wir selbst die hartnäckigsten Kritiker und die bissigsten Satiriker alles Jüdischen sind, doch werden die meisten von uns zornig, wenn ein Nichtjude das gleiche Privileg beansprucht. Ich gehöre gewiß dazu – obwohl ich mir das Recht des typischen Diaspora-Juden auf Spott, Zynismus und Galgenhumor im Hinblick auf meine eigenen Leute und ihre Schwächen vorbehalte.

Henry sah diese Scheinheiligkeit und machte uns darauf aufmerksam. Wenn Juden Juden kritisieren durften, warum durfte er es dann nicht? Der große jüdische Erzähler Isaac Bashevis Singer, der Henrys (und mein) Lieblingsschriftsteller des 20. Jahrhunderts ist und der mit Henry korrespondierte, durfte jüdische Diebe, jüdische Narren und jüdische Schufte ebenso beschreiben wie jüdische Heilige – warum also durfte Miller, ein Nichtjude, es nicht? Warum sollte es nur den Juden erlaubt sein, die Wahrheit über die Juden zu sagen?

Wir wissen sehr gut, warum. Aus dem gleichen Grund, warum nur wir allein unsere Eltern und Kinder kritisieren dürfen. Wir werden ärgerlich, wenn andere es tun. Die Schrecken der jüdischen Geschichte des 20. Jahrhunderts geben uns allen Grund, auf antisemitische Verunglimpfungen empfindlich zu reagieren – wie subtil auch immer sie sein mögen.

Doch möchte ich den Leser, der Henry Miller mögen könnte, jedoch befürchtet, daß er Antisemit sei, daran erinnern, daß auf jede vermeintliche Judenverunglimpfung bei Miller verblüffend engagierte Beispiele folgen, dem banalen Antisemitismus seiner Zeit eins aufs Dach zu geben. Da gibt es die von Alfred Perlès berichtete Episode, als Henry beinahe den Kneipeninhaber erwürgte, der sein Lokal als »Café judenfrei« bezeichnete. Und da ist der verschiedentlich von Miller geäußerte Wunsch, Jude zu sein – wenn auch nur, um seine Büchergelehrsamkeit, sein Gefühl des Außenseitertums und des ewigen Vagabunden zu rechtfertigen. Man denke auch an seine Bewunderung der Juden und mancherlei Jüdischem – von June über Singer bis zur Verfasserin dieses Buches.

Millers Gefühle den Juden gegenüber waren kompliziert. Sie verkörperten für ihn New York, sein Zuhause, und Miller haßte New York. Sie verkörperten die Bewunderung der Gelehrsamkeit, des Bücherwissens – eine Bewunderung, die Henry sich von seiner Mutter gewünscht hätte und nicht bekommen konnte. (Anaïs sollte sie ihm geben; Louise konnte es nicht.) Kein Wunder, daß so viele der wirklich wichtigen Personen in Henrys Leben jüdischer Abstammung waren – von June über Michael Fraenkel zu Abe Rattner. Für die Juden war so vieles selbstverständlich, was Henry sich wünschte: Respekt für den Mann, der sich entschließt, in einer Welt der Bücher zu leben, Respekt für den Mann, der dem praktischen Leben den Rücken kehrt und ihm die Welt der Ideen, der Metaphysik und der Religion vorzieht, Respekt für den Mann, dessen Hauptbeschäftigungen die Tora und die Fortpflanzung sind. Henry beneidete die Juden. Er wollte selbst ein Jeschiwa *bucher* sein! So bezeichnete er übrigens wehmütig meinen früheren Mann, Jonathan Fast. »Jonathan, Du bist ein richtiger Jeschiwa *bucher*«, pflegte er zu sagen. Der Jeschiwa-Gelehrte war wie der Gelehrte des Altertums eines von Henrys Idealen der Männlichkeit.

Wie nicht anders zu erwarten, wurden sowohl Henry als auch ich gebeten, in der Öffentlichkeit zueinander Stellung zu nehmen. Wir bildeten eine so publikumsträchtige Kombination – schmutziger alter Weiser und junge Ehefrau von Bath –, daß die Fernsehproduzenten und Verleger uns unwiderstehlich fanden. So gab es also eine wunderschöne *60-Minutes*-Live-Sendung mit Mike Wallace und zwei Artikel auf der *op-ed*-Seite der *New York Times* (7. September 1974). Ich füge zwei dieser »PR-Maßnahmen« den Briefen bei, da sie eine Fortsetzung der Briefe und im gleichen Geist geschrieben sind.

Ich habe Henrys Eigenheiten in der Rechtschreibung beibehalten und davon abgesehen, meine eigene jugendliche Begeisterung (obwohl oftmals ein bißchen albern) aus den Briefen herauszuredigieren. Es folgt der Briefwechsel genauso, wie er stattfand.

BRIEFE

Der erste Briefwechsel zwischen Henry Miller und mir fand im April 1974 statt und ist in Kapitel 2 abgedruckt. Irgendwann im Frühsommer 1974 schickte Henry Miller mir eine Besprechung zu *Angst vorm Fliegen* – »Fear and How It Gets That Way«. Er dachte daran, sie zu veröffentlichen. Ich hatte nicht um diese Reklame gebeten, und ihre Überschwenglichkeit machte mich verlegen. Er leitete das Essay mit diesem Brief ein:

6. 5. 74

Liebe Erica,
bitte lassen Sie Bradley so bald wie möglich wissen, ob Sie irgendwelche Veränderungen oder Streichungen wünschen. Er besitzt ein Exemplar, das er, sobald Sie Ihr Okay geben, einem Verleger schicken wird.
In Eile

Henry Miller

ZWEI SCHRIFTSTELLER SINGEN EIN LOBLIED AUF RABELAIS UND EINANDER

Gewiß braucht jemand, dessen Buch auf der Bestsellerliste steht (und sei es auch am Ende) keine Rezension oder Reklame. Ich schreibe also diese paar Worte ganz unaufgefordert oder, wenn Sie so wollen, als Hommage eines Schriftstellers für eine Kollegin. Vor allem als warmes, herzliches Lob für eine Frau, die für mich einzigartig ist.
In mancherlei Hinsicht ist dieser Roman – *Angst vorm Fliegen* – das weibliche Gegenstück zu meinem eigenen *Wendekreis des Krebses*. Glücklicherweise ist er nicht so bitter und viel lustiger. Die Autorin hat ziemliche Vorbehalte gegen Psychiater, Seelenklempner, die die meisten von uns mit ihr teilen. Ich sage die

Autorin, aber in meinem Denken kann ich die Autorin nicht von ihrer Protagonistin, Isadora Zelda, trennen. Bei *Wendekreis des Krebses* allerdings neigten Kritiker wie Leser gleichermaßen zu der Ansicht, ich hätte Henry Miller erfunden. Bis heute gehen viele Leute davon aus, daß das Buch ein Roman sei, obwohl ich immer wieder betont habe, daß es keiner ist.

Erica Jong, die Autorin, sagte mir in einem Brief, sie halte es für beschränkt, den Inhalt eines Buches in eine literarische Gattung einzuordnen. Frei nach Gertrude Stein: Ein Buch ist ein Buch ist ein Buch. Dennoch scheinen sich die Leute über diese Frage der Identität unnötig den Kopf zu zerbrechen. Gewöhnlich ist die Autobiographie nicht so beliebt wie der Roman, es sei denn, sie wäre sensationell. Andererseits denke ich, daß Verleger sich immer vor Autobiographien fürchten, wegen der Gefahr von Beleidigungen und Verleumdungen oder möglicher Gerichtsverfahren aufgrund der Verletzung von Persönlichkeitsrechten. Aber Verleger sind ohnehin im wesentlichen ein schüchternes Völkchen und stecken voller Ängste.

Das Wunderbare an Erica Jongs Buch ist, daß sie oder Isadora ebenfalls voller Ängste steckt, daß sie aber kein Hehl daraus macht und uns zum Lachen bringt, gerade wo sie ihre tragischen Momente beschreibt.

Das Buch hat eindeutig eine heilsame Wirkung nicht nur auf Frauen, sondern auch auf Männer. Es sollte vor allem von jedem Seelenklempner, jedem Psychiater, jedem Psychologen gelesen werden. Es sollte auch von Juden gelesen werden. Sie beziehen ganz schön Prügel darin. Es ist kaum möglich, das Buch »antisemitisch« zu nennen, da die Autorin selbst Jüdin ist und weiß, wovon sie spricht. Mit ihrem beißenden Humor und Sarkasmus fällt sie gnadenlos über ihr eigenes Volk her. Damit ist sie natürlich nicht allein. Man braucht nur an Swift, O'Casey, Knut Hamsun, Shaw, Céline und Henry Miller zu denken. Und doch waren wir alle Schriftsteller, die ihr Land liebten. Wir verachteten nur die Einwohner unseres Landes.

Ja, ich weiß, daß unter allen Völkern der Welt vor allem die Juden in dem Ruf stehen, sich über sich selbst lustig machen zu können, ihre Mängel und Schwächen offen einzugestehen. Aber wenn ein Nicht-Jude das tut, dann nennt man ihn sofort einen Antisemiten.

Es ist dumm, fortwährend so zu tun, als wären wir unter unserer Haut alle Brüder. Die Wahrheit ist wahrscheinlich eher die, daß wir unter unserer Haut alle Kannibalen, Mörder, Verräter, Lügner, Heuchler, Feiglinge sind.

Mißverstehen Sie mich nicht. Erica Jong ist ganz und gar keine Frauen- oder Menschenfeindin. Ich habe den Eindruck gewonnen, daß sie das Leben liebt und die Menschen auch. Aber ihre Intelligenz läßt es nicht zu, daß sie deren himmelschreiende Mängel übersieht. Es ist dank ihrer Lebenslust, daß uns einige der amüsantesten und geistreichsten Passagen geschenkt werden. Man ist versucht zu sagen: »Sie schreibt wie ein Mann«, nur schreibt sie nicht wie ein Mann, sondern wie eine Frau durch und durch, ein Weib, bisweilen ein »Biest«. In vielerlei Hinsicht ist sie direkter, ehrlicher, mutiger als die meisten männlichen Autoren. Das ist es, was ich an ihr mag. Kurz gesagt – sie ist ein Prachtweib.

Nebenbei gesagt, frage ich mich, ob oder wann Germaine Greer uns ein Buch dieses Formats bescheren wird. Germaine Greer ist eine andere Autorin, die meine Phantasie anregt und Bewunderung in mir weckt. Natürlich traute ich, als ich ihr Interview im, glaube ich, Playboy las, kaum meinen Augen. Männer sind einer Frau dieses Kalibers nicht gewachsen.

Das Interessante ist: Diese beiden Frauen sind mit einem glänzenden Verstand gesegnet, sie sind kultiviert, sie sind belesen und haben einen ausgezeichneten Geschmack. Aber sie sind vor allem furchtlos.

Irgendwie frage ich mich, wie Women's Lib. dieses Buch von Erica Jong wohl aufnimmt. Hier ist eine befreite Frau, die uns von ihrem Bedürfnis nach einem Mann erzählt oder, wie sie es manchmal ausdrückt, ihrem Bedürfnis nach einem Fick. Sie gibt zu, daß sie geil ist – und wie! Zu diesem Thema hören wir von den Frauen nicht genug. Trotz allem, und Erica Jong geht bis zum Äußersten, kann das Buch wohl kaum »pornographisch« genannt werden. Es ist voll von Obszönem, was auch immer das bedeuten mag, aber darunter ist ein äußerst ernstes Anliegen erkennbar. Das Buch hat eine beträchtliche Tiefe und singt einen Lobgesang auf das Leben. Die Zombies sind die Seelenklempner, Lehrer, Eltern und so fort.

Für mich am faszinierendsten ist die Tatsache, daß sie einen englischen Seelenklempner, der eigentlich ein erstklassiger Schuft ist, als einen charmanten Typen dargestellt hat. Was er sagt, hat Hand und Fuß, trotz seiner Neigung, irgendwelche Sentenzen von sich zu geben wie Henny Youngman.

Dieser Mistkerl erweist sich am Ende als Isadora Zeldas Retter, obwohl er das vielleicht nicht beabsichtigt hat. Er ist es, der ihr durch seinen unverfrorenen Verrat die Augen öffnet, sie zwingt, sich mit sich selbst zu konfrontieren, die Realität zu akzeptieren. Er ist gewiß ein »Anti-Held«. Zwar ist er ein Schuft, aber er weiß, wie man am besten durchkommt, oder ich sollte wohl besser sagen: »Er weiß, wo's langgeht.«

Ich gehe deshalb näher auf seinen Charakter ein, weil nur allzu wenige von uns bereit sind, anzuerkennen, daß wir (ebensoviel oder sogar noch mehr) von einem Bösewicht als von einem Tugendbold lernen können. Wir *wissen*, daß die Wohltäter eine Menge Unheil anrichten, aber wir scheinen nicht zu wissen, daß die Bösewichte in dieser versauten Welt eine Menge Gutes bewirken können. Wenn sie es nur schaffen, uns aus unseren idealistischen Träumen zu reißen, dann haben sie schon genug getan.

Aber ich übertreibe ein wenig, was Adrian, den britischen Seelenklempner und Oberschurken, anbetrifft. Er ist nicht wirklich böse, er schert sich nur einfach nicht darum, ob er beim Durchsetzen seiner Ziele ein paar Menschenleben ruiniert.

Ich spürte ein sehr intensives Gefühl der Freude, der Befreiung, als Isadora endlich die Schuppen von den Augen fielen. Fand es allerdings ein wenig enttäuschend, sie zu ihrem Mann zurückkehren zu sehen (noch ein Seelenklempner, aber ein Asiate); dachte vielmehr, sie würde auf ihren eigenen Füßen stehenbleiben. Wenn die Schuppen erst einmal abgefallen sind, dann legt man sie doch nicht wieder drauf. Vielleicht hat sie, die Autorin oder Protagonistin, noch immer Angst vorm Fliegen – wer hätte die nicht? –, aber sie kann damit fertig werden.

Ich möchte voraussagen, daß dieses Buch Literaturgeschichte machen wird, daß aufgrund dieses Buches Frauen ihre eigene Stimme finden und uns mit großartigen Erzählungen beschenken werden, die von Sex, Leben, Freude und Abenteuer handeln.

Henry Miller

Als Henry Miller mir zum erstenmal geschrieben hatte, um sich als ein treuer und »ergebener Fan« vorzustellen, war ich überglücklich gewesen. Was auch immer feministische Kritikerinnen Millers sagen mögen, er ist unser moderner amerikanischer Rabelais – immer ebenso trunken von Sprache wie von Sexualität, ebenso verliebt in Wörter wie in Frauen.

Lange bevor ich Briefe von Miller in meiner Morgenpost fand, liebte ich die Energie, die von seinen Werken ausging, die ausgelassene, ungestüme Kraft seiner Sätze, seine Fähigkeit, Sprache den inneren Aufruhr der Gedanken widerspiegeln zu lassen.

Beim Umgang mit zeitgenössischer Literatur neigen wir dazu, die historische Perspektive zu verlieren. Sexualität in der Literatur ist nichts Neues. Tatsächlich könnte man behaupten, daß die letzten hundertfünfzig Jahre in dieser Hinsicht ein Irrweg waren. Zu Fieldings Zeiten, Swifts, Shakespeares, Chaucers Zeiten gab es mehr unverhohlene Sexualität als etwa im letzten Jahrhundert. Bis in die jüngste Zeit hinein wurde das Verlagswesen noch immer von den ästhetischen Maßstäben des postviktorianischen Zeitalters regiert, welches es vorzog, Sexualität in den Bereich des Schunds zu verweisen (und die sogenannte »höhere Kunst« davon freizuhalten), als sich zu der Einsicht durchzuringen, daß die Sexualität ein organischer Teil der Literatur sein sollte.

Der Mensch des Viktorianischen Zeitalters gibt doch den Sex auch nicht auf; er gibt nur den *offenen* Sex auf. Er praktiziert nicht Abstinenz, sondern nur offene Heuchelei. In einer Gedichtsammlung schreckt er vor jeder Spur von Sexualität zurück, verschlingt jedoch im stillen Kämmerlein gierig einen pornographischen Roman. Es war diese Heuchelei, die Miller aufs Korn nahm. Warum sollte man Sex in den Außenabort, das Bordell, die Buchhandlung in der 42. Straße verweisen? Boccaccio, Villon, Rabelais und zahllose andere erkannten die furchteinflößende Macht der Sexualität im Leben; warum sollte ein Schriftsteller darum herumschreiben müssen?

Dennoch wurde Miller jahrelang verboten, eben weil er sich weigerte, diese Heuchelei mitzumachen (und genauso erging es Lawrence und Joyce). In jüngster Zeit machte man in Vermont den Versuch, die Zeitschrift *Ms.* zu verbieten, mit der Begründung, sie habe einen angeblich obszönen Auszug aus meinem Roman *Angst vorm Fliegen* veröffentlicht. Und die britischen Rezensionen ebendieses Romans waren voller Empörung und kalter Wut über seine offen artikulierte Sexualität. (Und das im Land von Blake und Lawrence und Fielding und Chaucer!)

Sexuelle Zensur begleitet uns noch immer, und sie wird wahrscheinlich auch nicht verschwinden, bis sexuelle Offenheit und Gesundheit in der Gesellschaft zur Norm werden. (Vermutlich nie.) Obwohl es immer wieder aufs neue bewiesen wurde, daß man mit Zensur nichts erreicht, daß sie in der Tat eher Interesse als Desinteresse an einem Buch weckt, gibt es weiterhin wütende Eltern und Lehrer, die nach Zensur schreien. Man kann dies nur als ihr Bedürfnis interpretieren, ihre eigene Geilheit zu zensieren. Sie »ersparen« ihren Kindern dadurch nichts, denn sobald ein Buch verboten ist, sind die Kinder mehr als je zuvor darauf versessen, es in die Hände zu bekommen. Im übrigen hat noch niemals jemand beweisen können, daß Sexualität in der Literatur der Sexualität im Leben Vorschub leistet – genausowenig wie Bücher über Diäten einem Gewichtsverlust Vorschub leisten. Tatsächlich ist die Analogie sogar so weit gültig: Die Menschen scheinen etwas über Sex zu lesen, anstatt sexuell aktiv zu sein, genauso wie sie dazu neigen, Diätbücher zu kaufen, anstatt Diät zu halten.

Vielleicht wurde Miller zensiert, nicht weil er für Sex eintrat, sondern weil er die Heuchelei bekämpfte. Er ist einer der relativ wenigen modernen Autoren, den wir als einen

Befreier bezeichnen können. Seine autobiographischen Romane erzählen von den Prüfungen einer Seele auf der Suche nach sich selbst. Die Intensität des Ringens, die Ehrlichkeit, mit der dieses Ringen beschrieben wird, führen uns dazu, uns weitgehend mit Miller zu identifizieren, auch wenn die eigenen Erfahrungen nicht gänzlich parallel verlaufen sind.

Leider hat diese Art von Roman in Amerika keine anerkannte Tradition. Diese in der ersten Person geschriebenen Schein-Memoiren werden häufig als ein Schlüsselroman oder eine Autobiographie verstanden, und Kritiker verschwenden ihre Zeit darauf, den verschiedenen Figuren die Schnauzbärte abzureißen, um deren »wahre« Identität zu entdecken. Wir haben vergessen, daß Proust, Colette und Céline diese Art Buch bereits vor Miller geschrieben haben und daß das Vermischen von Dichtung und Wahrheit bei einem Roman – jener extrem undefinierbaren literarischen Kunstform – das übliche Vorgehen ist. Was zählt, ist nicht, wie wir ein Buch *nennen* – sondern ob es uns aufweckt, uns schockiert, uns die Welt mit neuen Augen sehen läßt. Sex kann, braucht aber nicht Teil jenes heilsamen Schocks zu sein. Und die Entscheidung darüber fällt in den Bereich des Schriftstellers, nicht des Zensors.

24. 5. 74

Liebe Erica Jong,
nur ein paar Zeilen, um Ihnen zu sagen, daß ich Ihr Buch aller Welt empfehle und herzliche »Dankeschöns« dafür zu hören bekomme. Ich empfehle das Buch sogar Fremden … wobei mir einfällt – haben Ihre Verleger es französischen, deutschen und italienischen Verlegern angeboten? Wenn nicht, würde ich vorschlagen, daß Sie es einmal bei Rowohlt in Deutschland, Edition Stock in Paris und Longanssi in Mailand, Italien, versuchen. Wenn Sie es möchten, können Sie sich in jedem Fall auf mich berufen.

Heute lese ich ein Buch über einen meiner Lieblings-Bühnen-autoren – Sean O'Casey. Haben Sie jemals seinen »Juno and the Paycock« gelesen? Oder Synges »Playboy of the Western World«? Oder, aus einem anderen Blickwinkel, »The Dybbuk«? (Mein Auge macht mir Probleme – entschuldigen Sie die Orthographie.) Ich bin neugierig, was bestimmte Bücher und Autoren anbetrifft – ob Sie sie gelesen haben oder nicht. Zum Beispiel »A Glastonbury Romance« von John Cowper Powys, »Mysterien« (und die anderen Romane) von Knut Hamsun, die Bücher von Isaac Bashevis Singer und jenen epischen Roman von seinem Bruder – er schrieb etwas über »Ashkenazi«?!?

In meiner Phantasie sehe ich Sie immer über ein Buch ge-beugt. Eine unersättliche Leserin. Wie ist es mit »She« von Rider Haggard? Oder »Charles Dickens« von G. K. Chesterton (ein Meisterwerk!) oder Sean O'Caseys Dramen? Oder »The Playboy of the Western World« von Synge?

Die Dadaisten haben Ihnen gewiß gefallen! Wie schade, daß so wenige der guten, aber weniger bekannten französischen Autoren nicht übersetzt worden sind.

Also, ich habe Ihnen wirklich nicht sehr viel zu erzählen. Empfanden Sie übrigens Bradley Smith als Nervensäge? Er ist nicht gerade ein »Busenfreund« von mir, nur ein weiterer Ver-leger. Langweilt mich tödlich mit seinem verdammten Ego. Und diese Stimme! Ich hoffe, es war nicht zu qualvoll. Also, ich habe ihnen nicht nahegelegt, daß sie sich an Sie wenden sollten. Obwohl letzte Woche im Time etwas anderes zu lesen war, mag ich keine Besucher, außer den ungewöhnlichen. Und normalerweise keine Autoren. Maler sind besser. Autoren sind meist wie eingewachsene Zehennägel. Sind Sie nicht auch der Meinung? Manchmal schlimmer als Seelenklempner!

Machen Sie's gut!
Grüße von all Ihren neuen Fans!
Henry Miller

Liebe Erica Jong,

die Anlage ist von der Ehefrau meines Sohnes Tony. (Sie trennen sich nach 6 Monaten Ehe. Sie brauchte Ihr Buch so dringend wie Gift. Ich hoffe, sie hat's dadurch jetzt endlich begriffen!) Um Ihnen die Wahrheit zu sagen, es hat auch mir unglaublich wohl getan, beim zweiten Lesen. Jetzt liest es Tony, mein Sohn. Jeder, dem ich es geliehen oder dem ich ein Exemplar gekauft habe, ist völlig ausgeflippt. Sie haben alle die Absicht, Ihnen zu schreiben und zu danken. Es trifft die Frauen direkt ins Herz – und es sollte bei Männern genauso sein.

Diesmal fand ich, als ich es erneut durchlas, Adrian sogar noch charmanter. Ein liebenswerter Schuft. Mich wundert, daß Sie überhaupt von ihm losgekommen sind.

Ich glaube, Sie haben in diesem Buch für Männer und Frauen das getan, was ich in **Wendekreis des Krebses** getan habe. Jene letzten Szenen in Ihrem Buch – das Zimmer in der Rue de la Harpe (ich glaube, mein »Max« hat tatsächlich in jener Straße gewohnt), der fehlende Tampon, die Toilette in der Diele – sind alle wunderbar, so wie jene stürmischen Gefühle von Erleichterung und Entspannung, die O'Casey einem nach einer herzzerreißenden Szene verschafft. Sie, Erica, vermitteln einem wirklich die Illusion, am Ende frei zu sein. Es ist einfach wunderbar. Absolut heilsam. Und die Art, wie Sie Ihr eigenes Volk behandeln – und Sie und Isaac Singer haben es gewagt, im Hinblick auf die Juden so ehrlich zu sein. (Er wohnt, glaube ich, bei Ihnen in der Nähe. Haben Sie ihn schon mal getroffen?) Ich traf ihn, einmal, und was glauben Sie, worüber wir eine Stunde oder länger gesprochen haben? Knut Hamsun. Er war Singers Idol, genauso wie er meines war und immer noch ist. Ich wünschte, ich könnte so schreiben wie er. Ich habe »Mysterien« mindestens fünfmal gelesen – und werde es zweifellos noch ein paar weitere Male lesen. Muß jetzt Schluß machen.

Beste Grüße
Henry Miller

P. S. Ich empfehle Ihr Buch sogar Europäern (die Englisch lesen). Lassen Sie mich wissen, welche ausländischen Verleger es genommen haben. Würden Sie es nicht gern in Türkisch übersetzt sehen?

P. S. Kein Analytiker hätte sich eine bessere »Heilmethode« ausdenken können als Adrian durch seine Untreue. Das war wirklich eine unglaublich gute Idee!

1. Juni 1974

Lieber Henry (wenn ich darf),
ich stecke bis über beide Ohren in Miller! Ihre absolut wunderbaren Briefe – & jetzt zwei Bücher, die mir von Noel Young geschickt wurden (ON TURNING EIGHTY & THE WATERS REGLITTERIZED) – & Bradley Smiths Geschenk an mich: MEIN LEBEN UND MEINE WELT VON HENRY MILLER. Ich glaube, Ihre große Begabung ist es, daß Sie gelernt haben, so natürlich zu schreiben, wie Sie reden – & gelernt, Ihre ganze Persönlichkeit in Ihr Werk hineinzulegen und sich selbst in Ihrem Werk großzügig herzuschenken. Die meisten Autoren lernen das nie. Sie sind knickerig. Sie versuchen sich zu verstecken (was kein Künstler jemals kann), & was dann rüberkommt, ist krampfig und geizig. Was Sie haben – in Ihren Büchern, in Ihren Briefen, in Ihren Aquarellen – ist Großzügigkeit – eine Großzügigkeit des Geistes, die nicht gelehrt werden kann; man wird mit ihr geboren. Aber die meisten Leute werden ohne sie geboren. Ich mag ON TURNING EIGHTY ebenso sehr wie alle anderen Essays von Ihnen, die ich jemals gelesen habe. Ich liebe das, was Sie über die Jugend als »verfrühtes Alter« gesagt haben. Ich werde auch immer jünger, während ich älter werde. Immer wenn ich mich richtig schlecht fühle, halte ich mir Ihr Beispiel vor Augen & denke – »Ich kann mich immer darauf freuen, achtzig zu sein!« Vielleicht werde ich bis dahin gelernt haben, nicht mehr zu leiden und in der Gegenwart zu leben. VORWÄRTS! Ich liebe auch Ihre Feststellung: »Einer der großen Unterschiede zwischen einem echten Wei-

sen & einem Prediger ist die Fröhlichkeit.« Ich möchte das irgendwo verwenden – vielleicht als ein Zitat für meinen nächsten Roman. Literaturkritiker – vor allem hier in Amerika –
haben ein handfestes Vorurteil gegen den Humor. Sie haben
tendenziell das Gefühl, großartige Bücher seien immer düster.
Sie haben niemals wirklich Rabelais' Lektion gelernt. Vor einigen Wochen rief mich eine Frau an, die ich kenne (eine Ver-
ehrerin meiner Gedichte & praktizierende Gestalttherapeu-
tin), um mir ihre Meinung über ANGST VORM FLIEGEN
mitzuteilen. »Sehr amüsant«, sagte sie, »aber jetzt müssen Sie
den Humor mal beiseite lassen & und ein wirklich ERNSTES
Buch schreiben.« – »Aber mein Humor ist ernst«, sagte ich.
»Oh«, sagte sie.
Um Ihre Frage nach ausländischen Verlegern zu beantworten,
Angst vorm Fliegen soll in Dänemark & Schweden, in Hol-
land, in England veröffentlicht werden.[1] Bis jetzt hat kein
französischer Verleger es genommen – obwohl jemand gegen-
wärtig eine Option darauf hat. Ich weiß nicht, wer. Laffont in
Frankreich hatte es monatelang bei sich herumliegen. Alle
ihre »Talentsucher« haben es geliebt, aber die endgültige Entscheidung lautete »zu amerikanisch«. Ich habe den Verlagslei-
ter getroffen, der es am Ende ablehnte. Er sagte etwas in dem
Sinne, daß die Franzosen nicht an Psychiatrie interessiert
seien. Ich glaube, er hatte eine gänzlich falsche Vorstellung
von dem Buch. Vielleicht kennen Sie einen französischen Verleger, der das Buch verstehen würde. Wenn ja, dann sagen Sie
mir bitte, wohin ich es schicken soll. Bis jetzt auch noch kein
deutscher Verleger. Vielleicht halten sie das Buch für zu anti-
deutsch: Ich würde gern wissen, was Sie darüber denken. Ein
britischer Agent bemüht sich, das Buch in Deutschland und
Frankreich an den Mann zu bringen, aber ich beginne allmählich, allen Agenten zu mißtrauen. Mein gegenwärtiger New
Yorker Agent zieht mich, was die Filmrechte anbetrifft (augen-

---

1 In Italien bei Bompiani.

blicklich ein gewaltiges Durcheinander), furchtbar über den
Tisch. Bin viel zu zerstreut, um den Überblick zu behalten.
Wie schaffen Sie das?!?

Gewöhnlich schreibe ich nicht auf der Schreibmaschine (la
machina!); wie Sie fühle ich mich ehrlicher, wenn ich alles in
Tinte auf die Seite fließen lasse. Aber ich habe gerade eine
neue Schreibmaschine gekauft, bei der sich die Farben des
Farbbandes leicht und schnell wechseln lassen, & ich habe so
viel Spaß mit meinem neuen Spielzeug, daß ich Ihnen darauf
schreiben wollte. Aber die Schreibmaschine engt mich ein,
verändert meinen Stil. Ich tippe nicht schnell genug. Ich be-
nutze nur den einen, einzigen Finger – als würde ich mastur-
bieren anstatt ficken. (Wobei das handschriftliche Schreiben
das Ficken ist.)

Adrian war ein Schuft – & nach einer Weile nicht besonders
liebenswert. Er war in der Tat sehr bürgerlich, sehr stark der
pater familias, *sehr un-frei. Er hatte eine bestimmte Anzie-*
hungskraft, das, was man (modischerweise) heutzutage Cha-
risma nennt. Es gab ein Postskript zu der Adrian-Geschichte,
das ich jedoch nie geschrieben habe. Kurz nachdem er Isadora
verlassen hatte, machte er seiner Freundin ein Kind, & als
ich sie beide im letzten Jahr in London besuchte (en famille),
hatten sie ein kleines Mädchen (schielend, wie sein Papa), &
sie nannten mich ihre »Patin«. Es war wirklich gräßlich. Ich
sollte das gar nicht schreiben. Ich leugne immer, daß irgend-
welche Figuren auf der Realität basieren – aber wie kann ich
Sie anlügen? Von Schriftsteller zu Schriftsteller kann die
Wahrheit verstanden werden. Sie wissen, wie die Persönlich-
keiten sich verändern, wenn man sie auf einer Seite festzuhal-
ten versucht. Selbst wenn Sie die Wahrheit erzählen wollen,
entwischt sie Ihnen.

Bitte danken Sie Ihrer Tochter (& deren Freund) & Ihrer
Schwiegertochter für ihre guten Wünsche. Dianes Brief hat
mich sehr erfreut ... Ich habe ein wenig Schuldgefühle, daß ich
eine Ehe zerstört haben könnte ... Hat mein Buch das bewirkt?

Sie schienen das anzudeuten. Ich scheine die Schutzheilige von Ehebrecherinnen geworden zu sein. Letzte Woche hat mir eine junge Frau gesagt: »Ich habe gerade Ihr Buch gelesen & war begeistert. Verbrachte die letzte Nacht mit einem hinreißenden Mann, & jetzt gehe ich heim zu meinem Mann. Danke!« Ich stand mit offenem Mund da. Ich vermute, die Leute sind so verkniffen, was ihre Sexualität anbetrifft, daß dieses Buch (über IMPOTENZ & Unbefriedigtsein) als eine Fahrkarte zur Befreiung betrachtet wird. Es war in der Tat meine Absicht, Isadora am Ende überleben zu lassen – & den Frauen, die überleben möchten, eine Hilfe zu sein. Es gibt so verdammt viele Bücher über Frauen, die Selbstmord begehen, Frauen, die verrückt werden, Frauen, die sich wegen Männer zerstören ... Ich wollte klar herausstellen (vor allem in den letzten Kapiteln des Buches – der Tampon-Szene etc.), daß der Humor Isadoras Rettungsring war. Ich selbst muß mindestens dreimal am Tag lachen, oder ich werde krank.

Ich könnte immer weiterschreiben, aber ich muß mich für so ein blödes Buchhändler-Treffen in Washington fertigmachen. Tausende Vertreter, & ich werde von meinem Paperback-Verleger (NAL) dorthin geschickt, um Bücher zu signieren & Küsse in die Menge zu blasen & was sonst noch alles dazugehört. So bin ich also für drei Tage in Washington. Wenn ich diesen Sommer nach Kalifornien komme (um mich um diesen geplanten Film über **Angst vorm Fliegen** zu kümmern), dann möchte ich Sie und die Miller-Großfamilie kennenlernen. Besonders Val & Diane – & Freunde. Ich verspreche, nicht langweilig & literarisch zu sein. Auch ich hasse Besuche von Schriftstellern. Sie WOLLEN immer irgend etwas. Machen Sie Reklame für mich! schreien sie. Oder: Geben Sie mir einen Kredit! Oder: Sponsern Sie mich! Sie haben bestimmt eine Menge Fans, die Sie berühren möchten wie einen Wunderheiler. Das muß manchmal schlimm für Sie sein.

Viele Umarmungen und gute Wünsche ...

Erica

5. 6. 74

Liebe Erica,

ich habe ein paar Seiten über Dein Buch geschrieben, die Connie für mich tippt. Werde sie Dir heute am späten Abend oder morgen schicken, so daß Du Veränderungen oder Streichungen vorschlagen kannst, wenn nötig. Bradley wird sie für mich irgendwo unterbringen.

Ich schrieb heute an Christian Bartillat von Editions Stock – 6, rue Casimir Delavigne – 75006, Paris, Frankreich, und drängte ihn, sich ernsthaft mit Deinem Buch zu befassen und es für eine Veröffentlichung in Betracht zu ziehen. Ich sagte, Du würdest ihm ein Exemplar des Buches schenken.

Ich schrieb auch an H. M. Ledig-Rowohlt vom Rowohlt Verlag – Hamburger Str. 17, 2057 Reinbek bei Hamburg, West Germany – dasselbe.

Rowohlt ist mehr als mein Verleger, er ist für mich wie ein Bruder. Bartillat kenne ich erst seit etwa einem Jahr. Er ist sehr freundlich und schätzt mich sehr. Er hört sich meine Vorschläge an oder richtet sich nach ihnen, und das ist mehr als meine amerikanischen Verleger tun.

Leider habe ich jene von Updike verfaßte Rezension Deines Buches, oder überhaupt irgendeine Rezension, nie gesehen.

Was Singer anbetrifft, ja, er ist einer der sehr wenigen Juden, die ich kenne, der sich nicht fürchtet oder schämt, die ganze Wahrheit über die Juden zu berichten. Einige der Begebenheiten, die er erzählt, sind fabelhaft. Ich hoffe, Du findest meine Bemerkungen über Deine Behandlung der Juden nicht kränkend. Einige Leute werden wieder anfangen, mich einen Antisemiten zu nennen, aber Du mußt wissen, daß ich es nicht bin. Ich kann einfach dieses Zeug über das »auserwählte Volk« nicht schlucken. (Es sei denn, damit ist gemeint – »auserwählt zu leiden«.) Ja, Du bist eine Befreierin. Aber Diane, die von Deinem Buch begeistert war, ist noch nicht befreit. Um ehrlich zu sein, sie ist eine Nervensäge. Ewig ein langes Gesicht, traurig, bekümmert. Immer mit sich selbst beschäf-

tigt. *Kann Dich zu Tode langweilen. Ich hab' sie als hoffnungslos aufgegeben. Nein. Dein Buch hatte nichts mit der Scheidung zu tun.*

Kannst Du mir Bompianis Adresse in Italien geben? Ich möchte, daß sie ein Exemplar der italienischen Version an die Frau schicken, mit der ich in Sizilien korrespondiere. Es muß hart sein, dort eine Frau zu sein.

Ich muß jetzt Schluß machen. Schreib mir aus Washington oder woher auch immer, wenn Dir danach ist.

Liebe Grüße!

Henry

P. S. Bradley glaubt, Du würdest bald kommen. Findet Dich sehr attraktiv.

Samstag – 15. 06. 74

Liebe Erica,

auch Dir Küsse und Umarmungen. Nein, ich bin nicht Widder, ich bin Steinbock (26. Dezember 1891) – ganz schön betagt, was! Aber Widder ist mein Aszendent. Ich war mehrmals in Widderfrauen verliebt – immer schrecklich unglücklich. (Sic!) Also verdreh Du mir nicht auch noch den Kopf!

Was meine Rezension anbetrifft … Bradley hat sie genommen und denkt daran, sie beim Saturday Review *unterzubringen. (Wir haben aber auch an die anderen gedacht, die Du erwähnt hast.) Ich habe fast keine Beziehungen zu amerikanischen Zeitschriften, und auch nicht zu britischen. Bradley hat, mit meiner Erlaubnis, zwei Sätze eingefügt, die angeblich meinen Gedankengang verdeutlicht haben. (Vielleicht ist es das, was bei Abs. 2. nicht in Ordnung ist (?))*

Hör mal, verschwende keine Zeit auf Diane Miller. Es lohnt sich nicht. Ich weiß, das klingt ziemlich bösartig, aber ich habe guten Grund, so zu reden. Sie ist selbstsüchtig und Schlimmeres. Sie scheint zuzuhören, ist sehr dankbar und so weiter, kocht aber dann dennoch ihr eigenes Süppchen. Sie ist eine richtige (nicht-jüdische) Neurotikerin. Sie hält viel von mir, weil ich sie beachtet und ihre Gedichte gelesen habe. Sie hat Tony ganz schön kaputtgemacht. Seine eigene Schuld natürlich. Er scheint mit Frauen nicht allzu erfolgreich zu sein. Auch ein ziemlich aufgeblasenes Ego, sehr gut aussehend und nach außen hin sehr selbstsicher. (Schlechte Kombination.) Ich glaube, er hat Talent zum Schreiben. Er hat gerade einen Job als Buchkritiker für den Hollywood Reporter bekommen – fünf Dollar für eine Rezension. Ich habe seine ersten beiden gelesen und muß sagen, ich hätte es selbst nicht besser machen können. Übrigens liebt er auch Deine Bücher – hat gerade Deinen Roman zu Ende gelesen. Du glaubst, meine Moralvorstellungen seien ziemlich locker – aber das ist genau, was jeder über Deine Bücher sagt. Ich glaube, ich bin am besten, wenn ich einfach immer weiterschreibe – in so einer Art Dada-Stil. Ich wünschte, ich wäre verrückter! »Wahnsinn ist alles« – um es mit den Worten des Barden zu sagen.

Danke für die Rezension von Updike. Sie ist gut, hier und da ein bißchen hochgestochen, aber … Ich wünschte, es gäbe mehr von dieser Sorte. Übrigens lese ich ihn nie – ich lese anscheinend überhaupt keine Amerikaner, außer Isaac B. Singer. Aber ich habe im Fernsehen »The Ugly American« mit Brando gesehen. War das nicht die Verfilmung seines Buches?

(Nebenbei gesagt: Weißt Du, daß ich für Brando rot geworden bin, als ich »Der letzte Tango in Paris« gesehen habe? Als er seinen ersten Fick machte, im Mantel, mit gekrümmtem Rükken neben der Tür – erinnerte er mich an den Glöckner von Notre Dame. Ich fand den Film billig, vulgär. Kannst Du Dir vorstellen, daß ich Vulgäres hasse?)

Ich hoffe, Du liest Céline – entweder »Journey to the end of the Night« oder »Death on the Instalment Plan«. Ich weiß nicht, ob Du Französisch liest oder nicht. Was Cendrars anbetrifft, so solltest Du ihn nur in Französisch lesen. (Céline zu übersetzen ist, nebenbei gesagt, eine Heldentat!)

Der wahrhaft große Schriftsteller ist John Cowper Powys, jetzt praktisch vergessen. Wenn Du die Zeit und die Geduld dafür hast, dann wird »A Glastonbury Romance« Wunder für Dich wirken. Ich habe ihm im Alter einen Besuch abgestattet, um ihm meine Verehrung zu erweisen. Er lebte in einer kleinen Stadt in Wales. Habe nur zwei oder drei solche Begegnungen in meinem Leben gehabt: mit ihm, mit Cendrars, mit Chaplin beispielsweise.

Ich bekomme eine Menge Fanpost von »Fotzen«, vor allem in Frankreich, wo jetzt ein wundervoller Dokumentarfilm über mich gezeigt wird. Daraufhin hat die französische Regierung (M. de Peyrefitte) geschrieben und mich gefragt, ob ich die Ehrenlegion annehmen würde. Er schreibt: »Ich weiß, Sie verachten solche Dinge ...« Aber ich nehme an. Warum nicht? Es ist nett, von den Intellektuellen verachtet und vom Establishment zu einem Chevalier gemacht zu werden.

Also, jetzt kommt eine dicke Umarmung für Dich. Ich liebe es, von Dir zu hören. Hoffe, Du besuchst mich, wenn Du an die Westküste kommst, ja?

Henry

29. Juni 1974

Lieber Henry,

Dein Brief über meinen »Sexual-Guru«-Artikel hat mir wahnsinnig gut gefallen. Ich selbst hatte einige Befürchtungen, nachdem ich ihn geschrieben hatte. Natürlich wird ein Schriftsteller als ein Befreier gesehen, und als einer, der die Wahrheit ausspricht, und man sollte sich über jene sehr intensive Reaktion der Leute nicht lustig machen – wie verrückt auch immer sie sein mögen. Ich bin dankbar, ein Talent zu haben, das direkt ins Herz und in die Eingeweide der Menschen hineintrifft – aber zugleich weiß ich, wie unmöglich es ist, mit all diesen Gefühlsergüssen fertig zu werden. Wenn ich mich auch nur mit einem Viertel der Leute, die mir schreiben, näher befassen würde, dann würde ich nur noch damit und mit nichts anderem beschäftigt sein. Jeder glaubt, er sei einzigartig, und ich hätte keinen anderen als seinen Brief erhalten. Diese Woche wurde ich (telefonisch und per Post) von einem jungen Mann geplagt, der in New York eine ehebrecherische Affäre hat (seine Frau ist in Indiana). Aus irgendeinem Grund hat er das Gefühl, ich müßte sein Schätzchen treffen und beiden meinen Segen erteilen. Ich hab' Dir doch gesagt, daß ich allmählich die Schutzheilige der Ehebrecher werde! Ich sollte diesem Mann schreiben, was Oscar Wilde über Homosexuelle gesagt haben soll: »Es ist mir egal, was die Leute tun, solange sie es nicht auf der Straße tun und die Pferde erschrecken.«

Ich war entzückt über Deinen Brief von Lady Jeanne, und ich sende ihn Dir für Deine Ablage zurück, nachdem ich ihn ziemlich erheitert wieder und wieder gelesen habe. Im allgemeinen war ich immer der Meinung, es seien Männer, denen die Penisgröße Kopfzerbrechen bereitet. Frauen wissen es besser. Es ist nicht die Größe, sondern das Geschick und die Härte und die Leidenschaft und etc. Tendenziell denke ich auch, das Gerede über die Größe ist ein blöder Quatsch, aber bis jetzt habe ich immer gedacht, es wäre ein männlicher blöder Quatsch. Was Rassen-Unterschiede zwischen verschiedenen Penissen angeht – was kann ich Dir darüber erzählen?! Die Anzahl von Arabern und Schwarzen, die ich gekannt habe, könnte man an den Fingern einer amputierten Hand abzählen! Ich weiß auch nicht viel über Vaginen. Ich glaube in der Tat, daß Leute sehr unterschiedlich vögeln, aber sehr wenig davon hat mit der Anatomie zu tun. Die Bewegung des Körpers spiegelt in mancherlei Hinsicht die Bewegung der Seele.

Genug vom Sex! Zum Thema Geld!! Ja, die Zeitschrift New York bezahlt für Artikel. Irgendwas von 400 bis 700 Dollar für eine kurze Sache, bis 1000 Dollar und mehr für eine längere Sache. Hast Du etwas, was Du ihnen schicken willst? Oder vielleicht könnten wir eines Tages einen Artikel zusammen schreiben? Möglicherweise eine Diskussion über Sex?! (Oder vielleicht machen wir das besser für den Playboy.) Ich stelle diese Möglichkeit halb scherzhaft in den Raum, aber vielleicht findest Du Gefallen daran, und wenn ja, dann laß es mich wissen.

Was die Post von Verrückten angeht – ich schätze sie auch, und ich bin gewiß mit Dir einer Meinung, daß sie interessanter ist als das akademische Geschwätz. Ich habe allerdings gelegentlich ein bißchen Angst vor Verrückten, da ich nie weiß, wie weit sie gehen werden. Manchmal stehen sie tatsächlich vor meiner Haustür. Einmal im letzten Sommer stürmte ich, mit den Armen voller Einkaufstüten, einem Schirm über dem einen Arm, einer Aktenmappe, einer Schultertasche und einem Schuh, dessen Absatz abgebrochen war, ins Haus, und als ich dastand und mit dem Schloß kämpfte und ganz und gar nicht wie ein Guru aussah, gehetzt und aufgewühlt, trat ein junger Mann auf mich zu und fragte: »Sind Sie die Dichterin?« – »Ich habe mich in meinem ganzen Leben nie weniger wie eine Dichterin gefühlt«, sagte ich. Die Frage ist: Gehen Dichter Lebensmittel einkaufen? Und: Bist du ein Dichter, während Du Lebensmittel auswählst? Ich überlasse es Dir, über diese großen, existentiellen Fragen nachzudenken.

Ich habe immer das Gefühl, daß ich meine Bewunderer enttäuschen werde. Wenn sie von mir erwarten, daß ich ernst bin, mache ich gewöhnlich eine Million Witzchen und führe mich wie ein Clown auf. Wenn sie von mir erwarten, daß ich schön bin, dann tauche ich in alten Bluejeans und meinen schlampigsten Kleidern auf. Ich weiß nicht richtig, warum ich das mache – vielleicht um den Abstand zwischen dem Schriftsteller und dem Geschriebenen zu betonen. Weißt Du, in einer Hinsicht sind der Schriftsteller und das Geschriebene eins, aber man haßt es, wenn ein Leser wörtliche Gleichungen vornimmt. Ich denke, wir haben auch deshalb Angst, weil diese Fremden sich uns mit einem sehr intimen Wissen über unsere Seelen nähern und wir kein Wissen über ihre haben. Sie haben unsere Bücher gelesen, aber sie haben keine Bücher, die wir lesen können. Die Beziehung ist von Anfang an ungleich. Wenn ich freundlich zu jemandem war, dann habe ich nur allzu oft die Erfahrung gemacht, daß ich der einzige Mensch war,

der ihn in vielen Jahren einmal ertragen hat, und daß er meine
Freundlichkeit als eine Einladung zu tiefer, leidenschaftlicher
Liebe interpretierte. Bei solchen Gelegenheiten fühle ich mich
wie der Rattenfänger von Hameln oder wie ein Vamp. Aber
was ist die Alternative? Kalt, förmlich und so wie Edmund
Wilson zu werden? Es ist einfach nicht meine Art, so zu sein.
(Wie Du weißt, hatte Edmund Wilson eine berühmte Karte,
die er an Briefeschreiber schickte. Er pflegte eine von zahlreichen Antworten, die allesamt »nein« lauteten, abzuhaken.
Edmund Wilson tanzt nicht, Edmund Wilson spricht nicht,
Edmund Wilson liest keine Manuskripte, Edmund Wilson
singt nicht etc.) John Updike hat mir vor ungefähr einem
Monat erzählt (ich traf ihn zum allererstenmal nach seiner
Rezension meines Buches), daß er für sich eine Serie »ab-
schreckender Gummistempel-Inschriften« entworfen habe,
um seine Korrespondenz zu stempeln, aber dann kriegte er
kalte Füße und hatte nicht das Herz, sie zu benutzen. Am häu-
figsten wenden sich Jesus-Freaks an ihn, sagt er. Die Gummi-
stempel finde ich interessant, weil in einem von Updikes Büchern ein Schriftsteller namens Henry Bech in der Tat seine
gesamte Korrespondenz mit Sätzen stempelt wie beispielsweise: »Es ist Ihre Doktorarbeit, bitte schreiben Sie sie selbst.«
Oder: »Henry Bech ist zu alt und zu skeptisch, um Fragebögen
auszufüllen.« Natürlich hat ein Schriftsteller mal solche Phan-
thasien, aber es ist sehr schwer, sie auch umzusetzen. Ich selbst
liebe es, Briefe zu schreiben, wenn ich einen guten Briefpart-
ner wie Dich habe, jemand, der die Worte nicht abzählt, sondern direkt aus dem Herzen heraus schreibt.
Ich habe einen reizenden Brief von Twinka bekommen, die
wirklich charmant klingt. Habe ihn noch nicht beantwortet.
Wenn sie die Rolle in Angst vorm Fliegen spielen möchte,
sollte sie mit den Produzenten in Kontakt treten, Julia und
Michael Phillips, die in Malibu wohnen und deren Büro bei
Columbia Pictures in Burbank ist. Da ich Twinka nicht persönlich kennengelernt habe, habe ich keine Ahnung, ob sie für

die Rolle richtig wäre, aber ich nehme an, sie weiß, wie sie ihr Anliegen an den Mann bringen muß.

Deine Beschreibung von »Der letzte Tango in Paris« hat mir sehr gefallen. Ja, Brando hat tatsächlich in jener ersten Fickszene wie »Der Glöckner von Notre Dame« ausgesehen. Ich muß sagen, daß der Film für meinen Geschmack bei weitem zu anal war. In seiner Filmkritik im New York Review of Books schrieb Norman Mailer, der Film beweise, daß »Liebe nicht Blumen, sondern Furze und Blumen« sei. Typischer Mailer-Satz. Der Sex kam mir schrecklich gewaltsam und grob vor – fast gar nicht zärtlich oder erotisch. Ein Gutes dabei war jener anonyme, in bernsteinfarbenes Licht getauchte Raum, wo das Liebespaar sich traf. Aber mir kam es nicht wahrscheinlich vor, daß sie ein Liebespaar sein sollten. Ich mochte keinen von beiden besonders.

Ich gratuliere Dir zu der Ehrenlegion, und ich gratuliere Dir dazu, »von Intellektuellen verachtet« zu werden. Es gibt kein sichereres Zeichen, daß ein Schriftsteller leben wird. Es gibt bestimmte superintellektuelle Rätselschreiber, die für Akademiker sofort einen Reiz haben (ich denke besonders an Pynchon). Sie werden zumindest teilweise dafür bewundert, daß sie so gutes Material für Doktorarbeiten bieten. Es gibt so viele Rätsel zu enträtseln. Ein Schriftsteller wie Du, der allen Kategorisierungen trotzt, der zugleich direkt und leidenschaftlich, aber auch listig und schlau ist, wird die akademischen Kritiker immer verwirren.

Übrigens habe ich einen guten Freund namens David Griffin (er hat vor kurzem die Dame geheiratet, der Angst vorm Fliegen gewidmet ist), und vor vielen Jahren, als er an der Columbia University studierte, schrieb er eine Magisterarbeit mit dem Thema »The Possibility of Joy: Henry Miller's Role in the American Tradition« (Die Möglichkeit der Freude: Henry Millers Rolle in der amerikanischen Tradition). Ich glaube, er hat Dir die Magisterarbeit vor Jahren geschickt und mit Dir darüber korrespondiert. Er hat mir gerade ein Exemplar gegeben, das ich noch nicht gelesen habe, aber ich kann Dir sagen, daß er Dein Werk liebt und es versteht. Er hat besonders interessante Vorstellungen, warum Dein Werk so lange verboten war – nicht nur wegen der schmutzigen Wörter, sondern wegen seiner befreienden Wirkung. Wenn jeder sich so emporschwingen würde wie Du, dann würde die Zivilisation (Joyce nennt sie »Syphilisation«) in Schutt und Asche fallen. Auf jeden Fall möchte David, daß ich Dich an ihn erinnere, und er mag Dich schrecklich gern, obwohl er Dich nie getroffen hat. Er hat das Gefühl, daß Deine Bücher sein Leben und all seine Ideen über Schriftstellerei verändert haben. Ich bin sicher, daß viele, viele Menschen das so empfinden. Ich selbst habe Dutzende getroffen, bei denen das der Fall ist.

Ich komme vielleicht nächste Woche nach Kalifornien (wenn nicht, dann werden wir irgendwann diesen Sommer dort sein) und werde Dich anrufen. Ich würde Dich liebend gern zum Abendessen einladen und reden. Helen Smith sagt, Du bist telefonisch schwer erreichbar, aber vielleicht wird sie das Telefonieren für mich übernehmen.

Liebe Grüße
Erica

P. S. Ich lege die Abschrift meines neuesten Gedichts bei, das im Stil von Whitman geschrieben wurde, den ich liebe und bewundere.

4. Juli 1974

Liebe Erica,
sag David Griffin, er soll sich mit mir in Kontakt setzen. Er ist aus meinem Gedächtnis entschwunden. Und vielen Dank für die Informationen für Twinka. Ich glaube, das ist wohl nicht die richtige Rolle für sie, aber wer weiß? Sie hat das Zeug zu einer richtigen Schauspielerin.

Ich wollte Dich häufig fragen, habe es aber dann wieder vergessen, was bedeutet das Wort »Menarche«, das irgendwo in der Mitte Deines Buches auftaucht? Kann es im Lexikon nicht finden, weder im englischen noch im französischen. Hast Du es erfunden?

Ich habe Deine Hommage an Walt Whitman sehr genossen; er war gewiß der Größte, größer, meine ich, als Dostojewski oder Tolstoi? Auf Seite 2, oben auf der Seite, sind 4 Zeilen über Bakkenzähne von Leichen, die mich verwirren. Bin ich blöd, oder hast Du das gedankenlos niedergeschrieben? Verzeih mir, wenn ich Dir das so direkt unter die Nase reibe, aber ich habe häufig beim zweiten Lesen etwas entdeckt, was ich am Tag zuvor geschrieben hatte, einen Satz oder einen Absatz, der einfach keinen Sinn ergab. Ich hatte irgend etwas im Kopf, aber es ging mir durch die Lappen, als ich versuchte, es auszudrücken. Natürlich gibt es die »dichterische Freiheit« – aber ist das hier der Punkt?

Dein Verleger (Sekretärin) hat mir erneut geschrieben. Die blauen Waschzettel, die Du verfaßt hast und die ich gern meinen Briefen beilege, sind ihnen gänzlich ausgegangen. Sie scheinen glücklich zu sein, daß Du die Filmrechte verkauft hast (sechsstellige Zahl!), aber ich bin nicht sicher, ob es dem Buch guttun oder es umbringen wird. Vielleicht macht der Film Geld, ja. Alle meine Filmprojekte verlieren Geld!

Dies ist heute mein 20. Brief. Muß Schluß machen. Hoffe, Dich später im Sommer zu sehen. Mir scheint, Du hast Dich jetzt an Deine Ehe angepaßt. Gut für Dich! Grüße & Umarmungen.

Henry Miller

P. S. Ich habe keine Planeten im Widder, dafür aber drei in Konjunktion im Skorpion, gegenüber dem Widder. Ein wenig unsymmetrisch (Mars, Mond, Uranus).

7. 7. 74

Liebe Erica –

Du hast recht, es gibt gewisse Ähnlichkeiten zwischen Deiner und meiner Handschrift. Nur ist Deine noch freier und offener, so meine ich. Seitdem ich auf meinem rechten Auge die Sehkraft verloren habe, mache ich Fehler, schreibe Wörter falsch, lasse andere aus etc. Es ist eine Plage.

Dein Interview war wunderbar zu lesen. Ich hätte ganz ähnlich geantwortet. Du hast ein wunderbares Gedächtnis für das, was andere Schriftsteller gesagt haben. Schreibst Du solche Sätze in ein Notizbuch, um sie bei Bedarf zitieren zu können?

Ich kann aus Deinen Antworten ersehen, was das »Unterrichten« für Dich bewirkt hat. Mir fehlt das alles. Ich habe immer das Gefühl, ich bin ein bißchen dumm, wenn ich rede. Einer der Männer, die ich sehr bewundere, ist –? Fällt mir jetzt nicht ein! Er schrieb kurze Bücher über den heiligen Franz von Assisi, Charles Dickens, Robert Louis Stevenson. Auch die »Pater-Brown«-Serie. Er war ein konvertierter Katholik und konnte immer Shaw oder jemanden dieses Formats in einem Streitgespräch wie einen Dummkopf erscheinen lassen. An wen denke ich? Wenn er seine Kolumne für die Zeitungen schrieb (in einem Pub oder Café), lachte er laut über das, was er schrieb. Er konnte mich dazu bringen, die Sache mit der Jungfrau Maria und all den Scheiß zu schlucken. Er war ein »Gläubiger« und ein geistreicher Kopf. Jetzt fällt es mir ein – Gilbert K. Chesterton! Wenn Du nie dieses kleine Büchlein mit dem Titel »Charles Dickens« gelesen hast, dann tu das bitte. Ich weiß, Dickens ist eine Nervensäge, aber nicht dieses Buch über ihn. Es ist ein Juwel.

Ich sprudele heute vor Gedanken geradezu über; könnte Dir ein Dutzend Seiten schreiben, möchte mich Dir aber nicht aufdrängen. Habe Val gerade die Kritik von dem New Yorker Stück gegeben, damit sie sie liest und an Twinka weitergibt ...

Ich schrieb einen bösen Brief an meinen New-Directions-Mann. Stell Dir vor – sie haben 17 Bücher von mir im Umlauf, und in den letzten 5 Jahren waren meine Tantiemen nicht mehr als 6000 Dollar pro Jahr!!! Ich bin wütend. Ich werde mir (endlich) einen amerikanischen Agenten besorgen (wahrscheinlich Sydney Omarrs Agenten – die kenne ich ziemlich *gut). Gestern abend gab ich Omarr (und der Frau seines Agenten, einer Französin) den Waschzettel (blau), den Du zu* Angst vorm Fliegen *geschrieben hast. Ich trage immer einen in meiner Tasche herum, um ihn zu verteilen. (Wie Rimbaud, der sich immer diesen Gürtel um den Leib geschnallt hatte, mit 40000 Franc darin – goldenen Franc!)*

Warum läßt Dein Verleger den Waschzettel nicht noch einmal auflegen? Haben sie jetzt, da Du an den Film verkauft worden bist, das Drucken Deiner Sachen eingestellt? Dabei waren sie doch so stolz darauf. Wie ich schon irgendwo sagte: »Der Verleger, sei er nun gut oder schlecht, ist der natürliche Feind des Autoren.« (Wie jene Kreatur – Riki – Tike – Tabi – die immer die Kobra umbringt. Wie heißt er noch?)

Octaroon. *Kennst Du das Wort? Niemand in meiner Familie scheint es zu kennen. Ich hatte mich einmal in eine Octaroon verliebt – sie war meine Sekretärin und Assistentin in der Western Union – Camilla Euphrosmia Fedrant. Was für ein Name!*

Als ich Dein Gedicht über Whitman las (der für mich der eine und einzige ist!), wollte ich Dich eigentlich dazu bewegen, ein Kapitel in »Die Kunst des Lesens« nachzulesen. Es hat die Überschrift »A Letter to Pierre Lesdiam«. Er war ein belgischer Dichter, der in Französisch schrieb. Ich hatte einen langen Briefwechsel mit ihm. Er war ein wundervoller Mensch (fast ein Heiliger) und äußerst belesen. Er war auch mein Fürsprecher in Belgien, in gewisser Weise ein puritanisches Land wie Norwegen.

Ich mag das Kapitel besonders wegen des Vergleichs, den ich zwischen Whitman und Dostojewski gezogen habe. Wenn Du die Zeit hast, dann mußt Du es unbedingt lesen. Ich bitte Dich darum. Dort komme ich Deiner Kritikerinnen-Sprache am nächsten. (Du hast mindestens zwei Sprachen – einmal die der Dichterin [ob nun Roman- oder Gedichteschreiberin] und dann die andere, die der Lehrerin-Kritikerin. Ich liebe beide.)

Ein anderes Buch, das ich Dir unbedingt empfehlen muß,

ist Maurice Nadeaus Buch über Gustave Flaubert. *Flaubert kommt Dir vielleicht wie Schnee von gestern vor, aber nicht dieses Buch. Es ist ein weiteres Juwel. Es wird Dich wahrscheinlich nächtelang wachhalten und Dich den ganzen Tag über in die Höschen pissen lassen. Es wurde von einem kleinen Verleger in Long Island herausgebracht. Ich glaube, es war die Library Press oder so etwas. Schau in einem Verzeichnis nach – oder im* Publishers' Weekly.

Das letzte, was ich Dir heute erzählen muß, ist folgendes. Du hast Connie, meine Sekretärin, zu einer »Leserin« gemacht. Das Mädchen hat kaum jemals ein Buch angefaßt. Sie hatte noch nicht einmal meine *Bücher gelesen, obwohl sie meine Sekretärin ist. Schließlich las sie dann doch zwei – mit viel Mühe. Auf jeden Fall habe ich sie überredet, Dein Buch zu kaufen. Das hat sie tatsächlich getan. Sie hat es gelesen. Es hat ihr Spaß gemacht, und plötzlich möchte sie lesen. Hat mir versprochen, sie will jetzt »Mysterien«, »Der Idiot« und »Wendekreis des Krebses« in Angriff nehmen. Wußte vorher nicht, daß Lesen ein solches Vergnügen sein kann. Sagt, Du hast ihr die Augen geöffnet. Wofür der Barde gelobt sein möge. Hallelujah! Erica soll leben! Nam myo ho renge kyo. (Ja, letzteres sage ich jede Nacht, bevor ich einschlafe. Ich werde Dich heute abend dieser Liste hinzufügen.)*

Noch ein Letztes. In meinem vorigen Brief vergaß ich, Deine Frage nach einer Zusammenarbeit für einen Zeitschriftenartikel zu beantworten. Die Wahrheit ist, ich bin ein bißchen schüchtern. Ich würde wahrscheinlich mehr bringen, wenn wir über einen Schriftsteller diskutierten, den wir beide mögen, so wie ich es bei Pierre Lesdiam gemacht habe.

Was den Sex angeht – ich glaube, ich habe darüber nichts mehr zu sagen. Du bist erst 32 oder 33 – Du kannst damit noch fertig werden. Ich bin 83. Macht einen Unterschied.

Einmal schrieb ich über – nichts, *obwohl ich so tat, als schriebe ich über die Zeichnungen eines Freundes. Ich betrachte das als eine Meisterleistung. Nur Wörter. Übrigens,*

Hesse spricht in einem posthumen Werk – ebenso wie in »Siddharta« natürlich – wunderbar über Dinge wie Unsterblichkeit und andere Wörter, die eben nichts anderes als Wörter sind, mit denen wir einfach so um uns werfen. Dennoch, »nichts als Wörter« kann so viel bedeuten, n'est-ce pas?

Dich und mich, uns reizt das eben. Wir essen Wörter, scheißen Wörter und ficken sie auch ordentlich durch, nehme ich an.

Genug! Mach's gut!

Henry

P. S. Ich bin heute ein wenig melancholisch. Meine geliebte Lisa Liu, die chinesische Schauspielerin und Operndiva, ist gerade nach Hongkong abgefahren. Sie hat ein Exemplar Deines Buches mitgenommen. Ich werde sie 3 oder 4 Monate nicht sehen. Na gut, dann werde ich eben arbeiten!!

P. S. Ich habe nie von Roethke gehört, den Du mehrfach erwähnst. Twinka leiht mir Sylvia Plaths einen und einzigen Roman.

20. Juli 1974

Lieber Henry,

es macht mir so viel Freude, Deine Briefe zu erhalten, und ebenso viel Freude, daß Irene Tzu zu meiner Fangemeinde gestoßen ist. Ich liebe auch das Photo des Aquarells, das Du mir geschickt hast. Der Anblick Deiner Aquarelle hat in mir den Wunsch geweckt, wieder zu malen. Seit ich Collegestudentin im ersten Jahr war, habe ich es eigentlich nicht mehr so richtig getan. In dem Sommer, als ich 18 war, habe ich wie wild gemalt, und das war das letzte Mal, daß ich mich richtig hineingekniet habe. Ich war in einer Schriftstellerkolonie in Massachusetts – war meinem Literaturprofessor am College dorthin gefolgt, in den ich natürlich verliebt war. Er war ein aufgeblasener kleiner Angeber, der dafür sorgte, daß all seine verliebten Studentinnen ihm in die Berge nachreisten, wo er sie verführen konnte – weit fort von den aufmerksamen Augen der

Barnard-Fakultät. Er wohnte (in jenem Sommer) in einem um-
gemodelten Hühnerstall, den er als »Schreibstall« deklarierte
und um den er ein fürchterliches Theater machte. Ich war in
ihn verliebt, aber zu verängstigt, um mit ihm zu schlafen. Als
schließlich meine große Chance gekommen war, versaute ich
sie mir, indem ich mich mit zwei Flaschen Chianti so un-
glaublich betrank, daß ich ihn (und mich) von oben bis unten
mit roter Kotze vollkotzte. Er trug mich heim, legte mich sanft
ins Bett und meinte: »Dafür sind Freunde da.« Ich glaube, er
war wahrscheinlich erleichtert, daß er mich nicht zu ficken
brauchte. Später hörte ich, daß er bloß eine große Klappe hatte
und daß wenig dahinter war. Im übrigen hatte ich zu Hause
einen Freund, dem ich unglaublich treu war. Ich glaubte da-
mals noch an romantische Monogamie. (Der Freund zu Hause
erwies sich dann als der Verrückte in Angst vorm Fliegen.*)*
Jedenfalls malte ich während dieser ganzen imaginären se-
xuellen Wirrungen den ganzen Sommer lang. (Obwohl ich
mich eigentlich als Studentin für kreatives Schreiben in der
Kolonie aufhielt.) Meine tragbare Staffelei stellte ich immer
auf einem Friedhof des 17. und 18. Jahrhunderts auf und malte
in der freien Natur Porträts. Ich war sehr melancholisch und
kindisch und hielt mich für die sensibelste junge Frau der gan-
zen Welt – wofür sich alle anderen Studentinnen natürlich
auch hielten. Meine Gemälde waren immer leuchtend bunt,
aber meine Zeichnungen entsprachen niemals dem Standard
meines Großvaters. Mein Großvater malte in der ausgetüftel-
ten Technik eines Ingres, und einer der Gründe, warum ich
wohl vor einer Künstlerkarriere Angst bekam, war, daß ich
wußte, meine Zeichnungen würden niemals den Familien-
maßstäben genügen. Jetzt beginne ich zu erkennen, daß die
innere Freiheit und das Farbempfinden, das ich damals hatte,
schon an sich sehr wertvoll waren und erneut erkundet wer-
den sollten. Dein wunderbares neues Aquarell erinnert mich
an die phantastische Vision des Lebens, die so viel wichtiger
in einem gemalten Bild als in einer bloß gezeichneten Skizze

335

ist. Ich habe nie ein Aquarell auf nassem Papier gemalt, aber da ich Deine sehe und die Freude, die sich darin ausdrückt, habe ich das Gefühl, ich würde es gern versuchen. Ich habe immer in Öl auf kaum präparierter Leinwand gemalt. Manchmal habe ich das Öl und das Terpentin zu einer sehr dünnen Flüssigkeit vermischt und es wie Wasserfarben benutzt, es in die Leinwand hineinbluten lassen, und manchmal habe ich die Farbe sehr dick mit einem Spachtel aufgetragen. (All dies ist augenblicklich eine sehr entfernte Erinnerung.) Offenbar habe ich fast all meine Bilder fortgegeben. Immer wenn jemand mich um ein Bild gebeten hat, dann habe ich es weggeschenkt, solange man mir versprach, es so aufzuhängen, daß die Leute es sehen würden. Sie sind jetzt auf die Häuser von Freunden verteilt, die ich nicht mehr sehe. Tant pis: Eines Tages werde ich wieder ein richtiges Bild malen.

Ich dachte, Du würdest es spannend finden, mal einen Blick auf den Mist zu werfen, den mein Paperback-Verleger benutzt, um für **Angst vorm Fliegen** zu werben. Ich habe Deine Bemerkungen über das Ausgebeutetwerden von Deinen Verlegern mit großem Mitgefühl und geteilter Empörung gelesen. Ich stimme Dir zu: Der Verleger ist der natürliche Feind des Autors. Es kann eigentlich auch gar nicht anders sein. Die Offenheit, die man braucht, um ein Schriftsteller zu sein, muß der selektiven Blindheit des Geschäftsmannes (oder sogar der Geschäftsfrau) diametral entgegenstehen. Die Frau, die den Film **Angst vorm Fliegen** macht, ist so ein Fall. Völlig skrupellos, mit einer brillanten Schläue, was Filme anbetrifft, aber bereit, alles und jeden – einschließlich ihren Mann, ihren Liebhaber und mich – für das augenblicklich laufende Projekt zu opfern. Ich dachte immer, ich sei starrsinnig, was das Schreiben angeht. Ich dachte immer, das Schreiben mache mich »selbstsüchtig« (meine Mutter nannte mich immer selbstsüchtig, weil ich in einem Zimmer saß und schrieb). Aber diese Filmleute haben mich erkennen lassen, daß ich noch nicht einmal ansatzweise die Bedeutung des Wortes »selbstsüchtig« verstanden habe. Im Vergleich mit ihnen wirken die Verleger wie Heilige.

Ja, Du hast absolut recht: Wir essen Wörter, scheißen Wörter und ficken sie auch noch. Es gibt nichts Tröstlicheres als das Schreiben. Einer der intelligenteren meiner Psychiater sagte einmal: »Es gibt Ihnen ein gutes Gefühl zu schreiben, weil Sie beim Schreiben die Wahrheit sagen, während Sie in Ihrem Leben lügen müssen, um zu verhindern, daß die Leute wütend auf Sie werden.« Es ist wahr, daß ich es sehr schwierig finde, Wut direkt auszudrücken, und daß ich sie durch mein Schreiben auszudrücken scheine. Ich fühle mich belebt, wenn ich einen Vormittag gearbeitet habe, weil ich mir selbst die Wahrheit gesagt habe, und was kann besser sein als das?

Ich habe letzte Woche mit Helen und Bradley gesprochen und werde vermutlich entweder Anfang August oder in der ersten Septemberwoche nach Kalifornien kommen. Ich kann es nicht erwarten, Dich zu sehen und mit Dir zu reden. Es ist mir scheißegal, ob wir irgend etwas zusammen schreiben (über Sex oder über Schriftstellerei oder über überhaupt irgend etwas). Ich möchte nur reden und mich austauschen und Dich kennenlernen. Ich lese dauernd Deine Bücher – vor allem **Schwarzer Frühling** entzückt mich. »Ein Samstagnachmittag« finde ich wahnsinnig gut, und Deinen Schrei nach einer klassischen Reinheit, »wo Mist Mist ist und Engel Engel sind«. Ich verspreche, mir **Die Kunst des Lesens** zu holen, was ich, offen gestanden, nie zu Gesicht bekommen habe, und auch Deine andere lange Leseliste. Ich werde todsicher eine Menge Arbeit haben. Umarme Connie für mich, und sag ihr, ich bin froh, daß ich sie auf Wörter, Wörter, Wörter scharf gemacht habe.

Ich schicke Dir auch eine dicke Umarmung und hoffe, Dich in nicht allzu langer Zeit zu sehen.

Erica

P. S. Sag Twinka (die wirklich wie ein Schätzchen klingt), daß ich ihr in diesen Tagen schreibe. Ich habe hier die ganze Woche im Sherry Netherland Hotel mit dem Produzenten meines

337

Films gearbeitet. Das ist, wo man die berühmten Filmstars an Telefonen reden sieht, die hinter den Tischen eingestöpselt sind, während sie an ihrem Gazpacho nippen, einander beäugen, Gespräche über Deals mithören (»Ich weiß, ich kann ihn für Dich kriegen, aber Du solltest ihn lieber nicht stören, während er die Außenaufnahmen macht«) und die Kakerlaken dabei beobachten, wie sie über die gepolsterten Bänke kriechen. Bei diesem ganzen Hollywood-Luxus gibt es im Sherry Netherlands noch immer Kakerlaken!!!

Samstag – 20. 7. 74

Liebe Erica,

die Bradleys waren heute hier. Haben vorgeschlagen, daß ich Dir schreibe, Du könntest, während Du in Los Angeles bist, hier in meinem Haus wohnen. Erica, ich würde Dir das gern anbieten, aber es hängt alles davon ab, wie lange mein Sohn abwesend sein wird. Er hat gerade einen Job angenommen, bei dem er kreuz und quer durch das Land reist, aber ich kann nicht sicher sein, wie lange der Job ihn in Anspruch nimmt oder wie lange er es aushalten wird. Auf jeden Fall gibt es ungefähr 2 Meilen entfernt ein nettes Plätzchen – The Santa Yenez Imo –, wo Du wohnen kannst, wenn dies hier nicht verfügbar ist. Ich nehme an, Du kannst Dein eigenes Frühstück machen, ja?

Habe ich Dir erzählt, daß ich Dein Buch meinem Herzspezialisten – Jude, sehr ernsthaft und so weiter – gezeigt oder geliehen habe – und er es unheimlich gern mochte? Dann sagte er: »Ich kann Ihnen sagen, was mit ihr los ist!«

Ich sagte: »Ja, und was ist das?«

Er antwortete: »Sie kann keine **romantische** *Liebe akzeptieren« (sic). Seltsame Bemerkung, nicht?*

Ich gehe heute abend aus, um vor ungefähr 100 Leuten in einem Schauspieler-Workshop aufzutreten und Fragen zu beantworten – zu allen möglichen Themen (doppelt sic).

Hol Dir im nächsten Monat mal den **Playboy.**

Mach's gut! Henry

338

P. S. Wir haben hier ein gutbeheiztes Schwimmbecken – bring Deinen Bikini mit, wenn Du einen hast. Du kannst auch nackt baden, wenn Du das lieber magst.

27. Juli 1974

Liebe Erica,
ich bin heute in einer lausigen Stimmung, also vergib mir, wenn ich nicht entsprechend auf Deinen Brief antworte. Die Werbung, die die NAL für Dich macht, ist fabelhaft. Gut für Dich! Die Mistkerle wollen noch nicht einmal meine Bücher neu auflegen. Ich kann mit ihnen überhaupt nichts zuwege bringen, noch nicht einmal durch meinen Freund, den Astrologen Sydney Omarr, der jemandem an der Spitze sehr nahe steht. (Er macht übrigens seine Klientinnen für seine multiple Sklerose verantwortlich. Sagt, sie hätten ihn alle verführt! Noch ein sic.) »Omarrs Leiden.« Auf jeden Fall habe ich mich neulich hinter seine Agenten geklemmt. Vielleicht können sie etwas dagegen tun, daß meine Tantiemen immer spärlicher werden. Seltsam mit den Tantiemen, da ich mehr Fan-Briefe als je zuvor bekomme – aus der ganzen Welt. (Gestern habe ich 6 Alben Stockhausen von einem unbekannten Fan aus Island bekommen.)
Ich hatte vor einer Woche einen öffentlichen Auftritt im Actor's and Director's Laboratory hier. Anscheinend war es ein riesiger Erfolg! Es war ein »Frage-und-Antwort«-Abend. Kein Vortrag, keine Lesung. So was kann ich nicht. Und ich könnte auch nicht Literatur unterrichten!
Tony ist noch immer fort, wenn Du also bald kommst, dann kann ich Dich in seinem Zimmer unterbringen.
Verzeih mir den Vorschlag, daß Du all jene Bücher lesen solltest – ich kann nicht anders – Du bist eine geborene Leserin. Darf ich noch eines hinzufügen (um es zu lesen, wenn Du viel Zeit hast!) – »A Glastonbury Romance« von John Cowper Powys.
So weit für heute. Mach's gut und eine dicke Umarmung. Je t'embrasse.

Henry

P. S. Wußtest Du, daß die Japaner nicht das Schamhaar zeigen dürfen? Sieh Dir nur die Anlage an. Und hast Du den Unterschied zwischen dem chinesischen und japanischen erotischen Film bemerkt?

Liebe Erica,
ich lege eine Postkarte von meinem alten Freund Emil White von Big Sur in den Brief, den ich überredete, ein Exemplar zu kaufen. Verzeih, daß ich Dir gestern durch Postkarte geantwortet habe, aber die Arbeit erschlägt mich.
Ich denke, es ist sehr schade, daß Du so viel Zeit dafür aufwendest, das Filmskript für Dein Buch zu schreiben. Weißt Du, was die Mistkerle gewöhnlich machen? Zuerst sagen sie – »Bravo, genau, was wir wollten.« Nach ein paar Monaten schreiben sie – »Tut uns leid, aber wir hielten es für das Beste, Ihr Script unseren eigenen Scriptwritern zu übergeben, in Anbetracht ihrer größeren Erfahrung. Vielleicht werden sie einige kleine Veränderungen vornehmen.« Was bedeutet, daß Du Dein Script nicht erkennen wirst, wenn Du es wiedersiehst. Es wird ein professionelles Stück reiner Hollywood-Scheiße sein! Laß Dir das mal durch den Kopf gehen! Frag Deine Julia, ob ich nicht recht habe! Hör nicht zu, wenn sie nein sagt! Hör Dich um!
Mach's gut und eine ganz dicke Umarmung.

Henry

10. September 1974
Lieber Henry,
hoffe, Du verzeihst mir, daß ich erst so spät antworte. Um die Wahrheit zu sagen, es ist mir peinlich, Dir zu schreiben, weil ich so viel Zeit mit dem Drehbuch verbringe. Ich denke, Du hast wahrscheinlich recht: Es ist Zeitverschwendung, und es verzögert mein neues Buch. Es verzögert auch meine Reise in den Westen und mein Treffen mit Dir. Augenblicklich vermute ich, ich werde eher gegen Ende September kommen, etwa um

den 25. *Ich werde den Entwurf des Drehbuchs mitbringen und ein wenig Zeit dort draußen damit verbringen, Dich und die Produzenten zu besuchen. Wie ich schon zuvor sagte, Du brauchst mich nicht bei Dir unterzubringen.*

Allan und ich waren zwei Wochen in Italien; wir haben versucht, uns von den Aufregungen des letzten Jahres zu erholen. Wir hatten eine Menge Probleme damit, mit dem Buch und miteinander fertig zu werden, und mit den Forderungen von Millionen neuer Menschen, die auf dem Weg über Angst vorm Fliegen *in unser Leben getreten sind. Unsere Ehe war von Anfang an sehr wackelig, aber manchmal denke ich, die wackeligen Ehen sind die einzigen, die überhaupt überleben. Wir brüllen einander an und schreien die ganze Scheiße raus, und wir haben das in letzter Zeit ziemlich häufig getan. Was an unserer Beziehung besonders bemerkenswert zu sein scheint, ist die Tatsache, daß wir einander ähnlich werden – nicht nur in dem Sinne, daß wir uns stumm mit Dingen abfinden, sondern daß wir wirklich die Erwartungen ändern, die wir aneinander haben. Trotz all der Krisen ist es ein guter Sommer gewesen.*

Ich habe mich sehr gefreut, daß die Times *Deine* Angst-vorm-Fliegen-*Sache abgedruckt hat, und ich fand ihre Veränderungen und Auslassungen urkomisch. WAS HATTEN SIE GEGEN DAS WORT GEIL[2]? Und was ist verkehrt an dem guten, altmodischen Wort »Nummer«[3]? Die* Times *ist wirklich vorsintflutlich. Ihr kleiner Kommentar unter Deinem Artikel ließ ihre Auslassungen nur um so lustiger erscheinen. Danke, daß Du meine gebilligt hast. Ich dachte, Dir wird die Tatsache, daß ich Dich mit dem Altertum in Verbindung gebracht habe, nicht unbedingt gefallen, aber Deine Verbindung mit Rabelais ist klar und unbestreitbar. Eines Deiner Bücher, die ich am liebsten habe, ist* Schwarzer Frühling, *und eines meiner Lieb-*

2 Das amerikanische *horny.*
3 Das amerikanische *lay.*

lingskapitel in Schwarzer Frühling *ist »Ein Samstagnachmittag«, wo Du über Mist und Engel sprichst und über Rabelais, der die Mauern von Paris mit Fotzen wieder aufgebaut hat. Von 1964 bis 1969 habe ich Collegestudenten englische Literatur beigebracht. Ich habe einen Grundkurs über Literatur von Chaucer bis zum 18. Jahrhundert unterrichtet, und meine Studenten waren immer erstaunt darüber, wieviel Sex in den Gedichten steckte, die ich ihnen zu lesen auftrug! Natürlich habe ich immer genau das Zeug ausgewählt, das meine Phantasie anregte. Jahr für Jahr sagten Studenten zu mir Sachen wie: »Wow – bevor ich Ihnen begegnet bin, habe ich überhaupt nicht gewußt, daß englische Literatur so schmutzig ist.« Sie waren überrascht herauszufinden, daß auch zu Chaucers Zeit gefurzt wurde und daß Shakespeare Mösen kannte.*

Monsieur Henry, ich habe fast vergessen, Ihnen zu sagen, wie sehr mir Ihr »Insomnia«-Auszug aus dem Playboy *gefallen hat. Was Du darüber sagst, zu jenem Stamm von Menschen zu gehören, die nie aus der Erfahrung lernen, gefällt mir unglaublich gut. Ich gehöre auch dazu. Was Du über den Teufel schreibst, klingt absolut wahr, und Deine Charakterisierung des Entertainers, der jenes Meer von blöden, stumpfsinnigen Gesichtern braucht, ist brillant. Der Auszug beginnt mit Leichtigkeit und endet mit Tiefe. Das Ganze ist sehr bewegend – vor allem, wenn man sich vorstellt, wie Du um fünf Uhr morgens an die Wände geschrieben hast. Ich kenne jenen Impuls. In dem, was Du über Frauen sagst, die nicht gern etwas über die Seele hören mögen, hast Du jedoch unrecht. Nur ein paar Frauen sind von Seele gelangweilt. Der Teufel hat insofern seine Hand im Spiel, als er uns immer dazu bringt, daß wir uns in unsere Gegenstücke verlieben – jene Menschen, die uns unweigerlich Schmerzen bereiten werden. Du könntest jede Menge treue, schöne Frauen finden, die Dich nicht mit ihren Mätzchen nachts wachhalten würden. Aber das würde Dich langweilen, weil die Unerreichbarkeit ein Teil der Spannung ist und weil ein Teil der Intensität aus dem Schmerz kommt.*

Was du über die Buddhas und Christus-Gestalten sagst, die nach Deiner Meinung als vollkommene Menschen geboren wurden, ist wahrscheinlich wahr, aber allein die Idee langweilt mich schon. Sie würden auch auf die Knie fallen und mit Ameisen und Kakerlaken sprechen, aber nicht über Liebe.

Nachdem ich ziemlich lange darüber nachgedacht habe, habe ich entschieden, daß die Strategie, seine Liebe zu verstecken – der »gute Rat«, den Freunde einem immer geben –, nicht klappt. Wenn Du wirklich verrückt nach jemandem bist, dann weiß er's, egal, wie sehr Du Dich zurückhältst und so tust, als würdest Du nicht anrufen, und so tust, als würdest Du ihn nicht vermissen. Woher wissen die das? Der Teufel vermutlich.

Zu diesem Thema: Ich lege etwas bei, das mir von einem Mann geschickt wurde, der mich ungefähr vier Jahre lang verfolgt hat und sich jetzt schließlich entschieden hat, die Sache aufzugeben. Natürlich liebe ich ihn – aber ich liebe ihn wie einen großen, dicken Teddybär, und das ist nicht gerade das, was er will. Ich merke, daß ich ihm all die Grausamkeiten antue, die mir selbst so häufig angetan worden sind. Nicht daß ich wirklich grausam sein will, *aber wenn jemand total in Dich verknallt ist, dann* erscheint *alles, was nicht einer völligen Selbstaufgabe (wie Du sagst) gleichkommt, grausam. Aber das Paradoxe ist, daß der Werbende sich durch völlige Selbstaufgabe des anderen GELANGWEILT fühlen würde, und das Ganze dreht sich im Kreis.*

Ich kann es nicht abwarten, das ganze Insomnia-*Buch zu lesen. Es ist wunderbar.*

> *Alles Liebe,*
> *Mach's gut,*
> *Umarmungen,*
>
> > *Erica*

Liebe Erica –

ich hoffe, die Anlage wird Dir nicht die Laune verderben. Es ist seltsam, daß die einzigen beiden negativen Reaktionen auf Dein Buch von Frauen kommen – und auch noch jungen Frauen. Wie ich höre, sind Dein Artikel und meiner am selben Tag (letzten Samstag) in der N.Y. Times *erschienen. Ich habe die Zeitung nicht gesehen.*

Wann glaubst Du, wirst Du mal zu uns rauskommen – bald? Tony ist wieder daheim, aber seine Schwester ist noch immer fort – für wie lange, das weiß ich nicht. Twinka möchte Dich unbedingt gern kennenlernen und uns ein Abendessen kochen. Hat sie Dir gesagt, daß ihre Mutter sich in Dein Buch verliebt hat – sie hat ein zusätzliches Exemplar gekauft, um es an Freunde zu verleihen. Ist total begeistert von Dir. Und ebenso Midori, die japanische (amerikanische) Sekretärin meines Japaners Dr. Watanbe. Ich habe mehrere Wochen lang nichts von Bradley gehört oder gesehen. Du?

Jetzt habe ich Ischias, *ein böses Leiden, das höllisch schmerzt. Besuch mich lieber, bevor ich gänzlich zusammenbreche! (Twinka hat mir gerade Sylvia Plaths Roman geliehen.)*

Hoffe, bei Dir ist alles in Ordnung und Du bist mit dem Drehbuch fertig.

Mach's gut für heute – hoffe, Dich bald zu sehen.

Henry

Sonntag, den 27.

Liebe Erica –

ich bin nicht überrascht, daß Du daran denkst, bald zurückzukommen! Ich weiß noch, wie ich dieselbe Entscheidung auf meiner klimatisierten Alptraum-Reise traf. Nach Kalifornien sah nichts mehr so aus wie zuvor. Und ich habe den Umzug von N.Y. nie bereut.

Natürlich ist Big Sur einfach einzigartig. Du mußt es Dir auf Deiner Reise ansehen. Zu schade, daß ich Dir nicht die Ge-

gend zeigen kann, aber ich bin noch immer ein halber Invalide. *(Manchmal frage ich mich, ob ich noch einen guten Fick hinkriegen würde! Ich bin voll erotischer Träume und Sehnsüchte, wenn das irgend etwas zu bedeuten hat.)*

Hat Hoki Dir gesagt, daß ich den Text für jenen ersten Song in der Kassette geschrieben habe? Sie hat ihn ins Japanische übersetzt und ihn ein bißchen verändert. Ich habe jetzt vergessen, welchen Titel ich ihm gab, aber er hatte irgend etwas mit der Gartentür zu tun, und in Japanisch redest Du nie von der Gartentür, da die nur für Diener und Händler ist. Was für ein Volk, eh! So wurde es »Liebe in Osso Buco« oder wie immer dieser südamerikanische Song auch heißen mag.

Erica, ich habe tatsächlich einen Haufen Werbematerial von NAL bekommen, aber die Bücher bisher noch nicht. Bevor ich meinen ausländischen Verlegern jene wunderschönen Pakete rausschicke, müßte ich wissen, welche ausländischen Verleger das Buch bereits genommen haben. Wenn Du es mir nicht sagen kannst, dann gib mir bitte den Namen Deines New Yorker Verlegers – und seine Adresse. Ich habe hier nur die britische Ausgabe. Wenn Du einen literarischen Agenten hast, dann würde ich gern wissen, warum sie sich nicht mehr um ausländische Verleger bemüht haben. Auf jeden Fall möchte ich gern etwas tun, aber ich möchte nicht gerade irgendwelche Arbeit machen, die bereits jemand anders erledigt hat.

Noch eine Bitte – würde es Dir etwas ausmachen, mir die Namen und Adressen von Zeitschriften in den USA zu geben, die einigermaßen gut bezahlen, einschließlich dem N.Y. mag.? *Meine Agenten, die Halseys, haben alle meine Korrespondenz, Probleme, Wünsche und Manuskripte an ihren »assoziierten« Agenten in N.Y., Scott Meredith, gesandt. Als die Sachen angekommen waren, hat er ihnen geschrieben, und ich habe eine Kopie seines Briefes gelesen. Ich habe das Gefühl, er ist von den Kapiteln in meinem Buch nicht allzu beeindruckt – »nicht* wie die Wendekreise« etc. Was in meinen Augen Mist ist! Ein Schriftsteller sollte sich entwickeln, nicht sich wiederholen, oder? So muß ich möglicherweise einige meiner Sachen am Ende selbst unterbringen. Ich habe nicht sehr viel Glück mit Amerikanern. (Außer den paar Fans!)

Und ich muß mehr Geld verdienen als in der Vergangenheit. Meine Ausgaben und meine Einnahmen halten sich so gerade die Waage. Das Finanzamt kriegt das meiste davon – in diesem Jahr bezahle ich 40000 Dollar. Zu viel, viel zu viel!

Aber genug davon ... Ich hoffe, Dich bald zu sehen. Verlaß N. Y. so bald wie möglich. Geh raus in den Sonnenschein und – fang an, Tennis zu spielen oder Tischtennis. Man muß ein bißchen Sport machen. Wenn Du natürlich einen Freund hast, der ein warmes Innenschwimmbecken hat – das wäre am besten. Du wirst wahrscheinlich hier eine Menge neuer Freunde gewinnen.

Viel Glück, alles Gute, Liebe und fortgesetzte Bewunderung.

Henry

P.S. Ich habe noch immer nicht meine Probeexemplare von **Insomnia** erhalten, und auch keine Vorschüsse von amerikanischen oder französischen Verlegern. Der amerikanische Großhändler ist Doubleday. Das Buch ist raus, soweit ich verstanden habe, aber ich habe überhaupt keine Werbung in irgendeiner Form dafür gesehen. Ich hasse Doubleday!

31. 10. 74

Liebe Erica –

die Anlage ist von einem amerikanischen Schriftsteller, der, wie ich hoffte, einen japanischen Verleger für Dein Buch interessieren würde. Jetzt scheint es unwahrscheinlich. Kommt mir seltsam vor, daß die Japaner plötzlich so prüde werden, eh? Jedenfalls hat dieser Typ einen Artikel von 15 bis 20 Seiten über die japanische Einstellung zum Schamhaar geschrieben. Ein ziemlich gelehrtes und amüsantes Stück Arbeit. Jetzt bittet er mich, wie Du siehst, ihm Lektoren zu nennen. Dies erinnert mich an meine kürzlich geäußerte Bitte um Namen von gut zahlenden Zeitschriften. (Schick mir beides, falls und wann Du Zeit findest.) Vielleicht möchtest Du an Ron Bell schreiben,

(Adresse am Rand:
Ronald V. Bell
6-8-5 Nakomo
Nakomo-pu
Tokyo 164-Japan)

und schau Dir seinen Artikel über die Haare an. Ich bin ganz sicher, daß er ihn nicht an den Playboy, Oui, Penthouse oder das neue Magazin, Gallery, geschickt hat. Ich werde jetzt für Dich an einen oder zwei gute japanische Freunde dort in Japan schreiben.
(Augenblicklich nimmt die Post hier keine Briefe für Frankreich an. Da ist gerade ein Streik. Japan o.k.)
Übrigens ist Lisa erst seit drei oder vier Tagen zurück. Hat gestern vom Flughafen San Francisco angerufen. Sie hat mir aus Hongkong einen großen Artikel in einer (britischen) Zeitung über den Film geschickt. Scheint, es ist eine 12-Millionen-Dollar-Produktion mit 1000 Extras. Sie hat großes Lob für ihre Rolle bekommen. Wurde vor ein paar Tagen abends zu einer Vorschau eines Films, der auf Hesses Steppenwolf beruhte, eingeladen. Hinterher waren wir alle in einem neuen marokkanischen Restaurant auf der Sunset & Stanley Ave. zum Abendessen eingeladen – da ißt Du mit den Fingern. Ellen Burstyn war die Gastgeberin – riesige Rechnung! Auf jeden Fall kamen wir über Dein Buch ins Gespräch, und zu meiner Überraschung sagte sie, sie habe Dich kennengelernt. Sie hat zuerst in Wendekreis des Krebses gespielt. (Paris.)
Habe gerade von Bradley gehört. Alles kommt ziemlich langsam ins Rollen, vor allem Geld. Aber einiges Positive zeichnet sich ab.

347

Ich bekam einen Brief (adressiert an Halsey Lit. Agent und Partner) über meine Arbeit und Probleme. Ziemlich unverschämt, dachte ich. Ich hoffe, er ist okay.

Dir alles Gute, liebe Erica. Ich kann kaum sehen. Muß jetzt schließen.

Henry

P. S. Du solltest es bei »The Busy Bee« in Hollywood versuchen. Ach, ich vergaß – das ist mein Job!

Hm

10. 11. 74

Liebe Erica,

Mike Wallace von »Sixty Minutes« war vor ein paar Augenblicken mit seinem Produzenten und dessen Frau hier. Sie möchten den Termin für die Sendung bald festlegen. Ich war einverstanden – Wallace ist ein munterer Mann, intelligent und bodenständig. Während unseres Gesprächs fiel Dein Name. Wallace fragte sich, wie es wäre, wenn er uns (separat) in derselben Sendung interviewen würde. Ich sagte ihm, das wäre in Ordnung, was mich anbetrifft, und ich würde denken, Dir würde die Idee auch gefallen. (Sie würden uns dieselben Fragen stellen.)

Er sagte, er würde sich mit Dir in Verbindung setzen, also stell Dich darauf ein. Er könnte seine Meinung auch ändern. Also stell Dich auch darauf ein.

Heute stand in der Literaturbeilage der L.A. Times eine lange Rezension über Doris Lessings jüngsten Roman. Nachdem ich die Rezension (die positiv war) gelesen hatte, entschloß ich mich, sie niemals zu lesen. Sie besprachen auch ein neues Buch von Nabokov, den ich auch nicht lesen kann.

Ich habe Die Glasglocke von Sylvia Plath fast zu Ende gelesen. Ich muß gestehen, daß ich ihre Art zu schreiben überhaupt nicht mag. Ich habe auch kein Mitgefühl für sie. Ich kann den angeblichen Zauber ihrer Sprache nicht erkennen. (Zweifellos Kurzsichtigkeit meinerseits.)

348

Jetzt habe ich 6 Schauspiele von Anouilh zu lesen, 3 von Giroudoux und sechs Bücher über Sufi-Dichtung und Philosophie. Zu viel. Ich wünschte, jemand könnte mir helfen, all diese verdammten Bücher zu lesen.
Hoffe, Dich hier bald wieder zu sehen. Froh zu hören, daß Du die Arbeit an Deinem Film beendet hast. Der neue Schluß klingt gut. Für jetzt muß es genug sein. Paß auf Dich auf.

Mach's gut!

Henry

Liebe Erica –
tut mir weh, Dir dies zu schicken! Denen werd ich's zeigen. Ich hab von ihnen nie eine gute oder intelligente Rezension irgendeines meiner Bücher gelesen. Zum Teufel mit ihnen!
Hoffe, Dich bald zu sehen.

Henry

(Die fragliche Rezension ging verloren. Es muß eine negative über *Angst vorm Fliegen* gewesen sein. Ich füge Henrys Kommentare hier ein, um alle verzagten Schriftsteller zu ermutigen. E. J.)

24. 11. 74

Liebe Erica,
dies ist eine mickrige Antwort auf Deinen wunderbaren, langen, heiteren Brief. Um den ersten Punkt abzuhaken, ja, die NAL hat in der Tat die 25 Exemplare geschickt. Noch einmal vielen Dank. Ich glaube, ich habe noch einen weiteren Brief von meinem japanischen Freund, Ueno in Ichinoseki, den ich beilegen möchte. Auch eine Karte von Ron –? über Dein Buch.
Ich muß heute einen riesigen Haufen Briefe schreiben, und mein Auge macht mir schon jetzt Probleme. Es ist toll, daß Du noch immer daran denkst, nach Kalifornien zu ziehen. (Wenn es geht, versuch jemanden dazu zu bringen, Dich ein wenig in dem Bundesstaat herumzukutschieren. Es gibt dort viele wun-

349

derbare Plätze, wo man wohnen kann. (Mein schwarzer Pfleger, Charles, kann nicht verstehen, warum Du gern in einer Hütte leben möchtest. Meine Hütte [die ursprüngliche] in Big Sur war das beste Heim, das ich jemals hatte.)

Ich habe heute diesen Artikel von irgendeiner Frau in der L.A. Times gelesen. Manchmal begreife ich nicht, was diese Rezensenten meinen. Gestern wurde ich von Joyce Haber, einer Art Klatschkolumnistin, interviewt. Ich frage mich, was dabei herauskommt.

Schade, daß Du nicht am Thanksgiving Day bei uns sein kannst. Hoffe, Dich sehr bald zu sehen. Grüße und mach's gut und so weiter!

Henry

Natürlich liebe Grüße von Twinka. Val kommt erst nach Thanksgiving. Meine Lisa Liu kommt erst Anfang Februar zurück. (Aber ich fehle ihr – das ist das Tolle!)

27. 02. 75

Liebe Erica –

anliegend die Briefe, die Du vergessen hast. Der letzte, von Kodansha, ist gerade heute angekommen. Klingt sehr gut. Ich kann es fast nicht glauben. Jetzt geht es um Japanisch, nicht Englisch. Ich kann es kaum glauben. Es wäre, glaube ich, eine gute Idee, wenn man Dir einen Vertrag anbieten würde, den Dein Agent aufsetzt, in dem Sinne, daß sie Deine Sprache nicht zensieren, kastrieren oder von anstößig erscheinenden Stellen reinigen. Dies wäre, soweit ich weiß, das erste Buch auf japanisch, in dem eine solche Sprache auftaucht. Auf jeden Fall viel Glück!

Es war wunderbar, daß Du rechtzeitig zu meinem Geburtstag in der Stadt ankamst. (Hast Du die Fotos im People mag. gesehen?)

Du hast gestern abend meinen Toast nicht mitgehört. Er stammt aus Buddhas Sprüchen. Hier ist er: »Ich habe nicht

350

das mindeste vom vollkommenen, unübertroffenen Erwachen profitiert, und genau aus dem Grunde wird es vollkommenes, unübertroffenes Erwachen genannt.«

Mach's gut, und ich hoffe, ich werde Dich hier bald wiedersehen.

Henry

ZUM SCHLUSS

Der Briefwechsel zwischen Henry und mir endete abrupt zu dieser Zeit, da wir jetzt nahe genug beieinanderwohnten, um uns häufig zu besuchen. Nun begann eine Phase, in der wir sehr viele Gespräche führten, zusammen aßen und viel miteinander ausgingen. Im Oktober 1974, am selben Tag, an dem ich Henry begegnete, gaben Freunde aus Connecticut, Howard und Bette Fast, eine Party für mich, und dort lernte ich ihren Sohn, Jonathan Fast, kennen und verliebte mich in ihn. Nachdem ich viele Male nach Los Angeles und zurück geflogen war, verließ ich meinen Mann und zog im Februar 1975 mit Jonathan nach Malibu. Henry wohnte nur zwanzig Minuten entfernt, in Pacific Palisades, und es war leicht, ihn zu besuchen.

Henry war sehr gastfreundlich. Einmal, als die sanitären Anlagen in unserem Haus in Malibu nicht benutzbar waren, wohnten Jonathan und ich eine Zeitlang bei ihm in Pacific Palisades. Es war ein fröhliches Haus. Henry hatte die Gabe, junge Menschen anzuziehen, und sein Haus war für meine Zeitgenossen eine Art Heiligtum. Neben Jonathan und mir waren dort noch Twinka Thiebaud (die spätere Autorin von *Reflections*), Tom Schiller (der einen wunderbaren Film, *Henry Miller Asleep and Awake*, drehte), Bill Pickerill, der Künstler, der in Henrys letzten Wochen und Monaten für ihn sorgte, und viele andere – einschließlich Henrys letzten Lieben, den Schauspielerinnen Brenda Venus und Lisa Liu.

Wie gesagt, der Briefwechsel brach ab, aber die Gespräche gingen weiter, und die Freundschaft vertiefte sich. Und dann zogen Jonathan und ich, auf der Flucht vor dem Filmgeschäft und Kalifornien, ganz plötzlich nach New York zu-

352

rück. Wenig später ließen wir uns in Connecticut nieder. Ich erholte mich von dem Trauma eines Gerichtsverfahrens wegen *Angst vorm Fliegen*, indem ich mich ins 18. Jahrhundert stürzte, meiner alten Leidenschaft aus der Zeit der Graduate School, und einen ironischen Schelmenroman, *Fanny*, schrieb. In den fünf Jahren, in denen ich an dem Roman schrieb, korrespondierte ich mit niemandem – nicht einmal mit Henry. (Ein Buch im Englisch des 18. Jahrhunderts zu schreiben nimmt den Geist tatsächlich sehr weitgehend in Anspruch, und außerdem war ich während der letzten Phasen des Buches schwanger, bzw. ich stillte meine kleine Tochter.)

Als Henry 1980 starb, wohnte ich in Connecticut, war mit einem neuen Mann verheiratet, hatte eine zwei Jahre alte Tochter und war dabei, *Fanny* zu lancieren. Aber die Nachricht von Henrys Tod traf mich tief – er war mir unsterblich erschienen –, und ich schrieb eine Huldigung mit dem Titel »Good-bye to Henry-San«, in der ich einiges erwähnte über die vielen ironischen Aspekte von Henrys Ruf: die Tatsache, daß er an seine literarischen Freunde Postkarten geschickt hatte, um sich selbst für den Nobelpreis vorzuschlagen; die Tatsache, daß er seinen Ruf als Pornograph haßte; und daß er das Gegenteil dessen war, wofür die Welt ihn hielt: sanft, nicht grob, ein Romantiker, kein Vergewaltiger. Ich wußte, daß ich diesen Nachruf eines Tages zu einem Buch erweitern müßte, aber es dauerte noch eine geraume Zeit, bis ich innerlich dazu bereit war. (Genauso, wie ich nach der Graduate School noch zwanzig Jahre warten mußte, um meinen Roman des 18. Jahrhunderts zu schreiben, mußte ich nach Henrys Tod noch zehn Jahre verstreichen lassen, bevor mein Miller-Buch entstehen konnte. Bücher werden langsam und auf geheimnisvolle Weise geboren, und man kann den Prozeß nicht künstlich beschleunigen.)

Der Gedenkgottesdienst wurde in der New School gehalten. Nach einer langen Autofahrt von Connecticut kam ich zu spät dort an. Ich rannte die Treppe zur Toilette hinunter und wurde, als plötzlich Wasser beim Abziehen aus der Toilette emporschoß, von einem kräftigen Strahl bespritzt. »Henry!« rief ich. Offensichtlich war Henry immer noch in unserer Nähe und spielte seine Streiche.

Das Begräbnis war ein typischer Miller-Mischmasch. (Ich habe niemals an irgendeiner Feier zu Henrys Ehren teilgenommen, bei der nicht irgend etwas schiefging.) Norman Mailer war mit seiner Frau und seiner Mutter dort. David Amran spielte seine Musik, und verschiedene Miller-Ehefrauen und Geliebte ergriffen das Wort. Henry hätte das Ganze lächerlich gefunden. Aber es paßte irgendwie. Chaos war sein eigentliches Element. Aber er hatte begriffen, daß Chaos auch die Vorbedingung für Kreativität ist.

Henry verließ diese Welt, ohne daß ihm die selbsternannten Richter der »Kultur« gerecht geworden wären. Und so ist es bis heute. Vielleicht ist es schwierig, Miller als das Genie zu erkennen, das er ist, weil er all unseren geheiligten Kühen die Zunge herausstreckt. Dualismus widert ihn an, weil er weiß, daß Sexomanie und Sexophobie ein und dasselbe sind. Er hat wenig Respekt für die sogenannte Pressefreiheit, die eher ein frommes Ideal als die Realität ist. Er hat wenig Hoffnung für den modernen Menschen, es sei denn, er würde wiedergeboren. Wir brauchen einen neuen Menschen, sagt er, eine Art Explosion, Dynamit, um unsere falschen Götter in die Luft zu sprengen. Frauen können dieses Dynamit entzünden, aber Männer und Frauen gemeinsam müssen die Welt erneuern. Das kann nur gelingen, wenn sie sich zunächst selbst erneuern. Die Frage ist: Werden sie aufrichtig genug sein, um das zu tun? Niemals wurde Aufrichtigkeit dringender gebraucht. Unsere Existenz als Spezies ist in Gefahr.

Nach Henrys Tod erfuhr ich beunruhigende Einzelheiten über seine letzten Tage. »Henry war ziemlich schwach und schlief Tag und Nacht in unregelmäßigen Abständen«, schrieb mir Noel Young von Capra Press, einer seiner letzten Verleger. »Er sprach sehr viel davon, wie reich seine Träume seien, und davon, daß die Grenze zwischen Schlaf und Wachen nicht immer klar sei. Manchmal waren die Träume interessanter und tröstlicher als der Wachzustand, und er wollte sich wieder in sie hineinfallen lassen.«[1] Andere Freunde berichteten, daß die jungen Leute, die sich in seinem Haus zusammengefunden hatten, sich manchmal nicht um ihn kümmerten. Während er unten im Sterben lag, geschahen im Obergeschoß einige betrübliche Dinge; in seinem Haus hielten sich Leute auf, die nicht einmal wußten, wer Henry Miller war. Gerüchte von Drogenmißbrauch, finanzieller Ausbeutung und Vernachlässigung des Todkranken verdunkeln die Berichte über jene letzten Tage. Val und Tony fühlten sich in ihren Versuchen, ihrem Vater zu helfen, anscheinend frustriert, und am Ende zog der Künstler Bill Pickerill, Henrys enger Freund, bei ihm ein, um Henry in seinen letzten Tagen liebevoll zur Seite zu stehen.

Wie Noel Young berichtet: »Seine Fähigkeiten ließen nach – er war auf einem Auge blind, das andere war in seiner Sehkraft stark eingeschränkt, ein Arm und ein Bein waren teilweise gelähmt, und er konnte sich in seiner Gehhilfe nur mühsam voranbewegen. Aber er malte noch immer Aquarelle, wobei er den Tischtennistisch benutzte, um sich zu stützen, und er genoß noch immer die Gesellschaft von Gästen am abendlichen Eßtisch. Leider ließen in den letzten Monaten sein Gedächtnis und seine Fähigkeit, Freunde zu erkennen, sehr stark nach, und er fühlte sich dadurch oftmals sehr peinlich berührt.«

1 Diese und die folgenden Zitate entnehme ich einem Brief Noel Youngs an mich vom 30. September 1992. Die anderen Begebenheiten aus diesem Kapitel haben mir Twinka Thiebaud und Bill Pickerill erzählt.

Twinka Thiebaud und Bill Pickerill versuchten, ihn zu schützen und zu pflegen. Auch als er völlig gesund war, war es mit Henrys Sicherheit bei der Beurteilung menschlicher Charaktere nicht weit her gewesen; er ließ sich von Ausbeutern und Schwindlern hereinlegen. Viele Male in seinem Leben hat seine Großzügigkeit ihm Verdruß bereitet (das Mißgeschick mit Moricaud in »Der Teufel im Paradies« in *Big Sur und die Orangen des Hieronymus Bosch* ist dafür ein Beispiel). Am Ende seines Lebens war Henry ein Gefangener seiner eigenen exzessiven Großzügigkeit, aber er wollte über die, die ihn ausnutzten, nichts Böses hören; einige dieser Leute waren bei ihm angestellt.

Und doch paßt sogar dieses traurige Ende zu Henrys Charakter und seinen Ansichten. Henry hatte sich genügend mit dem Buddhismus beschäftigt, um zu begreifen, daß ewige Kreise sich schließen. Er war zeit seines Lebens von vielen unterstützt worden, und jetzt war er an der Reihe, andere zu unterstützen. Wenn diese Menschen nicht immer so großherzige Künstler waren wie er selbst, so war das eben nicht zu ändern. Wir haben keine Kontrolle über die kosmischen Schecks und Bilanzen, über das kosmische Soll und Haben.

In *The Red Notebook* hatte Henry ein Zitat von Buddha eingefügt, das seine eigene Lebensphilosophie verdeutlicht:

> Glaub nichts, gleichgültig, wo du es liest oder wer es gesagt hat, nicht einmal, wenn du selbst es gesagt hast, es sei denn, es erschiene deiner eigenen Vernunft und deinem eigenen gesunden Menschenverstand plausibel.

Henry wußte, daß selbst der größte Lehrer nicht unfehlbar ist. Wenn dies auf Buddha zutraf, so traf es auch auf Henry zu. In mancherlei Hinsicht so weise wie Buddha, konnte Henry in seiner Beurteilung anderer Menschen naiv wie ein Kind sein. Manchmal wußte er, aber wollte nicht wissen, daß er wußte. Er sagte zu Twinka und Val: »Nehmt mir nicht meine Illusionen, ich brauche sie.« Einige der Frauen, die er im hohen Alter liebte, nutzten seine Großzügigkeit ebenfalls aus, aber wenn sie ihn inspirierten und ihm das Gefühl gaben, jung zu sein – war das nicht genug? Henrys Freunde konnten ihn nicht immer vor sich selbst schützen.

Noel Young berichtet, daß er Henry in dessen letzten Lebensjahren »etwa einmal im Monat« sah und daß er besorgt war über seinen ständig schwankenden Gesundheitszustand. Noel »versuchte den Drucker zur Eile zu treiben, damit Henry *Die Welt des D. H. Lawrence* einmal in Händen hielte, aber er starb genau an dem Tag, an dem die ersten Exemplare die Buchbinderei verließen«.

Eine ironische Tatsache: *Die Welt des D. H. Lawrence* hätte Henrys erstes veröffentlichtes Buch werden sollen, und es wurde sein letztes. Am Ende fand seine »Huldigung« des D. H. Lawrence mit Hilfe von Noel Young, Evelyn J. Hinz und John J. Theunissen schließlich doch noch ihre literarische Form. Bemerkenswert ist das Buch vor allem auch deshalb, weil wir darin sehr viel über den kreativen Prozeß erfahren; über dieses Thema hatte Henry sehr viel zu sagen. Er war mehr als ein Schriftsteller: Er war auch eine Muse und ein Prophet.

Millers Lebensfreude und Selbstbefreiung erscheint anderen Menschen bedrohlich. Sie behaupten, sie wären von seinem Überschwang »gelangweilt« – ein untrügliches Zeichen, daß irgend etwas daran sie verängstigt und erschreckt. Seine kosmische Definition des Sex wird auch heute noch zurückgewiesen. Es ist in gewisser Weise leichter, zwischen den Dualitäten hin und her zu schwanken; Sexomanie in dem einen Jahrzehnt, Sexophobie in dem nächsten.

Die Wahrheit ist: Wir werden niemals unser Potential als Spezies voll nutzen, wenn wir Miller und seinen Ruf nach Ganzheit nicht wirklich verstehen.

Nieder mit der Sexomanie und mit der Sexophobie! Akzeptieren wir die Komplexität unseres Menschseins! Wir sind durch die längsten Phasen der Geschichte, selbst durch unser eigenes Leben, mit verbundenen Augen hindurchgetappt und haben alles verdammt, was wir nicht sehen konnten. Miller legt uns nahe, uns die Augenbinde abzureißen und das Licht hereinzulassen. Er bietet uns Frieden an, mitten im Krieg, und ein erfüllteres Leben auf unserer Reise zum Tod.

Nur Angst hindert uns daran, seine Botschaft zu hören – Angst zu fallen, Angst zu fliegen. Er möchte, daß wir zur Welt zurückkehren und verstehen, daß jede wirkliche Revolution in uns selbst beginnt. Er bittet uns, die Göttlichkeit von Mann und Frau wieder zurückzuerobern. Wenn wir uns weigern, seine Stimme zu hören, so geschieht das auf eigene Gefahr. Was er uns anbietet, ist nichts Geringeres als das Leben.

ANHANG

KOMMENTIERTE BIBLIOGRAPHIE

Eine Bibliographie von Henry Millers Gesamtwerk zu erstellen, bedeutet eine beängstigende Herausforderung. Da seine Werke häufig zunächst als Broschüren, als *small-press* oder als Privatdruck veröffentlicht wurden, tauchen viele der Titel immer wieder auf. Ich habe mich in dieser Bibliographie darauf beschränkt, das erste Erscheinungsjahr des Werkes festzustellen und die augenblicklich erhältliche Ausgabe.

Henrys erste Bücher wurden in Frankreich veröffentlicht (auf englisch), da es dort möglich war, ein Schlupfloch in der französischen Gesetzgebung gegen obszöne Literatur zu nutzen. Insofern erscheint die erste Ausgabe eines Buches häufig in Paris, und später erscheint dasselbe Buch in Amerika, oftmals nach vielerlei Rechtsstreitigkeiten. In anderen Fällen wurden verschiedene Anthologien aus Millers Werken (ohne die sexuell orientierten Arbeiten) zusammengestellt, um eine Klage wegen Obszönität zu umgehen.

Folgende deutsche Ausgaben der Werke Henry Millers wurden für die Zitate herangezogen (alle Bücher im Rowohlt Verlag):

Big Sur und die Orangen des Hieronymus Bosch, Reinbek bei Hamburg 1966.
Briefe an Anaïs Nin, Reinbek bei Hamburg 1968.
Frühling in Paris. Briefe an einen Freund, Reinbek bei Hamburg 1991.
Jugendfreunde. Eine Huldigung an Freunde aus lang vergangenen Zeiten, Reinbek bei Hamburg 1977.
Der klimatisierte Alptraum, Reinbek bei Hamburg 1968.
Der Koloß von Maroussi, Reinbek bei Hamburg 1965.
Mein Leben und meine Welt, Reinbek bei Hamburg 1974.
Sämtliche Erzählungen, Reinbek bei Hamburg 1980.
Schwarzer Frühling. Erzählungen, Reinbek bei Hamburg 1973.

Vom großen Aufstand, Reinbek bei Hamburg 1976.
Die Welt des D. H. Lawrence, Reinbek bei Hamburg 1983.
Die Welt des Sexus, Reinbek bei Hamburg 1982.
Wendekreis des Krebses, Reinbek bei Hamburg 1980.
Wendekreis des Steinbocks, Reinbek bei Hamburg 1990.

MONOGRAPHIEN

Tropic of Cancer (dt. *Wendekreis des Krebses*). Obelisk Press, Paris
1934; Grove Press, New York 1961.
Henry Millers erstes veröffentlichtes Buch, aber nicht das erste,
was er jemals geschrieben hat. Vorher verfaßte er *Moloch* und *Crazy
Cock* (erst eine geraume Zeit nach seinem Tod veröffentlicht). In
Wendekreis des Krebses hören wir den rauschhaften Klang einer
neuen Stimme in der amerikanischen Literatur. Ein pikaresker Er-
guß über die Odyssee eines Mannes durch das Paris der Bohemiens
in der Zeit der Depression. Der Sex war das, was jedem zunächst
auffiel, aber wenn wir das Buch wirklich lesen, dann bemerken wir
die Unmittelbarkeit der Beschreibung und die fast Zen-ähnliche
Akzeptanz des Guten und Schlechten im Leben.

Black Spring (dt. *Schwarzer Frühling*). Obelisk Press, Paris 1936;
Grove Press, New York 1963.
Henrys zweites Werk vom Umfang eines Buches. Konzipiert als
ein Selbstporträt, enthält es Arbeiten wie »Der Engel ist mein Was-
serzeichen«, »Ein Samstagnachmittag«, »Ins Nachtleben hinein«.
Es finden sich darin auch die autobiographischen Juwelen »Der
Schneiderladen« und »Der vierzehnte Bezirk«. Dem Buch ist das
Motto vorangestellt: »Was nicht auf der offenen Straße ist, ist
falsch, abgeleitet, das heißt Literatur.« Es ist Anaïs Nin gewidmet
und blieb immer eines von Henrys Lieblingsbüchern. Viele der
Stücke darin erschienen zuerst in den USA in *The Cosmological Eye*
(siehe unten).

Max and the White Phagocytes (dt. *Max und die weißen Phagocyten*).
Obelisk Press, Paris 1938.
Eine Sammlung von Essays und Erzählungen, von denen viele in
The Cosmological Eye erschienen.

Tropic of Capricorn (dt. Wendekreis des Steinbocks). Obelisk Press, Paris 1939; Grove Press, New York Copyright 1961, freigegeben 1962. Henry Millers zweiter Roman, mit der Widmung »FÜR SIE«. Dieser Roman bezieht sich auf Henrys New Yorker Leben, Kindheit, Mutter, Brooklyn, erste Lieben, The »Cosmodemonic« Telegraph Company und die verzehrende, wahnsinnige Liebe zu June. Henry schafft ein großes Grabmal, um diese ihn quälende und ihn zugleich inspirierende Muse darin zu beerdigen.

The Cosmological Eye. New Directions, New York 1939. Das erste Buch Henry Millers, das in seinem Heimatland veröffentlicht wurde. Es enthält Essays, Erinnerungen, Stücke, die zuerst in *Schwarzer Frühling* und *Max und die weißen Phagocyten* veröffentlicht wurden. Enthält solche literarischen Juwelen wie Henrys autobiographische Erinnerungen »Der Schneiderladen«, »Un Être Etoilque« (Henrys Auseinandersetzung mit Anaïs Nin und ihren Tagebüchern) und viele andere wunderbare kürzere Arbeiten, die sich nicht in ein Genre einordnen lassen.

The Colossus of Maroussi (dt. Der Koloß von Maroussi). Colt Press, California, 1941; New Directions, New York 1958. Henrys spirituelles Reisebuch über Griechenland. Sein zentrales Werk und eines von den gelungensten. Hat nichts von der Unausgewogenheit, die man in *Sexus, Nexus* und *Plexus* findet. Sein »Held«, der sogenannte Koloß von Maroussi (George Katsimbalis), spielt in dem Buch nur eine marginale Rolle, aber er wurde zu einem »Aufhänger« für Henrys eigenen Heroismus. *Maroussi* steht eindeutig in der Tradition von *Walden*.

Hamlet, Vol. I. and II. Mit Michael Fraenkel. Carrefour, Paris 1939; Mexico 1941; *Hamlet Letters.* Capra Press, Santa Barbara 1938. Brieflicher Gedankenaustausch zwischen Henry und Fraenkel (zwischen 1935 und 1938), der bei Shakespeare begann und, wie üblich, zu allen möglichen anderen Themen weiterwanderte. Millers Briefe sind philosophische Essays über Schreiben, Philosophie, Filme, Juden und die Denk-Krankheit des modernen Menschen.

The World of Sex (dt. Die Welt des Sexus). Argus Book Shop, Chicago 1941. Henry erklärt die Rolle des »Obszönen« in seiner Kunst und die Beziehung von Sex zur Literatur. Eine zentrale Selbstanalyse. Obwohl Henry zu diesem Zeitpunkt nur einer kleinen Gruppe von Anhängern bekannt war, behandelt er seinen eigenen Beitrag, als wüßte er, welch wesentliche Rolle sein Werk in Zukunft spielen würde.

The Air-Conditioned Nightmare (dt. *Der klimatisierte Alptraum)*. New Directions, New York 1945.
Henrys phantasmagorisches Reisebuch über Amerika. Köstlich antipatriotisch und prophetisch, was den gegenwärtigen Niedergang Amerikas anbetrifft.

A Devil in Paradise (dt. *Ein Teufel im Paradies)*. Signet (New American Library), New York 1946.
Ein langer Essay (schließlich in *Big Sur und die Orangen des Hieronymus Bosch* integriert), in dem berichtet wird, wie Conrad Moricaud, ein alter Freund aus der Zeit der dreißiger Jahre in Paris, in Henrys Paradies in Big Sur eindringt. Er hatte von Henrys »Erfolg« gehört und nun entschieden, ihn dort heimzusuchen. Typischerweise telegraphierte Henry ihm:»Unser Zuhause ist auch Deins.« Das hat er später gewiß bedauert. Eine der amüsantesten Erzählungen über die Schwierigkeiten, in die Henry durch seine Großzügigkeit geriet.

Remember to Remember (dt. *Land der Erinnerung)*. New Directions, New York 1947.
Das Buch trägt den Untertitel *Volume 2* of *The Air-Conditioned Nightmare*. Es handelt sich eigentlich um eine Reihe von Essays und Porträts, darunter Studien über Miller-Freunde wie Jean Varda, Abe Rattner und Jasper Deeter.»Obscenity and the Law of Reflection« (dt.»Obszönität und das Gesetz der Reflektion«), Millers große Abhandlung über Sex als Mittel, den Leser wachzurütteln, ist hier veröffentlicht, ebenso wie »Artist and Public« (»Künstler und Öffentlichkeit«) und »Remember to Remember« (»Land der Erinnerung«), eine seltsame und schöne Arbeit über Gedächtnis, Vergeßlichkeit und Millers Erinnerungen an sein Jahrzehnt in Europa.

The Wisdom of the Heart. New Directions, New York 1941.
Ein weiterer Miller-Sammelband, gewidmet: »Richard Galen Osborn ... der mich in Paris vor dem Verhungern rettete und meine Füße in die richtige Richtung lenkte. Möge der Himmel ihn be-

schützen und ihn sicher in den Hafen geleiten.«Enthält»Mademoiselle Claude«, die erste Erzählung, in der Miller die Erzählstimme in der ersten Person benutzt, außerdem»The Philosopher, Who Philosophizes«, eine seltsame kleine Abhandlung, geschrieben auf Korfu, über Keyserling, und»The Enormous Womb«, ein typischer Henry-Essay über Geburt, Tod, Illusion und Weltfrieden.

The Smile at the Foot of the Ladder (dt. *Das Lächeln am Fuße der Leiter*). Duell, Sloane & Peace, New York 1948; New Directions, New York 1948.
Henrys Story über Auguste, den berühmten Clown, der mehr wollte als nur seine Zuschauer zum Lachen bringen. Er wollte ihnen Ekstase und Erleuchtung schenken, und indem er das tat, fand er es für sich selbst. Ein äußerst atypischer Miller-Text, sowohl wegen seiner Kürze als auch, weil es sich um eine philosophische Parabel handelt, die in der dritten Person geschrieben wurde. Henry sagt im Epilog, daß das Werk auf eine Bitte von Fernand Léger zustande kam, er, Henry, möge einen Begleittext zu vierzig Illustrationen von Clowns und Zirkussen schreiben. Léger lehnte Henrys Text am Ende als unpassend ab, Henry dagegen war mit dem, was er geschrieben hatte, sehr zufrieden. Die erste Ausgabe (1948) enthielt unter anderem Reproduktionen von Werken Picassos, Chagalls, Rouaults, Klees. Eine spätere Ausgabe (1958) wurde von Henry selbst illustriert.

Nights of Love and Laughter (dt. *Lachen, Liebe, Nächte*). Signet (New American Library), New York 1955.
Anthologie, in der»Die Brooklyn-Brücke«,»Mademoiselle Claude«, ein Auszug aus *Maroussi* und eine hervorragende Einleitung von Kenneth Rexroth enthalten sind. Rexroth erkennt, daß Henry ein Naiver und ein Verkünder der Wahrheit ist, wie Petronius oder Casanova.

The Books in My Life (dt. *Die Kunst des Lesens. Ein Leben mit Büchern*). New Directions, New York 1952, 1969.
Der Beweis, daß Henry Bücher als lebende Wesen betrachtete, die ihn genauso beeinflußten wie die Menschen in seinem Leben. Sehr scharfsinnige Essays zu Rider Haggard, Blaise Cendrars, Jean Giono, John Cowper Powys, Krishnamurti und anderen. Enthält einen wunderbaren Essay mit dem Titel»Reading in the Toilet«, in

dem alle möglichen Dinge, die Henry durch den Kopf gehen, thematisiert werden, von Büchergelehrsamkeit über Exkremente bis zu Aufklärung. Es zeigt, daß der innere Drang, ein Schriftsteller zu werden, in der Freude begründet ist, ein Leser gewesen zu sein.

The Time of the Assassins: A Study of Rimbaud (dt. *Vom großen Aufstand)*. New Directions, New York 1946, 1962.
Angeblich eine Studie über Rimbaud, tatsächlich eine Studie über Henry Miller. Wirft ein Licht auf die enge Beziehung zu seiner Mutter und seine vielen Versuche, sich freizukämpfen. Indem Henry Rimbauds Leidenschaft für die Freiheit analysiert, analysiert er seine eigene. Enthält den erstaunlichen Satz:»Es gibt obsessive, repetitive Wörter, die ein Schriftsteller benutzt, die sehr viel mehr aussagen als alle Fakten, die von geduldigen Biographen zusammengesammelt wurden.« Henry weist hin auf Rimbauds ständige Wiederholung von Ewigkeit, Nächstenliebe, Einsamkeit, Schmerz, Licht und erklärt sie zu »Kette und Schuß seines inneren Musters«. Keiner der üblichen literaturkritischen Essays, sondern eine Analyse, die auf die Ebene der Philosophie und Selbstbetrachtung emporgehoben ist.

Big Sur and the Oranges of Hieronymus Bosch (dt. *Big Sur und die Orangen des Hieronymus Bosch)*. New Directions, New York 1957.
Henrys poetische Evokation der wilden, felsigen Küste des kalifornischen Big Sur, seinen Vögeln, seinem Zauber, seinem Geheimnis:»Die Natur, die sich selbst im Spiegel der Ewigkeit anlächelt.« Für Henry war der Westen voller »Träumer, Gesetzloser, Vorläufer«. Er wurde selbst ein Weststaatler, und Big Sur war der Katalysator. Leider versetzte Henry, indem er das Buch schrieb, diesem irdischen Paradies den Todesstoß. Von da an fielen Fans und Neugierige in Big Sur ein, und sie machten es ihm unmöglich, dort in Ruhe zu schreiben. Wie *Maroussi* ist dieses Buch eine starke Antwort auf den Geist eines Ortes; es geht über eine Naturbeschreibung hinaus und wird zur Meditation.

The Intimate Henry Miller. Signet (New American Library), New York 1959. Original im Paperback.
Noch eine weitere Geschichten- und Essaysammlung – von denen viele zuvor an anderen Stellen publiziert worden waren. Dieses Buch

enthält eine hervorragende Einführung von Lawrence Clark Powell, dem Bibliothekar der U.C.L.A. (University of California in Los Angeles), der Henrys Freund wurde, ihn zu *The Books in My Life* inspirierte und Henrys gesammelte Schriften zu ihrem jetzigen Ehrenplatz in den Special Collections der Bibliothek der U.C.L.A. verhalf.

The Henry Miller Reader. Hg. von Lawrence Durrell (dt. *Ein Henry Miller Lesebuch*, hg. von Lawrence Durrell). New Directions, New York 1959.
Ein ziemlich vollständiges Miller-Lesebuch, in dem literarische Essays, Porträts, Storys, Abschnitte aus *Big Sur und die Orangen des Hieronymus Bosch* enthalten sind, ebenso wie aus *Maroussi, Schwarzer Frühling* und *Wendekreis des Krebses*, und eine Chronologie von Henrys Leben, die von Henry speziell für diese Ausgabe erstellt wurde. In der von Lawrence Durrell verfaßten Einleitung wird Henry »ein großer Vagabund der Literatur« genannt. Durrell betont hier die Tatsache, daß Miller sich nicht in Kategorien einordnen läßt: »Ich vermute, daß sein Platz schließlich unter jenen riesigen, ungewöhnlichen Dichterpersönlichkeiten wie Whitman oder Blake sein wird, die uns nicht nur Kunstwerke zurückgelassen haben, sondern einen Korpus von Ideen, die ein ganzes kulturelles Muster motivieren und beeinflussen.« Es gibt auch eine von Henry selbst verfaßte kurze Einführung und eine Inhaltsübersicht zu jedem der jeweils ausgewählten Abschnitte.

SEXUS, The Rosy Crucification, Book One (dt. *Sexus*). Obelisk Press/ Edition du Chêne, Paris 1949; Grove Press, New York 1965.
Ein gewaltiger, chaotischer Roman über Henrys New Yorker Ursprünge und seine Emanzipation zum Schriftsteller. *Sexus* beginnt damit, daß Henry Mara, dem Taxigirl, begegnet (nach dem Vorbild Junes), die das »volle, weißglühende Strahlen ihrer Liebe« auf ihn richtet. Es ist Mara, die vorschlägt: »Warum versuchst du nicht zu schreiben?« Dieses Buch ist die Geschichte von Henrys Antwort auf jene Herausforderung. Es ist voller Einsichten in das Leben des Schriftstellers und zeugt von Energie und einer inneren Getriebenheit, aber es ist insgesamt ein Beweis für V. S. Pritchetts Theorie, daß man, wenn man die Schwächen eines Buches eliminiert, auch seine Stärken beseitigt. Es gibt eine Menge Bombastisches und viele schlampig geschriebene Passagen, aber das Buch ist es den-

noch wert, gelesen zu werden, vor allem insofern, als es sehr genau Henrys verzweifeltes Bedürfnis beschreibt, ein Schriftsteller zu werden.

PLEXUS, The Rosy Crucification (dt. *Plexus).* Olympia Press, Paris 1953; Grove Press, New York 1963.
Eine weitere Fortsetzung der June/Wie-ich-ein-Schriftsteller-wurde-Story. Hier wird die Muse Mona genannt, und das Buch beginnt damit, wie unser Held bei ihr in Brooklyn einzieht. Beschreibt das Leben Henry Millers in Greenwich Village, die Flüsterkneipe, Henrys erste Versuche, mit James Joyce in Konkurrenz zu treten, indem er für ein Honorar schreibt. Es scheint, daß Henry jedesmal, wenn er zu seinem alten Material zurückkehrte, neue Schätze entdeckte. Aber es ist vor allem der Exkurs am Ende von *Plexus* – ausführliche Überlegungen zu Spengler, Nietzsche, Ibsen, Hesse und das *Tao Te Ching* –, der das Buch lesenswert macht. Hier sagt Henry:»Vielleicht habe ich, indem ich die Wunde, meine eigene Wunde, öffnete, andere Wunden anderer Leute geschlossen.« Kurz gesagt, Henry entdeckt den Grund für all sein Leiden: der Welt etwas zurückzugeben.

NEXUS: Volume I (dt. *Nexus).* Olympia Press, Paris 1959; Grove Press, New York 1965, 1987.
Die letzte Fortsetzung der Story von Henrys New Yorker Leben. Der Schauplatz ist wieder Greenwich Village in den zwanziger Jahren, und wieder ist die Heldin/Muse Mona (von der Henry mit einer anderen Frau betrogen wird). Die wirklichen literarischen Schätze sind hier wieder die Exkurse. Thema ist alles – von Amerika über die Philosophie und über die Schriftstellerei bis zum Gedächtnis. Am Ende des Buches wird Henry von Amerika nach Europa befördert. Er verabschiedet sich von Daniel Boone, der Street of Early Sorrows, Sherlock Holmes, Houdini, Oscar Hammerstein, O. Henry, P. T. Barnum, Jesse James und Rudolf Friml.

Order and Chaos Chez Hans Reichel. Loujon Press, Albuquerque, New Mexiko 1966.
Ein seltsamer und schöner Essay über die Ursprünge der Kunst. Hier beschreibt Henry seine Liebesaffäre mit dem Chaos, seine Sehnsucht, so kreativ zu sein wie Gott.

Quiet Days in Clichy (dt. *Stille Tage in Clichy*). Olympia Press, Paris 1956; Grove Press, New York 1987.
Zwei erotische Geschichten, die im Paris der dreißiger Jahre spielen, geschrieben 1940 für einen Pornographiesammler, der sie als »zu poetisch« zurückwies. Der Preis war vermutlich »ein Dollar pro Seite«. Henry verlor den Job als Pornographieschreiber ebenso, wie er alle anderen Jobs verloren hatte. Das Buch ist gröber als *Wendekreis des Krebses* und weniger weitschweifig, aber es handelt sich noch immer nicht um *richtige* Pornographie, d.h. »die Paarung von Klischees« (Nabokov).

Insomnia or The Devil at Large (dt. *Insomnia oder Die schönen Torheiten des Alters*). Loujon Press, Albuquerque, New Mexiko 1970; Gemini Smith/Doubleday & Co., New York 1974.
Die Geschichte eines alten Mannes, der sich in eine schöne junge Frau verliebt, die ihn an der Nase herumführt und um den Schlaf bringt. Der Teufel hier ist Liebe, Sehnsucht, Imagination, Schlaflosigkeit. Diese exquisite Darstellung von Henrys Verliebtheit in Hoki, seine letzte Ehefrau, ist voll weiser Einsichten in das ewige Rätsel unerwiderter Leidenschaft. Illustriert mit Henrys Insomnia-Serie von Aquarellen, die zu seinen besten zählen.

My Life and Times (dt. *Mein Leben und meine Welt*). Gemini Smith/ Playboy Press, Chicago 1971.
Ein illustriertes Werk mit Fotografien, Aquarellen, einem autobiographischen Essay von Henry, einer Einführung von Bradley Smith, einer chronologischen Übersicht über Henrys Leben, die er selbst erstellt hat. Eine für Henry typische Mélange von Weisheit und Humbug. Die Erinnerungen an die Kindheit sind wertvoll, aber die Bilder von Henry, der mit vollbusigen, nackten Blondinen Tischtennis spielt, haben seinem Ruf eher geschadet.

The Nightmare Notebook. New Directions, New York 1975.
Reproduktion des Notizbuchs, das Henry während seiner Amerikareise mit Abe Rattner schrieb, bildete die Grundlage für *Der klimatische Alptraum*. Faszinierende Beschreibung von Orten, Menschen, Stimmungen, ebenso wie Aquarelle von Henry.

Book of Friends: A Tribute to the Friends of Long Ago (dt. *Jugendfreunde. Eine Huldigung an Freunde aus lang vergangenen Zeiten*). Capra Press, Santa Barbara 1976.

Der achtzigjährige Henry erinnert sich an das Brooklyn seiner Jugend und die Freundschaften, die er auf der Straße geschlossen hat. Je weiter Brooklyn in die Vergangenheit zurückweicht, desto rosiger erscheint es. Stil und Inhalt des Buches sind verschwommen, es ist nicht Henrys beste Arbeit. Informativ im Hinblick auf biographische Details.

Sextet. Capra Press, Santa Barbara 1977.
Die kurzen Arbeiten, die hier gesammelt sind, wurden zunächst separat von Capra Press veröffentlicht. Es sind: »On Turning Eighty«, »Reflections on the Death of Mishima«, »First Impressions of Greece«, »The Waters Reglitterized«, »Reflections on the Maurizius Case« und »Mother, China and the World Beyond« (dt. »Mutter, China und die jenseitige Welt«). Eine weitere Sammlung von Arbeiten, die zunächst als einzelne Broschüren veröffentlicht wurden. In »Mother, China and the World Beyond« hat Henry die Vision eines Zusammentreffens mit seiner Mutter im Paradies und verleiht ihr eine Weichheit, die der Leser nie zuvor an ihr kennengelernt hat. Er scheint sich auf seinen eigenen Tod vorzubereiten.

The World of Lawrence: A Passionate Appreciation (dt. *Die Welt des D. H. Lawrence. Eine Huldigung).* Capra Press, Santa Barbara 1980.
Diese Studie, die Henry begann, nachdem sein Verleger Kahane 1932 *Wendekreis des Krebses* akzeptiert hatte, und an der er während der folgenden zwanzig Jahre immer wieder arbeitete, fand nie wirklich eine zusammenhängende Form. Die Gedankengänge drehen sich im Kreis – Henry auf der Suche nach Lawrence, der Henry findet –, das Buch ist aber aufschlußreich im Hinblick auf Millers patriarchalische Ansichten über Sex, Tod, Kreativität, Universum.

Opus pistorum (dt. *Opus Pistorum).* Grove Press, New York 1983.
(Als Paperback 1984 unter dem Titel *Under the Roofs of Paris* erneut veröffentlicht.) Unter welchem Titel auch immer, dieses Pornographie-auf-Bestellung-Experiment ist scheußlich geschrieben und besudelt Henrys Ruf. Einige haben behauptet, es sei eine Fälschung. Fälschung oder nicht, dies ist ein typisches Beispiel dafür, wie die Berühmten sich vom Ruhm korrumpieren lassen. Zu seinen besten Zeiten hatte Henry verstanden, daß Sex und Spirituali-

tät sehr eng miteinander verbunden sind. Zu seinen schlechtesten Zeiten spielte er geradewegs in die Hände seiner Kritiker.

Paint As You Like and Die Happy: The Paintings of Henry Miller (dt. *Malen ist Lieben. Mit vier Essays von Henry Miller und einem Vorwort von Lawrence Durrell).* Hg. von Noel Young. Chronicle Books, San Francisco o.D. (circa 1990).
Band mit Henrys Aquarellen von den dreißiger bis zu den siebziger Jahren. Mit interessanten Vorworten von Noel Young und Lawrence Durrell. Neudruck von vier Henry-Miller-Essays über Malerei, einschließlich »To Paint is to Love Again«, »The Painting Lesson« und »The Waters Reglitterized«.

Crazy Cock. Grove Press, New York 1991. Einleitung von Mary Dearborn und Erica Jong.
Ein früher schriftstellerischer Versuch aus den zwanziger Jahren, den Henry aufgab, nachdem er in *Wendekreis des Krebses* seine Stimme gefunden hatte. Das Buch ist nicht sehr gut, wirkt aber wahrscheinlich auf junge Schriftsteller außerordentlich ermutigend, da es deutlich macht, wie verzweifelt weit entfernt Henry noch von der Stimme war, die er am Ende fand. Henry schien zu wissen, daß sein Buch eigentlich verbrannt gehörte, aber unglücklicherweise verbrannte er es nicht. Es wurde nach seinem Tod an der U.C.L.A. gefunden. Anscheinend hatte er vielen Freunden erzählt, es sei verlorengegangen. Wunschdenken!

Moloch oder Die Gojische Welt. Goldmann Verlag, München 1995.

PAMPHLETE, BROSCHÜREN, KURZE ARBEITEN

What Are You Going to Do About Alf? Privatdruck, Paris 1935; amerikanische Ausgabe: Bern Porter, Berkeley 1944.
Millers erster »Offener Brief an alle und jeden«, um Geld für Perlès zusammenzubekommen, damit dieser sein Pariser Leben weiterführen kann. Neu aufgelegt »nicht als eine Bitte um Almosen, sondern als ein guter Witz«. Henry sollte eine Art Kuriosum aus diesen offenen Briefen machen – für seine Freunde ebenso wie für sich selbst. Die erste (Pariser) Ausgabe dieses Pamphlets ist die seltenste von Henrys Pariser Arbeiten.

Aller retour New York (dt. *Reise nach New York*). Obelisk Press/Edition du Chêne, Paris 1935; Scorpion Press, England, 1959.
Ein sehr langer Brief an Alfred Perlès, in dem über Henrys Reise von Paris nach New York Mitte der dreißiger Jahre berichtet wird. Nützlich für einen Einblick, was New York für Henry bedeutete, und als Darstellung des Kontrasts zu der Freiheit, die er in Paris fand.

An Open Letter to All and Sundry. Privatdruck, Chicago 1943.
Ein Aufruf zur Unterstützung im Austausch gegen Aquarelle. Teile dieses Briefes wurden später in *The New Republic* veröffentlicht, wo sie »einen brüllenden Erfolg« (in Henrys Worten) hatten, obwohl dasselbe Magazin gerade »ein kritisches Verdammungsurteil über mich als Mann und Künstler« gedruckt hatte.

Dear Friends .... Privatdruck, Big Sur 1944.
Ein Aufruf, Geld zu spenden, damit Henry mit seinem besessenen Schreiben fortfahren konnte. Der Text wurde auch in Vierteljahresschriften abgedruckt. Henry bat um 2500 Dollar, damit er ein Jahr lang schreiben konnte. Zu der Zeit arbeitete er an *Der klimatisierte Alptraum* und der *Sexus*-Trilogie.

Murder the Murderer: An Excursus on War from The Air-Conditioned Nightmare. Porter/Miller, Berkeley/Big Sur 1944.
Diese im Jahr 1944 publizierte Streitschrift gegen den Krieg mußte Henry unweigerlich in Schwierigkeiten bringen. In der Tat: 1944 tauchte das FBI bei ihm auf, da er in Dartmouth eine angeblich volksverhetzende Rede gehalten hatte. Dieses Pamphlet fand aus politischen Gründen keine weite Verbreitung. »Murder the Murderer« erschien schließlich in *Remember to Remember* (dt. *Land der Erinnerung*).

Semblance of a Devoted Past. Bern Porter, Berkeley 1945.
Briefe von Henry an Emil Schnellock, geschrieben in Paris und auf Korfu zwischen 1930 und 1939. Illustriert mit Aquarellen von Miller, sind diese Briefe voller Einsichten in den Prozeß des Schreibens von *Wendekreis des Krebses*. Sie erscheinen später in *Letters to Emil* (dt. *Frühling in Paris), Briefe an einen Freund*, hg. von George Wickes, New Directions, New York 1989.

Sunday After the War. New Directions, Norfolk, Virginia, 1944.
Eine Sammlung früherer Werke.

The Angel Is My Watermark (dt. *Der Engel ist mein Wasserzeichen).*
Holve-Barrows, Fullerton, California, 1944.
Die früheste Version in Buchform von »An Open Letter to All and
Sundry«, mit sieben Aquarellen von Miller. Enthält auch den Aufsatz »The Angel is My Watermark!« (dt. »Der Engel ist mein Wasserzeichen«), eine Beschreibung des Prozesses, ein Aquarell zu malen, mit einigen Exkursen über die Schriftstellerei, Spinoza, Bosch
und Millers New Yorker Familie.

The Plight of the Creative Artist in the United States of America. Bern
Porter, Berkeley 1944.
Eine Sammlung offener Briefe, einschließlich des berühmten »An
Open Letter to All and Sundry«. Der Bettelbrief zu einer Kunst-
form erhoben. Interessant für alle Spendensammler.

Varda, The Master Builder. Circle Editions, Berkeley 1944.
Biographischer Essay über Jean Varda aus Monterey, Henrys Künstlerfreund. Später in *Remember to Remember* (dt. *Land der Erinnerung)* wieder abgedruckt.

Echolalia: Reproductions of Water Colors. Bern Porter, Berkeley
1945.

Henry Miller Miscellanea. Bern Porter, Berkeley 1945.
Eine weitere Sammlung früher Werke.

Obscenity and the Law of Reflection (dt. *Obszönität und das Gesetz
der Reflexion).* Alicat Book Shop, Yonkers, New York, 1944.
Obszönität als Mittel, um den Leser wachzurütteln. Henry betrachtet Obszönität als eine Form der Offenbarung.

Why Abstract? With Hilaire Hiler and William Saroyan. New Directions, New York 1945.

The Amazing and Invariable Beauford Delaney. Alicat Book Shop,
Yonkers, New York, 1945.
Ein biographischer Essay/eine biographische Story über den afro-
amerikanischen Künstler Beauford Delaney. Er war in Afrika
schon ein Künstler, lange bevor der weiße Mann jenen dunklen
Kontinent überfiel, um Sklaven zu fangen. Afrika ist das Heim des
Künstlers, der eine Kontinent auf diesem Planeten, der eine Seele
hat. Aber im weißen Nordamerika, wo selbst der Geist gebleicht

und geweißt wurde, bis er Asbest ähnelte, muß ein geborener Künstler seine Referenzen vorweisen, er muß beweisen, daß er kein Schwindler und Betrüger ist, kein Leprakranker, kein Feind der Gesellschaft, vor allem kein Feind unserer verrückten Gesellschaft, in der Denkmäler hundert Jahre zu spät errichtet werden. Wir entdecken, daß Henry ein »Multikulturalist« war. Dieser Essay/diese Story erschien auch in *Remember to Remember* (dt. *Land der Erinnerung*). Es ist ein Lobgesang auf das Schwarz-Sein, das Henry mit Buddhatum und Aufklärung gleichsetzt.

Maurizius Forever. Colt Press, California, 1946.
Eine Besprechung des Romans *Der Fall Maurizius* von Jacob Wassermann, erschienen 1928. Die Arbeit beginnt als eine Rezension, wird aber zu einem philosophischen Essay über Krieg, menschliche Zivilisation und die Möglichkeit, daß die Menschheit eine neue Ebene des Bewußtseins erreicht.

Men God Forgot by Albert Cossery. Gotham Book Mart, New York 1946.
Eine Rezension, die ursprünglich in *Circle*, einem literarischen Magazin, erschien.

Money and How It Gets That Way. Booster Publications, Paris 1938.
Henrys Philosophie des Geldes, geschrieben als Antwort auf die Philosophie Ezra Pounds. Pound schrieb Henry, nachdem er *Wendekreis des Krebses* gelesen hatte, und bat ihn, über die Bedeutung des Geldes nachzudenken.

The Pointilliste of Big Sur. Raymond & Raymond, California, 1946.
Ankündigung von Emil Whites Bilderausstellung mit einem kurzen Text von Miller.

Of, By & About Henry Miller. Hg. von Oscar Baradinsky. Alicat Book Shop, Yonkers, New York, 1947.
Enthält die Essays »Let Us Be Content With Three Little New-Born Elephants« (dt. »Drei neugeborene Elefanten«), »The Novels of Albert Cossery, Another Bright Messenger« (dt. »Die Romane Albert Cosserys«) und »Anderson, the Storyteller« (dt. »Anderson, der Geschichtenerzähler«). Enthält auch Artikel über Miller von Herbert Read und anderen.

»I Defy You.« Henry Miller Literary Society, Minneapolis, Minnesota, 1962.
Ein Separatabdruck aus dem *Playboy*, in dem Henry den Bostoner Zensoren entgegentritt, die *Wendekreis des Krebses* 1962 auf die Liste verbotener Bücher setzten.

Journey to an Antique Land (dt. *Reise in ein altes Land*). Ben Ben Press, Big Sur 1962.
Privatdruck.

Just Wild about Harry: A Mel-Melo in Seven Scenes (dt. *Ganz wild auf Harry*). New Directions, New York 1963.
Henrys einziges Schauspiel. Er schrieb es in zwei Tagen.

Henry Miller on Writing. Hg. von Thomas H. Moore. New Directions, New York 1964.
Ein Kompendium von Auszügen aus den *Wendekreisen, Schwarzer Frühling, Sexus Nexus, Plexus, The Cosmological Eye, Die Welt des Sexus* etc., in denen es um den Prozeß des kreativen Schreibens und das wesentliche Thema – die Befreiung – geht. Ein wunderbares Buch; es zeigt Henrys lebenslangen Kampf, ein Schriftsteller zu werden. Enthält seine Gebote an sich selbst, sein tägliches Programm (1932–1933) ebenso wie seine Mal- und Lesepläne. Enthält auch die Tabellen, die er aufstellte, während er *Plexus* schrieb. Faszinierend, wenn Sie jemals selbst schreiben wollen.

Face to Face with Henry Miller: Conversations with Georges Belmont (dt. *Meine Jugend hat spät begonnen. Dialog mit Georges Belmont).* Sidgwick & Jackson, London 1971; veröffentlicht als *Henry Miller in Conversation.* Quadrangle Books, Chicago 1972.
Interviews, die Georges Belmont mit Henry Miller ursprünglich für das französische Radio gemacht hat. Das Spektrum der Themen ist breit gefächert: Henrys Leben, der Prozeß des Schreibens, Religion etc.

Four Visions of America. Mit Kay Boyle, Erica Jong und Thomas Sanchez. Capra Pess, Santa Barbara 1977.
Ursprünglich entworfen als eine Serie von Essays zur Zweihundertjahrfeier Amerikas. Henry übernimmt die Überschrift »A Nation of Lunatics« von einer Formulierung Whitmans. Dies ist ein heftiger Angriff auf das Amerika des Jahres 1976. Henrys Beitrag zeigt, daß er

sogar mit fünfundachtzig nichts von seinem bilderstürmerischen Feuer verloren hat. Mein eigener Aufsatz ist eine Meditation über das Leben an zwei Küsten; in Kay Boyles Beitrag geht es um die Sehnsucht nach »Report from Lock-Up«, und in Thomas Sanchez' Artikel geht es um die Befreiung von Wounded Knee. Eine leidenschaftliche, vierhändige Kritik Amerikas im Jahre zweihundert.

Gliding into the Everglades and Other Essays. Lost Pleiade, Lake Oswego, Oregon, 1977.
Sechs kurze Essays über japanische Frauen, Picasso, Cabeza de Vaca, Marie Corelli und Jack Nicholson; das Titelstück behandelt Millers Reise nach Florida mit Joe O'Regan und Emil Schnellock in den Jahren 1927 und 1928.

Love Between the Sexes. Greenwich Books, New York 1978.
Ein Pamphlet, in dem diese erstaunliche Zeile zu lesen ist: »An der Wurzel allen Übels ... ist der angeborene Puritanismus der Amerikaner. Obwohl sie sich ihrer sexuellen Freiheit rühmen, werden sie nicht reifer als andere Völker ...«

My Bike & Other Friends. Band II von *Book of Friends* (dt. *Mein Fahrrad und andere Freunde. Erinnerungsblätter).* Capra Press, Santa Barbara 1978.
Weitere Erinnerungen an Henrys Kindheit in Brooklyn, aus dem Blickwinkel Henry Millers in seinen Achtzigern.

Notes on Aaron's Rod *and other Notes on Lawrence from the Paris Notebooks.* Hg. von Seamus Cooney. Black Sparrow Press, California, 1980.
»Lawrence schreibt dort *meine* Geschichte«, sagt Henry über *Aaron's Rod.*

O Lake of Light. Capra Press, Santa Barbara 1981.
Dies ist Henrys einziges veröffentlichtes Gedicht; es wurde als Weihnachtskarte von der Capra Press verschickt.

Nothing but the Marvelous: The Wisdom of Henry Miller. Hg. von Blair Fielding. Capra Press, Santa Barbara 1990.
Sammlung inspirierender Miller-Zitate.

The Paintings: A Centennial Retrospectice. Coast Publishing, Carmel, California, 1991.
Katalog einer posthumen Ausstellung von Aquarellen. Die Besitzer der Bilder erinnern sich an Henry und daran, wie und wo die Aquarelle angefertigt wurden. Einige dieser Aquarelle haben seine dritte Ehefrau, Lepska, zum Gegenstand.

BRIEFE

The Red Notebook. Jonathan Williams, Highlands, North Carolina, 1958.
Eine Reproduktion eines Tagebuchs von Henry Miller, einschließlich spielerischer Bemerkungen und Zeichnungen. Zeigt Millers Gedankenblitze.

The Story of George Dibbern's Quest. Privatdruck, Big Sur 1958.
Eine negative Rezension einer Neuauflage von *Quest* und ein Spendenaufruf, um den alternden Dibbern zu unterstützen.

Defence of the Freedom to Read. J. W. Cappelens Forlag, Oslo 1959.
Als *Sexus* in Norwegen verboten wurde und man zwei Buchhändler wegen des Verkaufs obszöner Bücher zu Geldstrafen verurteilte, schrieb Henry zwei Briefe an Trygve Hirsh, den Anwalt der beklagten Partei, und erklärte ihm, daß »Zensur wie ein Bumerang wirkt«, wie sie die Öffentlichkeit immer dazu anregt – und mitnichten davon abhält –, verbotenen Büchern nachzujagen. Henry erklärt, er sei grundsätzlich gegen Urteil, Verurteilung und Abschlachten. Er setzt den Zensor mit einem Mörder gleich und sagt, es sei der Zensor, der unmoralisch sei: »Wie kann man sich denn gegen Böses schützen, wenn man nicht weiß, was Böses ist?«

Reunion in Barcelona, A Letter to Alfred Perlés aus Aller retour New York. Scorpion Press, England, 1959.

To Paint is to Love Again (dt. *Malen ist Lieben).* Cambria Books, California, 1960.
Diese Briefe werden später in *Semblance of a Devoted Past* aufgenommen.

Art and Outrage: Lawrence Durrell and Alfred Perlès (dt. *Kunst und Provokation. Ein Briefwechsel).* Dutton, New York 1961.
Eine Auswahl an Briefen zwischen Miller, Durrell und Perlès.

Stand Still Like the Hummingbird (dt. *Von der Unmoral der Moral und andere Texte).* New Directions, New York 1962.
Neuauflage früherer Arbeiten einschließlich Millers Essay über Walt Whitman.

Lawrence Durrell and Henry Miller: A Private Correspondence (dt. *Lawrence Durrell, Henry Miller, Briefe 1935–1959).* Hg. von Georges Wickes. Dutton, New York 1964.
Briefe, an denen sich das Wachsen der Freundschaft zwischen Miller und Durrell zwischen 1935 und 1959 verfolgen läßt.

Miller, Henry, and Nin, Anaïs. *Letters to Anaïs Nin/Henry Miller* (dt. *Henry Miller, Briefe an Anaïs Nin).* Hg. von Gunther Stuhlmann. Putnam, New York 1965.
Ein Teilbericht über die Beziehung zwischen Nin und Miller, der veröffentlicht wurde, als beide noch lebten. Weitere Enthüllungen kamen später.

Collector's Quest: The Correspondence of Henry Miller and J. Rives Childs, 1947–1965. Hg. von Richard Clement Wood. University Press of Virginia/Randolf-Macon College, Charlottesville-Ashland 1968.

Miller, Henry, and Gordon, William A. *Writer & Critic: A Correspondence with Henry Miller.* Louisiana State University Press, Baton Rouge 1968.
Miller setzt sich mit einem Kritiker auseinander, der ein Buch schreibt, das er haßt.

This is Henry Miller, Henry Miller from Brooklyn. Nash Publishing, Los Angeles 1974.
Dialoge zwischen Henry und Robert Snyder, dem Filmemacher, der *The Henry Miller Odyssey* schuf, ein sehr aufschlußreiches und intelligentes Dokument über Henry. Dieses Buch ist ein Begleitstück zu dem Film, der bei Master Works Video, 15313 Whitfield Avenue, Pacific Palisades, CA. 90272, erhältlich ist.

Miller, Henry, and Fowlie, Wallace. *Letters of Henry Miller and Wallace Fowlie, 1943–1972*. Einleitung von Wallace Fowlie. Grove Press, New York 1975.
Ein faszinierender Briefwechsel zwischen Miller und dem Kritiker und Professor der Universität Yale. Wirft ein Licht auf Millers Leben und seine philosophischen Ideen.

»An Open Letter to Stroker.« One Nine Two Seven Press/Stroker, New York 1978.
Der Briefwechsel zwischen Henry und Irving Stettner, inspiriert von den schriftstellerischen und bildnerischen Werken von Tommy Trantino, einem Gefangenen im Trenton State Prison, New Jersey. Stettner (The Stroker) war ein Fan, der ihm im hohen Alter schrieb. Die Briefe erschienen später in *From Your Capricorn Friend* (s. unten).

Henry Miller: Years of Trial and Triumph, 1962–1964: The Correspondence of Henry Miller and Elmer Gertz (dt. *Die Literatur und das Obszöne: Briefwechsel zwischen Henry Miller und seinem Anwalt Elmer Gertz*). Hg. von Elmer Gertz und Felice Flanery Lewis. Southern Illinois University Press, 1978.
Millers Korrespondenz mit einem der Rechtsanwälte, der ihn gegen die Anklage der Obszönität verteidigte.

The Theatre & Other Pieces. Stroker, New York 1979.[1]

Reflections. Hg. von Twinka Thiebaud. Borgo Press, California, 1981; Capra Press, Santa Barbara 1981.
Twinka Thiebaud, die für Henry sorgte, als ich ihn kennenlernte, zeichnete viele der Bemerkungen und Äußerungen auf, die Henry am Eßtisch machte – über Frauen, Erotica, Feminismus, Emma Goldman, Spiritualismus, Tod, Nin, Gurdjieff, Mailer, Chaplin, den Menschen, Whitman etc. Wenn Sie nicht bei Henry zu Gast sein konnten, dann ist dies die zweitbeste Lösung.

From Your Capricorn Friend: Henry Miller and the Stroker, 1978–1980. New Directions, New York 1984.
Ein Briefwechsel zwischen Irving Stettner (alias The Stroker) und Henry. Amüsante Briefe von Henry in seinen Achtzigern, mit

[1] Verlorengegangene Publikationen Millers.

Kommentaren zu Isaac Bashevis Singer, Warren Beatty, morgendlichen Erektionen und Kindheitserinnerungen.

Letters from Henry Miller to Hoki Tokuda Miller (dt. *Liebesbriefe an Hoki Tokuda Miller).* Hg. von Joyce Howard Miller. Freundlich Books, New York 1986.
Korrespondenz zwischen Henry und seiner letzten Ehefrau.

Miller, Henry, and Nin, Anaïs. *A Literate Passion: Letters of Anaïs Nin and Henry Miller, 1932–1953.* Hg. und eingeleitet von Gunther Stuhlmann. Harcourt Brace Jovanovich, New York 1987.
Nachdem Henry, Anaïs und deren Ehemann gestorben waren, erschien eine vollständigere Auswahl an Briefen. Wesentliche Lektüre, um die Beziehung zu verstehen.

Dear, Dear Brenda: The Love Letters of Henry Miller to Brenda Venus (dt. *Brenda, Liebste).* Zwischentexte von Brenda Venus. Hg. von Gerald Seth Sindell. H. Holt, New York 1987.
Im hohen Alter verliebte sich Henry in die Schauspielerin Brenda Venus, eine Herzensaffäre, die ihn am Leben erhielt. Die Beziehung spielte sich wie üblich im wesentlichen in Henrys Kopf ab – aber so war es auch schon gewesen, als er jung war. Wenn man diese Briefe liest, so hat man das Gefühl, daß er sich mehr als alles andere in den Namen »Venus« verliebte!

»Dear Bernie Wolfe.« Privatdruck, o. D. (wahrscheinlich 1948).
Der Text eines Briefes von Miller an Bernard Wolfe zu *Really the Blues,* ein Buch von Wolfe und Milton Mezzrow.

Miller, Henry, and Schnellock, Emil. *Letters to Emil* (dt. *Frühling in Paris. Briefe an einen Freund).* Hg. von George Wickes. New Directions, New York 1989.
Wichtige Briefe, die Henrys erste Jahre in Paris beschreiben, als er sich von *Crazy Cock* abwandte und an *Wendekreis des Krebses* zu arbeiten begann. In diesem Briefwechsel hören und sehen wir »den rohen, lebendigen Abdruck meines Pariser Lebens«. Zeigt den Übergang von dem geschwollenen Stil des *Crazy Cock* zu der furchtlosen, provozierenden Schreibweise von *Wendekreis des Krebses.*

SEKUNDÄRLITERATUR

Wichtige Arbeiten, um Henrys Leben und seine Zeit zu verstehen.

BRASSAÏ, GEORGES, *Henry Miller: Grandeur Nature*. Gallimard, Paris 1975.

DERS., *Henry Miller in Paris*, S. Fischer Verlag, Frankfurt am Main 1979.

DERS., *The Secret Paris of the Thirties*. Pantheon Books, New York 1976.

CHARNEY, MAURICE, *Sexual Fiction*. Methuen, London und New York 1981.

DEARBORN, MARY, *The Happiest Man Alive*. Simon and Schuster, New York 1991.

DIES., *Henry Miller. Eine Biographie*, Albrecht Knaus Verlag, München 1991.

DE GRAZIA, EDWARD. *Girls Lean Back Everywhere*. Random House, New York 1992.

DICK, KENNETH C., *Henry Miller: Colossus of One*. Alberts-Sittard, 1967.

DWORKIN, ANDREA, *Woman Hating*. E. P. Dutton & Co., New York 1974.

DIES., *Intercourse*. Free Press/Macmillan, New York 1987.

DIES., *Letters From a War Zone*. Secker & Warburg, New York 1987.

DIES., *Mercy*. Four Walls, Eight Windows, New York 1991.

DIES. AND MACKINNON, CATHARINE A., *Pornography and Civil Rights*. Organizing Against Pornography, Minneapolis, Minnesota, 1988.

FERGUSON, ROBERT, *Henry Miller, ein Leben ohne Tabus*. Kindler Verlag, München 1991.

GIRODIAS, MAURICE, *The Frog Prince*. Crown Publishers, New York 1980.

GOLDMAN, EMMA, *Living My Life.* Alfred A. Knopf, New York 1931.

GOTTESMAN, RONALD (HG.), *Critical Essays on Henry Miller.* G. K. Hall & Co., New York 1992.

GRIFFIN, SUSAN, *Pornography and Silence.* Harper & Row, New York 1981.

HUTCHINSON, E. R., *Tropic of Cancer on Trial.* Grove Press, New York 1968.

KLUVER, BILLY AND MARTIN, JULIE, *Kiki's Paris: Artists and Lovers 1900–1930.* Abrams, New York 1989.

MACNIVEN, IAN S. (HG.), *The Durrell-Miller Letters, 1935–80.* New Directions, New York 1988.

MCALMON, ROBERT AND BOYLE, KAY, *Being Geniuses Together.* North Point Press, Berkeley 1984.

MAILER, NORMAN, »*Henry Miller, Genius and Lust, Narcissism*«. In *American Review*, No. 24, 1976.

MARTIN, JAY, *Always Merry and Bright. The Life of Henry Miller. An unauthorized Biography.* Capra Press, Berkeley 1978.

MILLETT, KATE, *Sexus und Herrschaft: Die Tyrannei des Mannes in unserer Gesellschaft.* München 1971.

NABOKOV, VLADIMIR, *Lolita.* Rowohlt Verlag, Reinbek bei Hamburg 1964.

NIN, ANAÏS, *Henry, June und ich.* Scherz Verlag, Bern, München, Wien 1987.

DIES., *Incest: From »A Journal of Love«.* Harcourt Brace Jovanovich, New York 1992.

ORWELL, GEORGE, *An Age Like This, 1920–1940.* Vol. 1. Harcourt Brace Jovanovich, New York 1968.

PAGLIA, CAMILLE, *Sexual Personae.* Yale University Press, New Haven, Connecticut, 1990.

DIES., *Sex, Art and American Culture.* Vintage Books, New York 1991.

STOLTENBERG, JOHN, *Refusing To Be A Man*. Breitenbush Books, Inc., Portland 1989.

VIDAL, GORE, »*The Sexus of Henry Miller*«. *Book Week*, August 1, 1965.

DERS., »*Pen Pals: Henry Miller and Lawrence Durrell*«. *Times Literary Supplement* (London), Sept. 9–15, 1988.

WISER, WILLIAM, *The Crazy Years*. Thames and Hudson, New York 1985.

Mein besonderer Dank gilt Joni Evans, Ed Victor, Ken Burrows, Enid Linn, Valentine Miller und Tony Miller, ohne die dieses Buch nicht entstanden wäre. Jedes Buch ist ein Triumph über das Schweigen. Ihr habt mir geholfen.